固守与创新：
中国军事法学理论的形构

张　钢　著

上海交通大学出版社
SHANGHAI JIAO TONG UNIVERSITY PRESS

内容提要

　　本书以问题为导向,以学术史的研究方法,分专题回顾并反思了中国军事法学理论发展的形式、形成过程、结构以及构造演进。以发展的视角,把握军事法学理论形构的基本特征:固守与创新。本书对军事法学理论形构的总结是:军事法学是一个独立的部门法学,其借助传统部门法理论,建构了一个类似于"全科法学"的理论体系,是其他部门法学理论所不具有或不完全具有的,凸显了军事法理论体系自身的特色。军事法是国家法律体系中一个特殊的组成部分,认识军事法、实现军事法理论建构的创新需要超越传统部门法理论。

图书在版编目(CIP)数据

　　固守与创新:中国军事法学理论的形构/ 张钢著.
上海:上海交通大学出版社,2024. 9 -- ISBN 978-7-313-
31571-7

　　Ⅰ. E266

　　中国国家版本馆 CIP 数据核字第 2024SA5072 号

固守与创新:中国军事法学理论的形构
GUSHOU YU CHUANGXIN: ZHONGGUO JUNSHI FAXUE LILUN DE XINGGOU

著　　者:张 钢

出版发行:上海交通大学出版社　　　　　　地　　址:上海市番禺路 951 号
邮政编码:200030　　　　　　　　　　　　电　　话:021 - 64071208
印　　制:苏州市古得堡数码印刷有限公司　　经　　销:全国新华书店
开　　本:710 mm×1000 mm　1/16　　　　印　　张:17
字　　数:303 千字
版　　次:2024 年 9 月第 1 版　　　　　　　印　　次:2024 年 9 月第 1 次印刷
书　　号:ISBN 978 - 7 - 313 - 31571 - 7
定　　价:68.00 元

前　言

　　1987年,军事法学在其基础理论研究并不充分的情况下被确定为法学之下的一个二级学科,从此,一代又一代的军事法学学人开始前赴后继地科研攻关,在理论成果上,如今已经建构了宏大而厚重的军事法学理论体系。这一理论体系的发展遵循一定的规律,并具有一定的特色。以这一理论体系整体为对象的分析,具有以下几方面的意义:第一,了解这一理论体系建构的理论基础和资源;第二,把握这一理论体系建构的基本理路和方式;第三,总结这一理论体系发展中的经验和存在的问题;第四,引发对军事法学理论创新发展的思考。

　　对军事法学理论体系的分析应采用什么形式取决于分析的目的。如果想通过对既存观点、理论或者资料的整理以达到了解前人研究成果或理论状态的目的,那么,采取文献综述的形式比较合适,但这种形式的不足也是显而易见的。普遍性的文献综述形式尽管能够反映这一理论体系的建构过程和层次,但研究中的"问题意识"缺失也决定了这种研究方式的无中心、无观点性。如果想通过对军事法学理论体系的整体检视,实现对其纵向形成过程和横向结构特点的把握,并总结出这一理论体系形构的特点,必须超越文献综述的层次。

　　本书对中国军事法学理论发展过程及其体系,以学术史的研究方法,分专题进行回顾和反思,以发展的视角总结和把握军事法学理论在学科理论形构中固守与创新的基本特征。固守,是基于军事法学理论与传统的一般法学理论之间的关系,基于军事法的本质认定。军事法学理论建构中通过对一般法学理论、方法的参照与借鉴,比较迅速地建构了军事法学理论体系。基于"军事法是一个独立部门法"的前提认知,借助传统部门法理论,建构了一个类似于"全科法学"的理论体系。这种理论状态是其他部门法理论所不具有或不完全具有的,这凸显了军事法学理论体系自身的特色,但是军事法是国家法律体系中一个特殊的组成部分。认识军事法需要超越传统部门法理论。创新,是基于军事法自身的特殊本质而有必要对传统法学理论、方法的超越,或者基于新的视角去看待这种特殊的法现象。作为一个法学学科,在理论上需要面对的是特定范围内的特殊社会实践,而表现在理论上的创新,就是基于对这种特殊的实践需求的适应或满足。从历史的视角来看，这种对一般法学理论，即传统法学理论及其方法的超越在军事法学理论发展中早有体现。若以实现对中国军事法学理论的创新视角来看，这种超越更是一种必然。

基于这样的认识，并在论证的具体需求下，本书从点、面、线、体等层次对军事法学理论体系进行了审视。军事法的概念是整个军事法学理论体系建构的逻辑基点。认识军事法首先在于我们如何在概念意义上界定军事法，这是理论的出发点。因为对军事法概念的界定在一定程度上能够反映研究者的军事法观念和看法。对于诸种理论体系建构而言，这是基础，也是前提。由此，本书考证了军事法概念界定的过程，并进行了法理分析。

军事法学是一个学科，对这一学科理论的分析，有必要把它放在法学学科背景之下，甚至放在学科史的背景之下去探讨。在理论与学科发展互动的关系下，才能真正理解和把握军事法学学科的发展及定位。也只有在这样的背景下，才能真正理解军事法学学科证成关键要素的建设和发展，包括理论载体的建设情况、学科研究对象问题以及学科体系划分等问题，这也是从理论建构"面"的层次上，对我国军事法学学科发展进行总结性思考的前提。

对军事法学基础理论建构的分析，主要是通过提炼专题性的问题形式，"条线"勾画出军事法学基础理论发展建构的过程和特色，寻觅每一个具体观点背后的深层次基础。在观点的比较中，把握学界对此问题的认识脉络。军事法学分支理论发展的专门化，或者说是学科化是军事法学的一大特色。对这种理论现象和形式的分析，能够深刻地把握军事法学理论体系的建构。

军事法理论的建构必然需要借助一定的研究方法。事实上，军事法学的研究方法也是这一理论体系建构的一部分。在一般法学研究方法发展大背景下审视军事法学的研究方法，也能够寻觅军事法理论的特色。

党的十八大以来，我国军事法治建设实践经历了一个从军事法制到军事法治、从军事法规体系到军事法治体系，再到中国特色军事法治体系的不断深化的过程，依法治军已经上升到战略高度，由此催发军事法学理论研究不断深化。在习近平强军思想和习近平法治思想指导和引领下，军事法学理论取得显著进展，逐步形成了新时代中国特色军事法学理论体系。新时代中国特色军事法学理论体系有着明确的时代背景，体现了鲜明的时代特色，实现了传统军事法学理论的创新发展。理论总是在传承中发展，在发展中创新。要深刻把握新时代中国特色军事法学理论的发展脉络，洞悉其理论渊源的基础与流变，对传统军事法学理论的形构必须有一定的把握。在这个意义上，本书算是一次尝试，更是一次学习。

张　钢

2020 年 8 月 1 日

目　录

导　论

一、研究目的及意义

研究的目的,即对这项研究预想实现的研究目标和结果。意义有多种解释,就本书而言,其意义在于这项研究所具有的价值和作用。笔者之所以将"研究的目的"和"意义"放在一起,主要基于两者之间具有的关联性。

在军事法学的研究总结中,有研究者认为仅 1978—2009 年的 30 余年,军事法学已经取得了至少六方面的成就:第一,对军事法学的基本范畴作了厘定;第二,军事法基础理论研究取得长足进步;第三,初步构建起军事法学的学科体系;第四,对部门军事法进行分化;第五,推动依法治军的理论与实践发展;第六,外国军事法和战争法研究取得突出成绩。[①] 这一总结客观反映了中国军事法学在十几年前的发展状况。仅从理论建构而言,军事法学已经取得了足以支撑一个学科的理论内容和深度。就发展形势来看,随着越来越多地方院校的加入,未来军事法学显然不缺少发展的"软硬件"。但是,在理论"喧闹繁华"的背后和研究者透视的目光下也能看到对这一理论体系冷静与严肃的评价:"基础理论薄弱""借用、移植、复制现象严重""体系有待整合""理论逻辑性不强""研究方法单一""学术争鸣氛围不够"等。所以,军事法的理论应提升到何层次? 这一看似宏大的理论体系具体应达到一种什么样的理论状态? 这一理论状态是如何实现的? 其研究立场、分析角度、依据的理论、研究方法、研究结果如何? 认识并解决这些问题乃是本书研究目的和意义所在。

第一,本书以专题形式,系统梳理了军事法学理论的产生与演进过程,为后续研究奠定基础。我国军事法学是一门发展了多年的法学学科,其理论不仅分门别类、条分缕析,而且层层叠叠、左右勾连。但到目前为止,笔者很难检索到全面而系统论述军事法学理论发展过程的论著,所以,对这一学科的发展历程加以梳理和研究是十分必要的。这种研究及其表现在形式上类似于学术综述,只不过这种综述是围绕着具体问题展开的。

[①]　陈耿,傅达林.中国军事法学 30 年[J].当代法学,2009(1):57 - 62.

第二，借助学术史的研究方法，在具体研究资料使用方面，基本上按照产生的时间顺序进行分类、总结。陈平原教授曾说："所谓学术史研究，说简单点，不外'辨章学术，考镜源流'。通过评判高下，叙述师承、剖析潮流，让后学了解一代学术发展的脉络与走向，鼓励和引导其尽快进入某一学术传统，免去许多暗中探索的功夫——此乃学术史的基本用功。"①学术史是学术，表现在一种研究方法上，有着独特的价值，将这种研究方法引入军事法学理论的分析是一种创新的尝试。

以历史的眼光看待军事法学理论，其理论、观点的产生都基于一定的时代背景。虽然这种说法本身可能会因为这一学科理论存在的时间性问题而受到质疑，毕竟因为分析的时段中包含当下，所以，有些理论、观点在如今仍在坚守并使用，这也为分析评价造成了一定的影响。邓正来先生曾在"中国法律哲学临界丛书"中指出："年轻学者，一如任何学者一样，都没有能力使自己完全摆脱生成他们、成就他们的这种学术体制和这个时代，正如理性不可能完全脱离其生成条件而对这些条件进行彻底的反思和批判一般。"本书在具体梳理资料方面，基本按照理论产生的时间顺序进行分类、总结；在具有一定代表性的观点上，分析其在历时性上的固守与变化；在具体理论细节上，实现相对实证性的认知。笔者只在学术史的研究方法内展开军事法学相关理论和观点的梳理及辨流，尽量避免评价，即通过实证性的物化理论和观点实现证明。

第三，通过主要理论的专题性梳理和创新研究手法的引入，基本实现了对军事法学理论发展的认知。改革开放以来，就部门法学理论建构而言，主要借鉴西方的理论、观点和方法，但就军事法学这个学科来说，则显得有些"畏缩不前"。法的地方性特征在中国军事法这个领域内体现得极为明显，这也决定了中国军事法理论与西方军事法理论之间互相借鉴的有限性，当然这也更多地表述为中国军事法理论学习、借鉴西方军事法理论的前提性缺失。中国军事法这种独特的境遇，再加上1987年军事法学被确定为法学的一个二级学科而对理论的客观需求，直接导致了其在智识资源选择上的现实性和有限性，即在自身独特性认识不够、研究不足、国外理论借鉴受限的情况下，只能更多地侧重于对"法"的一般理论的借鉴。也就是说，作为法学之下的一个学科，军事法学实现与一般法学理论的共享，事实上也成为最有效的方法。所谓固守，主要表现为对一般法学理论的固守，具体表现为通过借用、复制或移植一般法学理论来形构军事法学的理论体系。在这种现实境遇下，无论是基于这一理论体系自身建构的反思，还是对这

---

① 周祥森.学术史是学术[J].史学月刊,2011(1)：16-19.

一理论体系面向实践的体察,军事法理论对创新性的需求都已经转化为其继续发展的内在动力。

"固守与创新"能够反映出军事法学理论形构的特点,虽然或许只是一个判断或论断,但经过专题形式以及学术史的方法展开的研究过程,最终可使这一论断得以证实。

二、文献综述

本书按照文献的综述类、综合类以及专门类分别阐述。综述类的文献主要倾向于针对军事法学的整体理论架构或者状态进行研究的文献;综合类的文献主要是指其内容能够涵盖军事法学理论的众多具体知识点,并体现军事法学理论体系性、学科性特点,此类文献以教材类为主;专门性文献主要是指那些研究主题仅涉及军事法学理论的某一特定专题的问题,例如军事立法、军事司法以及军事法的部门法等。

(一) 综述类文献综述

2014 年出版的《中国军事法学研究的历史回顾》(第二版)对本书提供了指引。该书分为两编:第一编介绍了中国军事法学研究的历年研究概况。以年份划分,记录了 1987—2012 年中国军事法学的研究情况。每年记述的内容中都有一定的体系,包括概述、事件及专题理论研究情况等。以"2012 年军事法学研究概况和主要观点综述"为例,其体例分为:概述、年内举办的理论研讨会情况及相应各专题的研究概况,包括军地协同推进军事法学研究的路径与方法、加强军民融合式发展法规制度建设问题研究、军民融合式发展中的法律纠纷及解决路径、军事法规的立法形态与控制的法理问题、中国特色军事法律文化建设问题研究、军队指挥法律制度的内涵与体系问题研究、海上军事行动法律问题研究、军队撤侨行动的法律保障、作战行为法问题研究以及武警法规制度体系的基本构成及特点、武警部队遂行反恐怖行动的法律依据和主体、军队保卫工作学的学科体系与相关学科的关系、人防工程产权归属问题研究、国防知识产权的内涵和权益归属及利益分配、文职人员聘用合同的法律性质等。[①] 这些年度性的发展概况记录,对本书来说有两个重要价值:一是资料指引价值。通过这些年度记录,方便检索研究资料。二是理论指引价值。又可分为两个方向:① 横向而言,了解军事法学在年度发展中的主要关照及研究范围;② 纵向而言,把握军事法学

---

① 张建田.中国军事法学研究的历史回顾[M].2 版.北京:法律出版社,2014:346-373.

专题问题的呈现态势、专题理论的发展变化、具体观点的前后承继。

该书第二编为中国军事法学学术论文选，主要遴选了关于中国军事法学的10篇论文。其中，第一篇《关于我国军事法学研究的历史回顾与思考》，分为七部分：① 介绍新中国早期的军事法学研究情况；② 介绍我国军事法学的孕育和创立时期；③ 介绍我国军事法学的全面发展时期；④ 介绍 21 世纪前 10 年的军事法学研究；⑤ 总结我国军事法学研究的经验与启示；⑥ 反思我国军事法学研究的问题与不足；⑦ 展望我国军事法学的未来前景。七个部分基本上是对中国军事法学的全景式扫描，而且重点突出、观点鲜明。

除了张建田教授的年度综述之外，以原西安政治学院陈耿教授为主的研究力量，自 2002 年开始，对军事法学的发展进行连续性的年度综述。这些综述以年度为单位，分门别类地记录和介绍了军事法学发展中的事件和成果，为军事法学研究的持续推进提供了指引并奠定了基础。

1999 年有数篇论文系统性地回顾了军事法学的发展。张建田的《我国军事法学的创立与发展》发表于《中国法学》1999 年第 5 期。该文认为新中国成立以来，军事法学的创立与发展走了一条从无到有的道路。20 世纪 80 年代我国军事法学创立时期，军事法学的地位和作用开始受到法学家们的关注，军事法学的创立与研究的呼声渐高，军事法学研究得到国家和军队有关部门的重视。90 年代进入全面发展时期，军事法学研究的组织性、开拓性、整体性、实用性、多样性表现突出；21 世纪，军事法学需要重视基础理论研究、增强对实践的指导作用、扩大研究视野、军内外专家配合协作、更新研究方法和手段，并不断壮大研究队伍。张山新、赵晓冬和田胜利合写的《军事法学研究 15 年》发表于《西安政治学院学报》1999 年第 1 期。该文将军事法学 15 年的发展分为两个阶段：1984—1990 年是军事法学研究的创立阶段，其成就表现为：提出了军事法学、成立了学术组织和研究团体、出版了一批专著和教材、开辟了军事法学研究园地、介绍并翻译了国外军事法和军事法学资料、召开学术研讨会、清理了新中国成立以来的军事法律法规、发表了一些专业论文；从 1991 年开始，军事法学进入深入发展阶段，表现为：依法治军取得显著成绩、基础理论研究逐步深入、研究成果丰硕、研究组织得到加强以及军事法学教育得到正规化发展等。俞正山的《创新：21 世纪初期的中国军事法学》一文则从创新的理论基础、社会需求、主要内容和基本思路对中国军事法学在 21 世纪的发展提出了期望，指出了研究方向。

与此前论著皆出于军内研究者不同，《华东政法学院学报》2000 年第 4 期发表的《中国军事法学的过去、现在与未来》一文则出自地方研究者之手（发表此文时，作者张少瑜为中国社会科学院法学研究所副研究员、《法学研究》杂志社副编审）。按作者所言,鉴于"军事法学与普通法学的各学科之间若隐若现地存在着一种隔膜",因此,此篇论文本意在于"媒介军事法学与普通法学""让更多的人了解我国军事法学并关心它的发展"。此文"从法学大家庭的立场出发,简单介绍军事法学发展历程和主要学术观点,着重分析该学科现状及与普通法学科的关系,并对军事法学的发展进行简单的预测"。尽管该文提出的一些观点引起争议,但就《中国军事法学的过去、现在与未来》的学术价值而言,在军事法学理论研究中占有一定的地位。

《中国军事法学的新进展》(2007年)、《自觉中追求自治——改革开放30年的中国军事法学》(2008年)、《中国军事法学30年》(2009年)三篇论文的作者皆为陈耿教授。鉴于论文内容大致相同,故笔者仅介绍《自觉中追求自治——改革开放30年的中国军事法学》一文。该文回顾了中国军事法学的发展历程,将其分为学术准备、学科创立、深入发展和逐渐成熟阶段,并总结了30年来军事法学的主要研究成果:厘定了军事法学的基本范畴;奠定了军事法学的基础理论;探索了军事法学的学科体系;细化了部门军事法的研究;推动了依法治军的理论与实践发展;拓展了外国军事法和国际军事法的视野;等等。在此基础上,作者指出军事法学的未来发展趋势,即学科体系日趋合理、部门法研究进一步细化、研究方法更为科学以及学术交流更趋广泛等。这些内容既总结了30年来中国军事法学的发展历程和成果,又凸显了军事法学在学术自觉中良好的学术自治发展趋势。

此外,杨蕾以采访形式刊发的《春华秋实,任重道远:军事法学学科建设的回顾与展望——访军事法学专家陈耿教授》《老骥伏枥,志在军事法学——访军事法学专家田龙海教授》《中国军事法学发展,路在何方——访军事法学家周健教授》三篇访问录以及李佑标的《军事法学研究六十年回顾》等综述类论文,由于被采访者或者作者本人基本上既是中国军事法学发展的见证者,又是这一学科理论的创立者和建设者,所以,他们既有亲身经历,也有理论思考;既有建构,也有反思;既有回顾,也有展望。理论上的真知灼见、思想上的深邃悠远、感情上的忠诚炽烈,让人深切感受到老一辈学人对这一学科的赤诚与热爱。

(二) 综合类文献综述

我国翻译出版的第一本军事法学著作是苏联学者的《军事法学》,原书1984年在苏联出版,1987年被翻译引介到我国。张少瑜在《中国军事法学的过去、现在与未来》一文中将该书归类为教材,并认为其体系结构和观点对我国军事法学影响是显而易见的,尤其是在观点上。例如,该书以宪法为军事法的基本依据,对军事法的概念、调整对象、特点、渊源、作用等方面进行了详细论述,对我国军事法理论的研究产生了直接影响。此外,该文还认为《军事法学》译著中的一些理论及其研究思路通过张建田等人的著述进入中国法学界,渐成主流。1988年,由张建田、钟伟钧、钱寿根编著的《中国军事法学》一书,被称为我国军事法学的第一部著作。该教材采用总论和分论结构,在内容上对军事法理论的一些基本问题进行了探讨,初步勾画出我国军事法学理论的结构体系,这种体系结构也为我国后来的军事法学著作所接受。虽然书中有些概念、观点乃至体例还很不完善,带有浓厚的教材味道,复制"军制""法学"痕迹较为明显,内容及其论述也缺乏应有的厚度,①但作为填补空白之作,其为军事法学学科的建立提供了评判的基础。

1990年,由夏勇、汪保康合著的《军事法学》,以及由莫毅强、钱寿根、陈航主编的《军事法概论》代表了我国军事法学研究起步阶段的成就。《军事法学》一书侧重军事法总论概述,研究内容涉及军事法学学科概述、军事法的产生及历史沿革、军事法的基本原则、军事法律关系、军事法律行为、军事法律责任、军事法律的效力范围、军事法的主要内容以及军事法制问题。正如该书"序"中所言,其体例结构、范畴和观点存在一些探索的痕迹,值得商榷和有待完善,但这些并不影响对该书的肯定。《军事法概论》分为上下两编:军事法总论和分论,共 26 章。上编集中阐述了军事法的基本理论;下编回答了依法治军、实现军队现代化管理实践的诸多法律问题,既论述了已颁布的军事法律,也为制定颁布新的军事法律提供了法理分析。

1992 年由法律出版社出版的《军事法学教程》总结了军事法学理论的阶段性发展成果。此书分为导论、总论和分论三个部分。总论主要包括:军事法学作为学科的知识概述,军事法概念和特征、本质和作用,历史发展,基本原则,军事法律关系,军事法的形式和体系,军事立法等内容;分论则具体罗列了军事法的部门体系。1994 年出版的《军事法学》一书也分为三个部分。该书为国家社科课题,集中了当时西安政治学院的研究力量,最大的特点就是将军事法体系扩至最大范围。

1996 年,军事法学研究会编写的《军事法制建设研究》由解放军出版社出版,书中分专题由不同研究者主笔撰写,其中对军事法制基础理论、军事立法、军事司法以及军事法学相关问题进行了专题研究,有关体例和观点具有一定的代表性。1999 年出版的《军事法制教程》是军事科学院硕士研究生教材,其最大的

① 张建田.中国军事法学研究的历史回顾[M].2 版.北京:法律出版社,2014:391.

特点是从军事法制角度来研究军事法。

周健教授于 2000 年出版的《军事法论纲》是关于军事法的专著(该书主要思想在其后出版的《军事法原理》一书中也得到坚持)。"核心军事法"这一概念即出自此书。作者认为以往学界把军事法的调整对象较为笼统地界定为"军事领域内的各种社会关系",但对这些关系并没有进一步的区分和深入研究,也没有阐明它们与军事法概念之间的内在联系,从而造成军事法概念过于宽泛,缺乏重点。作者紧紧把握军事法的调整对象,提出武装力量建设是国防建设的主体和核心,武装力量建设领域的社会关系是军事法调整对象的重点和核心,并就此提出"核心军事法"概念。这一概念的提出,对军事法的构成做了进一步的划分,将军事法限定在一个相对固定的范围内,为科学构建军事法学理论体系提供了新的思路和途径。2001 年出版的由张山新教授主编的《军事法学》,从国防法律制度、军事行政法律制度、军事刑事法律制度、国家安全和武装冲突法律制度四个方面对军事法律体系进行了阐释,标志着我国按照一定逻辑对军事法门类进行了安排,在思路和方法上都有突破。2003 年,同为张山新教授主编的《军事法研究》也是一本面向研究生教学的教材,书中以 15 个专题形式全面阐述了军事法学理论,为加强军事法研究的深入思考和研究提供了思路和理论基础。

2006 年由薛刚凌、周健主编的《军事法学》是"创新军事法学的一部力作"。作为地方与军队学者合作研究的成果,该书开创性地对中国军事法体系进行了重构,在观点和思路上皆有创新。《军事法学》(第二版)对第一版进行了较大幅度的调整和修改,反映了中国特色军事法律体系形成及其纵向和横向构造,充实了军事法发展的当代内容。2013 年,由陈耿教授主编的《军事法原理与案例教程》是一本将军事法原理与案例结合起来的著作。鉴于其他军事法教材体系对国防和军地法制实践案例关注不够,这本教材不仅选取了众多有代表性的案例,而且还通过这些具体的案例对抽象的军事理论进行了解读,既有利于理解和掌握军事法理论,也在理论及实践层次促进了军事法的完善。此外,2009 年由田思源、王凌合著的《国防行政法与军事行政法》一书由清华大学出版社出版。该书虽重点论述国防行政法与军事行政法,但部分章节对军事法、军事法学的论述和研究也进行了一定的理论创新。2013 年出版的《国防行政法要义》,虽研究主题是军事法体系中的国防行政,但对军事法的论述也基本上反映了作者在军事法领域理论认识的深化和思路观点的创新。

尽管学者对军事法基础理论在军事法理论体系中重要地位的认识比较统一,但军事法学著作中专门研究军事法原理的著作并不多见。2004 年钱寿根所著的《军事法理学》由国防大学出版社出版，图们将军在序言中说：该书"填补了我国军事法理学的空白"。军事法理学在我国军事法学体系中占有重要地位，作为军事法学的一门分支学科，其是学习其他军事应用法学的准备和入门"向导"。这本书对军事法理学的结构体系和内容作了深入探讨。2005 年出版的《军事法学原理》一书也比较系统地研究了军事法学的相关基础范畴和理论，在概述中分析了军事法的概念、本质、特征和基本原则、学科性质、学科分类和研究方法；在军事法的基本范畴中研究了军事法律关系、军事法律权利和义务、行为与后果、功能与作用、效力与等级、结构与体系、文化与价值；在军事立法中研究了军事立法的概念和特征、军事立法的基本原则、军事立法体制和程序、军事法的渊源、军事法律冲突问题；在军事行政执法中，研究了军事行政执法的概念和特征、体制、形式、程序；在军事司法中，阐述了军事司法的概念和特征、军事司法组织体制以及军事司法管辖体制；在军事法制中，研究了军事法制的概念和特征、军事法制目标以及军事法制思想。此书对军事法理的众多专题分门别类地展开了系统的分析，对理解军事法基础理论，甚至相关理论的发展演进都有参考作用。同年，夏勇教授在司法部课题的基础上，出版了《中国军事法学基础理论研究》一书。作者坦陈对该著作的体例安排并不追求我国军事法基础理论的体系定势，而只是通过若干基础理论问题的具体探讨，勾勒出我国军事法学研究课题的大致范围。据此，该书用 7 部分（包括引言）论述了我国军事法学基础理论的相关问题，对其中的 5 个主题展开了重点论述，提出了一些具有创新性的独到见解。该书富有逻辑性、论证性、学术性。

2008 年，由张山新教授主编的《军事法理研究》也是在国家社科基金项目的基础上成书。该书研究的主题包括：军事法的使命、军事法的概念、军事法与军事伦理、军事法的价值、军人权利与义务、依法治军、军事立法理论、军事指挥权和军事行政权理论、军事刑法理论、军事司法理论以及军事监督理论，具有重要的理论价值和实际指导意义。2017 年出版了两部关于军事法基础理论类的著作：《军事法学理论问题研究》和《军事法基础理论》。《军事法学理论问题研究》以七个专题研究了军事法学相关理论问题，包括"军事"与"国防"关系研究、军事法概念研究、军事法地位研究、中国特色军事法体系研究、"军法从严原则"的语境分析、依法治军与从严治军主体研究、军人法律地位研究。从专题研究内容来看，该书学术意味浓厚，基本代表了军事法学相关理论在新的发展阶段的理论水平。作者深刻地洞悉到军事法学"暴露出来的真正问题是军事法学领域那些基本理论问题没能得到很好地解决，进而影响军事法学在整个法学领域的话语权受限，军事法在国家法律体系中的地位不高，军事法规制度在依法治军、从严治军实践中作用不强"。①

　　此外，张山新的《军事法理的研究对象、内容和意义》、李佑标的《关于军事法学的若干问题研究》、谭正义的《近年来军事法学若干基础理论问题研究述论》等论文在军事法学基础理论方面也都体现出独特的见解。

（三）专门类文献综述

　　这方面的研究性论文比较多。例如，夏勇的《军事法概念与"大军事法观"》一文认为，现代各国关于"军事法"概念的理解都超越了古代"军法"的范围，而我国对军事法的理解更为宽泛。"大军事法观"事实上代表了军事法创立初期的通说。我国军事法以维护和协调国家军事利益为实质，对涉及国家军事利益的军事活动和非军事活动加以规范，符合法律逻辑和我国的国情及军情。李佑标的《军事法和军事法学的概念研究》认为，"军事法"和"军事法学"这两个概念是研究军事法学的起点，军事法是军事法学的研究对象，军事法学是军事法的系统化的知识体系。因此，正确界定两者概念对于构建基本理论框架体系具有重大的理论价值。张山新的《军事法概念新解》认为，军事法是军事法学的一个前提性和本体性概念，而决定军事法的基本特征、主要内容和调整范围的是军事。军事以国家为主体，军队为主要执行者，进行战争准备和战争实施的事务。军事法的概念可界定为由国家制定或认可，并由国家强制力保证实施的，调整国家和军队发生的关于战争准备和战争实施中军事社会关系的法律规范的总称。军事法属于公法，其特点是政治性、技术性、命令性、维权性、实体性、程序性、公开相对性。《军事法概念新解》在区分"军事"与"国防"这两个概念基础上对军事法概念进行了界定，无论从定义方式还是从界定内容来看，并未超出传统对军事法概念的认识范围。张艳的《军事法概念之新辨：基于对"军事"与"国防"关系的分析》，基于对"军事""国防"和"军队"在不同层次上的理解，认为"军事"是高于"国防"和"军队"的共同的上位概念，军事法是调整国防和军队建设两大军事领域内各种社会关系的法律规范的总称。

　　在关于军事法地位的讨论中，军事法是否应当成为国家法律体系中的独立法律部门也引起较多关注，支持和否定两个方面都有不少论文发表。例如，莫纪宏的《军事法目前不宜作为独立的法律部门》一文坚持在《宪法》将"军事法规""军事规章"作为独立的法律形式纳入文本之前，不宜在理论上将军事法作为一个独立的法律部门，特别是不应当在宣布"形成中国特色社会主义法律体系"时

---

① 　张艳.军事法学理论问题研究[M].北京：法律出版社，2017：3-4.

将其与以宪法为核心的其他法律部门并列。冉巨火的《学科军事法论》最主要的观点是军事法不是一个独立的部门法，而是一门法学学科。军事法学的研究路径应设定在法学范围内，欲求研究的深化，必须回到基础问题的规范研究而摒弃泛政治化的方法，以加深军地协同。张艳的《论军事法的部门法地位》也认为基于几个军事法基本范畴的理解不同，军地双方对军事法独立地位问题认识不一，军事法要确立独立的部门法地位需要有创新的思维。朱晓红的《论军事法的部门法属性：基于法哲学的视角》认为，军事法的元问题是战争与和平，需要通过法律对于军事事项的规范来解决战争，达到和平；军事法的调整对象是国防和军事，同时，军事法还具有支撑部门法属性的贯穿性和通览性的特点。陈耿、王卫军的《论军事法在中国特色社会主义法律体系中的地位》认为，从宪政体制、立法体制、部门法的划分标准以及理论研究等方面已经能够证明军事法列为部门法的适当性，因此，赋予中国军事法独立法律部门地位有着多方面的意义。傅达林的《宪政体制下军事法体系的定位》则基于中国特殊的宪政体制认为，军事权是军事法体系的逻辑起点，军事法是在区分军事与国防关系的基础上发展起来的一套特殊的法规范体系，在国家法律体系中具有独立地位。此外，谭正义、彭刚的《也谈军事法的部门法地位：着重于法律部门划分标准的分析》、张建田的《再论军事法应当作为中国特色社会主义法律体系的部门法》、张艳的《再议军事法在国家法律体系中的地位：基于对〈中国特色社会主义法律体系白皮书〉的分析》、李敏的《矛盾及其化解：军事法的部门法地位解析》等文章均从不同的角度，运用不同的研究方法论证了军事法独立部门法的正当性问题。

在军事立法领域，周健、曹莹主编的《军事立法学》认为，军事立法学是一门独立的军事法学分支学科，并阐述了军事立法基本原理、军事立法的历史发展、军事立法的指导思想和基本原则、军事立法与国情、军事立法体制、军事立法主体、军事立法监督、军事立法完善、军事立法的科学化、军事立法技术、军事行政立法、军事经济立法、军事刑事立法以及部分国家的军事立法的理论与实践等15个主题，基本划定了军事立法的研究范围，代表了军事法学界对军事立法问题的理论研究成果。周健主编的《军事立法研究》是一本研究生教材，其学术性较强。姜秀元的专著《国防立法研究》分上下两篇论述了国防立法的问题：上篇研究了国防立法的基本理论与实践；下篇论述了国防法律制度的立法与完善。这本专著反映了作者在探索国防及军事法制理论，特别是国防立法理论与实践中的学术思想轨迹和阶段性认知。2016年出版的《军事立法理论与实务》一书由赵晓冬主编，以军事立法理论与实践分为上下两编，记录了作者多年研究经历和成果，并在学术上进行梳理和小结，以为军事立法实践提供参考。

除了上述教材类著作,关于军事立法也有相当数量的研究论文。在军事法学学科发展早期,关于军事立法权问题,关于军事立法体制、立法程序等问题都有大量论文产生。在军事法学学科进入快速发展的 21 世纪,这一主题同样受到关注,例如张建田的《军事立法体制与军事立法实践中的问题》《我国军事立法理论与实践的几个问题》《新中国军事立法的历史发展与阶段划分》;徐丹彤的《军事立法与法律保留原则》;毛国辉的《军事立法监督研究》;李佑标、孙卫东的《关于军事立法原则的思考》;胡世宏的《我国军事立法语言的特有风格》;汤国光的《浅论军事立法与强国的内在联系及其演进规律》;张山新、张昱明的《中国特色社会主义军事立法的成就与展望》;肖凤城的《以新的视野和理念审视军事立法》;成义敏的《法治体系下该如何完善军事立法》;丛文胜的《军事立法合宪性审查》;等等。这些论文标志着军事立法研究的视野更加开阔、主题更加精细、研究更加深化。

与军事立法一样,军事司法问题也是军事法学理论研究的重点,而这类主题几乎是其他部门法不可能涉及的范围。关于这一主题,1996 年梁玉霞的专著《中国军事司法制度》对中国军事司法制度的研究具有填补空白的意义。此后,2002 年田龙海主编的《军事审判学》出版,将军事审判学定位为军事法学的一门新兴分支学科,并以军事审判为主题进行了系统化的研究。2002 年由杨东录主编的《军队刑事侦查学教程》出版,对军队刑事侦查进行了系统的研究。2003 年李昂的《军事检察学》同样将军事司法界定为军事法学的一个分支学科,并对军事检察进行了系统性的研究。2008 年曹莹主编的《军事司法制度研究》是政治军官任职教育的基本教材,其理论和观点也代表了对这一主题的阶段性研究成果。同年,由田龙海、曹莹、徐占峰合著的《军事司法制度研究》一书出版,该书代表了军事司法制度研究的新高度。此外,还有徐占峰的专著《军事司法权配置研究》和《中国军事审判制度论纲》等。除了以上著作类的成果,有关军事司法的研究成果更多地表现为论文,主要涉及军事司法基础理论、军事司法改革、军事审判权、军事司法功能、军事司法组织、军事司法价值以及战时军事司法等。

军事刑法理论问题以及军事行政法理论问题都是作为军事法研究部门化的发展趋势下的专门性问题。研究成果既有教材、专著,还有大量的论文。理论研究必然借助一定的研究方法,对军事法学研究方法的阐述在上述文献中也有涉及。对于军事法学研究方法的研究至今并无专门性著作,但是以论文呈现的成果较多。例如,赵会平的《军事法学价值取向引论》《军事法的价值构成及其对立统一》《优先与平衡:军事法学价值取向的应然选择》讨论了军事法的价值取向,作者认为军事秩序应当在现代法治的理性制约下,保持相对优先、冲突优先、动态优先的地位,从而形成合理的军事法学价值取向。杨韧的《军事法研究的价值取向与方法论》《军事法的政治哲学论析与反思：基于政治自由主义的考量》,杨韧、李剑的《军事法研究的批判性建设》看似研究路径不同,但均体现出作者对军事法工具性价值取向的坚持,在研究方法上也偏重于价值分析方法。毛国辉的《军事法：法学与军事学冲突之解决与建构——兼与杨韧、李剑同志商榷》则针对性地阐释了军事法的属性,并侧重于规范和实证的方法。姬娜的《通向法律的军事抑或通向军事的法律：军事法学研究进路的回顾与展望》则强调了军事与法律之争可能只是在国防和军队建设的具体情境中的价值互补,因此,军事法研究进路的多重性或许是军事法研究的内在需求。胡大路、胡锦光的《军事法学学科分析范式的构建》认为现实主义的分析路径误解了军事法的行为规范本质,规范分析应当成为军事法的主业,它是澄清军事法的准确含义、实现其正义评价的功能的前提。

相关论文还有：王伟贤、刘東良的《政治现实主义视野中的军事法》；陈伟、崔家生的《论军事法研究中的社会学方法的引入：也谈军事法学研究方法的重构》；赵国勇的《论经济分析方法在军事法中的应用》；朱晓红的《中国思想史视野中的军事法研究》；曾志平的《论军事法的基本范畴与核心命题：研究方法重整的尝试》等。

三、结构安排及研究方法

(一) 本书结构安排

本书主体内容分为 5 个部分(第二章—第六章)。就体系的逻辑性而言,这5 个部分在一定程度上说并非基于逻辑上的递进,后一个部分的论述也并非建立在此前论述的基础上,这种体例安排更恰当地说是并列的关系。所谓并列关系,是指 5 个部分在各自的角色范围内发挥着对于整体的价值和作用,即证明本书对中国军事法学理论形构的固守与创新的判断。

本书第二章针对军事法概念进行了分析。首先,考证了"军事法"这个词的出现以及军事法被赋予具体概念的过程,并阐述了"军事法"作为一个法学术语概念的确定。其次,以学术史的方法对军事法概念进行考证,并分析学术界关于军事法概念的界定,总结其特点。再次,对法学界关于"军事法"概念的界定进行了法理检视,论证了法学界关于"军事法"概念的界定方式,其理论依据、方法思路是对一般法学理论的固守。由此指出,实现对军事法的新的认识由概念开始,无论在理论基础还是在方法思路上都需要创新。

第三章是关于军事法学理论体系的建构与反思。首先,军事法学作为法学学科之下的一个二级学科,是法学知识以学科形式划分的专门化知识。从学科发展的历史来看,军事法学理论在学科的形式下实现了发展,但这种发展也承载着"学科"形式的传承基因。其次,笔者把军事法学学科理论发展过程划分为不同阶段,提出了军事法阶段性划分的内在性因素标准。再次,研究了军事法学学科证成关键要素的建设和发展,包括理论载体的建设情况、学科研究对象问题以及学科体系划分问题,梳理了这些关键要素的理论建构过程、思路及成果表现。最后,在理论层面上对我国军事法学学科发展进行了总结性思考,主要对成果与经验、问题与反思、固守与超越这三个部分进行了论述。总之,军事法学作为一个发展中的学科,它既要固守,更需创新。

　　一个学科,对其基础性范畴的检视也需要一个过程,在这个过程中,既是对问题认识的深入,也能比较广泛地寻求学术共识。军事法学学科的基础性范畴显然并不只有第四章所列的几个问题,但这些问题已经能够表达军事法学在其基础性范畴研究上的成就。首先,军事法学学科建设伊始,即存在"大小军事法"之争,本质上这是对军事法调整范围的争论。其次,关于军事法独立部门法的预设一旦需要被拿出来讨论时,整个军事法学理论甚至都可能会因此而动摇。事实上,军事法是否独立的部门法,从论断到论证、从民间到官方,其部门法地位并未明确被承认也是现实。再次,军事法体系问题。如果对军事法概念的把握可以从不同的角度展开,那么,军事法体系的界定则可以代表这一抽象概念具体化表达,而且是符合系统论原理的表达。关于这一问题存在的争议,实际上也暗示着对创新思路的需求。最后,军事法的原则。这是军事法基础理论的重要组成部分,反映军事法的根本价值和基本精神,对军事法的制定和实施具有普遍指导意义。

　　第五章主要阐述了军事法理论的部门化研究趋势及其成果,分别从军事立法、军事司法、军事刑法、军事行政法四个方面进行了阐述。当然,严格来说,这四个主题并非基于同一标准划分的结果。如果可以与其他部门法进行比较,那么,军事法理论体系的特色是其他任何部门法理论所不具有或不完全具有的。

　　第六章主要关注军事法学的研究方法。第一节对军事法学著述中介绍的军事法学研究方法进行了梳理,这是以研究方法为主题的专门性内容;第二节对军事法学理论建构中实践的军事法学研究方法进行了研究,这里的研究方式实际上已经是一个工具被运用来建构军事法学理论;第三节是在一般法学研究方法发展及研究的大背景下来审视军事法学的研究方法,查其局限,寻其不足,求得创新发展;第四节是在结合军事法特点的情况下,对军事法学研究方法的创新提供一种可能。军事法学研究方法必须回到规范性研究上来,据此提出军事法教义学的设想。

　　本书主体内容以问题为导向,以学术史的方法研究了中国军事法学理论体系的形构。固守与创新,是这一理论体系形构的特征。

(二) 研究方法

1. 考证的方法

考证是辨别真伪的一种重要的研究方法，也称考据、考辨，即通过考核有关事实，搜集、比较、归纳有关证据，运用逻辑推理方法，得出令人信服的、科学的结论。它是历史研究的一种基本方法，是历史研究重要的基本功。在史学研究多样化、史学方法多元化的当今，"史无定法"是自然的，但考证（考据）方法仍被认为是古今中外历史研究的一种基本方法。不懂考证、不会考证就难以还原历史真相，是无法研究历史的，也研究不好历史。本书就其研究目的和研究范围而言，属于对一门学科理论发展过程及其阶段性成果的研究。因此，以重点问题研究的发展为主线，必须回到具体的知识点上，例如，对军事法概念问题的研究。军事法概念产生于何时？在何种情况下产生？在与其他类似词语的区别中，为何会被形构并确定下来以致获得普遍性？尽管一定的分析推理不可或缺，但这显然是基于确定的事实性资料。因此，笔者考证了当时可能存在的相关的研究成果，最终确定"军事法"最早出现于哪一部著作；在地方和军队，这个词各出现于何时；其概念赋予与作为词语的出现有何关系，并在此基础上分析推理了这个词语在概念意义上的发展过程。

笔者区分了"军事法学著述中介绍的军事法学研究方法"与"军事法学理论建构中实践的军事法学研究方法"，这个区分以及对区分后的研究需要建立在一定的考证基础上，毕竟对军事法学研究方法的介绍和实践运用并非同一意义。介绍，是把军事法学研究方法作为一个专题性的理论知识进行阐述；运用，则是使用相关的研究方法建构出军事法学的理论体系。两者在不同的意义上，如何来确定各自意义上的表现，也需要一定的事实考证。

2. 学术史的方法

中国军事法学作为一门学科，历经 30 多年的建设，其理论体系无论是在广度还是在深度上，想实现全面的把握几无可能，但把握重点、确定特色，实现对这一理论体系的理解也并无不可。本书以专题形式来认识中国军事法学理论的形构就是出于这一考虑。在第四章"军事法理论发展中的几个聚焦问题"中，对问题的层次性、阶段性的把握就体现出学术史的研究方法。例如，在对"军事法调整范围暨'大小军事法'之争"中，笔者对"大军事法"观的学术演进及其特征在历时性进行了总结，对与此相异观点的产生及其理论基础进行了资料性介绍。

3. 比较分析的方法

军事法学相对于一般法学来说处于特殊的地位。军事法学理论是法学理论整体的一个部分，其理论、观点包括研究方法都能在一般法学理论体系中找到对应,因此,通过比较分析的方法,可以把握军事法学理论的建构。具体表现为:在一般法学发展的大背景下来审视军事法学的发展,分析其知识渊源、发展层次以及研究潜力等,把握军事法学发展的层次和方向。

一般法学(地方法学),无论在研究方法,还是开展法学研究的实践上都有着突飞猛进地发展,尤其是近年来对法(律)学研究方法的认识和运用更是日新月异,并实质性地促进了法学研究层次的提升。但是,军事法学的研究方法则相对处于固守传统的状态。尽管军事法自身的特色可能制约了其研究方法,但军事法学界对军事法学研究方法的关注度也不高,这方面的理论认知范围和深度已经不足以支撑军事法学的创新发展。本书通过军事法学研究方法与一般法学研究方法的比较分析,洞开一个适合于军事法学反思和重构的视角。

四、概念澄清以及创新和不足

(一) 概念澄清

第一,军事法学和中国军事法学。就其外延而言,军事法学更具有一般性、普遍性;而中国军事法学则凸显其特殊性,最多只能包括历史上和当下中国军事法的理论范畴。仅从军事法学界的研究而言,似乎军事法学理论的研究倾向于两分,即普适性的军事法学理论和中国的军事法学理论,并或明或暗地强调着其理论的全时域的普适性,然后在此基础上提出中国当下军事法学理论的具体化。在笔者看来,那些追求普适性的军事法学理论实际上并未跳出中国军事法、中国军事法学的范围,无论是立场还是视角显然都是基于中国军事法(学)而发生。在这样的情况下,所谓普适性军事法学理论显然是一种想象。笔者在文中所提的军事法学、中国军事法学等词只具有中国的特色,不具有普适性和一般性。至于本书有的地方使用军事法学,有的地方使用中国军事法学,仅为行文方便,本无区别。

第二,关于法学界、法学研究者、军事法学界、军事法学研究者、地方法学界、地方法学研究者等词语,其概念具有一定的种属关系,例如法学界和军事法学界、地方法学界;法学研究者和军事法学研究者、地方法学研究者。在这个意义上,似乎也没有明确的必要。但是,本书研究的范围界定在军事法学内,而且就军事法学的理论建构主要力量来看,也主要在于军事法学界。需要特别说明的是,对军事法学理论的建构并不能与法学界进行隔离。军事法和一般法学之间的关系决定了研究者的不同侧重点,本书对军事法学理论的学术史检视,以及对相关理论贡献主体的提及也会涉及不同的范围。因此,这些词语虽然有着明确的意义指代,但在本书中并未进行严格区分,只是为了叙述上的方便而求得研究主体大致范围的归属。

第三，军事法、地方法、普通法以及相对应的理论体系。军事法学理论建构之初，军事法就被当作一个独立的部门法，而部门法则只能归属到国家法律体系中，因此也称为法律部门。但军事法基于其自身的特殊性，又使其独立于其他法律部门法或部门法。尽管对"军事法"概念一直存有争议，其中也表现为军事法范围的不同把握，但是，将军事法区别于其他部门法则是公认的。不仅军事法学界持这种观点，地方法学界基本上也持这种看法。所以简单来说，军事法虽有待在众多范畴中的继续确定，但军事法之外则被称为地方法，这一点是得到确认的。严格来说，这种界定并不合适，但除了针对军事法范围这一专题之外，这种说法也不会产生明显的争议。相对于地方法，普通法的说法有了更为丰富的内涵。英国有普通法和衡平法，普通法系也是作为一种法系类型存在，但是本书所提的普通法完全不是同一含义，本书所提的普通法主要是相对于军事法的特殊性而言。若在范围上能够体现为军事法与地方法的两分，那么对于法的特殊性，军事法相对于普通法也可相互对应。所以，所谓概念的意义以及在使用上的方式仅限于本书。

(二) 创新和不足

1. 创新

首先，是观点创新。中国军事法学理论形构的最大的特征就是固守与创新。这是本书的标题，当然也代表本书的观点。在这一观点之下，本书通过对军事法概念的分析、对军事法学理论建构的整体检视、对军事法学几个焦点式的理论争议、对军事法理论研究的部门化趋势、通过在一般法学研究方法背景下对军事法学研究方法的考察等，由整体到部分、由抽象到具体，研究了中国军事法学理论形构的特色。固守，是对一般法学理论的固守，在内容和方式上有不同的表现；创新，尽管在军事法学部分理论建构中已经开始，但整体而言，创新乃是中国军事法学理论反思后发展的必然需求。

其次，研究方式创新。从检索资料来分析，军事法学理论一直对自身建设发展进行总结和反思，尤其是在逢7、逢8、逢9的年份，都会有相当多的反思性研究成果出现。因为逢7的年份是建军的若干周年纪念、逢8的年份是改革开放的若干周年纪念、逢9的年份是中华人民共和国建立的若干周年纪念。依托特殊的年份对军事法学的回顾，这种方式对军事法学的发展本身就是一种审视，总结成果和经验，并展望未来。但是，以专题性问题为导向，以学术史的研究方法开展的整体性总结规律与特征的研究并不多见。文献综述类的成果，如果没有相关主题或问题为核心线索,则只能称为文献综述。本书在研究方式上的创新是对文献综述的超越。

2. 不足

首先,指导实践能力不足。每一项研究都基于特有的问题意识并由此确定需要解决的问题。而本书的研究对象及范围主要是中国军事法学所建构的理论,本书的实践指导能力不足。

其次,学术研究资料的不充分、不全面。既然采取学术史的研究方法,其前提必须是对所涉资料的全部占有,但差距是客观存在的。在军事法学研究方面,似乎尤其如此。有些已经检索到的资料不能使用,另一些资料根本检索不到,从而造成资料上的欠缺。

第一章
"军事法"概念的学术演进及法理检视

第一节 "军事法"概念问题的
缘起及研究现状

　　什么是军事法？对这个问题的回答应该是军事法学学科建立之始就应当解决的首要问题。军事法现象①及其内在的发展模式是一种客观存在的法现象，要对这种现象进行区别，并提炼理论、安排结构、完善体系以致确定学科等，必须解决军事法这种现象何以区分于其他法现象。这种法现象的特殊性表现在哪里？若以普通的问题形式呈现，"什么是军事法"是自然而然的问题表达。这是一个"故事就是从这里说起"的标志性开头，所以，笔者也称之为"逻辑基点之问"。

　　对"什么是军事法"，当然可以从不同的角度，采用不同的方式来进行回答。但这一问题若上升到专业的法学理论层次上，对这一问题的回应就有必要进行理论的筛选和提炼，即学者们所说的把现实中的问题或现象纳入法学的学术语境中去理解而必须经历的阶段。②

　　从辩证逻辑的角度来看，"概念的产生标志着人类思维开始从原始状态进入逻辑思维的阶段。逻辑思维的特点在于运用概念，并进行判断和推理，因而通常

---

① 一种法现象被称为"军事法现象"，这需要理论研究，不然也不会有军事法现象的理论提炼。这一问题本不必列，但下文是对这种法现象的理论提升以及学术理论的总结凝练过程。此处是为了本书写作的简单化，并不对现象、理论的产生进行辩证分析。

② 关于法学研究中的问题意识，这是一个大的论题。有学者认为："法学研究的问题意识应当建立在对问题、话题和命题这三个概念的区分和把握上，依照学术规律来展现法学的实践品格。具体而言，就是将现实中的某个法律问题或法律现象纳入法学的学术语境中去理解，将法律问题或现象概括、提升为一个有学术意义的话题，然后就这一话题提出新的学术命题并使用学术语言加以论证，从而增加知识总量和理论含量。"尤陈俊.从事有知识增量的学术研究,科学确立法学研究的问题意识[N].人民日报,2019-07-15(9).

又被称为概念思维或理论思维"。① 在形式逻辑看来,概念是思维形式最基本的组成单位,是构成命题、推理的要素。因此,在研究命题、推理之前必须首先研究概念。"概念是通过揭示对象的特性或本质来反映对象的一种思维形式"。② "科学研究,尤其是理论研究,在某种意义上就是提出、分析、论证、积累概念的过程。"③ "法学之所以能够作为一门科学而存在和发展,从内在条件而言,主要是由于具有了独特的概念体系。"④

为了正确地进行思维,概念应当满足一定的条件。概括而言,概念应当明确。任何一个概念都具有内涵和外延两个方面,因此,内涵和外延是概念最基本的逻辑特征。换言之,一个概念是明确的,就是指这个概念的内涵和外延是明确的,即这个概念所反映的事物具有何种本质和特征,以及这个概念反映的哪些事物是明确的。⑤

"军事法"概念在法学学科范围内⑥可以从内外两个角度来呈现。对外,军事法的概念若要表达军事法在国家法律体系中处于一种独立法律部门的状态,⑦显然有必要厘清军事法的"领地"问题。既然划分"领地",这又必然涉及与其他法律部门之间的"边界"勘定。对内,军事法的概念需要对军事法体系自身能够实现调适和涵盖,使理论的抽象能够包容其不同位阶、不同领域的法律规范,并达到理论"自洽"的状态。如果从概念要素的角度来看,军事法概念的内涵应表明自身内在质的规定性、独特性,正是这种内在特性,使其区别于其他法律部门;由内涵而引发的外延部分,需要在军事法基础理论建构上进行调适,尤其是在军事法结构、体系理论建构方面能够实现全面覆盖。

关于"军事法"概念的定义是军事法理论研究的基点,也是军事法理论研究的起点。这是对军事法现象的认识由感性阶段进入理性阶段的标志,具体理论活动和理论表现也由此开启。那么,关于军事法概念的理论活动和理论

---

① 彭漪涟.概念论:辩证逻辑的概念理论[M].上海:学林出版社,1991:2.
② 华东师范大学哲学系逻辑学教研室.形式逻辑[M].上海:华东师范大学出版社,2018:11.
③ 张文显.法哲学范畴导论[M].北京:中国政法大学出版社,2001:1.
④ 胡玉鸿.法学方法论导论[M]山东人民出版社,2002:136.
⑤ 华东师范大学哲学系逻辑学教研室.形式逻辑[M].上海:华东师范大学出版社,2018:12-13.
⑥ 在学科意义上,军事法是法学的二级学科。自1987年国家教委将军事法学列为法学类的一个分支学科之后,这一状况至今没有变化。2001年中央军委将军事法学确定为军事科学的一级学科,并设置了军事法理学、军事立法学、军事管理法学、军事司法学、国际军事法学5个二级学科。2010年,这一学科设置又被取消。为何设立又为何取消,笔者并未检索到相关研究资料,所以,本书仅是军事法的法学学科意义上的研究,并不涉及其是否及应否成为军事科学学科的探讨。
⑦ 当然,这种状态是有争议的,这主要体现在军事法是否独立的法律部门。此处所说的这种状态主要是从军事法概念的定义角度来说的。概念必须有一定的特殊性,尤其是在内涵上,否则事物之间无法在概念上区分。所以,此处重点不在军事法是否独立的法律部门,笔者把这个争议放在理论争议的学术史回顾中予以重点探讨。

表现到底经历了什么、处于什么状态、达到何种程度、表现如何等，都需要展开学术研究史。学术史在一定意义上就是以既往研究成果为研究对象的学术研究活动，在方法上采取体系性地、层次性地，或者阶段性地分析、探究成果的广度和深度。军事法理论界①曾经对这一主题研究进行关照。1989 年，也就是在军事法理论研究刚刚展开时，②有人认为尽管关于军事法概念学界已经开始有所表达，做到了从无到有的突破，但对其内涵和外延理解并不统一。③ 1999 年，在军事法理论研究展开 10 年后，有人总结认为军事法尚属于建设和发展中的新兴学科，对包括军事法概念在内的一些关键理论并未形成一个明确的、统一的框架和成熟的结论。④ 2009 年，在军事法研究进行 20 年的时候，有人认为关于军事法概念的问题尚未解决，这种"蹒跚学步、裹足不前"的状态在所有部门法学学科中显得十分特殊，并导致整体军事法理论研究的低层次徘徊。⑤ 2017 年，在军事法理论展开已有 30 年的时候，有两部以军事法基础理论为主题的论著同年出版，论者的看法为"军事法学理论研究已经进入一个进退维谷的境地。欲破解此困境，就必须厘清'军事法'的概念"。⑥ 军事法学者对军事法概念研究的评价颇让人意外。

---

① 关于"军事法理论"和"军事法理论界"笔者有必要给予一定说明。关于"法学理论界""军事法理论界"称谓，笔者是在一般意义上说的，尽管两者在一定意义上属于"种属关系"，但基于本书的主题，笔者还是把以研究军事法理论为主的群体或个人归结为军事法理论界，即这个群体的研究并非以一般的法律理论或其他部门法理论为主。当然，这必定因存在一定的交叉地带而陷于归类困难，例如有的人既研究一般法，也研究一般的法律理论。对此情况，笔者也难以界分，但有一个标准，就是针对其具体研究成果的内容和价值在军事法理论上体现了"知识增量"，并尽将其纳入军事法理论界。

② 关于军事法研究从何时起存在争议，原因在于判定的标准以及划分的目的不同。笔者认为主要有三种界分：一是从 1987 年算起，理由是在这一年，国家教委将军事法学列为法学的一个学科；二是从 1984 年算起，理由是《中国大百科全书（法学）》的主编张友渔、潘念之在"卷首语"中首次提出将军事法列为一个独立的法律部门；三是从 1978 年算起，以党的十一届三中全会为标志，中国法学研究开始进入一个新的阶段。军事法学作为法学的一个部门，其理论发展应当归于法学学科发展领域。当然，还有一种观点认为军事法研究开始的时间应当从第一篇关于军事法研究性文章发表时间算起，具体时间有争议，但早于 1984 年。以上这些观点，鉴于个人研究的出发点不同、标准不同，故认定结果也不同。但一般来说，军事法理论研究起始于 20 世纪 80 年代中期应该是一个可以接受的观点。

③ 张建田.我国军事法学研究的现状和问题[J].法学研究，1989（6）：15 - 21.

④ 张建田.我国军事法学创立与发展回顾[J].中国法学，1999（5）：3 - 5.

⑤ 田思源，王凌.国防行政法与军事行政法[M].北京：清华大学出版社，2009：241.

⑥ 张艳.军事法学理论问题研究[M].北京：法律出版社，2017：26；管建强，周健.军事法基本理论研究[M].北京：法律出版社，2017：5.考虑到观点出处，有必要介绍一下这两部著作关于这一部分内容的安排。虽然这两部著作封面标明责任者不同（一为张艳；一为管建强、周健），且成书方式也不同（一为独著；一为合编），但详查其内容来源，有关军事法概念章节均由同一人完成，即张艳。尽管在管建强、周健所编的《军事法基本理论研究》"导语"中说明"军事法概念"章节属于张艳、周健两位学者的看法，但张艳本人对这一内容更为详细、更为规范的论述也体现在其专著之中，且其个人专著出版时间在先。

第二节 "军事法"的出现与概念界定

就"军事法"概念来说,首先要分析的是"军事法"这个词①。鉴于军事法理论研究最先是基于"军事法"这个词,并按照"概念"的要求界定其内涵和外延的,那么,首先考察"军事法"这个词的学术研究无疑是必要的。

一、"军事法"的出现

"研究法学,必要探究各法律术语的含义、用法、起源以及其演变等,因为这些法律术语演变的背后,反映了法这一特定社会现象的形成、发展和演变的过程,反映了某个国家、民族法律文化的所有内涵"。② 这种以概念的历史演进视角的展开为本书的研究提供了方法指引。

"军事法"一词是从什么时候开始出现的? 这个词若是自古而有,对这个词的概念确定是否有变化,变化是否具有阶段性特征,有哪些体现? 这个词若不是自古而有,而是一个新词或者创造的词,那么,它又产生于何时、何处,出自何人或者何组织,基于何原因,在其创造之时有无赋予其确切含义,赋予了何种含义? 作为一个法学理论名词,有没有在概念的意义上有所规定,如何规定的,在意义表达上是否存在与该词义项类似或相近的字或词,有何区别? 等等。包括但不限于以上所列举的问题都应该被纳入法学理论界的视野,尤其是军事法理论界更应该认真对待。哪里产生问题,哪里就应当在理论上有所聚集。理论研究由问题而引发,这是法学理论研究中的"问题意识"使然。所以,学术史研究既需要牢牢把握自己的研究对象——学术理论,又需要紧紧盯住激发此理论的实践问题,在一定程度上达到"视域融合",③这当然是一种良好的研究状态。

---

① 关于"军事法"这个词的历史考察,笔者的考察范围是有前置限定的,本书限定在法学学科或者法学理论的范围内。
② 何勤华.中国法学史(第一卷)[M].北京:法律出版社,2006:1.
③ 德国哲学家伽达默尔在其《真理与方法》(第一卷)中说:"所谓理解某人所说的东西,就是在语言上取得相互一致的意见,而不是使自己置身于他人思想之中重新领会他人的体验"。伽达默尔.真理与方法(第1卷)[M].北京:商务出版社,1986:305.为说明这一融合过程,伽达默尔以翻译为例进行了解释,因为翻译典型地表现了视域融合的过程。翻译者在翻译时如何力图进入原作者的思想感情中或设身处地地把自己想象为原作者,翻译都不可能是作者原始心理过程的重新唤起,而是在新的条件下对文本的再制作。当他这样做时,实际上是在把他自己的视域和理解带入原文的翻译中。我们不能把文本所具有的意义视同为一种固定不变的固定观点。在重新唤起文本意义的翻译过程中,翻译者总是把自己的思想和理解带入此过程。在翻译中得以阐明的东西,既非原文的意见,也非翻译者的意见,而是一种共同的意见。洪汉鼎.诠释学:它的历史和当代发展[M].北京:中国人民大学出版社,2018:5.

考察"军事法"一词的出现，既要在法学研究的大范围、长时段的历史中去寻踪觅影，也需要在军事法研究的领域内扫描定位，甚至还需要把检索的范围扩大至日常生活和工作中。既然军事法概念是军事法理论的首要问题，"军事法"这个词又是其概念的语言形式表达，那么，笔者首先从军事法理论界对这一问题的论述展开。

检索军事法理论界的著述，在专业术语意义上提到"军事法"这个词，笔者首见于 1983 年 11 月出版的《法学基本知识》(第一版)，编者为杨福坤、何金湘。[1]此书第一版第二次印刷的出版社是解放军出版社。[2] 由书的"前言"可知，这是一本为提高部队人员的法律素养而编写的教材。[3] 该书共分 14 讲，从 14 个方面阐述了法学的基本知识。在这本书的第十三讲"我国社会主义法律主要部门简介"中，列明我国的法律部门有宪法、刑法、民法、婚姻法、行政法、诉讼法和军事法。显然，"军事法"在这里的出现，是作为国家法律体系中的一个法律部门。这本普法教材还对"军事法"概念进行了界定，"军事法是指仅适用于现役军人或有关军事方面的法律规范的总称"。[4] 这个概念是从法的适用对象以及规范事项性质的角度来定义的。这里军事法的概念就是对这个法律部门的规范界定。那么，"军事法"这个词是否这本书编者的首创？编者未说明，笔者也没有查到更早的资料。

由此，假定作为词意义上的军事法存在，至少在军事法理论界对这个词的早期使用中并未说明，更无论述。无论是按种属关系，还是从一般特殊关系角度来说，这个研究顺序都有足够的逻辑和法理支撑。那么，"军事法"这个词有没有可能首先在法学界提及？

鉴于国家曾经的特殊时段，并由此而决定的我国法学理论发展的阶段性，[5]

---

① 关于两位编者介绍，参见张建田.中国军事法学研究的历史回顾[M].北京：法律出版社,2014：404.

② 笔者所能查到的这本书显示,1983 年 11 月第一版,1985 年 5 月南京第二次印刷,出版社为解放军出版社。在李佑标等著的《军事法学原理》(人民法院出版社 2005 年 7 月出版)第 3 页的注释②中,显示该书于 1983 年由战士出版社出版。张艳独著的《军事法学理论问题研究》(法律出版社 2017 年 11 月出版)第 27 页的注释③中,也显示该书 1983 年版的出版社为战士出版社。

③ 杨福坤,何金湘.法学基本知识[M].北京：解放军出版社,1983：1.

④ 杨福坤,何金湘.法学基本知识[M].北京：解放军出版社,1983：166.

⑤ 关于中国法学理论发展的阶段性,大致是从时段所具有的标识性特点来说的。标识性本身可以从内容和形式两个角度进行分析。从法学理论内容来说,朱苏力教授的法学理论研究在阶段性上呈现的三种学派倾向观点对笔者有所启发。必须注意的是,朱教授的划分起始点也是定在 1978 年这个特殊的年份之后。朱教授的观点大致是这样的：按照时间的先后,把改革开放以来中国法学研究划分为"政法学派""注释学派""社科学派",并认为彼时正在向社科学派转化。他认为,"政法学派"盛行于 1978 年至 20 世纪 80 年代,他们把"法学的一些有某种政治禁忌的题目从极'左'政治或僵化政治中解放出来,使之能够成为一个公众的学术的话题",一般地"它的规则和评价标准是政治正确"。"注释学派"是从 20 世纪 80 年代中期开始,贯穿 20 世纪 90 年代,其核心问题是"构建一个概念系(转下页)

笔者并未将搜索的目光无限拉长、放大。① 1963 年 9 月,张友渔、王叔文出版《法学基本知识讲话》,此书于 1980 年 1 月由中国青年出版社再版。再版前言列明本书是"为了适应青年读者的需要而写的",书中对法的一些基本知识进行了分析。这是在经历特殊历史时期之后,法学知识的启蒙之作。② 但是在这本书中,并未出现"军事法"这个词。

1981 年 2 月北京大学试用教材《法学基础理论》为北京大学法律学系"国家与法的理论"教研室集体编写,由北京大学出版社出版;1982 年 3 月,高等学校法学教材《法学基础理论》出版。这两本教材既诠释了多年以来法理学者把法理学作为一门独立学科的追求和努力,也证明了法学理论本身的建构。就教材体系和主要内容来说,两本教材成为此后同名教科书的范本达十多年。③ 北京大学试用教材《法学基础理论》第四编第十五章第二节"我国社会主义法律部门",④ 把

(接上页)统基本完整,自洽且能够有效传达和便于运用的法律体系",其特点是高度关注具体的法律制度和技术问题,注意研究具体的法律问题。"社科学派"是从 20 世纪 90 年代中期开始的,其共同点是不把法律话语作为一个自洽自足的体系,而是试图把法律话语与社会实践联系起来考察其实际效果,特别是把社会学、经济学、政治学、逻辑学、历史学等方法综合起来运用,分析法律问题,解释法律和法学中的疑难问题。朱教授的这个观点最早发表于 2000 年 11 月 29 日—30 日由《中国社会科学》《中外法学》、北京大学司法研究中心等联合召开的"法学研究范式转化研讨会"。参见张文显.法哲学范畴导论(修订版)[M].北京:中国政法大学出版社,2001:368.朱教授的这个观点后来也以《也许正在发生——中国当代法学发展的一个概貌》,发表于《比较法研究》2001 年第 3 期。从法学理论形式来说,具体从大学法学理论教材名称来看,能称得上具有一定法学理论意义的法学教材,其出版也在 20 世纪 80 年代前后。在 1980 年以前,中国整个政法院校、综合大学法(律)学系的法理学教科书仍然沿用 20 世纪 50 年代苏联法学教材,称为《国家与法的理论》,其内容相当大的一部分是讲述国家理论,其法学理论的核心部分照搬"维辛斯基法学"的基本论点,其中有真正的理论突破和学术价值的论著并不多见。1980 年后,法理学学科自身建设在理论观点和方法论上冲击和解构了"维辛斯基法学"体系,政法院系教材的体系和主要内容发生变化,例如北京大学试用的《法学基础理论》(1981年)、《法学基础理论》(1982 年)。这两部教材"成为其后同名教材之蓝本,影响达 10 余年之久。进入 20 世纪 90 年代至今,法学理论著作多称为"法理学","中国法理学研究由意识形态的论辩转变至理论论证的阶段"。参见舒国滢.在历史丛林里穿行的中国法理学[J].政法论坛,2005(1)。
① 这个判断略显武断,但是基于笔者以下观念:第一,军事法不是一个外来词。中国军事法现象的特殊性以及国外军事法现象及理论发展的状况决定了这个词及其义项并不是一个"由外而内"的移植或传输过程,至少在词的产生视域内不存在这种情况。这不像中文现代意义上的"法学"一词的起源及其流变。第二,军事法也不是一个在中国历史上原本存在的词。尽管就事项的性质来说,在中国历史上有与"军事法"这个词涉及事项相同或者近似的词,例如军法、军律,但这些词在现代大多不用了。第三,"军事法"是一个创造的新词,其出现既是对历史上相关词的义项的突破,也是理论上出于对概念的需求而新创造的专业术语。基于以上判断,笔者认为没有必要对资料的检索范围过分展开。
② 这是笔者自己的认定,主要出于两方面的考虑:笔者查阅了国防大学图书馆、华东政法大学图书馆、上海图书馆(网)、国家图书馆(网),法学基本知识类的书籍,这是较早的一本,也是笔者能够借到实体书的唯一的一本。可见当时法学类书籍之罕见。二是基于对那一段特殊历史时期以及其后"法"的境遇的认知。当 1977 年我国恢复法学教育之时,当时的法学教育者、研究者和学习者其实都很清楚地意识到中国法学理论面对是一片不毛之地,面对的是周遭世界的"无知之幕",甚至在 1988 年时还被学界称为"法学幼稚"。
③ 舒国滢.在历史丛林里穿行的中国法理学[J].政法论坛,2005(1):24-34.
④ 此书认为我国社会主义法律部门尚是一个有待总结经验来解决的问题,但大体来说,基本上可以分为下列 10 个部门:宪法、刑法、民法、经济法、行政法、劳动法、人民公社法、婚姻法、司法程序法、军事法。陈守一、张宏生.法学基础理论[M].北京:北京大学出版社,1981:408-422.

"军事法"定位为社会主义法律体系中一个独立的法律部门。尽管论述内容只有三句话，但定义简洁，观点鲜明。比较而言，高等学校法学教材版的《法学基础理论》(编者为各高等院校的专家、学者和教师，经集体讨论后，由孙国华、沈宗灵修改定稿，陈守一审阅，北京大学出版社出版)中有关于法律体系、法律部门的内容，①在"法律部门"中没有把"军事法"列为一个部门，书中也未出现"军事法"这个词。笔者在查阅资料时，发现了 1981 年 12 月由华东政法学院法学基础理论教研室编写、院内印刷和使用的教材《法学基础理论》，其对"我国现行法律规范的主要部门"进行了划分，②其中列明了"中华人民共和国军事法"。③

上海辞书出版社出版的《法学词典》由中国社会科学院法学研究所组织，邀请北京和各地法学教学、研究等单位部分同志编写，于 1980 年 6 月出版，全书约 87 万字。④ 词典全部词条和释文中所依据的法律文献截止 1979 年 12 月 31 日。作为我国法学专业第一部专业性词典，其编写过程被评价为"科学与民主的实践"，这部词典"不仅是司法工作者系统掌握法律知识的基本工具，而且为那些法律科教工作者以及法律院校的学生所倚重。"⑤但是，词典中未有"军事法"词目。1984 年 2 月，词典的增订版定稿完成，并于当年年底由上海辞书出版社出版。增订版使用的资料以 1983 年年底发表的资料为限。⑥ 虽然以"军"字头的词目相比第一版有了大幅增加和修订，⑦但仍未出现"军事法"词目。中华人民共和国成立后出版的《辞海》1979 年版、1999 年版、2010 年版也均未收录"军事法"这一词条。

综上，就"军事法"一词的出现，可以得出如下判断：一是"军事法"的产生时间上大致在 20 世纪 80 年代初，首见于北京大学试用教材《法学基础理论》。二是"军事法"一词及其学术传播方向大致由法学理论界向军事法理论界传播。军

---

① 该书认为我国社会主义法律体系包括哪些部门尚待进一步研究，根据现行法规和社会主义现代化建设的客观需要，我国社会主义法律体系应当包括下列部门：宪法、行政法、财政法、民法、经济法、劳动法、婚姻法、刑法、诉讼法、法院和检察院组织法。参见高等学校法学教材编辑部.法学基础理论[M].北京：法律出版社，1987：272 - 281.
② 在这本教材中，把社会主义法律规范的主要部门分为国家法、行政法、财政法、土地法、民法、劳动法、人民公社法、婚姻法、刑法、刑事诉讼法、民事诉讼法、法院组织法、检察院组织法、军事法以及其他尚待解决的具体法律规范的归属。参见华东政法学院法学基础理论教研室.法学基础理论[M].上海：华政印刷厂，1981：204 - 212.
③ 华东政法学院法学基础理论教研室.法学基础理论[M].上海：华政印刷厂，1981：212.
④ 法学词典编辑委员会.法学词典[M].上海：上海辞书出版社，1980：2.
⑤ 曾庆敏.科学与民主的实践：忆我国第一部法学词典的诞生[J].辞书研究，2010(5)：152 - 158.
⑥ 法学词典编辑委员会.法学词典(增订版)[M].上海：上海辞书出版社，1984：1 - 2.
⑦ 从总条目来看，1980 年版的《法学词典》收录词条 3238 条；1984《法学词典》(增订版)共收录词条 4243 条。根据词典凡例，1980 年版的《法学词典》中以"军"字头的词条有 5 条；《法学词典》(增订版)中以"军"字头的词条有 23 条。

事法理论界对"军事法"的提及首见于 1983 年由杨福坤、何金湘编写的面向部队基层干部战士普法的《法学基本知识》一书。三是"军事法"一词的出现,主要意义范围在法律体系、法律部门理论的研究范围之内,且是以赋予其概念为表现形式。此外,笔者并未检索到军事法学界对有关"军事法"这个词具体产生时间的专门考证式研究成果。笔者做以下推测:关于"军事法"一词的起源、义项,词语生成机制以及学术上的传输转化等论题并未引发军事法学界的关注。

二、军事法及义项与类似词的比较

就概念的形成来说,辩证逻辑认为:"概念作为客观现实的反映、作为标志认识发展的一定阶段和环节,其形成和发展都是离不开人的认识过程的,而人的一切认识活动的基础在于变革现实的实践,因此,实践必然是概念形成的认识论基础。"①实践是认识论基础,而实践本身既是现实的又是历史的,这又是对实践的辩证认识。那么,就军事法这个自产生即具有专业概念义项的新造词语来说,其概念所反映的社会实践在历史的视域内是否有其他字或词所涉及、涵盖或被涵盖?这种替代是基于社会实践本身的历史性变迁,还是基于认识主体在主观认识上的变化?对这些问题的厘清,既是对军事法概念在起源层面上的正本清源,也能够把握法学理论界尤其是军事法理论界在这一问题上的分析理路。

从研究资料来分析,对"军事法"这个新词在区别中的厘清,主要涉及与以下几个具有类似义项词的概念的关联与分化:军制、军律和军法。这些具有历史意蕴且又确有具体指代的词语,在新词出现之后,又被置身何处?是随着历史向前发展而被扫进故纸堆,还是被赋予新的义项"改头换面"而继续生存?

"军制"一词古已有之。在战国时期《荀子·议兵》中即有记述:"请问王者之军制。"《吕氏春秋·节丧》载:"引绋者左右万人以行之,以军制立之,然后可"。此后历代使用此词,含义均属军事方面的制度意思。自南宋起,"兵制"一词盛行,但军制、兵制两词并用,含义相当。清末以来,多用军制。②近现代以来,人们对"军制"一词的解释更加清晰透彻。③虽然在具体的定义中对军制主体及目

① 彭漪涟.概念论:辩证逻辑的概念理论[M].上海:学林出版社,1991:143.
② 沈雪哉.军制学[M].北京:军事科学出版社,2000:7-13.
③ 1917 年,北洋政府陆军部颁布的《军制学甲班教程》称:"军制者,兵学之根源,编制经理之统称,一切制度之谓也。质言之,若国军之编制,人马之教育补充,军需物品之供给经理,军官之晋级调补以及征兵服役等。"1932 年编印的《军制学摘要》认为:"军制云者,为国家关于军事设备上诸种制度之谓也。换言之,即国家对于战争上所要求预行诸般之设备,是曰军备。关于军备之诸种制度,总称之曰军制。"1987 年中国人民解放军军事科学院军制研究部著的《国家军制学》指出:"国家军制,是国家制度的主要组成部分,是国防、武装力量的一定组织形式和领导管理的规范、手段。"1994 年出版的《海军军制学》给"军制"下的定义:"军制是国家或政治集团关于建设、管理和运用军事力量的制度。"（转下页）

的的表述有所不同，但基本上都揭示了军制各主要方面的本质，这些也奠定了军制学研究最重要的基础。① 军制学是以军事制度为研究对象的理论体系，是军事学的重要学科之一。1986 年，军制学即被国家学位委员会确定为军事学的一级学科。从概念的区隔与厘定角度来看，军事法与军制在概念上显然并不存在谁取代谁的问题，两者至目前都在各自的领地作为各自学科之基础内容持续发展。两者的区别是在"军事法"这个词被赋予概念意义时显得非常必要。毕竟制度涉及规范，法本身就属于规范。两者都涉及规范类，并内嵌于军事这个特殊领域。

实际上对这一问题的分析在早期军事法研究中有所涉及。由解放军南京政治学院夏勇、汪保康两位教员合著的《军事法学》一书由黄河出版社于 1990 年出版。作者以规范分析的方法，对军事法与军制的联系与区别作了分析，并认为军事制度好比一项建筑的设计构想，军事法则是体现设计构想的较为精确的施工图。具体而言，军事制度与军事法都是掌握国家政权统治阶级的意志表现，有着相同的阶级本质；军事制度主要确立国家军事活动的原则和方案，军事法则是以特有的法律形式将有关原则和方案固定下来，赋予其权威的地位和稳定的效力；军事制度着重解决国家军事活动中各种纵横关系及其各种因素相互作用的功能机制之设置等问题，军事法则将这些关系和机制具体化为便于人们遵循的行为规范；军事法并不是军事制度中可以独立存在的部分，而是保障整个军事制度得以恰当体现、顺利推行的手段，是寓于军事制度之中的。军事制度学主要回答国家军事系统怎样才是合理有效的；军事法学主要回答对于一种有关国家军事系统的安排构想，以怎样的方式才能明确地将其表现出来和有效地予以实施。很明显，从规范性来看，"军事制度是军事法的实在内容，军事法是军事制度必不可少的存在形式"，"是同一层次同样方面的不同课题"。②

同样基于规范分析的方法，1997 年出版的《中国军事制度史·军事法制卷》认为，军事法与军事制度在稳定性、制定机关以及制定程序方面存在区别，但"军事法往往是军事制度的表现形式，而军事制度则是军事法的主要内容"。③

还有学者通过历史的和社会的视角加以分析，认为当拥有武装力量的政治

（接上页）1995 年出版社的《中国军事百科全书·军制分册》的表述是："军制即军事制度，国家或政治集团组织、管理、维持、储备和发展军事力量的制度。"1997 年出版的《陆军军制学》表述为："军制，即军事制度，是国家或政治集团组织、管理、维持、储备和发展军事力量的制度。"2000 年沈雪哉主编的《军制学》对"军制"的表述是："军制即军事制度的简称，是国家或政治集团在一定的历史条件下，为满足建设和运用军事力量需要，所确立的调整军事领域各种社会关系及相应军事活动的规范体系。"

① 沈雪哉.军制学[M].北京：军事科学出版社，2000：3.
② 夏勇，汪保康.军事法学[M].济南：黄河出版社，1990：13.
③ 季德元.中国军事制度史·军事法制卷[M].郑州：大象出版社，1997：2-5.

集团尚未取得政权时,军制与这个国家的法制通常是分离的;当取得政权并建立法制之后,军制就会纳入法制的轨道,但仍然会有交叉关系和包容关系。所谓交叉关系,就是军制的一部分纳入法制的范围,而另一部分内容依然保留其相当的独立性;所谓包容关系,就是军制的全部内容纳入法制范围。而在现代法制社会中崇尚法治,通常要求军制全部纳入法治范围内。其必要性和意义在于:法制的参与从根本上有利于建设一个与整个社会生活相协调的的军事制度,而军队作为一个武装集团,也应该成为执法楷模,在国家法制建设中发挥示范作用,因此加强以法制为基础的军制建设也是必要。有学者认为,军制学与军事法学呈现交叉和包容两种关系,随着军事法制的进步—完善,两门学科的兼容关系将日益加强。①

按照学者分析,如果"军事法"与"军制"在本质意义上虽各有所指,但依然处于彼此共存、共进的发展状态,那么,军事法与军律军法的关系则是另一种状态。按照 2000 年版的《军事大辞海》和 2010 年版的《中国军事大辞海》,军律是指"古代军事法的统称。其核心是军事刑律。"②"封建国家制定和颁布的具有刑法性质的军事法律规范统称为军律。"③而对军律的含义及其历史变迁也有人从律的词义的古今之变角度进行考证,并指出,军律具有严格的军法的意义,是直到明清之时才形成的。④ 无论其定义所处立场的角度如何,在时间上都将其归为古代。对"军律"这个词,主流观点认为这是一个历史性词汇。若非以历史为对象,"军律"一词在现代基本已不再使用甚至提及。

"军法"一词在我国历史上也是很早出现的,且持续使用至今。⑤ 就现有研

---

① 张山新.军事法研究[M].北京:军事科学出版社,2002:4.
② 熊武等.军事大辞海[M].北京:长城出版社,2000:1217;《中国军事大辞海》编写组.中国军事大辞海[M].北京:线装书局,2010:1276.
③ 叶峰.中国封建军律述论[J].法学家,1989(4):57-62.
④ 达知."师出以律"的律是指军法吗?[J].法学研究,1994(3):80.作者指出:在秦汉以前,"律"是个多义字,但其基本含义是乐律,乐律的基本要素是节奏。军队训练作战要整齐一致,古代主要借助于旗鼓。战鼓的敲击必须符合一定的或舒或缓的节奏。战士们根据旌旗的指挥和战鼓的节奏去做各种动作。战鼓的节奏体现出战术、技术的要求,故"失律则凶",即不按照要求一致行动,就会打败仗;战鼓的节奏同时又体现出军事指挥者的要求,不服从命令必然受到惩罚。这样,乐律就引申出作战规律和战斗纪律的含义。汉以前正是在这样的广泛意义上使用"律"字的。秦汉至隋唐时多称"军令"或"军中教令",元时出现专用于约束军人的"军律",明清时出现"兵律",这些律才具有比较严格的军法的意义。
⑤ 据考证,"军法"一词最早出现于周朝。《周礼·夏官·诸子》:"国有大事,则帅国子而致于大子。惟所用之。若有甲兵之事,则授之车甲,合其卒伍,置其有司,以军灋治之"。这里的"灋",即"法"的异体字。《韩非子外储说右上》:"明日令田于圃陆,期以日中为期,后期者行军法焉。"《史记·司马穰苴传》:"召军正问曰,军法期而后至云何? 对曰:当斩。"《汉书·高帝纪》:"肖何颁军令,韩信申军法。"《后汉书·董卓传》:"昔霍光定策,延年案剑,有敢沮大义者,皆以军法从之。"《汉书·王莽传》:"敢有趋犯法,辄以军法从事。"《三国志·魏志·文帝纪》:"将率陈军法,朝士明制度。"事实上,"军法"一词至今仍在使用,例如中国法学会军事法学研究会曾经主办的刊物《中国军法》及《法学杂志》开辟的专栏"军法纵横"等。

究成果来看，从词义角度来说，"军法"一词主要有如下几种含义：一是军队组织编制法。《周礼·夏官·诸子》："国有大事，则帅国子而致于大子。惟所用之。若有甲兵之事，则授之车甲，合其卒伍，置其有司，以军灋治之"。这里的"灋"字，即法的异体字，而军法也就是军队组织编制法的意思。① 二是治军的法律。② 三是军队中的刑法。一些现代辞书将"军法"的条目直接定义为"军队中的刑法"。1982 年版《中国人民解放军军语》设有"军法"条目，并解释为"军队中的刑法"。③

在我国"军事法"概念提出之后，由于义项上的叠加，研究者提出了对"军法"概念的质疑，认为不能将军事法的概念理解为军法。因为对于军法质疑者已经确定了特定的认知。其实从古籍资料来看，在大多数古籍兵书中，"军法"一词都是在军事刑法意义上使用的。人们一谈到"军法从事"，就自然联想到军人的定罪处刑之事。认为军事法与军法两者概念不仅体现了新旧之分，而且体现两者内涵不相容者，其实就是建立在对军法即军事刑法的特定认知的基础上。"但这种传统的军事法律观点在我国国防现代化建设的今天，是不可避免地落伍了。……现代军事法无论在调整范围上还是在结构体系上，都已经超越了军事刑法的调整范畴。无论在任何一个国家，军事刑法都只不过是该国军事法体系中的一个分支部门，我国也并不例外。因此，再用'军事法'或'军法'即'军队中的刑法'来表述军事法的概念及其含义，不仅是过时的，而且是不准确的了。"④ 若以这种认知为基础，其结果和效果也是很明显的，既实现了概念之间的区隔，又在否定与建构中实现新词对旧词语的替代。所以，"即便'军法'作'军事刑法'注解，也不宜得出'军法'必须等于'军事法'的结论"。⑤

对于新旧词语的替换，并非所有的意见都相同。反对意见不认为军法仅是历史概念而不能在军事法学中使用。一方面，其承认传统军法的含义；另一方面，认为应对其做扩大解释。如此一来，军法就可以在现代军事法的概念意义上继续使用，例如可以将其定义为"国家法律体系中有关军事建设和活动的部

---

① 张建田，仲伟钧，钱寿根.中国军事法学[M].北京：国防大学出版社，1988：2.
② 参见中华书局于 1936 年出版的辞海和商务印书馆四卷本的《辞源》修订本注"军法"为"治军之法律"。台湾商务印书馆于 1974 年 6 月出版的《云五社会科学大辞典》第六册《法律学》对"治军之法律"做了专门注释："狭义言，专指适用于军人之陆海空军之刑法及其特别法；广义言，指对军人及其非军人犯罪，依法应由军法审判之案件，于处理所适用之法令，均属之。其范围包括实体法、程序法与军事行政法。"转引自 А. Г. 戈尔内.《军事法学》[M].何希泉，高瓦，译，北京：解放军出版社，1987："译者的话"。相同内容也见于图们.军事法学教程[M].北京：法律出版社，1992：30.
③ "军法"条目仅在 1982 年版《中国人民解放军军语》有解释，此后，1997 年版及 2011 年版均未列此条目。
④ 陈学会.军事法学[M].北京：解放军出版社，1994：37 - 38.
⑤ 张建田，钟伟钧，钱寿根.中国军事法学[M].北京：国防大学出版社，1988：2.

分";^①"适用于军事、国防和军人的,旨在保证武装力量的建设和作战以及其他军事任务完成的一切法律和法规"。^② 而且现实中,也有人认为张纪孙先生就很少用"军事法"概念,而坚持使用"军法"概念。长城出版社于 2003 年出版的《军法纵横》一书多用"军法"一词。^③ 中国法学会军事法学研究会曾经主办的刊物名为《中国军法》。^④《法学杂志》有一专栏名曰"军法纵横"。^⑤ 甚至"军法"一词也在不同意义上被使用,例如对军事法院简称军法等。^⑥ 这些都证明了"军法"一词并非仅属于一个历史的词汇。

有学者总结认为,对"军事法"这个新词的概念有了时代性赋予,对其概念中的历时性特征没有必要讳莫如深。一是军法虽是一个古老的概念,但可以随着时代发展而丰富其内涵。以法的概念为例,法在过去和现在代表着不同的含义,但并不影响现在人们对法的认识和理解。二是从不同语言区域的法律语言翻译来看,军事法与军法也并非互不相容。以"military law"对应汉语词汇为例,既可译作"军事法",也可译作"军法",有时因其对应刑法内容还译作"军事刑法"。毕竟一个词组"military law"在英语中并不存在类似的区分。三是从目前军事法和军法的使用情况来看,两者的共存状态似乎也没有引起误解。^⑦

当然,对于军事法、军法概念的共存状态只是从其使用现状而得出的一种现象性表述,并不代表两者在历史和规范意义上就可以完全彼此替代。尽管对于军法概念完全予以弃用的态度不足取,且其概念可以在时代发展的背景下继续丰富并使用,但"军事法"作为一个现代法律专有名词术语被创造并使用,却有着"军法"一词的历史意蕴所无法涵盖的因素和个性。而这需要在军事法概念的视角下去寻求理解。那么,哪些因素影响甚至决定了军事法概念?军事法概念又是如何被界定的?

---

① 黄玉章,程明群,王亚民.军队建设大辞典[M].北京:华夏出版社,1994:252.
② 赵先顺.中国军事辞典[M].北京:解放军出版社,1990:234.
③ 夏勇.中国军事法学基础理论研究[M].北京:中国财政经济出版社,2005:65.当然,夏勇教授在正文及注释中提及的如此现象,笔者认为其主要是为了说明军事法和军法并非形同水火、彼此不容。《军法纵横》第一篇名为"国际军事法学";第二篇名为"外国军法";第三篇名为"中国军法",此后两篇及附录介绍了翻译中的问题及作者以英文语言发表的文章及一些媒体报道等。纵观全书,虽然表面上看似"军事法"、"军法"混用,但是笔者认为作者对两词的使用还是有一定考量的。
④ 由于军队编制体制调整以及中国法学会军事法学研究会特殊的体制状态,目前《中国军法》已改由国防大学政治学院西安校区主办。
⑤ 张建田.乐为军法鼓与呼:纪念《法学杂志》创刊 30 周年[J].法学杂志,2010(4):142-144.
⑥ 笔者在知网上以"军法"为主题词检索,即出现数篇论文,例如李晓亮,杨坦辉.推动新形势下军法工作科学发展[N].人民法院报,2011-07-29(1).文中的军法即指军事法院。类似的论文还有发表在《人民法院报》《解放军报》《法制日报》《检察日报》等报刊上,题名中均使用"军法"一词,例如《军法召开座谈会贯彻最高法院通知》《用军法锻造精神利剑》《绽放在"军法"战线上的铿锵玫瑰》等。
⑦ 夏勇.中国军事法学基础理论研究[M].北京:中国财政经济出版社,2005:65-66.

三、"军事法"概念的基本框定

有一种观点认为："法律的基本作用之一乃是使人类为数众多、种类纷繁、各不相同的行为与关系达致某种合理程度的秩序，并颁布一些适用于某些应予限制的行动或行为的行为规则或行为标准。为能成功地完成这一任务，法律制度就必须形成一些有助于对社会生活中多种现象与事件进行分类的专门观念和概念。……法律概念可以被视为是用来以一种简略的方式辨识哪些具有相同或共同要素的典型情形的工作性工具。"①当然，这种观点也显示出其对法律概念产生的社会性体察，即法律概念产生背后的影响或决定因素在于社会合理秩序的需求。就军事法概念的产生来说，其背后的影响甚至在一定程度上起着决定性影响的因素或条件如下。

一是随着国家有关国防和军事事务的立法逐渐步入正轨并不断增加，在法律制定以及实施过程中产生的问题有必要在理论上予以回应。在这种情况下，概念作为理论存在的一种形式，其产生也就具备了客观条件和环境。1978年后，在"加强社会主义民主，健全社会主义法制"的推动下，我国军事立法工作重新启动。1979年《中华人民共和国刑法》公布后尚未施行之时，②解放军总政治部便于1979年8月开始组织专门人员，研究起草《中华人民共和国惩治军人违反职责罪暂行条例》（简称《条例》）。1980年6月完成报送稿。该《条例》于1980年6月10日由第五届全国人大常委会第19次会议通过，自1982年1月1日起施行。同次会议通过的还有由军队负责起草的《中国人民解放军选举全国人民代表大会和地方各级人民代表大会代表的办法》（简称《办法》）。军队的民主与法治有了相应的保障。以1982年《中华人民共和国宪法》（简称《宪法》）颁布为标志，军事法治建设全面纳入国家法治建设的轨道，军事立法也步入正轨。1982年《宪法》继承和发展了1954年《宪法》的基本原则，总结和概括了我国社会主义建设的丰富经验，对新的历史时期武装力量的领导体制、性质任务、建设方针、活动原则、公民的国防权利和义务、国防建设的领导管理体制等都作出了规定。

随着宪法和一系列法律的颁布实施，法学界在研究宪法和军事法律的过程中，不断发现并提出一些有待理论回应的问题。例如《条例》和《办法》均由军队有关部门组织起草，那么，军队的立法程序和国家的立法程序之间是什么关系？

① E. 博登海默.法理学：法律哲学与法律方法[M].邓正来，译.北京：中国政法大学出版社，2004：501.
② 此处所指《中华人民共和国刑法》，系由1979年7月1日第五届全国人民代表大会第二次会议通过，1979年7月7日全国人民代表大会常务委员会委员长令第六号公布，自1980年8月1日施行。

军事立法权限的范围应当如何规范和确认？《条例》和《办法》与国家的《刑法》《选举法》等在立法效力和范围上有何联系和区别？司法实践中如何贯彻"军法从严""战时从严""特别法优先"等原则？中央军委发布的规范性文件是否属于立法行为？如果定义为立法，那么中央军委在国家立法体制中处于何种地位，其制定的规范性文件是否要向社会公开，其与国务院行政法规是什么关系，两者冲突如何解决？此外，《条例》与《刑法》的关系如何，冲突如何解决？① 这些问题需要提升到理论的高度予以研究。开展军事法理论研究以及建构军事法理论体系也是必然的路径选择。

二是从部门法学学科建构来看，实际上也是军事法理论整体化、体系化后的学科归类要求。进入 20 世纪 80 年代中期，在国家法学学科体系中，各部门法学基本上都处于一种生机勃勃的繁荣发展状态。② 理论问题的讨论为后续的法学理论发展及法治建设"扫除了思想障碍""准备了理论前提"。③ 1982 年 11 月《法学》编辑部认识到"法学基本理论是法律科学的躯干，是法律科学体系中各类分支学科共同原理的概括"，发出"关于加强法学基本理论研究的倡议"，希望以法律体系为主题，展开相关法学基础理论的重点研究。④ 1983 年 4 月，由中国社会科学院法学研究所和华东政法学院联合召开法学理论研讨会，针对"如何建立和建立怎么样的中国式的社会主义法律体系和法学体系"进行了研讨。⑤ 在这一过程中，有专家指出军事法应当成为一个独立的法律部门。⑥

总之，有关军事法制的发展尤其是立法的发展对军事法理论产生了现实需求。法学界在对法律体系、法律部门相关理论的建构中也体察到其具有的理论价值而开始将其纳入研究视角。

关于军事法概念的初创，军事法理论界引证较多的当数《中国大百科全书（法学）》（第一版）。《中国大百科全书（法学）》第一版于 1984 年由大百科全书出版社出版，著名法学家张友渔、潘念之撰写的"法学"卷首中明确指出："法学研究的具体范围同法学的分科是密切联系的。从法的各种类别来说，法学研究范围

---

① 参见张建田.我国军事法学的创立与发展回顾[J].中国法学,1999(5)：3-5.
② 对此专门性的研究可参见中国政法大学法律史学研究院主编的《中国法学四十年(1978—2018)》(中国政法大学出版社 2018 年版);王奇才主编的《中国法学大事记：1978—2018》(法律出版社 2018 年版);张文显、黄文艺主编的《中国高校哲学社会科学发展报告(1978—2008)：法学》(广西师范大学出版社 2008 年版);等等。
③ 张文显.在新的起点上推进中国特色法学体系构建[J].中国社会科学,2019(10)：23-42.
④ 法学编辑部.关于加强法学基本理论研究的倡议[J].法学,1982(11)：2-3
⑤ 探讨社会主义法律体系和法学体系:首次法学理论研讨会在沪举行[J].法学,1983(5)：4.
⑥ 吴大英,刘翰.建立中国式的社会主义法律体系[J].法学,1983(1)：9-12;陆德山,孙育玮.关于我国法律体系的几个问题[J].求是学刊,1984(6)：53-60.

首先是各部门法，例如宪法、行政法、家庭婚姻法、民法、经济法、军事法、刑法和行政诉讼法、民事诉讼法、刑事诉讼法等，从而有与之相适应的宪法学、行政学、家庭婚姻法学、民法学、经济法学、军事法学、刑法学和行政诉讼法学、民事诉讼法学、刑事诉讼法学等法学分科。"①从这里也可以明确看出，作者认为军事法学是法学的一个分支学科，而与之对应的军事法则是一个独立的法律部门。一个独立的法律部门，必然要求产生一个与之相适应的法学学科。鉴于《中国大百科全书》的知识涵盖及其重要地位和价值，其法学卷中有关"军事法"的这一论断的提出极大促进了学者将军事法作为一门独立的对象进行研究的积极性，这当然包括对军事法概念的界定以及在此基础上的理论拓展。因此，可以肯定的是，这一论断确实对军事法学的形成发挥着重要意义。但是，论断毕竟是论断，其要具有说服力则需要理论支撑，尤其是重要的论断更需要体系化、逻辑化的理论来证明，就此标准来看，《中国大百科全书（法学）》关于"军事法"的论断缺少的恰恰是理论分析。事实上，《中国大百科全书（法学）》虽然在卷首语中提到了法律部门及法学学科意义上的"军事法"和"军事法学"，但是书中并没有设立军事法词条，在体例安排上也没有提及军事法的有关内容。

有人认为从 1985 年起，一批带有填补空白特点的有关军事法学的论著陆续问世，为军事法理论的成熟与发展提供了学术依据。② 还有人认为 1986、1987、1988 年，军事法学的研究达到了一个高潮，③有关报纸、杂志陆续发表了数篇关于军事法的论文，内容涉及军事法的概念、调整对象、表现形式、结构体系以及军事立法的地位、作用、方针、原则等。④ 这 3 年公开发表的军事法基础理论类的文章中涉及军事法概念的论文就有十几篇。就学术研究来说，学术论文是一种发表观点最简捷的途径，而且通过论文的形式能够专题专论，将论题在纵深的方向上步步推进，达到一定的层次。但是一个学术观点、看法或有关主题的论述，若要在学术上产生更大的影响，以论文形式"单打独斗"又略显薄弱，需要考虑与此"焦点"有所关涉的其他部分的汇通和勾连。"部分"固然重要，但作为理论，其"整体"显然意义更大。理论体系中基础性概念的研究尤其如此。对于军事法概念来说，尽管研究成果多以论文的形式发表，但若要产生一定的学术影响，非有论著不成。只有这样，才能形成"一家之言"，从而在"全局""整体""系统"的观念上丰富研究的层次。

---

① 中国大百科全书总编辑委员会《法学》编辑委员会，中国大百科全书出版社编辑部.中国大百科全书（法学）[M].北京：中国大百科全书出版社，1984：2.
② 张建田.中国军事法学研究的回顾与思考[M].北京：法律出版社，2003：276.
③ 张少瑜.中国军事法学的过去，现在与未来[J].法学，2000（4）：3-18.
④ 张建田.中国军事法学研究的历史回顾[M].2 版.北京：法律出版社，2014：387.

从现实来看,无论是国家法治发展的理论需求,还是理论的自我建构需求,军事法概念似乎都已经成为一座必须跨越的山。1987 年 5 月,国家教委将军事法学列入法学类的一个分支学科。军事法的理论研究包括对"军事法"概念探求的任务已经落在了军事法学界的肩上。

苏联学者 A. Г. 戈尔内主编的《军事法学》一书,1984 年由莫斯科军事出版社出版,经我国学者何希泉、高瓦翻译后,于 1987 年由解放军出版社出版发行。目前来看,这是我国出现的第一本以"军事法学"命名的著作,[①]尽管其只是一部教材,但在理论的系统层次上对军事法概念的界定,已远非一篇专题论文所能企及了。就语言角度来说,不同语种若要实现"跨语际实践",[②]并取得一定程度上的意义共识,其表象首先是在各语种间找到能够在义项上相对应的字或词。但是,无论是从现代西方哲学诠释学的角度,还是从翻译伦理学角度或一般翻译理论来说,这都并非易事。对于《军事法学》一书的翻译,译者明言:书中的俄文"Военное право"一词在俄语文化传统之内来表达,其义明确,系"国家法律的一部分,它规定武装力量的建设、活动、组织机构、管理和执勤制度等方面的各种社会关系,各军事指挥机关之间、部队主管人员之间、军人之间的相互关系及其职责、权利和责任……它包含有国家法、行政法、财政法和其他各种法的规范"。若将这一词语在汉语中找到对应的词,也只有军法、军制、军律等现成的词大致相关。但基于这几个词汇本身的"历史意蕴"及其现实中的特殊指代,其并不能对俄语一词"Военное право"的义项能够完全涵盖,译者不得不求助于新词。反复推敲之后,译者最终决定译为"军事法"(作为部门法),并进而确定了"军事法学"(作为学科名称)。译者坦言,究竟中国自己的军事法学的任务是什么;其研究对象和范围怎样确定;其与法学的其他分科、与军事学的其他学科关系如何? 这些都是有待进一步探讨的问题。[③] 至此,在这本译著的专门的体系化理论之中,"军事法"也有了一个正式的中文定义。

《中国军事法学》一书于 1988 年由国防大学出版社出版。著名法学家张友

---

① 关于该书首次使用"军事法"这一概念,译者有所交代,译者经过反复推敲,最后确定译为军事法(作为法律部门)和军事法学(作为学科名称),并称,由张友渔和潘念之在《中国大百科全书(法学)》总领条中提到了这两个名词,故才作此译法。A. Г. 戈尔内.军事法学[M].何希泉,高瓦,译,北京:解放军出版社,1987.张少瑜也认为"其译法明显是受了张友渔的论断的影响"。张少瑜.中国军事法学的过去、现在与未来[J].法学,2000(4):3 - 18.但是在这个问题上,也有人认为恰恰相反,可能是张友渔、潘念之在《中国大百科全书(法学)》中关于军事法的论断受到了苏联学者 A. Г. 戈尔内主编的《军事法学》一书的影响。张艳.军事法学理论问题研究[M].北京:法律出版社,2017:84 - 85.

② 刘禾.跨语际实践:文学、民族文化与被译介的现代性(中国,1900 - 1937)[M].北京:生活·读书·新知三联书店,2002:1.

③ A. Г. 戈尔内.军事法学[M].何希泉,高瓦,译.北京:解放军出版社,1987:1 - 4.

渔在为书题的序言中，称之为"我国第一部全面阐述军事法理论的学术专著"。"尽管书中有些概念、观点乃至体例还可以进一步斟酌和推敲，"①但是"这本书对军事法理论的一些基本问题进行了探讨，提出了独到的见解，并进行了论证，首次勾画出我国军事法学理论的结构体系，这种结构体系为我国后来的军事法学著作所普遍接受"。② 书中对军事法概念表述为"军事法是指调整一定范围内涉及国家军事利益关系的法律规范的总和"，并进行了解释和说明。③ 这一概念比较特殊之处在于其引入了"军事利益"的因素。

确如前所述，1986—1988 年，军事法的学术研究掀起了一波高潮，而且在研究中，有关基础理论的研究尤为凸显。就军事法概念来说，"军事法是指一切调整涉及国家军事利益的社会关系的法律规范的总称"；④"通常指在国防、建军和作战等方面，由国家制定或认可并由国家强制力保证实施的行为规则的总称"⑤；"军事法是维护国家军事利益，调整国家、军队、公民之间以及军队内部相互之间，在国防、军事活动和军队建设中所发生的各种社会关系的法律规范的总称"。⑥ 这种以法学界通用的由调整对象及表现形式的方式来进行定义的模式得到了认可，并在之后的理论研究中得以承续。

第三节 "军事法"概念的界定及其特点

"从历史上看，科学研究，尤其是理论研究，在某种意义上就是提出、分析、论证和积累概念的过程"。⑦ 鉴于军事法概念之于军事法理论体系的重要性，因

① 张建田,钟伟钧,钱寿根.中国军事法学[M].北京：国防大学出版社,1988：4.
② 张建田.中国军事法学研究的回顾与思考[M].北京：法律出版社,2003：278.
③ 书中概念表述清晰,即"军事法是指调整一定范围内涉及国家军事利益关系的法律规范的总和。"但这本书中的概念引用出现明显失误："张建田等著的《中国军事法学》在 1988 年出版,……他们认为'军事法是调整国家和军队在军事活动中发生的各种关系的法律规范的总和'。这些关系指'国家和军队在武装力量建设、武装斗争的准备与实施、军事科学研究等活动中发生的社会关系'。"参见张少瑜.中国军事法学的过去、现在与未来[J].法学,2000(4)：3-18.。经过进一步查证,张少瑜文所引用的军事法概念,就其内容来分析,可能出自张建田另外发表在《现代法学》(《法学季刊》)1987 年第 3 期上的论文——《我国军事法概念初探》。但即使是论文,这种引用也有误解。张建田的这篇论文中对"军事法"的定义与其作为编著者之一的《中国军事法学》书中对"军事法"定义并不相同,或者说有所修正。更为特别之处在于张建田关于"军事法"的概念中都是有"军事利益"的因素考虑。而张少瑜在引用中似乎并未觉察此特点。所以,这个引用到底引自何处,笔者尚未查到。
④ 张建田.我国军事法概念初探[J].现代法学,1987(3)：87-89.
⑤ 军事科学院军制研究部.国家军制学[M].北京：军事科学出版社,1987：20.
⑥ 宋和平.论军事法的概念[J].法学评论,1988(3)：45-46.
⑦ 张文显.法学基本范畴研究[M].北京：中国政法大学出版社,1993：1.

此,对军事法概念的研究和分析不仅是军事法理论研究的逻辑起点,而且是一个重点、难点。概念是一种理论凝结,概念需要遵循一定的形式逻辑,这只是对概念的一方面要求,它还涉及能否如实反映客观事物的本质,有时还涉及一个人的立场、观点、方法,当然,还有语言表达上的问题。所以,就军事法概念来说,理论界的认知和表述并不统一,而恰恰就是这种认知和表述上的不统一,才为笔者的学术史的视角提供了可能。

一、"军事法"概念的界定

"军事法"的概念史就是研究者对军事法的认识史,对军事法的认识必然要通过对这一概念的界定开始,而概念又是对所要认识的事物在理论上的高度凝练。从学术史专题视角来分析,本书研究的军事法概念基本上处于历时性和现时性的纠葛状态,各种内容载体在当下触手可及。换言之,理论尚处于"实效"状态,以致笔者在这里难以提及"历史"一词。鉴于此,对于学界关于军事法概念的认识史,笔者认为最直观的方式是原样呈现,即按照公开发表的日期顺序[①]分别罗列(见表1-1,表1 2,表1-3)。[②]

表1-1 "军事法"概念表(一)

公开发表时间（年）	概 念 表 达	责任者	概念载体及出处	类别
1983	军事法是指仅适用于现役军人或有关军事方面的法律规范的总称	杨福坤 何金湘	《法学基本知识》,战士出版社 1983 年版,第 166 页	教材
1987	军事法是指一切调整涉及国家军事利益的社会关系的法律规范的总和[③]	张建田	《我国军事法概念初探》,《现代法学》(法学季刊) 1987 年第 3 期	论文

---

① 此处的时间顺序坚持以下标准:一是有公开发表时间及刊物的,按照首次公开发表的时间先后顺序;二是有些观点首次公开的时间确无可查询的,一般按照此观点被最先引用的时间列明。

② 对于军事法概念的认识过程,在诸多军事法学基础理论类的著作、教材、论文中,有的采取了与本书相似的写作手法,即对具体观点的列明,而且也采取了一定的标准并作了分类,在评析的基础上,最后提出自己的军事法概念。但本书主要为学术史的考察,其视角、方法以及关注重点与军事法基本理论著述有所不同,重点是对"军事法"概念在一段时间内的文字表现形式进行客观呈现。因此,笔者选择具体列明单个概念,尽量呈现概念的"原始状态"。

③ 同一概念,也可参见张建田.试析我国军事法调整的对象[J].法学杂志,1987(2).

续　表

公开发表时间（年）	概念表达	责任者	概念载体及出处	类别
1987	军事法应称之为国防法，其概念为"为保护国家主权、领土完整和安全，防御外来的武装侵略和颠覆，把国防和军队建设的重要问题，通过立法机关上升为国家意志，用法律形式固定下来"	—	《关于国防立法的初步设想》，《法学研究动态》1987年第19期①	论文
1987	军事法，通常指在国防、建军和作战等方面，由国家制定或认可并由国家强制力保证其实施的行为规则的总称	军事科学院军制研究部	《国家军制学》，军事科学出版社1987年版，第20页	教材
1988	军事法是指调整一定范围内涉及国家军事利益关系的法律规范的总和	张建田 钟伟钧 钱寿根	《中国军事法学》，国防大学出版社1988年版，第5页	教材
1988	军事法是国家为调整国防军事领域与国家其他领域的社会关系、内部关系而制定的或授权制定的规范性文件的总称	傅秉耀	《对我国军事立法的初步探讨》，《法学杂志》1988年第1期	论文
1988	军事法是维护国家军事利益，调整国家、军队、公民之间以及军队内部相互之间，在国防、军事活动和军队建设中所发生的各种社会关系的法律规范的总称	宋和平 刘万奇	《论军事法的概念》，《法学评论》1988年第3期②	论文
1988	所谓军事法，就是国家为调整国防军事领域内涉及国家军事利益关系而制定或授权制定的规范性法律文件的总称	赵　明	《论军事法与行政法的关系》，《法学杂志》1988年第2期	论文

---

① 图们.军事法学教程[M].北京：法律出版社，1992：31；莫毅强，陈航，钱寿根.军事法概论[M].北京：中国人民公安大学出版社，1990：3.

② 两位作者在1989年4月13日的《解放军报》上也发表一篇以《也谈军事法的概念》为题目的文章，文中关于军事法的概念的界定基本没有变化。

续 表

公开发表时间（年）	概 念 表 达	责任者	概念载体及出处	类别
1898	军事法是维护国家军事利益，调整国家、军队、公民之间以及军队内部之间的国防、军事活动和军队建设中发生的各种社会关系的法律规范的总称	宋和平马方民	《也谈军事法的概念》,《解放军报》1989 年 4 月 13 日	论文
1989	军事法是国家制定或认可，并由国家强制力保证其实施的，以整个军事领域中各种社会关系和行为规范为调整对象的一个法律部门，是一个既具综合性又具特殊性的完整的社会体系	—	《浅谈军事法的内涵和外延》,1989 年 11 月军事科学院军事法学科学术研讨会论文①	论文
1990	军事法是国家机关为实现国防目的而制定的调整有关军事力量建设和作战行动的社会关系的法律规范的总和	—	《军事法的概念和体系》,《军事法学通讯》1990 年第 1 期②	论文
1990	军事法有广狭二义：广义的军事法调整国防建设和武装力量建设和活动中的社会关系，包括军队内部的关系和军队以外的涉及国家军事利益的关系；狭义的军事法仅指军内法	图 们张少瑜	《中国军事法的过去、现在和未来》,《华东政法学院学报》2000 年第 4 期	论文
1990	军事法是国家制定或认可，并由国家强制力保证其实施，用以调整整个军事领域内各种社会关系的法律规范的总和	莫毅强陈 航钱寿根	《军事法概论》,中国人民公安大学出版社 1990 年版,第 6 页	教材
1990	军事法是指调整特定范围内涉及国家军事利益关系的法律规范的总和	夏 勇汪保康	《军事法学》,黄河出版社 1990 年版,第 25 页	教材

---

① 转引自图们.军事法学教程[M].北京：法律出版社,1992：31.
② 转引自图们.军事法学教程[M].北京：法律出版社,1992：31.

续　表

公开发表时间（年）	概 念 表 达	责任者	概念载体及出处	类别
1990	军事法是用以调整一定社会形态中各种军事关系的法律规范的总称	张建田	《1990年军事法学研究概述》1991年第4期	论文
1991	军事法是由国家制定或认可并由国家强制力保证实施的，调整国防与武装力量建设与活动中的社会关系的法律规范的总和	—	《浅论军事法的概念与特征》，1991年6月北京市军事法学会法学基础理论研讨会论文①	论文
1991	军事法是指规定军事活动诸方面行为准则的法律规范的总和	徐　高 周卫平	《中国军人法律手册》，中国青年出版社1991年版，第31页。	教材
1991	军事法是调整国家军事关系，即军事活动中的各种社会关系的法律规范的总和	夏　勇 建　田	《军事法的特征及调整范围：军事法学基础理论研讨会问题综述》，《法制日报》1991年8月22日，第3版	报纸
1991	军事法是调整武装力量活动过程中的社会关系的法律规范的总和	夏　勇 建　田	《军事法的特征及调整范围：军事法学基础理论研讨会问题综述》，《法制日报》1991年8月22日，第3版	报纸
1991	军事法是调整国防军事关系和武装力量内外关系的法规范的总和	夏　勇 建　田	《军事法的特征及调整范围：军事法学基础理论研讨会问题综述》，《法制日报》1991年8月22日，第3版	报纸

---

① 转引自图们.军事法学教程[M].北京：法律出版社，1992：31.

续 表

公开发表时间（年）	概 念 表 达	责任者	概念载体及出处	类别
1991	军事法是调整涉及社会军事现象和国家安全利益的社会关系的专门性法律规范的总称	夏　勇　建　田	《军事法的特征及调整范围——军事法学基础理论研讨会问题综述》,《法制日报》1991 年 8 月 22 日,第 3 版	报纸
1992	军事法是国家制定或认可的,并由国家强制力保证其实施,用以调整军事领域内各种社会关系的法律规范的总和	图　们	《军事法学教程》,法律出版社 1992 年版,第 35 页	教材
1993	军事法是由国家制定或认可并以国家强制力保证其实施的,用于调整军事领域活动的法律规范的总称	中国军事百科全书编审委员会	《中国军事百科全书（军事法）》,中国大百科全书出版社 1993 年版,第 1 页	—
1993	军事法是国家制定或认可的,由国家强制力保证其实施,用以调整军事领域各种社会关系的法律规范的总称	杨福坤　朱阳明	《军事法学词典》,国防大学出版社 1993 年版,第 1 页	—
1994	军事法是国家制定或认可并由国家强制力保证实施的,用以调整国防和武装力量建设、国际军事交往和战争等领域的各种军事社会关系的法律规范总和	陈学会	《军事法学》,解放军出版社 1994 年版,第 43 页	教材
1997	军事法是指由国家制定或认可并由国家强制力保证实施的专门调整有关国家军事利益关系的法律规范的总称	梁玉霞	《中国军事法导论》,四川人民出版社 1997 年版,第 3 页	教材
1997	军事法是由国家制定或认可并以国家强制力保证其实施的,用于调整军事领域活动的法律规范的总称	雷渊深	《陆军军制学》,军事科学出版社 1997 年版,第 113 页	教材

公开发表时间（年）	概 念 表 达	责任者	概念载体及出处	类别
1998	军事法,简称军法,是指调整各种军事社会关系,维护国家军事利益的法律规范的总和	李可人	《中国军事法学教程》,陕西人民出版社 1998 年版,第 9 页	教材
1999	军事法是指国家制定或认可,并由国家强制力保证实施,用以调整军事领域社会关系的行为规则的总称	方　宁 许江瑞 姜秀元	《军事法制教程》,军事科学出版社 1999 年版,第 1 页	教材
2000	军事法是国家制定或认可并由国家强制力保证实施的,用以调整武装力量建设领域的各种社会关系的法律规范的总和	周　健	《军事法论纲》,海潮出版社 2000 年版,第 51 页	专著
2000	军事法是指由国家制定或认可并由国家强制力保证实施的调整军事社会关系的法律规范的总称	池清旺	《中国军事法教程》,海潮出版社 2000 年版,第 1 页	教材
2001	军事法是指由国家制定或认可,并由国家强制力保证实施的,调整军事社会关系的法律规范的总称	张山新	《军事法学》,军事科学出版社 2001 年版,第 15 页	教材
2001	军事法是指调整国防军事领域内涉及国家军事利益关系的法律规范的总和	汪保康	《军事法学》,解放军出版社 2001 年版,第 14 页	教材
2001	军事法是国家机关制定或认可的,并由国家强制力保证其实施的,调整军事领域内各种社会关系的法律规范的总称	陆海明 钱寿根	《军事法学》,解放军出版社 2001 年版,第 40 页	教材

续　表

公开发表时间（年）	概　念　表　达	责任者	概念载体及出处	类别
2002	军事法是指由国家制定或认可，并由国家强制力保证实施的，调整军事社会关系的法律规范的总称	张山新	《军事法研究》，军事科学出版社 2002 年版，第 22 页	教材
2003	军事法是指国家制定或认可，并由国家强制力保证实施，用以调整军事领域社会关系的行为规则的总称	许江瑞 赵晓冬	《军事法教程》，军事科学出版社 2003 年版，第 2 页	教材
2004	军事法是国家制定或认可的，并由国家强制力保证其实施的，调整军事领域内各种社会关系的法律规范的总称	钱寿根	《军事法理学》，国防大学出版社 2004 年版，第 58 页	教材
2005	军事法是指国家制定、认可或解释的，并由国家强制力保证其实施，用以调整军事社会关系的法律规范的总称	李佑标等	《军事法学原理》，人民法院出版社 2005 年版，第 48 页	教材
2006	军事法是指由国家制定或认可，并由国家强制力保证实施的，调整军事社会关系和调控军事权的法律规范的总和	薛刚凌 周　健	《军事法学》，法律出版社 2006 年版，第 23 页	教材
2006	军事法是国家制定或认可并由国家强制力保证实施的、用以调整国防武装力量建设、国际军事交往和战争等领域的各种军事社会关系的法律规范总和	罗立新	《军事法学案例教程》，解放军出版社 2006 年版，第 3 页	教材

公开发表时间（年）	概 念 表 达	责任者	概念载体及出处	类别
2006	军事法是指国家制定或认可的，并由国家强制力保证实施的，调整军事领域内各种社会关系的行为规范的总称	宋云霞	《军事法概论》，海潮出版社2006年版，第1页	教材
2006	军事法是指调整一定范围内涉及国家军事利益关系的法律规范的总和	夏　勇	《军事法概念与"大军事法观"》，《法学杂志》2006年第5期	论文
2008	军事法是指由国家制定和认可，并由国家强制力保证实施的，调整国家和军队发生的关于战争准备和战争实施中军事社会关系的法律规范的总称	张山新	《军事法理研究》，解放军出版社2008年版，第47页	教材
2008	军事法是国家制定或认可并由国家强制力保证实施的，用以规范军事权及调整军事领域的各种社会关系的法律规范总和	周　健	《军事法原理》，法律出版社2008年版，第45页	专著
2009	军事法是最高国家立法机关和有权军事机关制定或认可的，由国家强制力保证实施的，规范军事权运行，调整武装力量内部关系的法律规范的总称	田思源 王　凌	《国防行政法与军事行政法》，清华大学出版社2009年版，第245页	专著
2010	军事法是调整武装力量内部关系（与军事权有关）的法律规范的总称	平　达 邵先军	《军事法概念新解》，《黑龙江政法管理干部学院学报》2010年第12期	论文
2010	军事法是国家制定或认可并由国家强制力保证实施的，用以调整军事领域内各种社会关系的法律规范的总和	李敏霞	《军事法学概论》，金盾出版社2010年版，第34页	教材

公开发表时间（年）	概 念 表 达	责任者	概念载体及出处	类别
2012	军事法是指国家制定或认可、由国家强制力保证实施、用以调整军事领域社会关系的行为规则的总称	许江瑞 方 宁	《军事法制教程》，军事科学出版社 2012 年版，第 1 页	教材
2012	军事法是国家制定或认可的，并由国家强制力保证其实施的，调整军事领域内各种社会关系的法律规范的总称	东方毅 钱寿根	《中国军事法简明读本》，法律出版社 2012 年版，第 3 页	教材
2013	军事法是指由国家制定或认可并由国家强制力保证实施的，调整军事社会关系的法律规范的总称	陈 耿	《军事法原理与案例教程》，中国人民大学出版社 2013 年版，第 1 页	教材
2014	军事法是一国法律体系中的重要法律部门之一，是指国家制定或认可并由国家强制力保证实施的，调整国防和军事领域各种社会关系的法律规范的总称	孙 君 龚 耘	《军事法学导论》，华中科技大学出版社 2014 年版，第 3 页	教材
2014	军事法是由国家制定、认可并以国家强制力保证其实施的，用以调整涉及国家军事利益的社会关系的法律规范的总称	中国军事百科全书编审委员会	《中国军事百科全书（军事法）》（第二版），中国大百科全书出版社 2014 年版，第 1 页	—
2014	军事法是国家制定或认可并由国家强制力保证实施的，用以规范军事权及调整军事领域的各种社会关系的法律规范的总和	王永振 周 健	《军事法学》，法律出版社 2014 年版，第 22 页	教材
2015	军事法是调整国防和军事领域重要社会关系的法律规范	谢 丹	《当代军事法治探究与实务》，中国政法大学出版社 2015 年版，第 34 页	专著

续　表

公开发表时间（年）	概　念　表　达	责任者	概念载体及出处	类别
2015	军事法即战斗力规范法，也就是关于战斗力生成、运用和保障法律规范的总和。相应地，军事法应由战斗力生成法、运用法、战斗力积极保障法和消极保障法四个部分构成	李卫海	《美国军事法源流论》，中国政法大学出版社 2015 年版，第 5 页	专著
2016	军事法是由国家制定或认可，调整军事社会关系，设定、规范和控制军事权的法律规范的总称	薛刚凌肖凤城	《军事法学》（第二版），法律出版社 2016 年版，第 4－5 页	教材
2017	军事法是指由国家制定或认可，并由国家强制力保证其实施，用以调整国防和军队（武装力量）建设两大领域内涉及国家军事利益的社会关系的法律规范的总称	管建强周　健	《军事法基本理论研究》，法律出版社 2017 年版，第 20 页	教材
2017	军事法是指由国家制定或认可，并由国家强制力保证其实施，用以调整国防和军队（武装力量）建设两大领域内涉及国家军事利益的社会关系的法律规范的总称①	张　艳	《军事法学理论问题研究》，法律出版社 2017 年版，第 64 页	专著

---

① 管建强、周健主编的《军事法基本理论研究》（法律出版社 2017 年版）与张艳著《军事法学理论问题研究》（法律出版社 2017 年版）关于军事法的概念相同。查管建强、周健主编的《军事法基本理论研究》一书，其第一章导语中声明关于"军事法的概念"一节，由张艳副教授和周健教授"在分析了当下军事法理论研究困境的前提下，为打破僵局而对军事法的概念进行梳理分析并提出自己的观点。"故两本书中关于军事法的概念应该有张艳副教授的思想贡献。

表 1-2　军事法概念表(二)

概 念 表 达	责任者	概 念 出 处	类别	国内公开发表或引用时间(年)
军事法是苏维埃国家制定,用以加强苏联武装力量体制的原则和样式,调整武装力量建设、生活和活动方面的各种关系,规定军人服役制度、军人和其他参与军事关系的人员的义务、权利和责任的法律规范之总和	A. Г. 戈尔内,何希泉、高瓦译	《军事法学》,解放军出版社 1987 年版	教材	1987
军事法(军事刑法)	—	《美国军法词典》《印度军事法》《新卡克斯顿百科全书》《不列颠新百科全书》等①	—	2005④
军事法是有关军队或武装力量管理的法律规范(包括军事刑法规范)	—	《牛津法律大辞典》《格罗里埃国际词典》《南斯拉夫百科全书》《国际百科全书》《新哥伦比亚百科全书》《新标准百科全书》《韦伯斯特新英语国际词典》《现代法律术语汇编》《新标准百科全书》《钱伯斯百科全书》等②	—	
军事法(军人服役有关事项的法律规范)	伯恩·爱德华	《军事法》③	—	

① 夏勇.中国军事法学基础理论研究[M].北京:中国财政经济出版社,2005:66.
② 夏勇.中国军事法学基础理论研究[M].北京:中国财政经济出版社,2005:66-67.
③ 夏勇.中国军事法学基础理论研究[M].北京:中国财政经济出版社,2005:67.
④ 此处列明时间是 2005 年,但各观点产生的时间并非此时,而是早于这个时间。具体产生于何时对于本书来说并不重要,重要的是,国外这一观点被中国军事法理论界所引用参考的时间,这才是学术史需要关注的事情。参见夏勇.中国军事法学基础理论研究[M].北京:中国财政经济出版社,2005:66-67;张纪孙.军法纵横[M].北京:长征出版社,2003.

续　表

概念表达	责任者	概念出处	类别	国内公开发表或引用时间(年)
美国的军法有广狭两种含义：狭义的军法指军事司法法，包括：不经审判的处罚法、军事刑法和军事刑事诉讼法。广义的军法可以从两个角度下定义：从调整范围的角度讲，军法是指关于武装力量建设和活动的法规的总和，包括军队的组织、管理和纪律等方面的法规。《布莱克法律辞典》说："军法是管理武装部队的法规的体系。"从适用对象的角度讲，军法是指运用于武装部队成员的法规的总和。《美国法理学》说："军法即《美国统一军事司法典》以及其他管理武装部队成员的法律规定。""军法是一些独立于普通法之外的管理具有军人身份的人员的规则，并且束服它所意图管辖的人员，美国武装力量的所有人员都属于军法管辖"	张纪孙	《军法纵横》，长征出版社 2003 年版	专著	2003

表 1-3　军事法概念表(三)

责任者	概念出处	类别	出版日期(年)	概念表达
陈守一张宏生	《法学基础理论》北京大学出版社 1981 年版	教材	1981	军事法，是指适用于军人或有关军事方面的法律，例如《中华人民共和国兵役法》《中国人民解放军干部服役条例》等。此外，中央军委颁发的所有条例、条令，是军队的法规，起着法律的作用，也包括在这一法律部门之内
华东政法学院法学基础理论教研室	《法学基础理论》，华东政法学院教材，1982 年校内印刷	教材	1982	我国军事法是调整我国军队内部关系(包括针对敌军)的法规的总称。我国制定了《兵役法》《军官服役条例》等。此外，中央军委所颁布的所有条例、命令，都起着法律的作用

续　表

责任者	概念出处	类别	出版日期(年)	概念表达
沈宗灵主编	《法学基础理论》,北京大学出版社 1987 年第 1 版(1994 年第 2 版)	教材	1987	军事法是有关军事管理和国防建设的法律、法规
	《法理学》,北京大学出版社 2001 年版		2001	军事法是指调整国防建设和军事方面关系的法律规范的总称
	《法理学》(第二版),北京大学出版社 2003 年版		2003	
张文显主编	《法理学》,高等教育出版社、北京大学出版社 1999 年版	教材	1999	军事法是有关军事管理和国防建设的法律规范的总称①
胡土贵主编	《法理学》,法律出版社 1999 年版	教材	1999	军事法是有关军事管理和国防建设的法律规范的总和
徐永康主编	《法理学》,上海人民出版社 2003 年版	教材	2003	军事法是调整国防建设和军事方面法律关系的法律规范的总称
	《法理学导论》,北京大学出版社 2006 年版	教材	2006	军事法是有关军事管理和国防建设方面的法律规范的总和
徐显明主编	《法理学》,中国政法大学出版社 2007 年版	教材	2007	军事法律部门是关于国防建设方面的法律规范的总称。军事法也是当代新兴的一个法律部门

二、关于"军事法"概念表述的特点

对一种法现象的认知,从诠释哲学的角度来看,整个认知过程、主客体背景,甚至认知动机目的等都可能在考虑之列,认知也就是理解,既然是理解就会有不同。

笔者先对 3 个表所列事项之标准和目的予以说明:表 1-1 主要是军事法学界对这一概念的认知。毕竟这一概念对于军事法学理论的建构处于基础性的地位,有学者将其称为军事法学基础理论的"元概念"。② 所以,军事法学界关于这个概念的表述比较丰富,关注的内容重点不同,表述的方式也不相同,故表 1-1

---

① 此书的此后版本中,均无军事法这一部门。
② 张艳.军事法学理论问题研究[M].北京:法律出版社,2017:26.

采取了按照时间序列排序的方式，由远及近展示。也就是说，在表1-1中概念的出现时间是一个最重要的选项。表1-2列明了国外对这一概念的界定。显然，表1-2所列并非全部。对于研究者来说，对国外有关这一概念的具体考察和引入，显然是出于一定的动机或目的，因此概念的实质内容无疑是考虑的首要因素。表1-3主要是我国法学界尤其是法理学界在对我国法律体系、法律部门的研究中对军事法的界定。这种界定是出于法律部门的考虑，并非针对军事法的理论建构。笔者认为有关法学基础理论类的著述中有无军事法的概念主要基于著作或教材的主要责任者如何看待军事法的地位，所以，以主要责任人为关键考虑因素。

（一）"军事法"概念受到重视，不断更新

一个概念的重要程度取决于概念在理论体系中的地位，表现于学界①对这一概念的关注程度。对于专门理论中的基础性概念来说尤其如此。关于军事法概念在整个军事法理论体系中的地位，本书法理检视部分有分析，此处笔者单从学界对这一概念的关注程度来分析。学界对这一概念的关注程度，主要体现在对这一概念的具体表述上。

第一，对"军事法"概念的关注可以表现为对这一概念的界定。新中国军事法理论产生、发展至今有30多年。从时间上看，军事法学界对这一概念的界定最早见于1983年由杨福坤、何金湘编写的《法学基本知识》，作者认为军事法是适用于现役军人或有关军事方面的法律规范的总称。而在此之前，1981年由北京大学出版社出版的陈守一、张宏生主编的《法学基础理论》一书，对军事法已有几乎相同的定义。这两本教材，前者面向全军，后者则在全国公开发行，但作为法学基础理论类的教材，两本教材对军事法概念的界定都是在国家法律体系、法律部门中展开的，主要是为了说明军事法在国家法律体系中是一个独立的法律部门，而且表述几乎相同。由此来看，前者对后者的借鉴实属明显。仅从界定概念的立场和角度来分析，两书的这一概念均基于整体性的法学基础理论，或者说是从法理学角度来看待军事法现象，通过分析研究，在国家法律体系的框架下定位军事法。尽管不能确定这样的定义能够对此后军事法的概念产生多大程度的影响，但这种方式所具有的启发、引导价值显然不容低估，而且从后续情况看，军地双方的理论界对这一问题的关注也为这一问题的未来发展埋下了伏笔。

---

① 此处的学界是一种泛指，既包括非严格意义上的军事法理论界，也包括军事类的实务界、地方法学界，只要对军事法概念有所界定，均将其归为学界。

第二,对军事法概念的关注也体现在对其所发表的载体和表述数量上。对军事法这一概念专门的界定最先是一本译著,即由苏联 A. Γ. 戈尔内主编的《军事法学》,此书于 1987 年由何希泉、高瓦译为中文并由解放军出版社出版。该书界定的军事法的概念代表了当时苏联军事法理论界观点,其作为第一本介绍到国内的译著,显然为中国军事法学界吸收、借鉴。相对而言,国内对军事法概念的讨论最早表现为公开发表的论文。公开讨论军事法概念的第一篇论文,学界倾向于是张建田发表在《现代法学(法学季刊)》(1987 年第 3 期)上的《我国军事法概念初探》一文。同年,论文作者发表的其他两篇论文也对这一问题有论述,即《应当重视我国军事法学的创立与研究》(《法学研究》1987 年第 3 期)、《浅析我国军事法调整的对象》(《法学杂志》1987 年第 2 期)。1988 年,由张建田任第一编写人的我国第一部军事法学著作《中国军事法学》出版,该书对军事法概念进行了界定。相较于张建田本人的论文而言,本书关于军事法的概念有所变化,但为后来的定义立下了可资参考的标准。1988 年,宋和平、刘万奇的论文《论军事法的概念》(《法学评论》1988 年第 3 期)也展开了专门论述。自此之后,关于军事法概念的研究讨论常见于军事法的教材、专著,以及期刊、报纸等,且不断更新。

(二)"军事法"概念多角度定义,认定不一

军事法概念对于军事法理论的建构来说至关重要,这个观念至少在军事法学界有深刻的认知。多年来,仅在专门的军事法学论著及教材中,对这一概念的界定就有 50 多处。遗憾的是,对此概念,军事法学界的认识并不统一。

举例来说,1987 年 10 月 15—16 日《中国军事百科全书》编审室召开关于军事法学科构建体系问题研讨会,在关于军事法的定义问题的讨论中即存在两种不同的观点,最终的确定也是一种"基本的认可"。① 《中国军事百科全书》在业界具有的权威和代表性毋庸置疑,其对"军事法"的界定难以取得统一,在其他个人论著中则更难一致了。从我国第一部军事法专著《中国军事法学》列举的情况来看,彼时对军事法的理解至少有 5 种情况。② 1992 年由法律出版社出版的军事法教材《军事法学教程》,关于军事法概念的争论列举了 10 项。③ 2005 年,有人将军事法概念的学术界定情况总结为两种:一是将军事法作为其他部门法的附属法加以界定;二是将军事法作为独立的部门法加以界定。而在后一种界定

---

① 张建田.中国军事法学研究的回顾与思考[M].北京:法律出版社,2003:279.

② 张建田,钟伟钧,钱寿根.中国军事法学[M].北京:国防大学出版社,1988:1-9.

③ 图们.军事法学教程[M].北京:法律出版社,1992:30-32.

中，对军事法的概念界定也有 10 种。① 同年，由中国财政经济出版社出版的《中国军事法学基础理论研究》，把学界关于军事法概念的定义，根据其表述的内容指向大致归结为四类："领域说""利益说""活动说""结合说"。② 2017 年由法律出版社出版的《军事法学理论问题研究》认为，军事法概念历经 10 余年的发展，还有"单纯武装力量说""问题说""战争相关关系说""军事社会关系说"和"战斗力规范说"5 种观点。③

军事法理论发展至今，军事法学界把军事法概念作为一个重点关注点，在说明其地位重要的同时，是否也表明这个关注点始终难以达致成熟？观点纷呈、认定不一，这似乎是军事法学界对这一概念的认识和表达。

(三)"军事法"概念在国内、国际法学理论界缺少理论共识

表 1-2 反映了我国学界在对军事法概念这一问题进行研究时，对国外相关观点或理论的引入。从已有的对国外有关军事法概念的引用情况来分析，每个引用显然是有目的的。例如，苏联《军事法学》④一书在国内的翻译出版。这是一本为苏联军事院校设置的"军事法学"课程编写的教科书，同时也是为苏联军官结合本职工作学习军事法知识提供的教材。该书译者在翻译时，对军事法、军事法学概念词语的选择也是经过慎重考虑的。按照原著的内容，对军事法概念的定义是相当宽泛的，而这反映了 1984 年前后苏联学术界对军事法概念的认识。

表 1-3 主要反映了国内地方法学界关于军事法概念的认识，其对军事法概念的界定主要基于军事法地位问题的判断。换言之，就是站在一国法律体系的整体立场上来观察分析部门法问题。如果认为军事法是一个部门法，与之相应就有相应的概念，反之则无。由于立场不同、观察问题的角度不同，描述和说明问题，进而理解、解释问题也必然会产生差异。地方法学界关于军事法概念的界定主要来自法理学界，而法理学界对这一问题的看法也并不统一。个中原因在本书法理检视部分详说，此处只指出这种现象表面的特点：一是对"军事法"概念的界定与著作责任者对军事法的认知有很大关系。认为军事法是一个独立的法律部门，就有相应的概念界定，反之则无。例如，在沈宗灵主编的法学基础理论类的教材中，军事法是作为一个独立的法律部门出现的，相应也有概念的表述。张文显主

---

① 李佑标.军事法学原理[M].北京：人民法院出版社，2005：1-4.
② 夏勇.中国军事法学基础理论研究[M].北京：中国财政经济出版社，2005：55-57.
③ 张艳.军事法学理论问题研究[M].北京：法律出版社，2017：27.
④ 凡论著未注明出处的，可参见表 2-1、表 2-2、表 2-3。下同。

编的《法理学》中认为军事法是独立的法律部门,也有概念定义。在此后版本中,作者申明根据九届全国人大常委会的意见,改变了对军事法部门法的认识,①也不再有军事法的概念。例如在孙国华、朱景文主编的《法理学》教材中并不认为军事法是一个法律部门,更无此概念一说。二是地方法学界关于军事法概念的定义在数量和深度及广度方面与军事法学界对这一问题的研究存在差异。地方法学界关注的重点在于军事法是否一个独立的法律部门,然后才有概念的考虑;军事法学界自始即基于军事法是一个独立的法律部门考虑,然后对这一概念从不同的角度予以界定。两者在这一问题上产生了差异,但这种差异显然内含着各自不同的理论目的和重点关注。

综上,理论上追求概念的统一似乎是一个不可能的事情,那么,这是否可以说概念表述仅具有一定的相对性,而无客观统一性可言呢? 并非如此。当然,这里所讨论的概念只是一般的、广泛意义上的概念。就法学研究中的概念而言,其显然具有专门术语的特色。军事法概念是对客观存在的军事法现象的理论抽象,基于不同的立场、角度和方法论,对概念表述的不统一性是内涵于其中的。逆向反推,通过对这种概念表述的不统一性的考察,基本上可以体察出学界关于军事法现象的认知及其过程,而这需要对这一概念贯穿性的法理检视。

第四节 "军事法"概念的法理检视

任何一门学科都需要有自己的概念,而概念及其体系也是"理论思维发展水平的指示器,也是各门科学成熟的标志"。② "没有概念,我们便无法将我们对法律的思考转变为语言,也无法以一种可理解的方式把这些思考传达给他人。如果我们试图完全否定概念,那么这个法律大厦就会化为灰烬"。③ 对军事法来说也是如此,没有属于自己的概念体系,军事法学科也缺少了基础支撑。而在诸多军事法概念中,"军事法是一个前提性和本体性概念"。④ 正如前文指出,军事法概念在整个军事法理论中处于基础性地位,由这一概念出发可以把握军事法的

---

① "本教材第一版亦将我国法律部门划分为十个,即宪法、行政法、民法、经济法、劳动法、科教文卫法、资源环境保护法、刑法、诉讼法、军事法。根据九届全国人大常委会的意见,我们将我国现行法律体系划分为七个主要法律部门: 宪法及宪法相关法律部门、民法法律部门、行政法法律部门、经济法法律部门、社会法法律部门、刑法法律部门、诉讼与非诉讼程序法法律部门。"参见张文显.法理学[M].北京: 高等教育出版社,北京大学出版社 1999: 103.
② 张文显.法学基本范畴研究[M].北京: 中国政法大学出版社,1993: 1.
③ E. 博登海默.法理学: 法律哲学与法律方法[M].邓正来,译.北京: 中国政法大学出版社,2004: 504.
④ 张山新.军事法理研究[M].北京: 解放军出版社,2008: 34.

本质特征，可以解释军事法构成要素，可以认识军事法体系构成，可以洞悉调整机制及基本功能等。因此，这一概念就是一个基点，是军事法研究的逻辑基点，对于基础理论来说更是如此。军事法概念对于军事法理论来说至关重要，那么，把握学界关于这一概念的界定就成为理解学界关于军事法现象认识的一条捷径。

一、"军事法"概念是一个法学概念

在任何一个特定的学科或科学领域内，其概念都有特定的负载形式，这个负载形式可以称为特定学科或科学体系内的具体概念。从抽象意义上讲，两者是一般与个别的关系。法学是否可以称之为科学虽无定论，[①]但在学科意义上以及在笔者所认识的时域之内应有共识。那么，在这个学科理论体系之内排除一切不相关争论，单从分析"概念"的角度来考虑，笔者认为有一对具体概念是需要关注的，即法律概念和法学概念。在法学学科之内，与本书主题相关一般意义上的概念的负载形式也只有法律概念和法学概念这两种形式。

从另外一个角度来说，把军事法学定位于法学这个一级学科中的一个分支学科应该也有共识，这个理论共识为对军事法概念的分析框定了认识的范围。这个范围就是法学理论对"法"的认知所能够涵盖的范围。在这个范围内抽象析出的法律概念和法学概念的分类又为军事法概念的归入提供了现成而有限的空

---

① 法学的科学化问题是确立法学性质的基础。有关这一问题的争论，实际上与科学本身的定位密切相关。应当说，如果适用自然科学的严格标准，则法学永远无法进入科学的殿堂，但若将科学定位在知识化的体系中，则法学属于科学的范围。当然，这也要求法学必须具有基本的科学特质，方法的科学性因此称为法学科学化的哲学基础。同样，有关法学理论的建构应当符合抽象性、一般性、客观性、可检验性、开放性的理论特质，以及具备基本假定、概念、现象范围、特定理论、问题、检验方法、价值观念等逻辑要素。然而，法学的人文科学性质又决定我们在信守科学规则的同时，必须反对科学主义可能对法学的终极关怀所造成的戕害。参见胡玉鸿.法学是一门科学吗？［J］.江苏社会科学，2003（4）.也有学者坚持历史性视角，从法学在西方社会的起源和发展说起，认为西方人对自然和社会的探索坚持两种途径，通过两种不同的智识努力，形成两套系统的知识体系。一种是关于自然规律的知识体系；另一种是关于社会规范的知识体系。法学是后一种知识体系中最早出现的系统学科，而且一直占据着这一体系的霸主地位，直到19世纪近代社会科学兴起。随着19世纪西方知识界开始对"思辨性的"学术传统进行批判，人们试图把自然科学的研究方法移植到对人和社会的研究之中，进而像控制自然那样，规划和控制人类社会。经济学、统计学的出现标志着现代社会科学的诞生。在这一"现代化"过程中，法学逐渐失去了探究人类社会生活的条件和规矩的特权，甚至被逐渐排挤出"科学"的行列。因为这一名称已经被自然科学以及模仿自然科学追求实证性的学科所专享。在自然科学、社会科学以及人文学科这三种基本的知识形态中，法学已无法找到自己的位置。参见郑戈.法学是一门社会科学吗？——试论"法律科学"的属性及其研究方法［J］.北大法律评论，1998（1）.还有学者在构建的学科矩阵中试图为法学找出一个定位，认为法学是由教义学和非教义学（社会—法律研究）的知识构成，它们是实践之知。非教义知识提供的经验证明和正当性判断一般需要在教义学设定的框架中才能转化为合法（非法）的有效判断，并在以此为基础设计的学科矩阵中，可以找到法学的学科定位，即法学不属于自然科学、社会科学和人文科学中任何一种，法学是一个"襟三江而带五湖"的独立学科。参见郑永流.重识法学：学科矩阵的建构［J］.清华法学，2014（6）.

间。军事法概念可归入两者中的哪一类,这既取决于法律概念与法学概念不同的本质特征,也决定于军事法概念自身的理论旨趣。那么,法律概念和法学概念的内涵特征是什么,两者有何联系和区别? 能够实现对"军事法"概念涵盖的是哪一类? 从类概念的角度来看军事法概念,能够体现出哪些内在特征? 这些都是需要解决的问题。

如果要在法律概念和法学概念的界分视域之下,实现对军事法概念的解释,就必须对这两个上位概念加以分析。据笔者观察,学界对两者的关注实际上处于以下状态:一是"法学概念"与"法律概念"不严格界分,且在以"法学概念"实现对"法律概念"统辖涵盖的前提下,展开对"法学概念"的分析和研究,这种状态显然是基于对"法学概念"的广义理解和对"法律概念"的狭义理解。① 这种观点的理论预设在于法学理论是以法律现象为研究对象,法律概念自然涵盖于法学概念的范围之内。二是在针对性研究"法律概念"的同时,"法学概念"作为一个相关性比较概念,附带性地提及甚至不提及。在某种程度上来看,此类研究实际上预设了"法律概念"对"法学概念"的涵盖。显然,这类研究主要是基于对"法律概念"广义的规范性理解,而对"法学概念"的视角则是狭义的。② 在前一种情况中,"法学概念"尽显强势,而在后一种情况中又显得过于弱势。

学者认知不一,在一定程度上也说明这两个概念有区分的必要,而两者在内在规定性上的差异也显示出区分的可能。当然,这必须是基于对概念的严格意义上的理解,强调这一点至关重要。

首先,我们来看法律概念。法律概念除具有一般概念所具有的特征外,其作为一个学科的"专门术语"、组成法律规定或法律体系的基本"细胞"也有其自身独特的归纳或抽象。学界关于法律概念的把握基本上是按照两种思路展开:一

---

① 张文显.法学基本范畴研究[M].北京:中国政法大学出版社,1993;刘作翔.法律的理想与相关法学概念关系的法理学分析[J].法律科学,1994(4):9-15;童之伟.论法学的核心范畴与基本范畴[J].法学,1999(6):3-5;陈金钊.论法学的核心范畴[J].法学评论,2000(2):23-30;李旭东.试论法学概念范畴的逻辑体系[J].常熟理工学院学报(哲学社会科学版),2007(7):26-30;邱昭继.法学研究中的概念分析方法[J].法律科学(西北政法大学学报),2008(6):32-39;郭忠.法学争议中的概念问题[J].前沿,2009(3):138-142;魏干.法学概念:离开实践就是空中楼阁[N].检察日报,2017-08-17(3);张文显.法哲学范畴研究(修订版)[M].北京:中国政法大学出版社,2001.

② 陈金钊.论法律概念[J].学习与探索,1995(4):87-91;李申俊.法律概念说[J].云南法学,1996(2):56-61;张静.论法律概念的特征[J].西南政法大学学报,1999(3):3-5;张昌明.论法律概念的特征[J].黔南民族师范学院学报,2004(4):20-22;吴丙新.法律概念与法治:兼为概念法学辩护[J].山东大学学报,2004(4):115-119;吴丙新.法律概念的生成[J].河南省政法管理干部学院学报,2006(1):102-106;吴丙新.论法律概念:一个司法中心主义的立场[J].甘肃政法学院学报,2006(3):69-74;许中缘.论法律概念:以民法典体系构成为视角[J].法制与社会发展,2007(2):72-83;刘叶深.法律概念分析的性质[J].法律科学(西北政法大学学报),2011(1):20-30;蒋德海.法律概念和正义:试论法律概念的方法论意义[J].东方法学,2012(2):126-131;雷磊.法律概念是重要的吗? [J].法学研究,2017(4):74-96.

是通过对法律概念本身特征界定来把握，即"它是把法律调整主体所拟描述或规范对象之特征穷尽列举、设定作为基础，并基于某种设想（规范意旨）就其对该对象已被认识之特征加以取舍，以及保留下来之特征设定为充分而且必要，同时把调整之事实涵摄在概念的运用中。在构建的法律概念中，设计者并不认真设想掌握该对象的一切特征，只要某一事物的特征被摄入法律概念，其余特征便一概视为不重要"。"法律概念形成方法，最重要的就在于舍弃不重要的特征，这些方法有立法解释、司法解释、限制适用或其他方法加以明确补充调整等。"① 作为承载法律价值的最小的语言单位，是"通过价值上的衡量而对概念之特征进行取舍……是一个立法者之目光来回往返于形式和内容之间的权衡与取舍的过程"。② 二是在法律概念特征与其他非法律概念的比较中把握。有人从法律概念的特有属性表现来分析，认为法律概念的特征在于存在于法律中，反映法律规范调整对象特有属性，作为法律的基本构成要素具有强制性，而且其自身只存在恰当不恰当、合理不合理的问题，不存在真假问题。③ 还有人从法律概念与一般概念的比较中认为其特点在于客观性与规定性的统一、确定性与模糊性的统一。④

对法学概念的分析可以从广义上和狭义上去理解。如果把法学当成一个学科领域来看待，法学概念就是对这个学科认识和研究的一个抓手。概念（范畴）体系的发展是一个学科得以成立的基础性工作。在对法学概念研究中，张文显曾经提出三种划分方式：一是按照不同的法学部门为基础划分；二是按照范畴类型为基础的划分；三是以范畴的层次为基础的划分。⑤ 这里对法学概念的研

---

① 陈金钊.论法律概念[J].学习与探索，1995(4)：87 - 91.
② 吴丙新.法律概念的生成[J].河南省政法管理干部学院学报，2006(1)：102 - 106.
③ 李申俊.法律概念说[J].云南法学，1996(2)：56 - 61.
④ 张静.论法律概念的特征[J].西南政法大学学报，1999(3)：3 - 5.从这一角度来分析法律概念特征（特点）的文章也可见陈应芬.法律概念的逻辑分析[J].探索，2001(1)：133 - 135.论者把法律概念的特征总结为规定性、客观性、确定性和灵活性、模糊性；张昌明.论法律概念的特征[J].黔南民族师范学院学报，2004(4)：20 - 22.论者把法律概念的特征总结为法律归属性、法律规定性、适用上的权威性、涵义明确性、表达严格法定性；邵健.法律概念特点的辩证体现[J].政法论丛，2005(1)：15 - 18.论者认为法律概念特点体现为客观性与规定性的统一，准确性与模糊性的统一、确定性与灵活性的统一。《法律适用中的逻辑》一书认为法律概念的特征主要是法律性，表现为从其表现形式上看，法律概念必须存在于一定的法律制度下的法律规范中，它是现实的而非历史的，是具体的而非抽象的，如果一个概念没有进入法律规范的领域，就不能称之为法律概念；从法律概念所反映的对象来看，它反映的对象必须是法律调整的，具有法律意义的人、物、事及其行为或关系的概念；从法律概念所反映的实质内容来看，它反映的是法律所调整对象的特有属性，而非偶然属性；从适用角度看，法律概念具有权威性，其内涵和外延不得随意变动。以此特征来总结，法律概念可以这样界定：法律概念就是法律规范中出现的、用以指称那些属于法律规范调整对象的权威性概念。此外，还有客观性与规定性的统一。参见雍琦，金承光，姚荣茂.法律适用中的逻辑[M].北京：中国政法大学出版社，2002：89 - 94.
⑤ 张文显.法哲学范畴研究[M].北京：中国政法大学出版社，2001：12 - 15.

究显然是基于"法学概念"对"法律概念"的涵盖观点。也有学者按照法学研究的不同方法和视角把法学概念划分为三大类：对法律本身进行研究的规范法学概念；对法律与社会的关系或处于社会中的法律进行研究的社会法学概念；对法律的价值或价值视野下的法律的价值法学概念。① 这种划分虽然将法学概念置于不同的逻辑空间，但其为追求"共识性"概念体系，对规范法学概念的定义偏重，对社会法学概念和价值法学概念的关注缺位，显然也没有走出"法学概念"对"法律概念"涵盖的立场。

有人从概念本身的作用来理解，认为"法学概念"区别于"法律概念"，原因是法学概念是用于法学理论研究、法律学理解释或者提供立法建议，从而在"是否法律所规定"这个关键特征上做出区分。② 也有人在更全面的视角下，认为两者的区别也是显著的，法律概念旨在负载立法者等所赋予的法律意义，为构建法律体系而逻辑排列于成文法中；法学概念负载的是法学研究者的思想，为构建法学体系而被运用于法学著作中。具体来说，法学概念主要是在法学研究中服务于理论、思想的交流，它的重点不在于司法实践中如何使用，也不关注它是否注入法律的意义。它着眼于构建法学理论体系，即法学理论体系中的基本材料。对法学概念的分析和界定负载着法学研究者所赋予的思想。在这个意义上可以说，只要纳入法学研究者的视野、运用于专门研究法律现象、解释法律奥秘的概念，都可以成为法学概念。而这一概念体系所构成的则是法理学等分支学科。③ 从以上分析我们也可以看到，法学概念特有属性主要是负载着研究者的思想，属于理论研究，建构的是法学体系。

值得强调的是，法学是以法律为主要研究对象的，许多法律概念本身就是法学研究的对象和成果，因此试图在两者之间划出一条明确的界限既不可能，也没有必要，但这并不是说可以忽视两者之间的区别。

二、对"军事法"概念的界定应遵循传统部门法理论

1981 年由北京大学出版社出版的《法学基础理论》及 1983 年为官兵普及法学知识而编写的《法学基本知识》均是在部门法的理论框架下，对军事法概念进行界定的，且界定方式及内容基本相同。④ 1983 年，在我国法学界首次召开的社

---

① 李旭东.试论法学概念范畴的逻辑体系[J].常熟理工学院学报(哲学社会科学版),2007(7)：26-30.
② 张静.论法律概念的特征[J].西南政法大学学报,1999(3)：3-5.
③ 陈金钊.论法学的核心范畴[J].法学评论,2000(2)：23-30.
④ "军事法指仅适用于军人或有关军事方面(特别是战争时期)的法律".参见陈守一,张宏生.法学基础理论[M].北京：北京大学出版社,1981：422."军事法是指仅适用于军人或有关军事方面的法律规范的总称".参见杨福坤,何金湘.法学基础理论[M].北京：解放军出版社,1983：166.

会主义法律体系及其科学分类的讨论会过程中,也有学者提及军事法应当作为一个独立的法律部门。1984 年由张友渔、潘念之两位法学家撰写的《中国大百科全书(法学)》卷首语也认为军事法是部门法,并对应于军事法学学科。1987年,在我国翻译出版的《军事法学》一书中,译者坦陈对军事法作为部门法,军事法学作为学科名称的设想和期待。1988 年我国第一部军事法学教材《中国军事法学》也是在部门法的前提下提出了军事法概念。关于军事法的概念囿于独立部门法的预设似乎是必然的路径选择,而这种选择也为军事法的概念打上了鲜明的印记。

(一) 我国传统部门法理论的反思

法的部门是一国现行法律规范的内在划分。一个国家的法律规范数量众多,纷繁复杂,但并不是无次序地杂乱堆积,而是内在且有系统地排列。一国法的体系分为不同的法的部门,基本源于社会生活的需要,特别是经济生活的需要。"在历史上出现的一切社会关系和国家关系,一切宗教制度和法律制度,一切理论观点,只有理解了每一个与之相应的时代的物质生活条件,并且从这些物质条件中被引申出来的时候才能理解。"①

既然要划分法的部门,就需要确定划分的标准。而无论是法的部门的划分,还是划分的标准,我们必须深刻把握异质的因素。当然,就这方面的考察,笔者只能涉及"是什么"的追问,至于"为什么"则不是本书需要回答的。

新中国部门法理论源自苏联,中国移植借鉴这一理论有一个适应的过程。根据学者研究,在 20 世纪 40 年代,苏联法学界占主导地位的观点是法律调整对象是划分法律部门的唯一标准。1936 年 M. A. 阿尔扎诺夫率先提出,法律的调整对象(一定的社会关系)是划分法律部门的标准,此说很快被接受。杰尼索夫在《国家与法的理论》一书中指出:"社会关系,就性质和内容而言是各不相同的。因此,处理它们的法律规范,自然也应各不相同。受法律控制的社会关系之各种形式注定了法律规范的分类及各类间之相关关系。"当时苏联学者认为,法律调整方法不能作为划分部门法的标准。② 20 世纪 50 年代以后,苏联学者在划分法律部门的标准问题上的主流观点发生变化,即从此前的对象一元论发展到对象、方法的二元论。③ 认识到社会关系之所以能成为法律调整对象,要经过立法的

---

① 马克思恩格斯选集(第 2 卷)[M].北京：人民出版社,1972：117.
② 孙国华.中国特色社会主义法律体系：概念、理论、结构[M].北京：中国民主法制出版社,2009：157.
③ 朱景文.比较法社会学的框架和方法：法制、本土化和全球化[M].北京：中国人民大学出版社,2000：141.

选择,必然渗透着国家意志。社会关系即法律调整对象固然是法律部门划分的标准,但由于社会关系的不同,也要看其本身需要什么样的调整方法。到了20世纪90年代中期,俄罗斯学者逐渐修改了苏联关于法律体系划分的做法,并且还对法律体系进行了新的界定:"法律体系是指全部法律规范根据调整的对象(被调整关系的性质和复杂性)和方式(直接规定、允许和其他)分为法律部门(宪法、行政法、民法、刑法等)和法律制度(选举制度、财产制度、正当防卫制度等)。"①显然,这一界定突破了原来狭窄的以调整对象和调整方法为内容的法律体系概念,把法律制度加入其中,拓展了法律体系概念的范围。②

我国法学界早先承袭了苏联法学界20世纪40年代的看法。③ 自20世纪50年代初以来我国法学理论著作中关于这一问题的传统观点是:首先,划分部门法的标准主要是法律所调整的不同的社会关系,即调整对象;其次,是法律调整的方法。④ 目前,我国法学界的主流观点是:法律部门划分的第一位标准或首要、主要标准是调整对象,即法律所调整的一定的社会关系;次要标准或第二位标准、辅助标准是法律调整方法。部门法划分有其重要的理论和实践价值,当然也附带着划分标准不可克服的缺陷,对此,学界并非没有认识。⑤ 事实上,学界近年来关于传统部门法理论的分析和评论无论在数量还是在质量上皆有圈点之处,但就是这种并不完美也不可能完美的部门法划分标准,在中国法学发展中成为一种坚持,而这也成为军事法理论建构的路径依赖,并规范着军事法概念的表达。

(二) 独立部门法预设下的"军事法"概念表达

军事法概念与部门法、部门法理论、军事法是一门独立的部门法显然不是同

---

① B.B.拉扎列夫.法与国家的一般理论[M].王哲等,译.北京:法律出版社,1999:38-39.
② 刘海年,李林.依法治国与法律体系建构[M].北京:中国法制出版社,2001:4.
③ 孙国华.中国特色社会主义法律体系——概念、理论、结构[M].北京:中国民主法制出版社,2009:158.
④ 孙国华.法学基础理论[M].北京:法律出版社,1982:263.
⑤ 有研究者认为法律体系所采取的列举式的概括有着天然的滞后性,无法适应日新月异的社会生活的发展变化。参见李龙,范进学.论中国特色社会主义法律体系的科学建构[J].法制与社会发展,2003(5):42-49.还有研究者认为这种理论是计划经济的产物,划分标准带有结构性、逻辑性缺陷,其内容建构存在滞后性,整体理论缺乏明确的理论原则和目的,并且对立法实践的理论指导软弱无力,实无存在必要。参见刘诚.部门法理论批判[J].河北法学,2003(3):10-22.另有研究者认为缺陷在于"同一次划分的标准不统一"问题、两个标准之间的关系问题、两个标准在实践中的吸收和异化问题等。参见孙国华.中国特色社会主义法律体系:概念、理论、结构[M].北京:中国民主法制出版社,2009:158-159.也有研究者认为部门法划分有其存在的价值和理由,但划分的标准应体现法的内在精神。参见朱翠微.部门法理论的批判与重构[J].长春市委党校学报,2010(5):72-76.还有研究者认为由此标准划分的法律部门造成对应学术体系的保守性、封闭性和参照系不确定性的弊端。参见张文显.在新的历史起点上推进中国特色法学体系构建[J].中国社会科学,2019(10):23-42.

一层次上的问题，之所以在这里将二者放到一起，主要是基于它们的内在关联，只有将这些问题及其关系分析清楚，对军事法概念的检视才能进行，对其概念分析也才能称之为全面，当然这也是相对而言的。

军事法概念是一个法学概念，体现研究者对军事法现象理性地认知。相对而言，部门法或称法律部门，是指一个国家根据一定的原则和标准划分的本国同类法律（或称法律规范）的总称。它既是法律体系的有机组成部分，也是法律分类的一种形式。部门法所指同类法律，不包括国际法，其仅指国内法，不包括已经失效的法，仅指现行法，也不包括将要制定或尚未制定的法律，仅指已经颁布生效的法律。从系统论来说，一国全部现行法律是一个和谐有序的法律规范整体，这个整体的体系化表现可以划分为不同的部门法，这些部门法相互协调、相互配合，又相对稳定。①

部门法理论是关于部门法的理论。我国现有部门法理论源自苏联，有研究者认为部门法理论主要由五部分内容构成，即部门法的概念、部门法的划分标准、法律体系、部门法的结构、部门法之间的关系。② 部门法理论在理论上支撑了一国法律规范的类别划分，尽管其消极影响不容忽视，但在理论价值方面，部门法的划分也为部门法学研究提供了逻辑起点。"部门法学的形成、研究对象及范围的确定、理论原理的提出和该学科体系的完善，都是以部门法的划分为前提的命运。尽管出现交叉学科……但如果没有部门法的划分，则不存在部门法学，也就无所谓交叉法学"。③

部门法的划分为部门法学的理论研究提供了逻辑起点，这是在理论意义上的一般认知。以军事法为例，"军事法是一个独立的部门法"就是整个理论研究的开端。军事法理论的建构，其逻辑起点在于部门法的划分，而军事法概念的界定就是在这个起点中的基点。从"此处"开始，但也离不开"此处"的制约。"军事法是一个独立的部门法"无论是作为一个理论预设，还是作为一个理论追求，在既往的军事法研究中都有所涉及，但这已经成为军事法概念的认知背景和路径依赖。

总之，对军事法现象的认知和把握，是对一种法现象的认知和把握，这种法现象在本质上是否特别，这是一个基本追求，其表现形式就是对这种法现象进行相对准确的界定，这也是军事法概念必然的意义负载。但是对此过程，学界主要通过或借助的"管道"是部门法的理论。按照前述论述，部门法理

---

① 张文显.法理学[M].北京：北京大学出版社，2003：297.
② 刘诚.部门法理论批判[J].河北法学，2003(3)：10-22.
③ 叶必丰.论部门法的划分[J].法学评论，1996(3)：38-43.

论既是理论基础依赖,也是视角立场制约。军事法概念无论有无客观表达,都是通过部门法这个"管道"表述的。认识到这一点,也就认识了法理检视军事法概念的理论基础。在此之上,放眼已有的军事法概念表达会有一个新的把握。

"关于'军事法'概念的界定,可以说有多少人著书立说,就有多少种答案,真可谓仁者见仁、智者见智"。① 这个判断道出了"军事法"概念的现状。如果意在肯定,我们可以说对军事法的认识纷呈,说明大家对这一问题关注程度高,其是一个理论研究的重点和热点。如果意在否定,我们可以说这种现象不正常,理论研究始终在不成熟区间徘徊。基于部门法理论这个"管道"来分析,学界关于"军事法"概念的界定,实际上只存在两种情况:一是军事法不是一个独立的法律部门;二是军事法是一个独立的法律部门。

对于认为军事法不是一个独立法律部门的观点来说,军事法在规范上也是有一定归属的:有的认为它是刑法或行政法的一部分;②有的认为军事法是由宪法、行政法、刑法等部门有关军事的条款构成。③ 据此,当然也不需要对军事法概念进行所谓的界定。事实上,在相关研究中也无此概念。但笔者认为,虽然这也是通过部门法"管道"的认知,但根据认识论,此类研究者一定有对军事法的概念,尤其是对这种法现象内涵的把握,否则,也不会进入部门法的"管道",这可能涉及"概念循环"问题,谁先谁后,实难说清。但是,既然没有军事法概念的文字表述,关于此概念的学术史也无法关心。虽然学术史关注思想发展,但被关注的思想需要一定的物化形式(主要是借助语言文字形式)。

关于"军事法"概念的丰富、发展,实际上就是在"军事法是一个独立法律部门"的预设之下展开的。学界对这一问题的反思早已有之,几乎可以说在每一个意在给军事法下定义的著述中,对前人的定义都有回顾和反思。当然,这也是一个基本的学术研究手段。例如,由李佑标等著的《军事法学原理》一书,就针对军

---

① 张艳.军事法学理论问题研究[M].北京:法律出版社,2017:26.
② 在1997年版《中国人民解放军军语》中认为"军事法是刑法"。1987年由王同忆主编的《英汉辞典》认为军事法是行政法。参见平达,邵先军.军事法概念新论[J].黑龙江政法管理干部学院学报,2010(12):1-4.发表时间更早的是张山新教授的论文《军事法概念新解》(此文的主要内容也在其主编的《军事法理研究》一书中有体现)。在此文中,作者对于军事法定义为军中行政法或军队刑法的定义进行了列举、分析。笔者发现此将军事法定义于军中行政法的皆引自美国军事法条、著作或辞典;将其作为军队中的刑法的多引自我国古代及我国台湾地区的著作。各种观点背后皆有深厚的政治、社会背景因素,需要全面把握,客观分析。
③ 孙国华.中国特色社会主义法律体系:概念、理论、结构[M].北京:中国民主法制出版社,2009:171.另外在一些法理学著作中,只是将军事法分散于行政法、刑法之中。具体可见"部门法层次表",参见孙国华,朱景文.法理学[M].北京:中国人民大学出版社,1999:302.

事法概念的分歧进行了分类，①将学界关于此概念的代表性观点列为 10 种。②作者坦言："军事法学界对于军事法是否作为一个独立的法律部门，在早期是有争议的，但是在后来特别是现在是将军事法作为一个独立的法律部门加以界定的。在这一点上的认识是基本一致的。"③

2005 年 11 月，夏勇教授在其著作《中国军事法学基础理论研究》中认为，"在我国法律体系中，部门法的基本区分标准是其调整的社会关系，即调整不同方面社会关系的法律规范构成不同的法律部门。军事法也是由调整一定方面的

---

① 笔者认为，分类需要考虑以下因素：一是分类的目的，这在一定程度上决定着分类标准的选择；二是分类的标准，这是一事物归入此类而不归入彼类的根本遵循。由此来看，此书关于军事法概念的分类，两者皆无。尽管在分析中，按作者所言："可以从中看出早期关于军事法是否独立的法律部门有争议，而后期则基本达成一致"。如果仅为此目的，其实不需要借助分类即可实现，仅按概念出现的时间顺序罗列即可看出，但这些也不能成为分类不明确的理由。

② 第一种观点认为，"军事法是军队制定或实施的法律规范"。张建田，仲伟钧，钱寿根.中国军事法学[M].北京：国防大学出版社，1988：2.第二种观点认为，"军事法是指仅适用于现役军人或有关军事方面的法律规范的总称。"参见杨福坤，何金湘.法学基本知识[M].北京：战士出版社，1983：166."军事法是关于武装部队和其他军事人员组织、任务、职责、活动原则和军事制度等法律规范的总和。"参见王天木.法学基础理论教程[M].北京：法律出版社，1987：166."军事法是指规定军事活动诸方面行为准则的法律规范的总和。"参见周卫平，徐高.中国军人法律手册[M].北京：中国青年出版社，1991：31.第三种观点认为，"我国军事法是指一切调整涉及国家军事利益的社会关系的法律规范的总和。"参见张建田.我国军事法概念初探[J].法学季刊，1987(3)：87-89."军事法是调整一定范围内涉及国家军事利益关系的法律规范的总和。"参见张建田，仲伟钧，钱寿根.中国军事法学[M].北京：国防大学出版社，1988：5."所谓军事法，是指调整特定涉及国家军事利益关系的法律规范的总和。"参见夏勇，汪保康.军事法学[M].济南：黄河出版社，1990：25.第四种观点认为，"军事法是国家制定或认可的，并由国家强制力保证其实施，用以调整整个军事领域各种社会关系的法律规范的总和。"参见莫毅强，陈航，钱寿根.军事法概论[M].北京：中国人民公安大学出版社，1990：6.第五种观点认为，"军事法是国家制定或认可并由国家强制力保证实施的，用以调整国防和武装力量建设、国际军事交往和战争等领域的各种军事社会关系的法律规范的总和。"参见陈学会.军事法学[M].北京：解放军出版社，1994：43.第六种观点认为，"军事法是国家制定或认可并由国家强制力保证实施的，用以调整武装力量建设领域的各种社会关系的法律规范的总和。"参见周健.军事法论纲[M].北京：海潮出版社，2000：51.第七种观点认为，军事法是指"由国家制定或认可并以国家强制力保证其实施的，用于调整军事领域各种关系的法律规范的总称。"参见中国军事百科全书编审委员会.中国军事百科全书(军事学术Ⅰ)[M].北京：军事科学出版社，1997：367.《中国人民解放军军语》在解释"军事法规"时，认为其有两种含义，其中一种含义便是与军事法学等同的，即"由国家制定或认可的，并且国家强制力保证其实施的，用以规范军事领域社会关系与活动的法律、法规、规章的统称。"参见中国人民解放军军事科学院.中国人民解放军军语[M].北京：军事科学出版社，1997：3.第八种观点认为，军事法是"用以调整一定社会形态中各种军事关系的法律规范的总称"。转引自张建田.1990年军事法学研究概况[J].法律科学，1991(4)：81-88.第九种观点认为，"军事法有广狭二义，广义的军事法调整国防建设和武装力量建设与活动中的社会关系，包括军队内部的关系和军队以外的涉及国家军事利益的关系，狭义的军事法仅指军内法。"参见张少瑜.中国军事法学的过去，现在与未来[J].华东政法学院学报，2000(4)：3-18.第十种观点认为，"军事法是指由国家制定或认可并由国家强制力保证实施的专门调整有关国家军事利益关系的法律规范的总称。"参见梁玉霞.中国军事法导论[M].成都：四川人民出版社，1997：3.以上内容可参见李佑标.军事法学原理[M].北京：人民法学院出版社，2005：1-8.也可参见李佑标.军事法与军事法学的概念研究[J].中国法学，2004(5)：158-167.

③ 李佑标.军事法学原理[M].北京：人民法院出版社，2005：5.也可参见李佑标.军事法与军事法学的概念研究[J].中国法学，2004(5)：158-167.

社会关系的法律规范所构成的一个部门法。对军事法调整的社会关系,我国法学界有不同的观点和表述,从而形成军事法的不同定义。"①基于此认识,夏勇教授将军事法概念概括为四个大类:一是从被调整的社会关系所涉及的领域来定义,可称为"领域说";②二是从被调整的社会关系所涉及的利益来定义的,可称为"利益说";③三是从被调整的社会关系所涉及的活动来定义的,可称为"活动说";④四是从被调整社会关系所涉及的领域、利益、活动以及主体等因素的结合来定义的,可称为"结合说"。⑤ 作者认为,不同的定义都着眼于军事法调整的对象——一定的社会关系,从不同的侧面揭示了军事法调整对象的相关因素。因此,"不同定义的真正分歧在于对军事法要调整的社会关系的范围的理解"。⑥

2017 年,法律出版社出版了由张艳著的《军事法学理论问题研究》一书,此书关注军事法学的基础理论,紧扣 7 个专门问题进行专题专论,其中对军事法概念有专题研究,研究中有回顾,有反思,通过语义、规范地分析,最后提出自己对

① 夏勇.中国军事法学基础理论研究[M].北京:中国财政经济出版社,2005:55.
② "军事法是国家制定或认可的,并由国家强制力保证其实施,用以调整整个军事法领域各种社会关系的法律规范的总和。"参见莫毅强,钱寿根,陈航.军事法概论[M].北京:中国人民公安大学出版社,1990:6."军事法是国家为强调国防军事领域与国家其他领域的社会关系、内部关系而制定的或授权制定的规范性文件的总称。"参见傅秉耀.对我国军事立法的初步探讨[J].法学杂志,1988(1):12-13."军事法是调整军事领域的活动的和由此产生的社会关系的法律规范的总和。"参见杨长林.当代军事法百科词典[M].北京:解放军出版社,1997:173.
③ "军事法是调整一定范围内涉及国家军事利益关系的法律规范的总和。"参见张建田,钟伟钧,钱寿根.中国军事法学[M].北京:国防大学出版社,1988:5."军事法是指调整一切涉及国家军事利益的社会关系的法律规范的总称。"参见张建田.我国军事法概念初探[J].法学季刊,1987(3):87-89."军事法是指调整特定范围内涉及国家军事利益关系的法律规范的总和。"参见夏勇,汪保康.军事法学[M].济南:黄河出版社,1990:25.
④ "军事法是由国家制定或认可并由国家强制力保证实施的,调整国防和武装力量建设与活动中的社会关系的法律规范的总和。"参见图们.军事法学教程[M].北京:法律出版社,1992:31."国家机关为实现国防目的而制定的调整有关军事力量建设和作战行动的社会关系的法律规范的总称。"参见图们.军事法学教程[M].北京:法律出版社,1992:31."军事法是调整国家军事关系,即军事活动中的各种社会关系的法律规范的总和。"参见夏勇,建田.军事法的特征及调整范围:军事法学基础理论研讨会研讨问题综述[N].法制日报,1991-08-22(3)."军事法是调整武装力量活动过程中的社会关系的法律规范的总称。"参见夏勇,建田.军事法的特征及调整范围:军事法学基础理论研讨会研讨问题综述[N].法制日报,1991-08-22(3).
⑤ "军事法,是国家为调整国防军事领域内涉及国家军事利益而制定或授权制定的规范性文件的总称。"参见傅秉耀.对我国军事立法的初步探讨》[J].法学杂志,1988(1):8-9."军事法是调整国防军事关系和武装力量内外关系的法规范的总和。"参见夏勇,建田.军事法的特征及调整范围:军事法学基础理论研讨会研讨问题综述[N].法制日报,1991-08-22(3)."军事法是调整涉及社会军事现象和国家安全利益的社会关系的专门性法律规范的总称。"参见夏勇,建田.军事法的特征及调整范围:军事法学基础理论研讨会研讨问题综述[N].法制日报,1991-08-22(3)."军事法是由国家制定或认可并以国家强制力保证其实施的,用于调整军事领域活动的法律规范的总称。"参见雷渊深.陆军军制学[M].北京:军事科学出版社,1997:113."军事法是维护国家军事利益,调整国家、军队、公民之间以及军队内部之间的国防、军事活动和军队建设中发生的各种社会关系的法律规范的总称。"参见宋和平,马方民.也谈军事法的概念[N].解放军报,1989-04-13(4).
⑥ 夏勇.中国军事法学基础理论研究[M].北京:中国财政经济出版社,2005:57.

此概念的界定，创新颇多。作者对于军事法的概念有系统地总结，在前期学者归纳的"领域说""利益说""活动说""结合说"四说之外，还结合十余年后学界关于这一概念的新的认识，又新增总结了"单纯武装力量说""问题说""战争相关关系说""军事社会关系说"和"战斗力规范说"5 种观点。作者指出进行这种划分，是基于其"力所能及的范围内搜集到的自 20 世纪 80 年代中期至今 30 年间军事法学界出版或发表的各类军事法学著述中对'军事法'概念的界定"。当然，分类的基本依据依然是"依据其调整对象的不同"。也就是基于这个认识，作者才认为此前的这些关于军事法概念的界定，要么没有揭示具体调整的内容和边界或者过于狭窄，要么过于笼统。①

当然，在众多有关这一问题的研究中，2008 年张山新教授主编的《军事法理研究》一书中对此也有独到地分析。② 这部著作中关于"军事法"概念专题，在其2006 年发表的论文《军事法概念新解》中就有论述。为给军事法下定义，作者虽将视角特别置于"军事"，由此来界定调整范围，但概念的对象依然是这一范围的"军事社会关系"，③显然没有走出军事法学界对军事法概念的定式思维，借助的"管道"依然是传统部门法。

(三)"军事法"概念的理论基础与创新

多年来，无论是最初法学界关于军事法概念的界定，还是军事法学界关于这一概念的界定，都有一个预设的理论前提，即"军事法是一个独立的法律部门"。可见，关于部门法理论规定着学界对军事法的认知，在此，笔者将其称为"管道"。透过部门法理论这个"管道"，学界认知的结果最主要也是核心的体现在于军事法概念的表述都是从其调整对象——社会关系的角度来界定的。军事法学界对此不是没有回顾和反思，但总体来看，回顾和反思所借助的理论依然是部门法理论这个"管道"，表现为学者对此前军事法概念的批判之后，继续留下的依然是部门法理论，这对于军事法概念的数量来说只是又多了一个而已。

从关于军事法概念的界定来看，定义路径的一致性、定义形式的固定性显然反映出在具体认识上的固化，这是一个最大的特点。基于独立部门法的预设，透过部门法理论"管道"，始终离不开调整对象——社会关系的关注。在这种状态

---

① 张艳.军事法学理论问题研究[M].北京：法律出版社，2017：26 – 33.
② 张山新教授将学界关于军事法概念的认识从调整范围来分，列为 5 种观点：将军事法定义为规范军队和军人行为的法；将军事法与国防法等同义；将军事法定义为调整军事领域内的各种社会关系的法律规范的总和；将军事法定义为军中行政法；将军事法理解为军队中的刑法。参见张山新.军事法理研究[M].北京：解放军出版社，2008：37 – 41.
③ 张山新.军事法概念新解[J].当代法学，2006(1)：113 – 117.

下,不管"社会关系"前面放置了多少定语,也不管放置什么样的样定语,似乎都不会改变其社会关系,即调整对象的预置理论,这也注定了走不出部门法理论这个"管道"的前提限定。数年前,笔者曾读过复旦大学哲学教授俞吾金所著的《问题域外的问题:现代西方哲学方法探要》一书,作者认为当一个人在思考问题的时候,通常忽略一个重要的事实,即总是置身于一定的问题来思考问题、提出问题,他或许会认为,他的思想是完全无拘无束的,是自由自在的,他可以提出和思考任何问题,但这无疑是一种幻觉。实际上,他永远只能提出和思考他可能提出和思考的问题,这些问题的逻辑可能性空间正是由他置身于其中的问题域先入为主地加以划定的。① 由此观之,学界关于军事法概念界定的本质相似性似乎是必然的。

当然,在众多"类似"之中也并非没有新的创意出现。据学者考证,2002 年有学者将军事权纳入军事法的调整对象。② 我们姑且不谈军事权的本质,也不谈这一"新事物"的出现对军事法的认知意味着什么。2006 年,由中国政法大学薛刚凌教授和解放军西安政治学院周健教授主编的《军事法学》一书,在"军事法"的概念中对军事权就有了充分吸收。③ 此外,中国政法大学李卫海教授所著的《美国军事法源流论》一书对军事法概念的界定也让人耳目一新。作者认为军事法即战斗力规范法,也就是关于战斗力生成、运用和保障法律规范的总和,这是从法的功能角度对军事法的界定。作者认为他的这一界定与美国军事法规范战斗力的本质不谋而合,笔者也能感觉到这一观点与我军关于军队战斗力标准之间的呼应。

总之,关于军事法的概念,理论界有固守,也有创新。固守虽然是常态,但创新已经开始。

三、关于"军事法"概念的思考

"军事法"概念的确重要。从认识论来讲,这一概念是对军事法现象的基础的认知;从实践论来讲,其作为理论凝练,在有关立法、执法、司法等诸多方面均有指导;从军事法理论建构来讲,这一概念显然是整个军事法理论建构的一个逻辑基点。这个概念固然重要,但若认为"它决定了军事法的调整对象、法源、法的特征、法的原则及法的体系等一系列问题,也决定了军事法能否成为独

---

① 俞吾金.问题域外的问题:现代西方哲学方法论探要[M].上海:上海人民出版社,1988:1.
② 就笔者查找的资料来看,最早提出军事权系军事法调整对象的是周健教授。参见周健.军事法原理[M].北京:法律出版社,2002:45.
③ 薛刚凌,周健.军事法学[M].北京:法律出版社,2006:21-23.

立的部门法。"①对此观点，笔者实难认同，原因在于，笔者认为这种说法有"主观决定客观"的嫌疑，从唯物论的角度来看，这个观点显然是错误的。分析如下：军事法概念是对军事法现象的主观认知，经过理论加工成符合概念要求的形式，并以概念来表达。其作为军事法理论的构成基础，本质上属于主观思想范畴。而军事法的调整对象则是一种客观的社会存在，属于客观范畴。概念决定对象，这是主观决定客观。辩证唯物主义认识论不这样认为。我们可以强调这个概念重要，但没必要以错误的形式进行夸大。

"军事法"概念是对军事法现象的抽象理论表达，而军事法现象是客观存在的现象。军事法现象所涵盖的范围广泛，既包括军事法思想和制度，也包括军事法的实践和运行，这种状态既可以是现实的，也可以是历史的；既可以是中国的，也可以是他国的。它不能仅由一国现存的实定法体系去定义，尽管这种定义可能涉及这个概念的最核心、最具代表性的部分。军事法概念以概念的形式代表了对军事法现象的理性认知，概念本身是一种理论建构，其直接目的是军事法理论体系的建构，但一国现存实定法的体系化安排也是一国法律体系建设和发展的追求，如果平面化理解一国的法律体系，那么，它的基本构成单位就是部门法。部门法理论就是支撑法律体系系统化的理论需求。我国传统部门法理论发展至今并不代表该理论本身没有问题。作为一种移植理论，尽管在移植中有所改变、发展，但这种理论存在着一种自身难以克服的缺陷和不足。随着社会的发展和法的发展，这种缺陷和不足日益显现，并早已为法学界所体察和关注，但对军事法理论发展来说，部门法理论自始都是军事法概念的理论依据，而这又基于"军事法是一个独立的部门法"预设。军事法概念虽然在反思中不断变换，但其"独立部门法"的预设使其不得不局限于部门法理论这个"管道"。建构是通过这个"管道"，反思后的建构依然借助这个"管道"，甚至所借助的管道被官方"非直接"否定之后，②在追问"这部分法律规范算什么？难道它们可以在国家法律体系之外游离而不受规制吗"？③ 学界对军事法概念的界定依然没有离开部门法理论

---

① 张少瑜.中国军事法学的过去、现在与未来[J].华东政法大学学报，2000(4)：3-18。笔者也注意到关于这一说法，被不少后来的学人引用，目的也在说明军事法概念的重要性，但对这种说法本身，引用者均未深入思考是否有问题。

② 2011年3月10日，在十一届全国人大四次会议上，吴邦国委员长做全国人大常委会工作报告时指出，"一个立足中国国情和实际，适应改革开放和社会主义现代化建设需要，集中体现党和人民意志的，以宪法为统帅，以宪法相关法、民法商法等多个法律部门的法律为主干，由法律、行政法规、地方性法规等多个层次的法律规范构成的中国特色社会主义法律体系已经形成。"这是国家最高立法机关对我国法律部门做出的最权威的表述，明确了我国有七大法律部门，军事法不是我国七大法律部门之一。

③ 张建田.再论军事法应当作为中国特色社会主义法律体系的部门法[M].法学杂志，2011(8)：1-6.

这个"管道"。

通过部门法这个"管道",我们能够对军事法有一个清楚的认识。借助部门法理论可以实现对军事法的认识,但有必要明确的是,对这种认识的自知,即认识到这种方式只是众多认知中的一种认识,而且是一个负载着部门法理论缺陷与不足的认识。这种对军事法的认识也存在着不足以支撑起军事法理论体系的可能,其后遗症已经部分地显露出来,在一些军事法学论作中,军事法概念不足以涵盖所涉及的理论体系,甚至出现了体系安排与军事法概念的抵牾。部门法理论面向的是国家立法工作,着眼于国家法律体系的建构,这是目的,而军事法概念的界定本质上反映了对军事法现象的认知,直接目的是军事法理论体系的建构,最终目的是这种理论界定能够在实践中发挥它的作用。因此,两者在目的上存在的差距不会因为彼此理论因素上的借鉴而弱化或消失,尤其是随着部门法理论自身存在的问题在法治发展的大背景下日渐显现时,换一种立场或者角度来认识军事法更显必要。

20 世纪 60 年代,美国科学哲学家托马斯·库恩提出"范式"一说。他认为科学界是由一个流行的范式所控制,那个范式代表科学界的世界观,它指导和决定问题、数据和理论的选择,直到另一个范式将其取代。[1] 简言之,这一范式就是指研究、讨论问题的共同规范和指导思想。范式的主要功能和意义是形成学科研究的内聚力,促进学科研究的常规化、系统化和群体化,通过新旧范式的更替实现科学理论的变革和学科的革命化。这个理论不仅在自然科学界获得了认同,而且受到社会科学家的高度重视和广泛采纳。今天,这一概念早已超出库恩赋予范式的原意,[2]被广泛用来表征或描述一种理论模型、一种框架、一种思维方式、一种理解现实的体系,是科学共同体的某种共识。[3] 如果军事法理论需要一个宏大的体系,那么,支撑这个体系的基点必须在这个体系内去理解和解释。走出传统部门法理论的局限,超越部门法的观念,创新一种立场、视角或方法来认识军事法现象,总结提炼一个新版的军事法概念显然是军事法学界面临的一个任务,而这需要法学界放眼关于法律部门理论在新的历史条件下的认知。

军事法现象是一种客观存在,数量众多的专门性规范就是一个表征,问题在于应对现象的本质特征进行认识,并经过抽象凝练表述为概念的方式需达致周

---

[1] 托马斯·库恩.科学革命的结构[M].金吾伦,胡新和,译.北京:北京大学出版社,1976:4.

[2] 当然,弄清楚库恩的"范式"原意也并非易事。据英国语言学家玛格丽特·玛斯特曼的统计,库恩在《科学革命的结构》一书中至少以 21 种不同的意思在使用"范式"。参见伊雷姆·拉卡托斯,艾兰·马格斯雷夫.批判与知识的增长[M].周寄中,译.北京:华夏出版社,1987:77.

[3] 张文显.法哲学范畴研究[M].北京:中国政法大学出版社,2001:371.

延。学界对军事法的认识主要是从行业法进行定位。[①] 军事法学界虽不认同，但也未见系统的理论反驳。近年来，领域法学理论在一定程度上也进行了相应的创新。[②] 这种理论创新并不排斥固有的部门法划分，而是在此基础上放弃此前的平面视角，以一种多层次、多系统的立体化视角来认识并界定一些特殊的法现象。在近年来法学基础理论整体裹足不前的状态下，这些理论上的创新难能可贵。相较而言，无论从何角度来分析，军事法都是一种特殊的法现象，对这种法现象的总结和提炼，其理论资源和方式更需要一种创新的理念和能力。如何看待军事法现象、如何对这种现象进行抽象的问题在军事法学界理应得到创造性地回应。总之，有关军事法概念的界定呼唤创新，也需要创新。

[①] "本书作者认为军事法实际上是把行政法、经济法、刑法等部门中有关军事的规范归并在一起的一个综合性部门，这是按照行业划分法律规范的另一种划分。"参见孙国华.中国特色社会主义法律体系研究——概念、理论、结构[M].北京：中国民主法制出版社，2009：168."笔者以为军法最高层次——关于武装力量的地位、组织、职权是宪法法律部门的内容，而军法的大量内容是传统的军事行政——行政法部门。军事法学作为行业法学有存在的必要，但没有必要把军法列为单独的法律部门。何况按照国际惯例，军事权为行政权之一种。"参见周永坤.法理学：全球视野[M].北京：法律出版社，2010：88.关于行业法的专门论述，复旦大学孙笑侠教授曾有专文论述。他认为，法律体系是一国主要部门法所构成的体系，但是当部门法在社会生活中实施的时候，部门法与部门法之间存在着很多空隙、裂缝甚至断层。如何对这些问题进行缝合，他使用了"行业法"这一词，专指以国家涉及行业的法律为基础，通过政府涉及行业的行政法规和行政规章，还包括各行业组织制定的自治性规范。从法律渊源上看，行业法的外延，除了全国人大涉及行业的法律、国务院的涉及行业的行政法规、地方立法机关涉及行业的地方性法规、各部委涉及的行业部门规章、地方政府涉及的行业的地方规章，再加上各行业自治性的行业规范等。参见孙笑侠.论行业法[J].中国法学，2013(1)：46-59.

[②] "当今中国，重大领域的社会经济问题愈加呈现出交叉性、整合性和动态性特征，法学学科系统分工精细化与法律现象复杂化之间的矛盾愈加凸显，以问题为中心的整合性、多维度和一体化的研究范式愈加获得重视。在全面深化改革和全面推进依法治国的语境下，有必要确立领域法学概念，以及领域法的治理逻辑，以回应社会大变革时代的现实诉求。领域法学，是以问题为导向，以特定社会领域内具有共性的法律现象为研究对象、综合运用人文社会科学方法对这些领域法现象进行归纳、解释与预测的法律科学。"参见刘剑文.论领域法学：一种立足新兴交叉领域的法学研究范式[J].政法论丛，2016(5)：3-16.

第二章
军事法学学科理论体系的建构及反思

第一节　宏大学科背景下的军事法学检视

知识是人类的知识,但人类知识的积累并不总是表现为知识的无序增长。如何实现知识的有序增长,这本身既是知识的一部分,同时也为知识的继续增长提供了条件。这种知识的有序增长表现形式之一就是学科化。

系统性学科的产生并不断分化标志着人类开始有目的地依据一定的标准,例如性质、种类等,对已有的经验与知识进行总结、分类,在此基础上进行有计划的研究、管理、保存和传承。就此而言,"知识是通过世世代代积累起来的,各门学科都是历史发展的产物,它们随时间迁移而发展"。① 这一观点在一定程度上可以反映知识和学科之间的关系。学科最本质的内容是知识,但学科的内容体现并不只有知识,②也并不代表以学科为导向的知识发展本身拥有毋庸置疑的地位,③而这也是学科知识不断反思的问题之源。反思其实就是以学科形式表

---

① 伯顿·R.克拉克.高等教育系统:学术组织的跨国研究[M].王承绪等,译.杭州:杭州大学出版社,1994:15.
② 当然,这一对"知识"的理解并非广义的。学科存在于不同的形态中。学科具有知识形态、活动形态和组织形态等。学科的知识形态主要表明学科是由一定规范的知识体系构成。学科的活动形态主要表现为进行学科研究的人的所有活动样态。学科知识的组织形态是指一门学科知识的组织系统,即一门学科究竟按照什么体系组织建构;学科中人的组织形态是指以知识的探索、保存、使用和发展为目的所形成的学科团队,例如教研室、研究院、研究所等学术组织。参见韦冬余.学科本质的再认识:学科史的视角[J].扬州大学学报(高教研究版),2015(1):10-12.
③ 知识说到底是人类的知识,人类知识出自人类,服务于人类,从终极意义来看,使人类生活得更美好应该是人类创造知识并不断追求知识的价值所在,而不是相反,但对知识事实意义上的追求与所追求的知识的价值体现并非同一概念。人类创造了知识,但知识也会危害人类终极价值的实现。换一个现实的说法来表达,就是"知识爆炸"的年代代表着知识的急剧增长,但知识的急剧发展也使知识范围迅速扩大,除了增加人类主宰和控制自身的生存环境的能力之外,也带来了前所未有的问题。生态的破坏、战争的威胁、社会秩序的急剧转变、人们思想和意识上的不安都在显示知识的增长并非一个可以无限膨胀的"气球"。摆在人类面前的挑战是如何令知识的增长能真正为人类的长远利益和福祉服务,如何令追求和发展知识的活动可以同时发展出足够的自我反省能力,这显然已不是人文精神主导的理想所能改变的。当今知识的增长出自越来越复杂而庞大的学术体制。学术知识的生产已经深深地与各种权力、利益体制相互交缠,这不是说大规模的知识生产只是为了功利的国家目标或(转下页)

达的知识的反思，因此，这种反思既可能针对知识内容，也可能是知识的表达形式。当然，从当代学科分隔背后更深层次的历史原因出发，以宏观视角对学科的反思也早已纳入研究视角，例如对社会科学这种类学科的反思。①

以上有关知识的学科形式认知只是为我们了解这种知识的承载形式提供了一种可能。如今知识和学科早已被视为一对可以互换的概念。知识就是一定学科的知识，并归类为一定的学科；学科也已经成为一定知识的指代。

相对于本章所要探讨的主题来说，以知识与学科的关系为背景虽略显宏阔而抽象，但其所能体现的价值和作用却不容低估。如果我们把研究的单个相关主题比作一个坐标点的话，这种知识背景的价值就体现在能够让我们在人类认知发展的坐标系中定位到这个点，在知识时空中把握住这个点。具体而言，在这个宏观背景下，我们能够建立起对法学尤其是对本书主题——军事法学进行学科分析的历史和现实的双重视角。基于历史和现实的双重视角，我们能够理解军事法学学科的建构过程；基于历史和现实的双重视角，我们才能对军事法学学科进行符合实际的反思。

30 多年前，国家教育委员会对军事法学的首次学科定位即是将其划为法学学科之下的一个二级学科。② 无论是作为学科中的上一级级别还是作为知识上的根据渊源，对法学学科的理解都有助于对军事法学学科的理解。

2011 年，我国社会主义法律体系基本建成，法学也发展成为相对完整且比

（接上页）个别社会阶层的利益而服务，而是在学术体制内部，关于知识发展和开拓的规划都受制于关乎学科门类的偏见，以及这些偏见所体现出来的权力和利益关系。褊狭的学科分类，一方面，框限着知识朝向专业化和日益分割的方向发展；另一方面，也可能促使接受这些学科训练的人日益以学科内部的严格训练为借口，树立不必要的界限，以谋求巩固学科专业地位。学科制度的优点是能够建立完整而融贯的理论传统和严格的方法学训练，但同时也有使学术体制成为偏见的生产地，以服务于自己的利益为尚，建立虚假的权威之虞。参见华勒斯坦.学科·知识·权力[M].刘健芝等，译.上海：上海三联书店,1999.

① 为了探索当代学科分割背后更为深广的历史原因，以美国华勒斯坦（Wallerstein）为首的科学家和社会学家于 1997 年发表了一份题为《开放社会科学：重建社会科学报告书》的研究报告。他们指出，当前在社会科学领域主导着的学科划分始于 19 世纪，其将社会科学研究划分为历史、政治、经济、社会、人类学等互相分割的学科。这套学科的划分准则内含着对掌权势力有利的理论前提和意识形态，包括欧洲中心主义、父权主义、科学主义和国家中心主义等，它们一一被建构出来的期间，国家政权的力量一直扮演着极其重要的角色。国家一方面促成大学的复兴，使大学成为生产知识的主要场域；另一方面，又引导大学的学科知识往实用的政策导向研究，其结果是使以牛顿力学为模型的科学主义逐渐取得主导地位，这种探求事物普遍规律的学问法则，使精确度和实证性成为度量一切知识的标尺。第二次世界大战后，政治上要求改组和扩大学术殿堂的构成和人选，知识论上对主流社会科学知识的划分也提出了挑战。研究报告号召社会科学工作应建立一种更开放和更扎实可靠的知识。参见华勒斯坦.开放社会科学：重建社会科学报告书[M].刘锋，译.上海：上海三联书店,1997.

② 1987 年，当时的国家教育委员会正式将"军事法学"列为"法学类"的一个分支学科，学科编号：030110.参见张艳.军事法学理论问题研究[M].北京：法律出版社,2017：28.2001 年，中央军委将军事法学正式确定为军事学的一级学科，并设置了军事法理学、军事立法学、军事管理学、军事司法学、国际军事法学，但这一设置在 2010 年被取消。

较稳定的学科构造。当然,认同只代表看法,这并不能说明这种学科体系构造没有问题。事实上,有研究者很早就发现了问题,即这种学科分立和固守的形式直接导致法学科学与法学学科内部之间的知识沟通管道的严重阻隔,而知识本身需要融合。[①] 就法学知识的功能而言,这种知识的学科形式似乎进入了一个悖论:知识法学若要实现专门化的发展和规模化的传承,需要以学科分立的形式展开,但法学理论若要全面、立体地回应社会现实,又需要加强不同法学学科知识的融合。

需要说明的是,法学学科作为一个一级学科名称,只是这个学科架构的名称指代。在内容上,所谓的法学学科是抽象的,它最终体现只能是其架构中依据一定标准所划分的各个具体学科。[②] 军事法学作为法学学科之下的一个二级学科,是法学知识以学科形式划分的专门化知识。从学科发展的历史来看,军事法学理论在学科的形式下实现了发展,但这种发展也无可逃脱地负载着学科形式的传承基因。从军事法学学科存在的现实来看,30 多年的积淀已经建构起军事法学学科宏伟的学术大厦,但作为一个理论构造,它的每一块砖瓦甚至设计图纸都需要反思和追问。从这两个角度来讲,所谓对军事法学理论的回顾和反思实际上就是对军事法学学科理论建构的回顾和反思。而这一研究的思路缘于对独立学科标准之疑惑,落脚于对独立学科理论之再认识。

第二节　对军事法学发展阶段性的再认识

1987 年,军事法学被确定为法学学科之下的一个二级学科。多年来,军事法学从无到有,经历了一个起步晚、发展快的历史过程,取得了众多引人注目的成就。军事法学作为一个特殊的法学学科,其发展过程既见证了我国法学理论的繁荣,也经受了我国军事领域实践的洗礼。在学科理论性质归属和具体研究对象范围的双重视角下,军事法学的这一发展过程有一些阶段性特点。这种阶段性总结的价值和意义首先体现在学术上,即有利于从总体和全面的视角认识既往军事法学发展的过程和特点,了解具体事件或时间对于军事法学发展的意义,以及军事法学在某一时期内的成就等。从理论角度看,这种阶段性划分也体

---

① 王利明,常鹏翱.从学科分立到知识融合:我国法学学科 30 年之回顾与展望[J].法学,2008(12):58-67.

② 在学科分立的架构中,法学已经建立了相对完整且比较稳定的学科构造,其中包括理论法学、法律史学、部门法学、国际法学等次级学科,并分设不同的下级学科。

现出不同研究者对军事法学发展过程的不同认识。分析研究者对军事法学阶段性的认识是了解军事法学发展过程的一种重要方式。

一、军事法学界关于中国军事法学发展的阶段性划分

军事法学界对军事法学发展的阶段性特征早有研究，且积累了一定的研究成果。这些研究对于认识、了解我国军事法学的发展过程具有重要的参考价值，对这些研究成果的分析也能够把握研究者对这一问题的研究思路及重点关注。在众多研究成果中，张建田教授对这一主题的关注较早，且一直处于持续关注中。他最早的专题论文发表于 1999 年，2014 年在其专著《中国军事法学研究的历史回顾》（第二版）中，他也对这一主题有专门的论述。1999 年，在中华人民共和国成立五十周年纪念之时，众多学术刊物刊登了一批关于我国民主和法治建设成就的研究成果，《中国法学》杂志发表的张建田教授的论文《我国军事法学的创立与发展回顾》即为其中之一。尽管该论文分析的主题并不是军事法学的发展阶段，但他关于军事法学创立和发展的思考却是借助于一定的发展阶段展开分析的。该论文将新中国军事法学的发展归纳为以下几个阶段：20 世纪 50—70 年代末是我国军事法学的空白时期；80 年代是我国军事法学的孕育与创立时期；90 年代是我国军事法学的全面发展时期。作者认为我国军事法学的发展任重道远。①

这一归纳表明了作者对我国军事法学发展阶段性特征的判断，这种判断在作者此后的著作中也只有细微改变。2003 年，张建田教授的《中国军事法学研究的回顾与思考》一书由法律出版社出版，书中有一篇长文《关于我国军事法学研究的历史回顾与思考》，全面回顾了我国军事法学的发展。该文对我国军事法学的发展阶段划分如下：自新中国成立以来至 20 世纪 80 年代中期，在相当长的时期里，我国的军事法学理论始终处于空白状态；我国军事法学的孕育与创立时期是从 20 世纪 70 年代末至整个 80 年代；从 20 世纪 90 年代开始，军事法学进入全面发展时期。展望 21 世纪，军事法学有着辉煌的发展前景。② 显然，这些时段的划分和时段特点的界定较其前篇论文有所修改，但基本上还是此前观点的重申。时隔 10 多年后，也就是 2014 年，张建田教授的《中国军事法学研究的历史回顾》（第二版）由法律出版社出版。其中，论文《关于我国军事法学研究的历史回顾与思考》在内容上有修改，也有扩充。比较此前版本，该文对我国军

---

① 张建田.我国军事法学的创立与发展回顾[J].中国法学,1999(5)：3-13.
② 张建田.中国军事法学研究的回顾与思考[M].北京：法律出版社,2003：268-272.

事法学理论发展的阶段性划分并无实质性变化,只是在行文形式上有所改进,主要表现为增设了标题的相关序号,使得相关内容更富有层次。除此之外,在新增内容中,作者对 21 世纪第一个 10 年内中国军事法学理论,即"新世纪 10 年的军事法学研究"也进行了一定的理性思考和总结。[①] 10 年间,军事法学虽然没有发生翻天覆地的"爆炸式增长"或"断裂式"转折,但努力成果不容忽视。这篇论文所增加的也主要是这些内容,只是作者并未按照此前的阶段性标准对这个 10 年内军事法学的研究进行归类。[②]

逢"9"的年份是中华人民共和国成立的纪念年份,在此年份,一些回顾总结性的研究论文较多。

1999 年,张山新教授对我国军事法学的发展也有思考,成果发表在《西安政治学院学报》上,题目是《军事法学研究 15 年》。该文最大的特点是并未将军事法学放在新中国成立以后这一背景中考察,而是直接切入军事法学的实质性成果及其标志。作者以军事法学在发展过程中的关键节点和相应阶段成果为基准,将军事法学划分为创立阶段和发展阶段。1984—1990 年是军事法学研究的创立阶段,作者将这一阶段内的成果主要表现归纳为 8 个方面;1991 年至论文发表时是军事法学的深入发展阶段,作者将这一阶段主要成果表现归纳为 5 个方面。张山新教授的这一阶段性划分及阶段性成果总结也体现在其主编的教材《军事法学》(2001 年出版)一书中。[③] 2003 年,研究生教材《军事法研究》一书出版,此书也由张山新教授担任主编,书中对军事法学发展阶段的划分没有实质性变化。[④] 仅就作者的划分来看,其最大的特点在于划分标准精确到"年"这一时间单位。之所以精确到年这个单位,显然是以一定的事件发生为标志,事实上也是如此。作者认为,"1984 年首次公开提出军事法学";"1991 年,中央军委在'八五'期间军队建设纲要中,第一次明确提出'要坚定不移地贯彻依法治军的方针'……极大地推动着军事法学研究的发展。"显然,这两个时间点及该事件背后的意义被赋予了军事法学阶段性划分的意义。笔者在此产生疑问,既然是以一定的事件为标准来划分学术研究的发展阶段,这个阶段是否可以精确到事件发生的那一刻? 但是就学术研究而言,是否真的可以精确至此? 是否有必要?

---

① 张建田.中国军事法学研究的历史回顾[M].2 版.北京:法律出版社,2014:377 - 465.
② 需要说明的是,按照作者的理论演变界定的空白期、孕育和创立期、全面发展期的界分,这部分新增的内容如何归位,作者并未言明。尽管作者认为"在这 10 年间,我国军事法学研究继续向前发展",但这并不能解决对这 10 年理论研究在"过程性存在"中的地位。也许是照顾到此前已经形成观点的文章的固定性,也许是考虑到军事法学研究未来的发展以及当下并不能构成一个所谓的"阶段"。总之,作者罗列了 21 世纪开头 10 年的军事法学发展的特征,但是并未有理论发展的定位。
③ 张山新.军事法学[M].北京:军事科学出版社,2001:10 - 11.
④ 张山新.军事法研究[M].北京:军事科学出版社,2002:12.

在对中国军事法学研究阶段的划分上，周健教授与张山新教授的观点基本相同。周健教授对中国军事法学研究的阶段性划分，主要体现在其著作或参编的教材中，例如，2000 年出版的《军事法论纲》；2006 年主编的《军事法学》，以及 2008 年出版的"周健军事法文集"之《军事法原理》中都有论述。

根据能够检索到的资料分析，在公开发表的学术论文中，2008—2009 年由陈耿教授为第一作者或独立作者的有三篇学术论文：《自觉中追求自治：改革开放 30 年的中国军事法学》《中国军事法学 30 年》《军事法学的形成与发展》。这三篇文章对军事法学的界定相对来说比较严格。

军事法学与中国军事法学是不同的概念，从理论角度对两者的划分也不相同。例如，在陈耿教授撰写的《军事法学的形成与发展》一文中，将军事法学分为：古代军事法学、近代军事法学、现代军事法学、中华人民共和国军事法学四个部分。军事法学发展的阶段性的划分也是针对中国军事法学而言的。《自觉中追求自治——改革开放 30 年的中国军事法学》《中国军事法学 30 年》两篇论文中使用的划分标准也是时间标准，而且也是具体到年份，只是在两篇论文中对每一个所划分的阶段采取了不同的表述。两篇论文均将中国军事法学的发展划分为四个阶段：1978—1986 年是一个阶段；1987—1991 年是一个阶段；1992—2002 年是一个阶段；2003 年之后是一个阶段。在《自觉中追求自治：改革开放 30 年的中国军事法》一文中，这四个阶段依次是：学术准备阶段、创立摸索阶段、全面发展阶段和成熟发展阶段。[①] 在《中国军事法学 30 年》一文中，作者认为中国军事法学的这四个阶段依次是：准备期、创立期、发展期和成熟期。[②] 其中，2003 年之所以被确认为一个时间节点，是因为"2003 年 11 月，中国政法大学军事法研究中心成立，标志着军事法学研究队伍呈现开放化格局"。与此前张山新教授的观点比较，相似之处在于阶段性划分均精确到某年的某事件，不同的是，有些具体阶段划分时间节点以及各个阶段的标志性内容。

2009 年，李佑标教授在《军事法学研究六十年回顾》一文中对中国军事法学发展的从无到有、学科建设从薄弱逐步走向成熟进行了总结回顾。其以重要事件和成果为线索串起了中国军事法学发展的过程，但并未按照阶段性的标准来划分，因此也未提升到阶段性进行研究。

2016 年，由薛刚凌、肖凤城两位教授主编的教材《军事法学》(第二版)由法律出版社出版。该书认为严格意义上的军事法学发展是改革开放以后的事情：

---

① 陈耿,傅达林,滕腾.自觉中追求自治：改革开放 30 年的中国军事法学[J].西安政治学院学报,2008 (6)：66-70
② 陈耿,傅达林.中国军事法学 30 年[J].当代法学,2009(1)：57-62.

中国军事法学研究在 1978—1990 年是创立阶段；1991—2001 年是发展阶段；2002 年至今是繁荣阶段。其中，2002 年之所以被确定为军事法学发展进入繁荣阶段的一个节点主要是因为"2002 年 11 月党的十六大提出'健全军事法规体系，提高依法治军水平'，极大地推动了军事法学的繁荣发展"。[①]

对于中国军事法学作为一个学科发展的"过程性存在"，军事法学界在对这一发展过程的整体性、全面性认识的基础上，多采取阶段性方式来描述这一过程的发展特点。阶段性的表现是时间上的先后，但划分不同的时段终究还是需要证据——具体事件或成果予以支撑和证明。

二、军事法学界关于军事法学发展阶段性划分的依据

阶段性划分主要基于整体性和全面的视角研究理论发展的过程。这种阶段性划分方式显然不是为了划分而划分，之所以划分成不同的阶段主要是通过回顾和反思把握这一专门理论发展过程的特点来总结经验、查找薄弱环节，为理论的发展打基础，以促进学科研究的深化和提升。既然进行阶段性划分，必须有证明阶段性存在的证据。对于一个学科理论而言，所谓证据就是能够支撑起作为学科存在和发展的一切材料性的东西和事件，这些证据是客观存在的。从一些证据的集合中发现学科在理论层次上发展的阶段性，这既是一种主观认知和理解，也是对阶段性的判定有所区别的原因。

从研究资料来看，对我国军事法学发展的阶段性划分，张建田教授从 1999 年第一篇总结回顾性的专业论文到 2014 年中国军事法学的专著再版，其对中国军事法学研究的发展及阶段性划分都有分析。在其 1999 年发表的论文中，作者认为新中国成立至 20 世纪 70 年代末到 80 年代中期，我国的军事法学理论始终处于空白状态。从制约军事法学发展的外在因素视角来看，可总结归纳为以下原因：一是历史原因；二是国家的原因；；三是人才的原因；四是实践的原因。[②]作者从军事法学作为一个独立法学学科的要求和标准角度展开分析，具体归纳了三个方面的原因：一是军事立法并未达到一定的规模；二是相关研究水平质量不高；三是军事法的研究人员和相关资料异常欠缺。[③] 相对来说，对于这一段时间内军事法学研究的"空白状态"及其原因的分析和总结，其他研究成果中也多有涉及。当然，这段"空白状态"的现象也并非军事法学学科所独有。

① 薛刚凌,肖凤城.军事法学[M].北京：法律出版社,2016：19 - 20.
② 张建田.我国军事法学的创立与发展回顾[J].中国法学,1999(5)：3 - 13.
③ 张建田.中国军事法学研究的回顾与思考[M].北京：法律出版社,2003：268 - 272.

张建田教授认为 20 世纪 80 年代是我国军事法学的孕育和创立时期。首先，军事法学的地位和作用成为法学界关注的议题；其次，关于军事法学的创立与研究的呼声渐高；再次，军事法学研究得到国家和军队有关部门的重视；最后，一批军事法学研究成果问世。按照顺序，20 世纪 90 年代是我国军事法学的全面发展时期，这一时期的研究活动特点主要体现在：一是军事法学研究有了组织保障；二是广泛开展对内对外的学术交流活动；三是研究更具开拓性和创新性；四是涌现了较高质量的学术成果；五是研究队伍整体水平有所提高；六是研究更具针对性和实用性；七是研究阵地拓展，院校研究活动有新的突破。进入 21 世纪，第一个 10 年内的军事法学研究虽未有阶段性总结，但这段时间内军事法学研究也有自己的特点：一是推出了一批研究成果，进一步夯实了军事法学理论基础；二是应用性研究力度不断加大，有效指导了国防和军队的法治建设实践；三是军民融合式研究有了常态化的平台，对外交流活动开展日趋活跃；四是广泛开展对外军事学术交流，不断扩大我国军事法的国际影响力；五是院校军事法学教育科研渐入佳境，大批军事法研究人才不断涌现。①

《军事法学研究 15 年》②一文之所以说是 15 年，其时间计算是从 1984 年至论文发表之年 1999 年。该论文以我国军事法学在这一段时间内的关注点和成果不同为划分依据，将我国我军事法学的研究发展阶段划分为创立和深入发展两个阶段。其中，之所以将 1984—1990 年确定为我国军事法学研究的创立阶段，主要是基于在这一阶段之内取得了 8 个方面的学科成果：提出创见军事法学；成立组织和指导军事法学研究的领导机构和学术团体；出版了一批专著和教材，初步确立了军事法学体系；开辟了军事法学研究的园地；翻译介绍了一些国外军事法和军事法学资料；召开了一系列学术研讨会，提出了许多建设性意见、观点；全面清理了新中国成立以来的军事法律法规，编辑出版了《中华人民共和国军事法规汇编》(1949—1988)；发表了为数不少的军事法学论文。而之所以从 1991 年开始军事法学进入深入发展阶段，也是基于 5 个方面的原因：③对依法治军的研究取得显著成绩；基础理论研究逐步深入，军事法学理论体系日臻完善；军事立法研究取得丰硕成果；军事法学研究的组织得到加强，学术研讨活动频繁、学术园地进一步扩大；军事法学教育的正轨化，推动了军事法学研究

① 张建田.中国军事法学研究的历史回顾[M].2 版.北京：法律出版社,2014：377 - 415.
② 张山新,赵晓东,田胜利.军事法学研究 15 年[J].西安政治学院学报,1999(1)：42 - 45.
③ 需要说明的是,论文发表于 1999 年。据此,可以认为作者所归纳的军事法学深入发展阶段是 1991—1999 年。至于作者对 1999 年后军事法学研究如何在阶段性上进行界定,只能有待作者后续性的研究成果。

的发展。① 这一阶段性划分在作者后续著作中得以坚持。具体可参见 2001、2003 年由军事科学出版社出版的教材《军事法学》和《军事法研究》。②

《自觉中追求自治：改革开放 30 年的中国军事法学》③和《中国军事法学 30 年》④两篇论文对中国军事法学研究的阶段性划分有自己的特色，作者认为中国军事法学研究的学术准备阶段（准备期）应从 1978 年开始至 1986 年。标志性的事件是 1978 年党的十一届三中全会。这次会议不仅为中国法治建设开辟了道路，而且为军队现代化建设拉开了序幕。这一阶段结束于 1986 年，并不是因为这一年有标志性的事件或成果，而是因为此后一年，即 1987 年国家教委将军事法学正式列为法学的一个分支学科。相应地从 1987 年开始，中国军事法学研究进入创立摸索阶段。这一阶段直至 1991 年结束。从 1992 年开始，中国军事法学进入全面发展阶段，主要表现为：一是军事法理论研究逐步深入；二是召开了一系列学术研讨会；三是军事法学教育进入正规化。作者认为这一阶段直至 2002 年。2003 年，中国政法大学军事法研究中心成立，这一事件既标志着军事法学研究队伍超出军事体制而呈现开放化格局，在学科发展上也标志军事法学研究自觉性的觉醒。因此，作者认为从这一年开始军事法学研究进入成熟发展阶段。

为适应军事法学教育和科研的需要，中国政法大学军事法研究中心曾组织力量专门编写教材《军事法学》，2006 年出版的《军事法学》由中国政法大学的薛刚凌教授和西安政治学院的周健教授主编。其中对中国军事法学研究的阶段性划分与周健教授 2000 年出版的《军事法论纲》中的划分及特点总结相同，与张山新教授的论文中的划分也相同。2016 年《军事法学》（第二版）由薛刚凌教授和肖凤城教授主编，由于参编人员的变化以及军事法实践和理论取得的进步，第二版和与第一版相比，内容变化比较大，2016 年的《军事法学》将军事法学的发展阶段总结为创立阶段、全面发展阶段和繁荣发展阶段。作者认为中国军事法学的发展起步于改革开放。以 1978 年党的十一届三中全会召开、军事法制建设受到重视为标志，中国军事法学进入创立阶段；1991 年年初，中央军委第一次明确提出依法治军方针，这对军事法学的发展产生了重要的推动作用，以此为标志，

---

① 周健教授关于中国军事法学研究的阶段性划分基本和张山新教授的划分相同，所以，此处不再单独提起。但有必要说明的是，周健教授的观点和论述无公开论文发表，其观点主要体现在其著作或主编的教材中。参见周健.军事法论纲.北京：海潮出版社，2000：31 - 39；周健.军事法原理[M].北京：法律出版社，2008：22 - 29.

② 张山新.军事法学[M].北京：军事科学出版社，2001：8 - 12；张山新.军事法研究[M].北京：军事科学出版社，2003：12.

③ 陈耿，傅达林，滕腾.自觉中追求自治：改革开放 30 年的中国军事法学[J].西安政治学院学报，2008(6)：66 - 70.

④ 陈耿，傅达林.中国军事法学 30 年[J].当代法学，2009(1)：57 - 61.

中国军事法学进入全面发展阶段；进入 21 世纪，2002 年 11 月党的十六大提出"健全军事法规体系，提高依法治军的水平"，极大推动了军事法学的繁荣发展。从此开始，被认为是中国军事法学的繁荣发展阶段。①

三、对军事法学发展阶段性划分的分析

与其他法学学科比较而言，军事法学学科发展起步较晚。新中国成立后虽有起步，但距离"成家立说"的目标仍缺少理论支撑。事实上，1987 年军事法学被列为法学类的一个分支学科之时，军事法学理论研究尚处于萌芽阶段，学术成果并不多见。换句话说，军事法学作为一个独立的法学二级学科，是在基础理论准备不充分的情况下得到确认的。笔者检索资料显示，在 1987 年才出现了两篇专门的军事法学基础理论类的研究论文。② 在此之前，正如张友渔在为 1988 年出版的《中国军事法学》所作的"序言"中写道："究竟军事法的概念和调整对象是什么？军事法学的理论体系包括哪些具体内容？我国法学界还没有作出明确的回答。以致在现有的法学词典中，连'军事法''军事法学'的条目都没有。"这意味着我国军事法学学科在成立之初，其理论准备是欠缺的，尤其是基础理论研究更是缺位。多年来，经过军内外专家学者共同努力，这门学科从无到有，并建构出如今宏大的体系，取得了较为丰硕的成果。对这一学科发展的过程进行回顾和反思，总结学科发展的特点和规律是有必要的，对于学科未来的发展也是有意义的。

在对中国军事法学发展的阶段性划分中，以下这些发生在一定时间节点上的事件及其发生的时间等，被视为能够影响军事法学发展的重要因素，甚至被作为军事法学发展过程中一个阶段而区别于另一个阶段的标志。

第一，1978 年党的十一届三中全会召开，实施改革开放国策，国家加强民主法制建设，这为我国法学的发展提供了政治、社会条件。自此以来，法学研究呈现出蓬勃兴旺的局面。在军事立法方面，尤其是随着一些专门性立法工作的开展，例如，《中华人民共和国惩治军人违反职责罪暂行条例》《中国人民解放军选举全国人民代表大会和地方各级人民代表大会代表的办法》等起草、通过并实施，为军事法学的发展提供了政治条件、社会环境、学术氛围和实践基础。实际上，这一标志不仅对于军事法学学科发展有意义，而且对于其他法学学科而言同样有意义。

---

① 薛刚凌，肖凤城.军事法学[M].北京：法律出版社，2016：19 - 20.
② 张建田.我国军事法概念初探[J].现代法学，1997(3)；张建田.应当重视我国军事法学的创立与研究[J].法学研究，1987(3).

第二，1984 年《中国大百科全书（法学）》出版。著名法学家张友渔、潘念之为这部综合性且具有权威性的法学大典撰写了"序言"。在"序言"中，两位法学家首次肯定军事法是一个独立的法律部门，他们认为，军事法属于法学研究的范畴，而作为一个独立的部门法，必然要产生与之相适应的军事法学这门法学分支学科。这一论断的提出，极大调动了学者研究的积极性。

第三，1987 年国家教委将军事法学列为法学门类的一个分支学科，这标志着军事法学学科的正式建立。

第四，1991 年年初，中央军委在《"八五"期间军队建设计划纲要》中，第一次明确提出"要坚定不移地贯彻依法治军的方针"，将依法治军作为新时期军队建设的一个重要方针确定了下来，对军队建设产生深远影响，也极大推动了军事法学研究的发展。

第五，2002 年 11 月，党的十六大提出"健全军事法规体系，提高依法治军水平"。

第六，2003 年 11 月，中国政法大学军事法研究中心成立，标志着军事法学研究队伍超出军队体制而呈现出开放化格局。

军事法学在多年的发展建构中，并不仅有以上这些具有节点意义的事件，即使就以上所列出来的重要节点性事件，在不同的专家学者的研究中也被赋予不同的重要性。这从不同学者的不同阶段性划分及特点总结中就可以看出。军事法学发展过程的阶段性划分不是为了划分而划分，尽管阶段性划分的研究在本质上也属于理论研究范畴，但阶段性划分的意义主要是从整体和全面的角度对这一学科发展的过程加以理解。

学科本质上是有边界的系统化知识（或经验）体系的门类。[①] 从理论层面来分析学科，有两方面的因素影响着一个学科的发展，即内在性因素和外在性因素。内在性因素代表本学科知识体系，这是学科的基础；外在性因素则是指对学科理论体系发展能够产生影响的因素，这种因素能够制约或促进学科理论体系的建构和发展，它与学科理论体系关系密切，但其本身不能被归于理论，这类因素包括：研究主体因素以及研究环境和条件等。任何一门具体学科都离不开这两方面的因素，事实上，学科本身就是由这两方面的因素所构成。我们分析一个学科，尤其是在学科发展意义上来认识一个学科必须坚持从内外两个方面的因素展开分析。军事法学是法学门类下的一个二级学科，对这一具体学科研究的阶段性特点分析也需要从内外两个方面的因素进行分析。而从已有的研究成果

---

① 韦冬余.学科本质的再认识：学科史的视角[J].扬州大学学报（高教研究版），2015（1）：10-12.

来看,军事法学界对军事法学发展的阶段性划分也遵循了上述标准,只是更多倾向于学科发展的外部性因素。

从上述所列的六个事件对学科存在的意义来看,这些事件对于学科的发展至关重要。以1978年党的十一届三中全召开这一标志事件为例,这次会议拉开了中国改革开放的大幕。对于中国的发展和中国法学学科的发展都有着重要意义,而对于军事法学学科发展来说更是如此。但军事法学作为一个专门化的理论体系,这一重要会议所提供的只是这一学科或专门理论发展的外部性支持,只是一个开始的标志。由此来看,这一事件显然属于军事法学学科发展的外在性因素。从整个法学学科的发展来看,这一标志点也可以被视为一个普遍性因素。从对军事法学发展阶段性划分的研究成果来看也并不是所有的阶段性划分都考虑到了这一事件。尽管这一事件对于法学学科发展的重要性是不言而喻的,但它对于军事法学学科并无特殊的意义。实际上,坚持以1978年为标志来界定军事法学阶段性的观点也只是将其作为一个开始的起点。在这一个标志点上,军事法学的发展至少在理论成果上并没有可资引证的成果。

在众多的划分观点中,1984年是一个比较通用的时间节点。虽然有的在阶段性划分上没有以此作为一个时间节点,但也必然会提及这一时间节点发生的能够影响军事法学发展的事件。这一事件就是1984年《中国大百科全书(法学)》的出版,以及在此书"序言"中张友渔、潘念之两位著名法学家对军事法及军事法学的有关提法。两位著名法学家认为部门法意义上的军事法对应于法学学科意义上的军事法学学科。这一提法可能也是中国军事法学学科理论类的研究著述中引用最多的内容。但必须说明的是,张友渔、潘念之两位法学家在这里的观点似乎只能称之为一个学术"论断",[①]因为除"序言"中的这个说法之外,《中国大百科全书(法学)》(1984年版)甚至连军事法学的词目都没有。这一"论断"的最大意义是它立足于地方法学界,并回应了军事法学研究者急切建构军事法学理论的呼声,"使我国军事法学的研究领域一改往日无人问津的状况,开始受到军内外学者的关注"。[②]

就阶段性的划分标准来说,1991年中央军委"依法治军"方针的确定以及2003年中国政法大学军事法研究中心的成立,对于军事法学学科的发展来说皆属外部性因素。尽管"军事法学是军队法学"有一定的偏颇之处,但就这一学科的研究主力而言,具有军人身份的研究者在所有研究者中独占鳌头也非言过其

① 张艳.军事法学理论问题研究[M].北京：法律出版社,2017：84.
② 张建田.中国军事法学研究的历史回顾[M].2版.北京：法律出版社,2014：387.

实。因此,就研究者的身份归属来说,"依法治军"方针的落实确实为军事法学的发展创造了难得的政治环境和学术氛围,保障了组织体制,甚至提供了智识资源。2003 年中国政法大学军事法研究中心的成立更是这一学科发展的外在性表现。这种现象可以表述为军事法学研究力量向地方扩展或者说军事法学受到更多地方学者的关注,但这种研究力量的复合性发展并不能解释或界定军事法学理论发展上的变化。而既然要划分军事法学发展的阶段,其学科理论发展的前后变化显然是必然因素。

坚持外在性因素的阶段性划分标准,并不能真正解释或描述军事法学作为一门独立学科的发生、发展和变化。从学科意义上来划分学科研究的发展过程需要切实考虑学科本质上是一个有一定边界的知识体系,或者是专门理论的系统化存在,这就要回到理论体系本身来考虑其发展是否表现为阶段性以及如何确定阶段性问题。换句话说,军事法学研究的阶段性划分有必要坚持内在性因素标准。为此,必须坚持从能够切实影响或者决定军事法学理论成果及其体系化的范围内去寻找。

四、军事法学发展过程阶段性划分的再认识

无论在学科意义上还是在理论发展意义上,确实存在一定的事件影响着中国军事法学的发展。例如,1984 年《中国大百科全书(法学)》"序言"中,张友渔、潘念之两位著名法学家对军事法和军事法学的"论断"。他们认为军事法属于法学研究的范围,而其作为一个独立的部门法必然要产生与之相适应的军事法学这门法学分支学科,这不仅极大拓展了法学界的视野,而且也引发了学界对军事法学一系列理论问题的探讨。

尽管在这一学科确定之时,军事法学的理论研究状况尚不足以支撑这个学科,但对这一学科定位的现实却实实在在地推动了该学科理论的发展。在此之前,军事法学无论在何种意义上都不能称为一个学科;在此之后,即使其理论发展尚在起步阶段,学科理论支撑起学科架构尚需时日,但依然可称之为一个学科。因此,在这个节点之前,我们称为军事法学的前学科阶段;此后则可称为学科阶段。

2011 年,中国特色社会主义法律体系已经形成。以这一事件为标志,笔者认为中国军事法学的发展已进入一个自我反思和重新建构的阶段。自中国军事法学被确认为一个法学学科之后,其一直处于快速发展阶段,并在这一阶段之内建构了足以支撑这一学科的宏大理论体系。尽管这种建构时常面临一些无法突出军事领域实践特殊性的评价或指责,但整体发展态势并未摆脱其宏大理论架

构的追求，从而发展出相对独立的军事法学的基础理论体系，例如军事法理学、军事刑法学、军事行政法学、军事经济法学、军事立法学、军事司法学等。虽然2011年宣布形成的中国特色社会主义法律体系中并未明确军事法的地位，但对军事法学来说却有着特殊的意义。

随着2011年中国特色社会主义法律体系中法律部门的确定，"军事法是一个独立部门法"的"信念"显然已经动摇。在此之前，军事法学理论建构自被确认为学科之后发展迅速；在此之后，军事法学理论发展开始真正进入学科理论上的反思期。反思虽然也是另一种意义上的建构，但反思中必然存在怀疑，甚至否定，而怀疑和否定又不可避免地产生困惑。时至今日，军事法学如何在反思中建构，对于中国军事法学界而言尚未走出困惑。

综上，我国军事法学的发展阶段，以理论发展的内在性因素标准可以划分为1987年之前的理论准备阶段、1987—2011年的理论建构阶段，以及2011年之后的理论反思阶段。

当然，中国军事法学发展的阶段性划分只是其理论研究的一个侧面，且出于这种研究特有的目的对于军事法学研究来说甚至不能成为重点。军事法学研究的重点在于其作为一个学科存在的基础性理论支撑，即独立而独特的研究对象和系统而富有逻辑的理论体系，这也是军事法学在学科意义上的反思重点和军事法学界主要的困惑。

第三节　军事法学学科关键要素的建构和发展

经历多年的建构之后，军事法学理论在广度和深度上都获得了较大发展。无论是按照传统法学学科的划分标准，还是在学科标准理论不断创新的当下，军事法学在法学学科的范围内几乎见不到商榷其学科独立的声音。这种状况一方面表明军事法学理论的建构和发展确实为这一学科的存在奠定了基础；另一方面，也凸显了军事法学学科关照对象的独特性以及这种研究的独特价值和意义。就学科成立的要素而言，每一个学科都有一定的关键要素对学科证成发挥着重要作用，例如学科的研究对象。特殊的研究对象不仅是学科存在的前提，而且是学科得以发展的基础。因此，对学科研究对象的研究必然是学科建构的一个重点。还有对学科的体系安排问题，每一个学科表现在理论层次上都有着众多的内容，如何安排这些内容并使之遵循一定的标准或逻辑，形成一定的系统性或体系性,这也是一个学科需要重点考虑的问题。此外,学科在内容上表现为理论,这些理论也需要借助一定的载体形式去实现自身的存在。因此,对一个学科理论载体形式的考察也是在学科证成意义上的把握。军事法学界在这三个方面都有比较丰富的成果,对这些成果进行分析能够深化对军事法学学科建构的认识。

一、军事法学界关于军事法学学科研究对象的分析界定

从学科的知识发展角度来看,遵循知识的发展规律这是要求。"从最初的原始状态到以研究对象为主要依据的不断分化、细化,再到不断地调整研究的疆界和知识融合,最终形成了相对稳定的研究部落。"[①]这是一个过程,而这里的"研究部落"就是我们所谓的学科。从这个角度来看,学科可以视为知识发展的一个形式结果。换个角度,它也可以被认为是针对一定对象的主观认知的结构化的知识体系。对于军事法学学科来说,对这一问题的理解需要一个反向的思路。具体来说,就是在学科确立的前提下,再去分析、研究、论证学科的研究对象问题。有没有独立的研究对象本是是否成立学科的决定性因素,在这里被转换为学科的研究对象该如何界定的问题,甚至在一定程度上转变为对描述研究对象的词义解释问题。有研究者认为,西方哲学在语言哲学方向上的转向,代表了哲学由其最初的本体论关注,经认识论发展到方法论的旨趣转向。[②] 笔者认为,这一变化在一门具体的法学学科之内也有着精彩的表现。

军事法学学科的特征首先就体现在其研究对象及其范围上,也正是基于特定的研究对象及其范围,军事法学方能在法学学科系列中独树一帜、自成体系。这种基于研究对象对应相应学科的认知在传统法学学科的认知中也有共识,而且这种共识至今都是法学学科分立的基础性依据。依靠这种理论资源,军事法学学科对研究对象的重点关注显然有着明确的目的。有关这一主题的研究形式,既有学术论文,也有系统性的专著和教材,其表现形式多样,研究立场和角度不一。仅就理论现象的表现来看,时至今日,关于军事法学研究对象的界定也并未有完全统一的观点。那么,这些不统一的观点又各自是如何呈现,是否有一定程度的共识,对研究对象的把握是否有一定的规律可循?

有关我国的军事法学的研究对象,研究者基于不同的认识,主要有以下 3 种观点。

一是认为军事法学的研究对象是军事法律规范。持这种观点的研究者又因

---

① 解志勇.法学学科结构的重塑研究[J].政法论坛,2019(3)：13 - 22.
② 徐友渔,周国平,陈嘉映,尚杰.语言与哲学：当代英美与德法传统比较研究[M].北京：生活・读书・新知三联书店,1996：1 - 2.

为对军事法律规范的具体范围界定不同而又有不同的表达。例如，"军事法学，是以军事法即平时与战时管理部队、从事行军作战的法律规范为研究对象的科学，是介于军事学和法学（更具体地说，行政法学、刑法学）之间的一门边缘学科。"①"军事法学是以国防和军队建设的有关法律规范为主要研究对象，并阐明军事法基本理论问题的一门法律学科。"②"军事法学或军事法律科学则是对这一调整一定范围内涉及国家军事利益的军事关系的法律规范的分析、综合、研究和总结"。③

二是认为军事法学的研究对象是军事法制现象。例如，"作为社会科学之一的军事法学，其研究对象是特殊的社会现象——军事法制现象，军事法学理论研究的目的就是要描述和归纳军事法制现象的各个侧面，并揭示其内部的本质和规律"；④"军事法学的研究对象是特殊的社会现象——军事法制"；⑤"军事法制具体包括军事法律的制定和实施，军队系统贯彻国家一般法律等一系列涉及国家军事利益的法制环节，在这些环节上发生的各种法律现象就是军事法制现象。"⑥具体地说，军事法学要研究"军事法制的形态"和"军事法制的过程"。"军事法制现象的形态研究，是把军事法规范存在方式和存在状态的特点及规律进行理论分析和说明，主要探讨军事法规范属性、要素、结构、功能、作用、内容、形式、体系、等级、效力等方面的问题"；"军事法制现象的过程研究，是把军事法制现象视作不断运动变化的过程，对这一过程中各种因素之间相互作用的特点及规律进行理论分析和说明。主要探讨军事法规范的历史发展过程、军事法规范的创制过程、军事法规范的实施过程，以及非军事性的国家一般法律规范在军队系统的实施过程。"⑦在军事法学界，这一观点出现较早；从坚持此观点的学者来看人数也不多，认同者也不多。当然，观点本身的价值评价从来都不是也不应该是以其认同者多少为标准。就检索到的资料来看，此观点的代表者，在其观点提出10多年之后的著述中，经过充分论证依然认为"军事法学界目前没有充分的理由能够推翻'军事法制'作为军事法学研究对象的一般性概念"。⑧

三是认为军事法学研究对象是军事法（律）现象及其发展规律，例如，军事法

---

① 何勤华，徐永康.法学新学科手册[M].杭州：浙江人民出版社，1988：120.
② 郭其侨.军队建设学[M].北京：国防大学出版社，1989：461.
③ 张建田，钟伟钧，钱寿根.中国军事法学[M].北京：国防大学出版社，1988：84 - 85.
④ 夏勇，汪保康.军事法学[M].济南：黄河出版社，1990：4.
⑤ 夏勇，汪保康.军事法学[M].济南：黄河出版社，1990：3.
⑥ 夏勇，汪保康.军事法学[M].济南：黄河出版社，1990：5.
⑦ 夏勇，汪保康.军事法学[M].济南：黄河出版社，1990：5 - 7.
⑧ 夏勇.中国军事法学基础理论研究[M].北京：中国财政经济出版社，2005：39.

学是"研究军事法这一特定社会现象及其发展规律的科学"。① 其他辞书类,例如《军事法学词典》《中国军事百科全书》对此都有同样或类似的表述。除此之外,相同观点以相同表述的方式在一些教材等著作中也有体现。② 1992 年,由法律出版社出版的《军事法学教程》认为,"军事法学的研究对象就是军事法这种特定社会现象所固有的运动形式或矛盾特殊性,并解释这种固有运动形式或矛盾特殊性及其各个侧面的不同特点。"③"军事法学的研究对象,是军事法现象、本质、发展规律及其应用。"④"军事法学是以军事法律现象及其发展规律为研究对象。"⑤"军事法学的研究对象是军事法律现象及其发展规律。"⑥"军事法学的研究对象应当是军事法律现象及其发展规律。"⑦同样的观点也得到中国政法大学薛刚凌教授牵头主编的两部《军事法学》教材的认可,虽然这本教材的初版和第二版相差 10 年之久,而且在参编人员、体例安排甚至内容观点上变动不小,但对于军事法学研究对象的认识和界定并无变化。⑧

　　虽然对军事法学的研究对象是军事法(律)现象及其发展规律的认识能够在一定意义上称为一致,但在这一类观点中,对军事法这一特定社会现象及其发展规律的具体范围的理解又不相同。有人认为包括三个方面:军事法律规范、军事法律实践和军事法律理论;⑨有人则认为包括五个方面:军事法律规范、军事法运作、军事法秩序、军事法思想和军事法历史;⑩也有人认为应更为广泛,包括军事法律制度、军事法律规范、军事法律关系、军事法律秩序以及与其他社会现象的关系。⑪

　　独立的研究对象是一门学科得以存在的前提。在这个意义上,对学科研究

① 邹瑜,顾明.法学大辞典[M].北京:中国政法大学出版社,1991:656.
② 方宁,许江瑞,姜秀元.军事法制教程[M].北京:军事科学出版社,1999:188;许江瑞,方宁.军事法制教程[M]北京:军事科学出版社,2012:217;钱寿根.军事法理学[M].北京:国防大学出版社,2004:5.
③ 图们.军事法学教程[M].北京:法律出版社,1992:15.
④ 陈学会.军事法学[M].北京:解放军出版社,1994:7.
⑤ 莫毅强,钱寿根,陈航.军事法概论[M].北京:中国人民公安大学出版社,1990:101-102.
⑥ 张山新.军事法学[M].北京:军事科学出版社,2001:1;张山新.军事法研究[M].北京:军事科学出版社,2002:1.
⑦ 李佑标.军事法与军事法学概念研究[J].中国法学,2004(5):158-167;李佑标.军事法原理[M].北京:人民法院出版社,2005:47.
⑧ 薛刚凌,周健.军事法学[M].北京:法律出版社,2006:26;薛刚凌,肖凤城.军事法学[M].北京:法律出版社,2016:18.
⑨ 图们.军事法学教程[M].北京:法律出版社,1992:17-18.
⑩ 方宁,许江瑞,姜秀元.军事法制教程[M].北京:军事科学出版社,1999:189-190.
⑪ 张山新.军事法学[M].北京:军事科学出版社,2001:1;张山新.军事法研究[M].北京:军事科学出版社,2002:1;薛刚凌,周健.军事法学[M].北京:法律出版社,2006:26;薛刚凌,肖凤城.军事法学[M].北京:法律出版社,2016:18.

对象的研究始终是学科的重要内容之一。在对对象的研究中必然需要借助一定的评价或论证方式。这种评价和论证可能针对他人已有的认知，其目的也很明确，即证明自己观点，或赞同或反驳他人的观点，这是学术研究常用手法。军事法学人对军事法学的研究对象的界定也是以这种研究手法不断推进。在 1992年图们主编的《军事法学教程》一书中，在对军事法学的研究对象进行明确界定之前，就对此前已经出现且有一定影响力的观点进行了总结和评价：一是认为军事法学的研究对象是军事法律规范；二是认为军事法学的研究对象是军事法制现象；三是认为军事法学的研究对象是军事法这一特定社会现象及其发展规律。在列举分析的基础上，作者提出军事法学的研究对象是军事法这一社会现象及其发展规律。① 1994 年，解放军西安政治学院在国家哲学社会科学"八五"规划课题的基础上，由陈学会教授担任主编并出版了《军事法学》教材，其对军事法学研究对象的分析路径也是基于对前例的分析评判之后再提出自己的观点。书中将我国法学界对这一问题的认识总结为"两大类九种"，两大类即军事法律规范说、军事法制现象说；9 种则是这两类中的不同表述。② 1999 年，军事科学院研究生系列教材《军事法制教程》一书继续坚持了这种研究方式，把学界表述的军事法学研究对象分为："军事法律规范""军事法制现象"，以及"军事法这一特定社会现象及其发展规律"，在此基础上，提出自己的观点。③ 在此后的著述中，这种理论分析的方式得以坚持，例如 2005 年，中国人民武装警察部队学院李佑标教授在"中国军事法学基本理论研究"课题的基础上编著出版的《军事法学原理》；中南财经政法大学的夏勇教授在其司法部课题"中国军事法学基础理论研究"的基础上出版的《中国军事法学基础理论研究》，对军事法学研究对象的认识和界定均坚持了这一方式。

纵观 30 多年学术发展历程，通过一系列军事法学代表性教材或专著基本上能够勾勒出法学界尤其是军事法学界对军事法学研究对象的认识。这些认识既表现为一定的观点内容，也体现为所遵从的一定方式。从观点内容来看，有一定的共识，例如将研究对象界定为"军事法（律）现象及其发展规律"；也有观点虽认同较少，但经各方论证，最终固守，例如将军事法学的研究对象界定为"军事法制"；还有较早提出的"军事法律规范说"。当然，所有这些实实在在证明并代表着军事法学学科从无到有的发展，也正是基于这些研究，学界对军事法学研究对

---

① 图们.军事法学教程[M].北京：法律出版社,1992：14 – 18.
② 陈学会.军事法学[M].北京：解放军出版社,1994：5 – 11.
③ 方宁,许江瑞,姜秀元.军事法制教程[M].北京：军事科学出版社,1999：187 – 190.另外需要说明的是此书的第二版（许江瑞,方宁.军事法制教程[M].北京：军事科学出版社,2012：216 – 219），其中相关内容并无实质性变化。

象的认知才有了进一步深化的可能。

二、军事法学界对军事法学学科体系的认识

如果说对军事法学独特研究对象的论证是为了证明军事法学学科何以独立存在的话，那么，对这一学科的理论体系的论证，重点解决的则是这一学科以何种方式存在的问题。独立的研究对象是军事法学学科存在的内在依据，学科体系是学科存在的外在表现。相对于学科而言，两者关系紧密；仅就自身论证范围而言，各自地位特殊。一个研究全面、结合严密、论证充分、逻辑严谨的学科体系是一个成熟学科的必备形式；反之，学科在理论体系设置上的混乱，显然不能称之为成熟。对于军事法学学科体系的设置以及对体系设置的学术史检视，这一要求同样重要。

军事法学学科体系作为学科建设和发展的一个基本标志，这一问题自始受到重视。从军事法学学科成立的实际情况来看，"军事法学界的第一代拓荒者肩负的一项重要责任就是构建该学科的体系，正是由于军事法学是一个新兴学科，一切理论研究都要从零开始，需要学者进行开创性的理论研究。因此，关于军事法学学科体系这一个前提性的问题，自然成为学者们需要攻克的第一座堡垒。"①在这一过程中，军事法学研究者基于不同的认知基点，选取不同的视角，采用不同的研究方法和工具，建构起多种学科体系。这些体系设置和建构标志着军事法学学科的发展与相对成熟。

对军事法学学科体系的认识有必要强调一对概念：军事法体系与军事法学学科体系。按照传统部门法对应部门法学的理论通说，这一对概念各自的内涵及其关系比较重要。但是，必须明确的是，这一对概念各自指代不同，实际上也并非同一层次上的概念。按照通说，军事法体系是由不同层次军事法律规范分类组合成的若干法律部门所形成的有机整体，是国家法律体系的重要组成部分。② 也有人认为它是指以一国现行的国内军事法律规范和被本国承认的国际军事法律规范为基础构成的相互联系、相互协调的有机统一整体。③ 总之，它是基于现行实在法而言，是对一国现行有效的法律规范的逻辑性安排，这也成为它区别于军事法学学科体系的重要标志。即使军事法体系的建构关系军事法学学科的独立性问题，并因此在军事法学理论研究中，甚至在学科体系结构中占据核

---

① 杨蕾.春华秋实，任重道远：军事法学学科建设的回顾与展望：访军事法学专家陈耿教授[J].西安政治学院学报，2010(4)：115-120.

② 中国大百科全书·军事法总论(学科分册Ⅰ)[M].北京：中国大百科全书出版社，2008：30.

③ 陈耿，傅达林，滕腾.自觉中追求自治：改革开放30年的中国军事法学[J].西安政治学院学报，2008(6)：66-70.

心地位,①但并不能就此认为军事法学学科体系与军事法体系是同一问题。事实上,军事法学学科作为一个学科,其学科建构所需要关注的范围更广泛。按照传统观点,"法是由部门法构成的,法本身只是部门法的总和,部门法才是法的实体存在。离开了部门法,法只是一种观念而已。而法学则与之不同,除部门法学以外,还有以法的观念为研究对象的法学形态,这就是法理学或者简称为法理学。"②即便在传统观点上,军事法一直被当作部门法看待,③军事法学作为部门法学也以军事法而展开,但从军事法学的研究范围来看并不仅限于作为部门法的军事法。换句话说,军事法学作为一个学科,它不仅研究实际存在的军事法(尽管这是研究的重点所在),而且军事法学研究范围还包括军事法的其他存在形态。这也是本节主题选取讨论军事法学学科体系而不是军事法体系的原因。相对于军事法体系的研究而言,军事法学学科体系的研究能在更高也更为全面的层次上反映这一学科发展的状况。对军事法学学科体系的考察,需要一个历史的视角和方法。

1988 年我国第一部军事法理论专著《中国军事法学》认为,军事法学体系的范畴是极为丰富和广博的,它包括军事法的定义、概念及其调整对象;军事法的本质、特征;军事法的基本原则;军事法和军事法学的产生、发展和现状;军事立法的原则和程序;我国武装力量的法律地位和法律职能;等等。此外,国家兵役法律制度、军队组织编制法律制度、军事行政管理法律制度、军队政治工作法律制度、军事经济法律制度、军事司法程序法律制度、军事刑事法律制度、军人与军队权益保障法律制度、军人优抚法律制度、军队职工法律制度、战争法律制度等也是军事法学体系必不可少的组成部分。④

开创理论相对于理论的批判建构而言更具有价值,其主要理由在于开创理论做到了从无到有,并树立了批判的标靶,在一定程度上激发了判断理论的标准或要求,而处于初创阶段的军事法学学科体系理论主要在于建构。1990 年出版的两本军事法学著作,对军事法学体系的设置也各有特点。《军事法概论》一书认为军事法学体系应该包括军事法学基础理论,即军事法概念、调整对象、本质、作用及基本原则等;军事法律制度,即军事组织编制、军事行政管理、军队政治工作、军事训练、军队后勤保障、军队司法及兵役、军人安置、国防教育等;外国军事

① 傅达林.军事法体系的重构之道[J].北方法学,2011(1)：82 - 92.
② 陈兴良.部门法理学之提倡[J].法律科学(西北政法学院学报),2003(5)：7 - 8.
③ 2011 年宣布的中国特色社会主义法律体系"七法体系"中,没有明确军事法的部门法定位。而在此之前,军事法是我国法律体系中的一个独立的部门法,这一观念一直为我国军事法学界所坚信。
④ 张建田,钟伟钧,钱寿根.中国军事法学[M].北京：国防大学出版社,1988：88.

法;中外军队法制史;战争法和海洋法等。①《军事法学》一书则认为军事法学理论至少包括对军事法学基础理论研究的军事法学总论、对军事法门类具体研究的军事法学分论、对军事法制即军事法学的历史发展状况研究的军事法学的历史研究,以及对外国军事法学的研究等。②

1992 年,代表军事法学阶段性研究成果总结的《军事法学教程》一书,将军事法学的研究范围分为对内、对外两个方面。对内研究范围也就是军事法学体系内部各分支学科的划分,又称为军事法学分类,其范围包括:军事法学基础理论,即军事法学的基本理论、军事法的基本理论以及中国军事法和中国军事法学的基本理论;军事法律史学;比较军事法学;国内军事法学;国际军事法学和边缘军事法学。③ 1994 年,解放军西安政治学院陈学会教授主编的《军事法学》一书认为,军事法学体系问题是军事法学理论研究和军事法制建设实践中正在探索的问题,确立军事法学体系时,要坚持理论与实际、历史与现实、国内与国外、现在与未来相结合的原则,以军事立法的发展情况及军事法分支部门的形成为依据,坚持自我为主,建立有中国特色的军事法和军事法学体系。在此前提下,军事法学分支学科分为:军事法理学、军事法制史学、军事法律施行学、军事分支部门法学以及军事法边缘学科等五个部分。④ 1999 年,军事科学院硕士研究生教材《军队法制教程》一书,根据军事法学研究的现状即发展趋势,建议将军事法学划分为七大类:军事理论法学、军事历史法学、比较军事法学、部门军事法学、国际军事法学、外国军事法学和边缘军事法学,其中又可分为若干分支。

进入 21 世纪,沿着此前划分的路径继续分类组合,而分类的基础和理论依据在这一过程中得到不断完善。2000 年出版的《军事法论纲》是笔者所能检索到的第一本由个人独立撰写的军事法基础理论类的著作。该书认为军事法学的分支学科从不同的角度可以划分为七个部分:军事理论法学、军事历史法学、部门军事法学、军事法制学、国际军事法学、比较军事法学和边缘军事法学。⑤ 这一体系划分在作者 2008 年的专著中被进一步凝练调整为六个部分:军事理论法学、军事法史学、部门军事法学、军事法制学、战争法与国际军事法学、比较军事法学。⑥ "书中创造性地提出了'核心军事法'概念,试图将散杂的军事法规范统编起来,应当说在军事法体系构建上具有突破性意义。遗憾的是,该书的观点

① 莫毅强,钱寿根,陈航.军事法概论[M].北京:中国人民公安大学出版社,1990:102.
② 夏勇,汪保康.军事法学[M].济南:黄河出版社,1990:21-22.
③ 图们.军事法学教程[M].北京:法律出版社,1992:19-20.
④ 陈学会.军事法学[M].北京:解放军出版社,1994:10-11.
⑤ 周健.军事法论纲[M].北京:海潮出版社,2000:7-9.
⑥ 周健.军事法原理[M].北京:法律出版社,2008:7-8.

并未引起人们的重视。"①2001 年，解放军西安政治学院张山新教授主编的《军事法学》教材认为，军事法学学科体系从宏观纵向角度可分为五个部分：军事法基本理论、部门军事法学、军事法运行学、国际军事法和战争法学、边缘军事法学。② 2003 年由张山新教授担任主编的《军事法研究》，将军事法学学科体系划分为七个部分：军事理论法学、军事历史法学、部门军事法学、军事法制学、国际军事法学、比较军事法学、边缘军事法学。③ 2001 年，另一本《军事法学》将军事法学划分为军事理论法学、部门军事法学、军事历史法学、军事法制学、国际军事法学和比较军事法学五大类。④ 同年，新的中国军事科学体系中军事法学被列为 14 个一级学科之一，首次明确军事法学是研究军事法理论与实践及其规律的学科，主要研究军事法治建设的特点、规律、指导原则和应用方法，其中包括军事法理学、军事立法学、军事管理法学、军事司法学和国际军事法学 5 个二级学科。⑤ 2004 年由全军哲学社会科学规划办公室编著的《21 世纪初军事学学科建设与创新》把军事法学学科体系分为八大类，即军事法学基础理论、军事法律史学、部门军事法学、军事法运行学、国际军事法学、武装冲突法学（战争法学）、比较军事法学和边缘军事法学。⑥ 2005 年，《军事法原理》一书在对此前军事法学体系划分展开评析的基础上，认为对军事法学学科的划分可以从不同的角度进行，例如，以是否直接应用为标准，分为军事理论法学和军事应用法学；以军事法的制定、实施及效用为标准，分为军事立法学、军事法律实施学和军事法社会学；以军事法的国别为标准，分为国内军事法学、外国军事法学、国际军事法学和比较军事法学；以军事法学内部的指导关系为标准，分为基础军事法学和部门军事法学；以军事法学的纯粹程度为标准，分为纯军事法学和边缘军事法学。⑦

2006 年，由法律出版社出版的《军事法学》一书被定为 21 世纪法学规划教材，这本教材集合了军地双方的力量。对军事法学学科体系并未正面阐述，只是借助教材的安排体例侧面进行了阐述，将教材的体系分为总论编、军事主体编、军事行为编、军事责任编以及武装冲突法编。⑧ 在此教材的第二版中，明确了军事法学体系可划分为理论军事法学、部门军事法学以及武装冲突法学等，教材的

① 傅达林,唐丹.创新军事法学的一部力作[J].西安政治学院学报,2007(1)：88-90.
② 张山新.军事法学[M].北京：军事科学出版社,2001：1.
③ 张山新.军事法研究[M].北京：军事科学出版社,2002：2.
④ 陆海明,钱寿根.军事法学[M].北京：解放军出版社,2001：3-4.
⑤ 这一学科定位在 2010 年被取消。
⑥ 全军哲学社会科学规划办公室.21 世纪初军事学学科建设与创新[M].北京：军事科学出版社,2004：123-124.
⑦ 李佑标.军事法原理[M].北京：人民法院出版社,2005：55-57.
⑧ 薛刚凌,周健.军事法学[M].北京：法律出版社,2006：29-30.

结构也调整为军事法总论编、宪法基本军事制度编、军事行政法编、军事刑法与军事司法编、军事行动与武装冲突法编。[①]

　　2009年清华大学出版社出版了《国防行政法与军事行政法》一书,从宪法和行政法视角,在实证考察的基础上,对国防行政与军事行政的关系进行了论述。国防行政与军事行政在军事法学的研究中,历来都是极为重要的部分,甚至有观点认为军事法就是军事行政法。因此,作者在附带性地在评析他人军事法体系观点基础上,对军事法学体系作了划分,认为军事法学的体系包括:军事法基础理论、军事组织法学、军事立法学、军事指挥法学、军事行政法学、军事刑法学、军事法史学、比较军事法学共八个二级学科。[②]

　　以上这些对军事法学学科体系的划分虽然不代表全部,但其价值和作用对于军事法学学科的建构不容低估。军事法学的发展在理论形式的安排上表现为军事法学学科体系的发展。从学科体系的认识和建构以发展的眼光来看,显然经历了一个认识的过程。从开始时的普遍罗列到逐渐采纳一定标准进行相应的抽象,再到抽象标准的不断完善,这本身已经说明军事法学学科体系的划分在逐步地向前演进,这种演进现象体现在后期对前期研究成果经验的借鉴和吸收。事实上,部分的突破也是在坚持这一理论路径的前提下的突破。

　　综上可知,在30多年的军事法学研究中,关于学科体系的构成问题并没有取得完全一致的意见。当然这并不是说完全一致值得提倡,这里只是阐述一种现象。在早期的著作中,军事法学者开创性地构建了军事法学的学科体系,虽然这一体例并不完全相同,但基本上属于一种模式。例如大家认为的军事法学的学科体系应该有总论、分论,总论部分重点研究军事法和军事法学的基本理论问题,包括军事法和军事法学的概念、发展历史、学科属性、研究方法以及军事法的指导思想、原则等;分论部分则重点阐述部门军事法学的内容。"这种学科体系的结构体例基本涵盖了军事法学研究的主体内容,初步奠定了这一学科的理论基础。"[③]当然,军事法学这种体例形式的存在,与地方法学教材体系理论相比,确实能够表现出一些内在的一致性。针对这种现象,有研究者认为,我国军事法学学科体系的设置并非完全出自内部的系统性考虑,更多的是对地方法学的移植和借鉴。[④]当然,通过这种方式,可以在短时间内在速度上实现赶超,但这不

---

①　薛刚凌,肖凤城.军事法学[M].北京:法律出版社,2016:20-21.
②　田思源,王凌.国防行政法与军事行政法[M].北京:清华大学出版社,2009:270-271.
③　杨蕾.春华秋实,任重道远:军事法学学科建设的回顾与展望:访军事法学专家陈耿教授[J].西安政治学院学报,2010(4):115-120.
④　杨蕾.春华秋实,任重道远:军事法学学科建设的回顾与展望:访军事法学专家陈耿教授[J].西安政治学院学报,2010(4):115-120.

是军事法学的特殊性表达，反而在一定意义上是军事法学独特性的泯灭。军事法学发展至今始终不能有效融入法学发展之大流，这不能不认为是一个原因，①这是我们可以从军事法学学科体系设置中看到的问题。除此之外，军事法学界关于军事学学科体系的划分，在方法和标准上也存在讨论的余地。

现有军事法学学科体系划分基本上采用两种甚至三种标准进行同一层次的划分。例如，在对军事法律规范进行研究时，既采用了军事法调整的社会关系的性质标准，又采用了军事法调整军事社会关系的手段标准。从军事法的研究实践来看，军事法研究内容在使用两种标准划分后，出现了最主要的问题就是在体系的组成上既有重复，也有缺漏。实际上，每一种标准都没有穷尽划分，这样构建的军事法学体系并非规范的。② 当然，这只是从部门法学对应部门法划分的理论基础和研究视角来分析军事法学学科体系，但这一划分标准理论并未得到充分重视，也没有展开基础性反思研究。军事法学学科体系按照普通法理研究，尤其是部门法学理论的研究出现了不可克服的矛盾。解决这一矛盾有两个可能的途径：一是转换视角，对军事法学学科体系继续深化认识；二是反思军事法学学科划分所借鉴的理论基础。

军事法学学科体系的建构在一定程度上代表了军事法学理论的发展，但这种学科体系建构同样也存在问题，且这些问题一直为军事法学研究者所注意并试图改进，主要表现为学者不断尝试从新的角度重新构建军事法学的学科体系。有学者认为广义上的军事法包括国防法、"核心军事法"和战争法；狭义上的军事法，即"核心军事法"。三类军事法构成三类法律关系，难以纳入一个总的基本理论体系中，因此，需要在"核心军事法"的基础上构建一个新的军事法学理论体系构架，即军事法学的基本范畴、军事法的基本理论、军事行政法、军事刑法、军事司法等。虽然国防法和战争法不在这一体系之内，但仍然被纳入军事法的大范围。③ 也有人从军事法展开的逻辑原点——军事权出发构建相应体系，在划分国内军事法和国际军事法（战争法）的基础上，将国内军事法分为军事组织法、军

---

① 有学者认为对于广大地方学者而言，军事法学的某些理论观点和研究视角不易为地方学者所接受，因此军事法学与普通法学之间存在隔膜。参见张少瑜.中国军事法学的过去、现在与未来[J].法学，2000(4)：3-18.笔者不这样认为，一门学科理论其存在的价值主要体现在对其研究对象的特殊性的理解、解释和说明上，这必须依托一定的理论观点和研究视角来表达。至于地方学者能不能接受，对于评价学科理论并不具有说服力。当然，这并不能排除军事法学学科对普通法学学科理论的学习和借鉴。通用的是理论，特殊的是研究对象。
② 周健.军事法原理[M].北京：法律出版社，2008：6.
③ 周健.军事法论纲[M].北京：海潮出版社，2000：56-57 页；周健.军事法原理[M].北京：法律出版社，2008：9.

事行为法、军事责任法，以求达到一个逻辑自洽的军事法学体系。① 也有学者从对军事法学基础理论的反思入手，提出军事法学的规范研究、军事法学的关系研究、军事法学的行为研究和军事法学的责任研究四个方面，由此构建军事法学的基础理论体系。②

军事法学学术从自觉走向自治需要构建具有自身独特属性和规律的学科体系，这一理论体系的不断发展既要重视其来自普通法研究的理论渊源，也要突出自身的独特性质，但两者不能简单地拼凑。军事法学体系的建构不应是对普通法理论搬迁后的"改头换面"，更不应该是简单地复制，对其他学科知识的借鉴应在坚持自身独特性的基础上充分借鉴。总之，军事法学学科体系的建构，需要突出其来自内部的独特性，"必须依据建构理论体系的客观过程及其规律，在明确军事法的逻辑起点和重要范畴的基础上，运用科学的方法原则，创造性地构建一个揭示军事法律现象和规律的军事法理论体系"。③ 30 多年来，军事法学界建构的军事法学体系充实了军事法学学科，但理论的发展并非静止不变，仍需要不断地发展。

三、军事法学学科基础理论载体形式的发展及分析

1987 年，军事法学被定为法学学科之下的一个二级学科，随后又被我国高级军事科研机构认定为军事学科之一。④ 对军事法学学科而言，这显然是一个具有标志性的事件。但是，学科在本质上是一定体系化的知识，从发生学的角度来看，它必然要遵循知识的发生、发展规律。所以，尽管军事法学被宣布为一个学科，但就其理论积淀而言，尤其是在基础理论方面的理论成就，事实上并不足以支撑"学科"这一定位。⑤ 在这种情况下，独立学科的名分对学科理论有一种

---

① 薛刚凌,周健.军事法学[M].北京：法律出版社,2006：30.
② 夏勇.中国军事法学基础理论研究[M].北京：中国财政经济出版社,2005：5.
③ 张山新.军事法学[M].北京：军事科学出版社,2001：1.
④ 1987 年 5 月,国家教委将军事法学列为法学类的一个分支学科时,军事科学院负责编撰的《中国军事百科全书》也全面启动,在理论基础并不厚实、学术研究先天不足的情况下,决定将军事法学列为该书57 个分支学科之一,并于同年召开座谈会,为军事法学学科的设立进行广泛而深入的论证。参见杨鲁.从军事法学科的创立与发展看《中国军事百科全书》的贡献[J].军事历史,2001(5)：79.
⑤ 1984 年,我国著名法学家张友渔、潘念之在为《中国大百科全书(法学)》写的"序言"中首次提出,军事法学是一门重要的法律科学,在法学领域中,占有重要和独立的位置。军队的同志也为开展军事法学研究疾呼奔走。1986 年,在《解放军报》编辑部召开的一次座谈会上,军内外一些专家提出,"军事法学不仅是法学的一门分支学科,同时也是介乎我国法学和军事学之间的一门交叉学科"；"目前我军还没有专门的机构研究军事法学"；"军法理论目前在法学界是个空白"；"我们还没有一本这方面的专著和教材,众多高等院校也没有开设这门课程"。参见张山新,赵晓冬,田胜利.军事法学研究 15 年[J].西安政治学院学报,1999(1)：42-45。笔者检索的资料显示,在 1987 年之前,并无军事法基础理论类的文章公开发表,也就是在 1987 年才有此类论文出现。这三篇文章署名作者均是张建田。这种现象基本上能够证明军事法学被确认为学科时,尤其是在基础理论方面确实存在准备不足的情况。

紧迫的需求。

新学科得以确立的真正标志是在该学科的体系化理论方面。当然，学科地位的提前确立，在一定程度上也能够刺激理论研究的全面展开。从已经检索到的研究资料来分析，军事法学在学科初创之时，关于基础理论的研究成果尤为引人注目，而且这种理论成果多表现为学术论文的形式，这从 1987—1990 年 4 年内发表的有关军事法学基础理论类的论文所关涉的主题即可看出（见表 2-1）。

表 2-1　1987—1990 年军事法学基础理论类论文

论 文 名 称	署名作者	发 表 刊 物	发 表 日 期
试析我国军事法调整的对象	张建田	法学杂志	1987 年第 2 期
我国军事法概念初探	张建田	现代法学（法学季刊）	1987 年第 3 期
应当重视我国军事法学的创立与研究	张建田 钟伟钧	法学研究	1987 年第 3 期
谈军事管理法规体系的建立	李来柱	科学学与科学技术管理	1987 年第 8 期
对我国军事立法的初步探讨	傅秉耀	法学杂志	1988 年第 1 期
对我国军事法若干问题初探	王凤玺	法学家	1988 年第 1 期
论军事法与行政法的关系	赵明	法学杂志	1988 年第 2 期
我国军事法学概念刍议	夏勇	南京政治学院学报	1988 年第 3 期
论军事法的概念	宋和平 刘万奇	法学评论	1988 年第 3 期
建立军地法规初探	范巨通 常生荣	法学杂志	1988 年第 4 期
关于军事法体系的几点思考	唐天正	当代法学	1988 年第 4 期
浅谈军事立法应遵循的原则	卢炬 李吉	当代法学	1988 年第 4 期
1982 年宪法确立了依法治军的原则	图们	法学杂志	1989 年第 2 期
军事判例法是军事法的重要渊源	周健 徐其萍	法学杂志	1989 年第 3 期
试论新时期我国军事法制建设的目标	傅润明	法学杂志	1989 年第 4 期
我国军事法学研究的现状和问题	张建田	法学研究	1989 年第 6 期
试述中央军委立法权的几个问题	蒲硕棣	法学杂志	1989 年第 6 期

续　表

论 文 名 称	署名作者	发 表 刊 物	发 表 日 期
军事法律规范刍议	安世荣	法学杂志	1990 年第 1 期
关于建设具有中国特色的军事法律体系的几个问题	莫毅强	政法论坛	1990 年第 1 期
试谈军事法的公开性与机密性	萧邦振	法学杂志	1990 年第 2 期
坚持四项基本原则,繁荣我国军事法学研究	张建田	法学杂志	1990 年第 2 期
关于我国军事法规体系总体设计的构想	钱寿根 李向恕	法学杂志	1990 年第 3 期
论我国军事法制建设	图们	中国法学	1990 年第 4 期
关于我国军事法制建设的几个问题	图们	中外法学	1990 年第 5 期
略论军队法制与军队政治工作的联系和区别	夏勇	南京政治学院学报	1990 年第 6 期

　　理论研究成果以学术论文的形式公开发表有着众多优点,特别是通过这种形式可以对确定的专题范围、具体论题等展开有深度的研究分析。

　　对于一个学科理论的建构来说,除了借助专题专论的论文形式对具体范围和专题深入论述之外,还必须借助一定的教材、著作等载体,如此,学科理论的体系设计、内容安排才有充分展开的空间,而这也是期刊载体所不能充分容纳的。从理论的系统化要求来说,学科理论如果不借助教材、著作等载体进行表达,或者说,一门学科没有相应的教材、著作或者类似载体予以支撑,那么,这门学科也是不成熟的,军事法学学科成立之初被认为基础理论不足以支撑其独立学科地位的原因就在于此。①

　　1987 年,苏联《军事法学》一书在我国翻译出版,对于正处于探索建立阶段的中国军事法学理论来说十分及时。有研究者认为,这是我国翻译的第一本军事法的书,"对我国主要军事法著作的影响是极其显而易见的"。② 1988 年,国防大学出版社出版了由张建田、钟伟钧、钱寿根编著的《中国军事法学》一书。著名法学家张友渔在此书的"序言"中认为,它是"我国第一部全年阐述军事法理论的学术专著",填补了我国法学研究领域中的一项空白。1990 年,莫毅强、钱寿根、

---

① 张建田.中国军事法学研究的回顾与思考[M].北京:法律出版社,2003:247.
② 张少瑜.中国军事法学的过去、现在与未来[J].法学,2000(4):3-18.

陈航主编的《军事法概论》一书由中国人民公安大学出版社出版；同年，原南京政治学院夏勇、汪保康合作的《军事法学》一书由黄河出版社出版。有研究者认为随着《中国军事法学》《军事法概论》《军事法学》三本理论专著的出版，"初步勾勒出我国军事法学学科的理论框架，其中的基本概念、原则、原理结构为我国军事法学研究提供了不可或缺的理论分析工具和坐标，后来大量研究成果正是这些学科枝干上生长出来的绿叶和花朵"。①

学科初创之时的教材或专著固然重要，但从学术观察所需的资料来看，只有这些还不够。仅就笔者搜集到资料来看，涉及军事法学基础理论的教材和专著一直都在出版，依托这些载体的军事法学基础理论发展也从未停滞。而对军事法基础理论的研究，要么体现在这些教材或专著的"总论"中，要么对基础理论展开专门的研究和论述（见表 2 - 2）。

表 2 - 2　军事法学部分教材或著作

教 材 名 称	责 任 人	出 版 社	出版年份
中国军事法学	张建田、钟伟钧、钱寿根	国防大学出版社	1988
军事法概论	莫毅强、钱寿根、陈航	中国人民公安大学出版社	1990
军事法学	夏勇、汪保康	黄河出版社	1990
军事法学教程	图们	法律出版社	1992
军事法学	陈学会	解放军出版社	1994
中国军事法导论	梁玉霞	四川人民出版社	1997
中国军事法学教程	李可人	陕西人民出版社	1998
军事法制教程	方宁、许江瑞、姜秀元	军事科学出版社	1999
军事法论纲	周健	海潮出版社	2000
中国军事法教程	池清旺	海潮出版社	2000
军事法学	张山新	军事科学出版社	2001
军事法学	陆海明、钱寿根	解放军出版社	2001
军事法学	汪保康	解放军出版社	2001

---

① 夏勇.中国军事法学基础理论研究［M］.北京：中国财政经济出版社，2005：3.

续　表

教 材 名 称	责 任 人	出 版 社	出版年份
军事法研究	张山新	军事科学出版社	2003
军事法教程	许江瑞、赵晓冬	军事科学出版社	2003
军事法理学	钱寿根	国防大学出版社	2004
军事法学原理	李佑标	人民法院出版社	2005
中国军事法学基础理论	夏勇	中国财政经济出版社	2005
军事法概论	宋云霞	海潮出版社	2006
军事法学	薛刚凌、周健	法律出版社	2006
军事法理研究	张山新	解放军出版社	2008
军事法原理	周健	法律出版社	2008
军事法总论	张本正	中国大百科全书出版社	2008
军事法学概论	李敏霞	金盾出版社	2010
中国军事法简明读本	东方毅、钱寿根	法律出版社	2012
军事法制教程	许江瑞、方宁	军事科学出版社	2012
军事法原理与案例教程	陈耿	中国人民大学出版社	2013
军事法学导论	孙君、龚耘	华中科技大学出版社	2014
军事法学	王永振、周健	法律出版社	2014
军事法学(第二版)	薛刚凌、肖凤城	法律出版社	2016
军事法学理论问题研究	张艳	法律出版社	2017
军事法基本理论研究	管建强、周健	法律出版社	2017

以上这些教材或专著,其内容基本上都是关于军事法学基础理论的系统化论述,也就是依托这些载体形式,军事法学学科在理论意义上才得以真正地充实和不断演进。在军事法学理论的建构过程中,有研究者认为《中国军事百科全书》军事法分册功不可没。为了编撰军事法学学科理论,大百科全书编审室数次组织专家、学者召开研讨会,从基本概念的界定到学科体系结构的设置反复研究、认真推敲。《中国军事百科全书》军事法分册的编撰工作不仅积极引导了该学科研究的发展,而且在客观上也发现并凝聚了一批有志于军事法学研究的学

者,对正在创立中的军事法学起到了重要的推进作用。①

有研究者将军事法理研究的内容归纳为军事法的概念、价值取向、军事伦理与军事法、军事权利义务关系、军事法制基本规律、军事立法权、军事指挥权和军事管理权、军事司法权、军事刑法理论、军事法制监督理论十项。② 有学者认为这些归纳虽值得斟酌,但大体涵盖了军事法学基础理论的主要课题。③ 随着军事法在实践层次的发展,近年来涉及基础理论类的新观点、新问题层出不穷,基础理论也在这一过程中不断推陈出新和发展演变。

第四节　对我国军事法学学科发展的评价

从西方社会科学发展的历程来看,这种以学科形式发展演进的知识系统化,从其开始就与国家权力发生着纠缠:学科的发展得益于以国家为中心的权力介入,例如建立大学、科研支持等,但反过来看,国家权力对学科的发展也产生了一种制约,④当然这只是从国家权力这一个角度展开的解释。现实来看,"学科这一名称也并未揭示知识是通过对知识生产者的规范或操控而生产的,也没有说明门徒训练会产生普遍接受的学科规训方法和真理"。⑤ 这也只是洞悉学科存在的一个视角。这些视角的实质所指虽不属本书的研究范围,但这种对研究对象的展开方式显然是有启示意义的。最现实的启示表现为我们可以通过不同的研究方式和视角来处理称之为学科的事物。一门学科的建构在整体上是复杂的,不同的视角所能看到的只是这个复杂整体的一小部分,这既是认知的局限,也是认知的必然。军事法学学科作为一门学科,⑥历经 30 多年的建设,它的发展表现在各个方位。在这种情况下,对这一学科进行全面把握是不现实的,也不符合认识规律。既然学科本质上是一定知识的体系化、边界化,故我们分析的便只针对这一学科的理论建构及其过程而展开。

---

① 张建田.中国军事法学研究的回顾与思考[M].北京:法律出版社,2003:280.
② 张山新.军事法理的研究对象、内容和意义[J].西安政治学院学报,2004(5):68-71.
③ 夏勇.中国军事法学基础理论研究[M].北京:中国财政经济出版社,2005:5.
④ 华勒斯坦.开放社会科学:重建社会科学报告书[M].刘锋,译.北京:生活·读书·新知三联书店,1997:87-92.
⑤ 华勒斯坦.学科,知识,权力[M].刘健芝等,译.北京:生活·读书·新知三联书店,1999:14.
⑥ 从教育学角度,学科往往是指一级学科及其之下的二级学科。按照《学位授予和人才培养新学科目录》(2011年),学科首先指的是 13 个学科门类之一的"法学门类";其次,是指法学门类中设置的一级学科"法学",在此之下,又划分为法学理论、法律史、宪法学与行政法学、刑法学、民商法学、诉讼法学、经济法学、环境与资源保护法学、国际法学、军事法学 10 个二级学科。

一、军事法学研究中的成果与经验

成果本身与对成果的评价不同,但评价所采取立场和态度却影响着所要评价的对象。对军事法学成果的学术史回顾存在一定的主观评价,在这个过程中,尽管笔者力求客观,尽量减少倾向性、理解性的方式,但所谓完全的客观本身就是不客观的。

军事法学作为一个学科历经 30 多年的发展,在理论建构的层面上取得的成果可以总结为以下几个方面。

第一,建构了军事法学的基本范畴、基础理论,为军事法学学科提供了理论支撑。鉴于范畴在凝聚知识、深化思想、引导学术进步等方面的作用,范畴与学科成熟之间建立了意义关联。学科成熟的标志之一就是建立起自己的范畴体系。与其他学科一样,军事法学学科的发展过程也是其对基本范畴的厘定过程。在这个过程中,关于军事法的概念、特征、原则、军事法学研究对象以及军事权等基本形成了军事法学的范畴体系。

在学科证成的诸多范畴中,军事法显然是一个前提性和本体性概念,对这一概念的认识,在一定程度上就是整个军事法学研究的逻辑基点。对研究者来说,对这一概念的界定基本能够反映研究者的军事法观念,而这种观念也规制着研究者军事法理论的建构。在概念界定的基础上,研究者对军事法的特征和基本原则作了阐释,并归纳了其具有的鲜明的政治性、对象的特殊性、一定的保密性、形式的多样性等特征,以及维护国家军事利益、保证高度集中统一、坚持从严从先等基本原则。与此同时,基于对军事法概念的把握,军事法学界分别从军事法律规范、军事法制现象、军事法律现象及其发展规律等视角对军事法学的研究对象进行了界定,从而确立起军事法学独特的学科研究对象。

基础理论构筑于基本范畴的研究之上,基础理论建构也是学科发展的基础性工作。在深入认识军事法基本范畴的同时,军事法学界也展开了对军事法价值、作用、结构、效力、创制与实施,以及军事法制史、军事法律思想史、军事法伦理、军事法文化等方面的研究,并由此建构了军事法学的基础理论。军事法学基础理论是揭示军事法形成发展规律和一般原理的知识体系,是军事法学的理论前提,能够为军事法学建设和发展提供基本理论、价值取向、理论平台、分析工具和理论性标准。而在具体研究中,研究者的不同认知也有助于形成军事法学基础理论的不同学说和学派。

相对而言,军事法学的基础理论更能突出军事法学学科性质的特殊性。例如,在军事立法方面,侧重于对军事立法权的研究,并由此而展开军事立法体制研究；在军事司法方面，侧重于军事司法权是源于国家司法权还是军事权观点的争论，以及战时军事司法权的配置等。这些专门方向上的理论研究既直接关系军事法学这一学科的特殊性，也表明军事法学这个学科不同于其他部门法学的特色。而这种不同的基础理论内容比较突出地表明，军事法学虽然是法学的一个下级学科，但是有着其他部门法学学科所不具有的基础理论特征，这也在一定程度上证明了无论是军事法学的理论体系建构，还是认识军事法现象都需要一个突破传统法学的观念和理论框架的认知，在这个角度上也可证明军事法学理论对创新的必然需求。

第二，学科体系设置上的探索和部门军事法学细化研究现象代表了军事法学学科建设的双向成就。关于军事法学学科体系的设置前文已有论述。这些研究是在厘清军事法体系与军事法学学科体系区别的前提下得以展开的。依托普通法学理论基础，针对两者的研究，事实上也代表了两个不同方向上的各自用力。军事法学界的主流观点认为，军事法是我国法律体系中的一个独立的法律部门。这一独立的法律部门内部又体现为一定的体系性，并基于一定标准可以继续分类组合。在这一意义上，所谓军事法学理论研究显然是在部门法学的理论范围内的研究。

从军事法学学科建设的历史发展来看，军事法学这一学科是在其基础理论尚不充分的条件下被确立的，因此，迅速构建一个能够支撑学科地位的理论体系是早期军事法学研究的重要任务。军事法学学科体系展开的核心是对军事法体系进行理论研究，这是前提性和基础性问题。而军事法体系又涉及一国现行的国内军事法律规范和被本国承认的国际军事法律规范。如何看待并按照理论逻辑界定这些法律规范，并使之成为相互联系、相互协调的有机统一整体？总体而言，划分标准不同，结果也不同。例如有人认为军事法体系包括：国防法、兵役法、国防动员法、国防教育法、国防科技法、军事设施保护法、军事行政管理法、军事训练法、军队院校工作法、军队政治工作法、军事人事法、军人优抚法、军事经济法、军人婚姻法律制度、军事刑法、军事诉讼法、国界法、国际军事法、战争法等；也有学者将其分为 10 个子部门：基本军事法、军事动员法、军事组织法、军事行政法、军事经济法、军事权益法、军事教育法、军事刑法、军事司法法和涉外军事法。不同的标准产生不同的划分，代表不同的认知。理论产生的可能性就在于不同的认知。

军事法学的学科体系的建设正是建立在军事法体系的研究上，表现为军事法基本理论、部门军事法学、军事法运行学、国际军事法和战争法学以及边缘军事法学，有的也归入了军事法史学、比较军事法学等。认识是一个过程，对学科体系的建构也能解释认识过程是一个发展的过程。关于军事法学学科体系的划分，学者开始按照一定的逻辑对军事法部门进行归类整合，例如，有人尝试从国防法、核心军事法、战争法来构建学科体系；也有研究者开始从军事权的逻辑原点出发建构军事法学体系，在划分国内军事法和国际军事法（战争法）的基础上，将国内部分划分为军事组织法、军事行为法、军事责任法，以求达到一个逻辑自洽的军事法学体系。从军事法学的学科体系的发展现实看，它应该是由各分支部门构成，但这个体系是否统一的有机整体，或者是否能够按照统一标准进行划分则有待商榷。

体系标准的存疑并未影响各分支部门研究的分化与细化。其实从军事法学这一学科创建开始，针对军事法部门的分析和细化理论就已经展开。从研究情况看，在军事法学学科基础理论开始之前，关于兵役法律制度问题、军事司法制度问题就已经开展，并取得了一定的成果。从军事法学学科确立之始，军事立法、军事刑法、军事经济法、军事司法和军事法制史等几乎同时展开研究。整体而言，部门军事法学研究显现出来的理论与实践结合、应然与实然兼顾、立足国情军情与吸收外国经验并重的特点，已充分表明军事法学研究在分支领域的深化和拓展。

第三，依法治军方针的理论诠释与研究视野的外向型拓展，标志着军事法学理论面向现实与未来的发展取向。1991年，依法治军方针确立后，军事法学研究的观念和重心都发生了相应的变化，开始更加关注依法治军的理论和实践问题，不仅在军队管理领域展开了"人治"与"法治"的辩论，并由此确立法治的治理模式，而且对依法治军的理论和实践意义、内涵、价值、内容、要求、举措等进行了全方位的探讨，对党和军队领导人的相关军事法治思想也进行了深入研讨，并将军事立法、军事执法、军事司法和军事法制教育等作为依法治军的关键环节，进行了重点研究。例如，对军事立法、现行军事法律法规体系和军事立法技术等进行分析；对军事法典的编纂提出了现实要求；对于军事执法，以关注军队质量建设和依法治军效能为落脚点，在摸清军事执法现状的基础上重点提出对策性的策略；在军事司法上，对军事司法的特别立法以及军事司法改革进行了学术探讨。虽然在司法实践中缺乏佐证，但引导着军事司法积极融入国家司法改革的步伐。这些研究不仅丰富和深化了依法治军的理论，而且极大促进了依法治军的实践进程。

在军事法学的研究中，一方面，受法律移植的影响，对国外军事法发展经验的借鉴成为初期研究的重要方法。不少著作和论文对美国、加拿大、俄罗斯、英国、法国、德国、意大利、日本等国的军事法进行了专门介绍，既包括一般意义上的军事法历史发展，也包括立法、司法、执法等领域的经验做法，尤其是对各国的军事组织体制、军事司法机构、军事司法程序等法律制度关注较多，研究也逐渐由资料性介绍发展到背景分析和理论成果领域。另一方面，战争法、武装冲突法研究日益受到重视，并取得了重要成果。

首先，学者们回顾了现代战争法的演进与发展，认为依次经历了地域战争规范、国际战争规范和武装冲突法三种基本形态，并在此基础上，勾勒出一个以武力使用法为基础、以作战行为法为主体、以中立法和惩治战争罪行法为重要内容的现代战争法体系，从而弥补了长期以来我国在战争法研究领域的空白。经过这些年的努力，学界在国家的战争权、战争法的价值与作用以及战争法与武装冲突法的关系等方面取得了丰硕的研究成果。

其次，研究者具体分析了战争法与武装冲突法的各项制度，尤其是对日内瓦国际公约及附加议定书作了全面而深入的研究。在作战手段与武器使用的限制、战俘保护、平民保护、战争犯罪的惩处等领域取得了丰硕成果。

再次，根据军事斗争实际，学者结合西方国家武装冲突法立法和适用的经验，围绕"法律战"在军事斗争中的作用、特点以及如何在军事斗争中进行法律战展开了对策性研究。这些研究成果既表现为军事法涉及军事这一特殊领域的深刻认识，更加突出了军事法学研究立足现实、面向未来的研究发展趋向，不仅扩充了传统军事法学的研究领域，而且体现了军事法学对创新认知的渴求。

二、军事法学研究中的问题总结

30多年来，中国军事法学研究从无到有，与其他法学学科相比而言经历了一个起步晚、发展快的历史过程。在这个过程中取得的成就和进步也是有目共睹的。但是军事法学毕竟还是一门十分年轻的学科，在成果质量、研究思路与方法、理论与实践的结合程度、本学科与法学其他学科的契合等方面还存在诸多不足和问题，尤其是在自身理论建构过程中存在的普遍嫁接普通法学理论现象，并没有完全反映出军事法学学科理论的自主性建构。这些问题在军事法学人的反思性研究中基本上都有提及，甚至有些看法和分析已经形成共识。

第一，从理论研究的层次来看，重要理论问题的研究深度不够，由此导致的直接后果就是高质量的学术成果相对欠缺。其现实表现就是在学科发展中教科书式的著作多，学术专著少，具有重要价值的论文更少。当然，现实中不存在绝对客观、绝对正确、绝对公正的标准。标准是相对而言的，但对于一门法学学科而言，无论是在基本范畴、基础理论、学科体系，还是凸显学科独特性的专题、命题等方面的研究成果都是必须的，对这些方面的深入挖掘并进而取得一定学术性、知识性又具有一定影响力的成果也是必然的。

就军事法学的研究而言,对学科基本范畴的研究并不深入,甚至很少有这方面的专门研究成果。虽然军事法学教材、著作众多,但众多教材和学术著作多追求体系上的完整性,也就是只在体系的"全"上下功夫,但在"深"和"专"上却显露出用功不足的迹象,有些甚至只是提出观点而不展开论述。这种对学科基础问题研究不透的现象已经影响了学科的科学性。例如,军事法概念、军事法律关系地位比较特殊,但在军事法学理论研究中对军事法概念以及军事法律关系等基本范畴的研究并未深入。① 在学科体系的划分上,军事法学体系设置仍然遵循着一般部门法学的划分标准,在体系的设置中缺乏清晰的逻辑思路。当然,这样的评价只是表明学科基础理论研究不足。在军事法学学科的一些基本领域中也缺乏重大命题,在基础理论研究方面还未有明显的学派分化,②而且存在"复制军事法学"的现象。③ 这些状况不能为军事法学的长远发展提供坚实的理论根基,而学科建设对具有学术影响力的研究成果的需求,事实上已经为这一学科理论的发展指明了方向。④

军事法学学科基础理论方面存在的问题,张建田教授对此有着比较全面和深刻的认知。他认为相对于法学学科的发展进步,军事法学的研究成果以及对一些重要且基础性的理论问题未能取得突破性进展的状况已经日渐突出。从学科的现状看,由于起步晚,且基础薄弱,在一些已经开拓的领域仍缺乏高质量的研究成果或代表作,在一些有待进一步开拓的领域成果稀疏。⑤ 受传统治军观

① 军事法概念是军事法学学科理论大厦的基石,但何谓军事法,中外军事法学者都认为军事法指的就是军法,即军中之法。我国的学者主张"大军事法",认为应包括军内、国内和国际。军事法律关系是一个基础性问题,因为它涉及军队这个特殊的武装集团的内部关系,是军法的核心。军内的关系属于军事法律关系并没有错,但这是什么性质的关系,是公法关系,还是私法关系? 如果是公法关系,是不是行政性法律关系? 如果含有私法关系,那么,军事法的适用又如何与民法进行协调? 参见张少瑜.中国军事法学的过去、现在与未来[J].法学,2000(4):3-18.

② 在军事法学的一些基本领域内,缺乏对重大命题的研究,例如,公开性是法律的基本特征之一,而军法具有相对的保密性,如何从法理上给予合理的解释? 现代法治社会,军队究竟应该如何定位,其职能、规模及军事行为合法性基础等重大问题目前鲜有阐述。对于军事法如何成为一门独立的学科体系也鲜有论文进行合乎逻辑的自主性探讨。参见陈耿,傅达林.中国军事法学30年[J].当代法学,2009(1):57-62.

③ 杨蕾.春华秋实,任重道远:军事法学学科建设的回顾与展望——访军事法学专家陈耿教授[J].西安政治学院学报,2010(4):115-120.

④ 仅从成果著作成果来看,从2000年至今已有20余年,军事法学在这20余年中的发展也取得了较大的进步。已经有一些著作开展了专门研究,例如2017年张艳的《军事法学理论问题研究》、管建强和周健主编的《军事法基本理论研究》、2005年夏勇的《中国军事法学基础理论研究》、李佑标等的《军事法学原理》,以及2008年张山新主编的《军事法理研究》等。此外,在这20余年内发表的论文也对这些议题进行了研究,其中对军事法概念研究的成果,在本书第一章有比较全面的介绍。从一门学科对基础理论的总体需求来看,这些著作和论文填补了一些理论空白,但从数量来看,这些成果距离学科成熟的需求尚有一定的距离。

⑤ 例如"一国两制"的军事立法、司法问题;依法治军的内涵与外延、目标与任务;军事法的地位与作用;国际军事法与国内军事法的冲突;国内法与军事法的矛盾及化解途径;等等。

念的影响，关于军事法重大现实理论问题的研究欠缺力度。① 从研究的程度看，层次不高、深度不够的现象依然存在，不仅出版的学术性专著偏少，而且许多重要的、基本的理论问题篇幅过少、论述深度不足。② 从研究学风上来看，依然存在有待改进的地方，例如，不少学术成果存在模仿性、套用性的痕迹，相当数量的论文内容过多地侧重于必要性、重要性和现状情况的平铺直叙，而对于问题产生的原因分析，以及解决问题的办法和措施始终未得到根本改进。③ 多年以来，军事法学会未制定军事法学研究规划，导致研究力量的高度分散和课题重复，进而影响了专门人才培养、学术队伍建设以及学术水平的持续发展和提高。④

第二，从军事法学理论价值的评判标准来看，以理论是否能够直接服务于实践作为评判军事法学理论价值的标准，这在现实中造成的直接后果就是学科研究在理论建构与实用面向两个向度的模糊与扭曲，反过来又导致学科研究中理论与实践关系的割裂，进而引起对基础理论取向的弱视乃至忽视。对这一问题的分析必须追溯分析理论的源头。

一直以来，军事法学学科发展比较纠结于理论与实践脱节的认定。有人认为，多年来，军事法学研究过多关注抽象的理论问题，对于实践问题的关注不够。一方面，由于种种原因，来自实务部门的学者撰写的论文相对实际，但是理论功底略显不足；另一方面，来自教学科研部门的学者撰写的论文虽然理论知识比较扎实，但是存在联系实际不够、针对性不强的问题。能够真正应用于实践，并得到实务部门认同，对军事法治建设起到指导和借鉴作用的成果较少。理论与实践"两张皮"的现象长期存在，直接影响了军事法学成果的推广和使用，也直接关系法学研究事业能否充满生机和活力。⑤ 有人告诫："军事法学研究要有'效益'观念，要清楚地知道科研的目的是实际地推进依法治军，而不是把玩理论。"⑥也有人认为军事法学既存在"对策军事法学"弊病，也存在"抽象军事法学"的弊病。

① 例如军事行政（诉讼）法、军事组织编制法、军事装备后勤保障法、军事司法的改革、中外军事法比较等。
② 作者认为无论是 20 世纪出版的《中国军事法学》《军事法概论》《军事法学》《军事法教程》等，还是 21 世纪以来出版的《军事法学》《军事法理学》《军事立法学》等论著中都可以明显地看出，教材的色彩比较深厚，其内容偏向采用三段式，即一般原理、我国军事法制度和国际军事法（战争法）制度等。尽管近年来研究军事法史、外国军事法和战时军事法、武装冲突（战争）法的专著有所问世，但由于联系我国的国情、军情实际不够，使得理论层次不高，缺乏指导意义，反响不大。《我国军事法学基础理论研究》《军事法学原理》《军事刑事诉讼原理》《军事法原理》等，虽然能够比较深入、系统地研究军事法基础原理，但相关论著数量仍然偏少，真正具有原创性、开拓性的基础理论研究更是凤毛麟角。
③ 张建田.中国军事法学研究的回顾与思考[M].北京：法律出版社,2003：307-308.
④ 张建田.中国军事法学研究的历史回顾[M].北京：法律出版社,2014：436-437.
⑤ 张建田.中国军事法学研究的历史回顾[M].北京：法律出版社,2014：440.
⑥ 俞正山.创新：21 世纪初期的中国军事法学[J].西安政治学院学报,1999(6)：56-61.

前者意在指出军事法学研究中对问题分析的简单化、对策化,陷入"问题—原因—对策"的简单分析模式,其危险在于将军事法学实证研究走向简单化,降低了学科品味和学术品质;后者则反映出军事法学研究过多关注抽象的理论问题,对于实践问题用力不够,并认为很多文章研究的问题根本就是想象出来,因此其成果也难以获得军事法治实务部门的认同。①

军事法学研究理论与实践"两张皮"现象以及这种现象存在的表现、原因甚至如何改变这种状况等主题,在军事法学人的总结反思中都有一定程度的涉及。前文已经论述,我们对理论与实践的关系的认识首先是对其抽象意义的认知,但抽象是相对于具体而言,如果真理性的认识要得以现实地表现也必须借助于具体。军事法学是一个具体的法学科学,在这个学科研究过程中,必然存在着理论与实践关系的具体化表现,但是由抽象到具体的过程不是也不应该仅表现为把抽象直接适用于具体中。事实上,理论和实践关系在军事法学学科建构中呈现出的也只能是对这一抽象关系的具体化,这一具体化的表现就是军事法学研究的理论建构与实用对策两个向度。在这两个向度内,理论与实践的抽象关系的绝对引入不仅不能使这两个向度具体化,而且会使这两个向度模糊和扭曲。换句话说,在军事法学研究的反思中,如果坚持使用抽象的理论与实践概念及其关系观点,得出理论与实践相脱节这是必然的,因为在抽象意义上这两者本来就是区别存在的。军事法学研究只存在倾向性的向度,即理论建构和实用对策,并不存在对立的理论与实践,事实上,在一个具体学科之内,也不存在绝对的理论和绝对的实践。

理论研究与应用研究对于军事法学学科建设来说都是必不可少的,军事法学是一门理论性与实践性都很强的学科。走理论研究与应用研究相结合的道路,在一定意义上也是应然研究与实然研究相结合的道路。② 而一味强调理论与实践相脱节,并进而将原因归结为研究者身份的观点,其判断标准所依据的理论以及推断显然都是想象性的,但学术反思需要的是符合逻辑的理论推演。

第三,从理论研究的学术规范看,军事法学研究中的学术规范性一直是一个问题。学术规范就是学术研究的规矩,无论是在国家层面具有法律效力的规定,还是学术研究圈内不成文的约定,对此已有具体明确的标准,有的已形成一定程度的共识。注重文章中的注解对于增加必要的学术积累、避免重复研究、形成良

① 杨蕾.春华秋实,任重道远:军事法学学科建设的回顾与展望:访军事法学专家陈耿教授[J].西安政治学院学报,2010(4):115-120.
② 杨蕾.老骥伏枥,志在军事法学:访军事法学专家田龙海教授[J].西安政治学院学报,2009(3):111-116.

好的学风极有益处。在自己的文章中，注明哪些东西是前人的已有成果，哪些属于自己的创新之见很有必要。然而，在某些军事法学的著述中，尤其是在某些早期著述中对此问题并未有充分地重视。对此现象，张建田教授认为，学术论文写作的表现形式大致有三种情况：一是"以我观之"。往往旁若无人、洋洋洒洒、我行我素，没有对前人研究成果进行深入的研究分析，只顾自我表述，自鸣得意地发泄自己的一孔之见。二是"以物观之"。这类论文往往依据教科书照猫画虎，或根据一星半点的事实进行演绎，教条色彩很浓但学术性、创新性欠缺。三是"以道观之"。所谓的"道"乃是一种哲学智慧，要求作者注重从哲学高度把握客观世界和已有知识，进行深入地观察和体会，由此撰写出来的论文往往也具有更独特的视角和见解。在此基础上，作者还具体总结了军事法学论文存在的八大问题：论文主题不鲜明；基本定义不明晰；框架设置不合理；研究方法不全面；论述深度不到位；专业特色不鲜明；资料引用不规范；写作文风不严谨。有的学者往往不注意注释问题，许多著作和论文没有或很少有注解，笼统地述说自己的观点，既不知其由来，也不知其所去。这样的论著势必缺少应有的学术价值，影响军事法学成果的推广和运用，严重的还可能直接影响我国军事法理论在国际学术界的声誉和地位。①

第五节　对我国军事法学理论建构的反思

19世纪以来，人类基于知识的性质而划分为自然科学、社会科学、人文科学三个门类，但法学到底归属于哪一类至今在争议中，争议甚至脱离了知识性质的认识而转移到对具体术语的意旨界定上，这种状况也构成了我们分析军事法学这个具体学科的直接的知识背景。军事法学的知识取材于直接背景，军事法学的知识建构本身也不可分割地属于其直接背景的一部分，而从另一个角度来看，军事法学也必须体现一个学科自身的特色。这种状态用"军事法学研究中的固守与创新"表达也能够体现出一定的反思旨趣。

一、军事法理论在建构中的固守与创新

在"军事法概念的学术演进及法理检视"一章中已经明确，军事法是一个法学概念。因此，军事法理论自然也属于法学理论范畴，这也设定了讨论军事法理

---

① 张建田.中国军事法学研究的历史回顾[M].北京：法律出版社，2014：442-444.

论的范围。研究军事法理论可以讨论的主题众多,但关于军事法的地位问题是一个重要方面。如何界定军事法的地位,法学界尤其是军事法学界对此有颇多研究。通过对这些研究成果的分析,不仅能够体察出具体观点的分析思路和理论基础,而且能够在整体上把握军事法理论的建构状态。

从严格实证法理论出发,将国家制定的现行有效的法律规范看成一个整体,按照一定的标准和原则再细分成部分,这些被划分的每一个部分就被命名为法律部门或部门法,由这些法律部门或部门法组成的这个法律整体也因其具有的可组成性和体系性而被称为法律体系或部门法体系。① 这些已经被赋予概念意义的法学术语及其推理过程,尽管只是认识过程中的理论建构,但显露出学术研究的严谨风格。

着眼于一国现行有效法律规范整体与组成划分而建构出来部门法理论有其特殊的理论和实践价值。理论上部门法的划分有利于在法学研究中贯彻历史唯物主义思想,这是法学研究的逻辑起点,有利于揭示部门法学的理论基础等;在实践上有利于一国法律的有序化、有利于正确适用法律、有利于法律设施的科学设置、有利于教学和科研工作的开展等。② 这一理论的核心问题在于部门法的划分标准问题。按照这一理论,法律调整的对象是指法律规范所调整的社会关系,不同的社会关系决定了要由不同的法律规范来调整。当某些构成调整对象的社会关系在性质上属于同一类,调整这些社会关系的法律规范就可以构成一个法律部门,但是构成调整对象的社会关系是多种多样的,如果仅以调整对象来划分,必然产生无数的部门。法律部门的划分还要有另一个标准,即法律调整方法。③ 但是对这一问题的认识,理论界是有争议的:一是根据划分标准和原则划分部门法;二是部门法的划分标准包括调整对象和调整方式或手段;三是部门法的划分标准只有调整对象。

部门法理论是一个移植苏联的法学理论。我国法学界对这一理论的接受也

---

① "体系"一词,泛指由若干事物构成的一个和谐的整体。因此,仅从字面上看,"法律体系"一词是一个多义词。在国外,仅苏联及其他一些东欧国家的法学著作中才将部门法体系称为法律体系,在西方国家和其他国家的法学著作中,对部门法划分的研究一般用法律的结构和分类之类的标题。至于"法律体系"(legal system)一词,不仅是多义词,而且其用法也是相当混乱的。在国内法学界,对"法律体系"一词也有各种不同的理解。据 1949 年以来法学理论学科中传统解释:"法律体系通常指由一个国家的全部现行法律规范分类组合为不同的法律部门而形成的有机联系的统一整体。"但也有不同理解。如有的理解为一国家比较完备的法律或法制;有的理解为法律的合乎逻辑的独立整体;有的理解为一个国家的法律渊源的分类,即宪法、法律、法规等的体系;有的更扩大解释为从法律的制定到实施(更广领域)的法制体系、法治体系、法制系统工程,等等。参见沈宗灵.再论当代中国的法律体系[J].法学研究,1994(1):12-18.
② 叶必丰.论部门法的划分[J].法学评论,1996(3):38-43.
③ 孙国华,朱景文.法理学[M].北京:中国人民大学出版社,1999:299.

是一个过程,从早先接受苏联法学界部门法划分调整对象标准到调整对象和方法双重标准的采纳。理论移植的过程并未发生选择性接受,这种移植包含着理论本身固有的缺陷。[①] 面对理论固有缺陷造成的部门法划分难题,我国一些学者开始对部门法划分标准问题进行反思、批评,甚至对这一理论的必要性提出质疑。有学者认为,用法律调整的社会关系作为划分标准来区分部门法,在实践中并没有做到划分标准的统一,而在标准中引入调整方法标准,无非想迁就刑法的需要而勉强提出的标准,对整个法律体系而言不具有科学的普适性。[②] 也有观点认为,部门法理论是计划经济体制时期的产物,其理论缺乏明确的理论原则和目的;部门法的划分标准理论带有结构性、逻辑性的缺陷;部门法体系内容建构采取列举式的概括,具有天然的滞后性;部门法理论对立法实践的指导软弱无力;等等。[③] 甚至有观点认为,这种理论破坏了法律体系的统一性,人为造成了各法律分支学科画地为牢,混淆了法律关系的性质,割裂了法律规范之间的联系,忽视了理论概念与实践概念的联系与区别,严重影响了法学的发展,并对立法、司法、执法工作造成不利影响。[④]

理论的发展是一个否定之否定的过程。部门法理论本身只是一定时空下、一定范围内的法学研究者对法的认识,若从发展意义上看待这一理论就需要面对现实的检验,并尽可能服从于、服务于现实,这是必然的。对一国现行法律体系采取不同的标准,基于不同的目的、实施不同的划分,本身也是社会发展对法律体系划分的内在需求。

1987年我国翻译出版的《军事法学》和1988年出版的由我国军事法学者编写的《中国军事法学》,都认为军事法是一个独立的法律部门。这种观点对此后关于军事法地位问题的研究有着重要的影响,这也决定了军事法理论对部门法理论的态度。在"军事法是一个独立部门法"的确信下,普通法学中有关部门法理论被直接、毫无质疑地移植、复制到有关军事法理论的建构中,最突出的表现就是对军事法概念的界定。对军事法概念的界定之所以纠结于军

[①] 这种理论可以解释一些法律部门的划分,但是其本身也有不可克服的缺陷:首先,对同一事物进行分类时适用多重标准,不符合逻辑学中的"同一次划分的标准必须统一"的规则,在逻辑上犯了"多重标准交叉划分"的错误;其次,既然调整对象和调整方法都是法律部门划分的标准,那么两者是什么样的关系? 两个标准是缺一不可,还是择一即可? 再次,由于调整对象比较抽象、模糊,调整方法比较具体、清晰,在实践中,如果把两个标准结合起来,第一个标准容易被第二个标准吸收和异化,从而使调整对象说依附于调整方法说。参见孙国华.中国特色社会主体法律体系研究:概念、理论、结构[M].北京:中国民主法制出版社,2009:158-159.

[②] 刘海年,李林.依法治国与法律体系建构[M].北京:中国法制出版社,2001:31-32.

[③] 李龙,范进学.论中国特色社会主义法律体系的科学建构[J].法律与社会发展,2003(5):42-49.

[④] 刘诚.部门法理论批判[J].河北法学,2003(3):10-22.

事法律关系的不同认定,就是借助于部门法理论这一通道。部门法理论几乎成为军事法学界认识军事法、界定军事法的唯一理论依据。

　　关于军事法地位的分析基本遵循了部门法的分析思路,即从军事法独特的调整对象和调整方法角度来论述军事法的独立地位。这种研究成果众多,但令人遗憾的是,作为国家法律体系中的一个独立部门法的观点始终受到质疑,以致在 2011 年中国特色社会主义法律体系宣布形成之时,在部门法的列举中并未提及军事法。即便如此,这种"军事法是一个独立的部门法"的信念并未就此终止。当然,也有学者对军事法并非独立部门法的认定恰好就是基于军事法没有自己独特的调整对象与方法的判断。[①] 在同一个时空中,对同一现象的认知借助相同的理论依据,得出了相反的结论,这已经不是意义的聚焦或者概念的理解问题了,而是认知的标准问题,就借助的理论来看并没有走出部门法理论的认识视角和界域。军事法理论主要由军事法学人建构,军事法理论建构中对部门法理论的固守由此可见一斑。

　　当然,关于军事法理论的建构本质并非没有发展,有观点认为应该将军事权作为确立军事法理论体系建构的逻辑原点,还有观点以军事活动的环节为标准来建构军事法体系。这些观点事实上已经走出以调整对象和调整方法为标准的部门法理论分析框架,体现出一种创新的认识立场和方法。

　　从地方法学界对军事法的认识来看也经历着认识的不断变化:从部门法立场出发的承认与否认到近年来关于军事法属于行业法还是领域法的判断。

　　如果军事法学界对军事法理论的建构借助并固守于部门法理论资源,那么,社会的发展和现实的需求已经对传统军事法理论提出了新的挑战。迎接挑战,不仅要反思传统认识的基础理论来源是否真正适合建构军事法理论,而且也要在新的现实条件下着眼于创新,实现超越。

二、军事法学学科在发展中固守与创新

　　法学体系指的是法学研究的范围和分类,表现为由各个法学学科构成的一个有机联系的整体。一个国家的法律体系和法学体系既有密切联系又有区别,两者不仅含义不同,而且所涉范围也有很大不同。一国的法律体系的范围一般是本国的全部现行法,而一国的法学体系的范围却可以包括国内外一切法律、法律思想以及国际法、比较法等。应注意的是,任何国家法学研究的内容从整体来

---

① 　冉巨火.学科军事法论[J].当代法学,2016(5):151-159.

看,尽管不限于本国现行法,但总是以本国现行法为主。[①] 虽然这一理论的意义并非只体现在部门法对应的部门法学这一认知范围内,事实上它已加深了这种印象。随着 1987 年国家教委对军事法学作为法学的一个二级学科的认定,同时受到其他部门法学学科建设的影响,军事法学终于开始建构学科理论。

当部门法学以学科的形式存在并发展时间基本定型之后,对这种以学科形式存在的理论体系是能够把握其基本规律的,当然,这也是法学知识建构的分内之事。部门法学以部门法为研究重点这几乎是约定俗成的,而部门法理论的核心在于其针对不同社会关系或者不同调整方法进行区分。这种理论建构自然收入学科研究的视角,最终也不可避免地转化为具体学科理论对具体社会关系或调整方法的现象,甚至整个学科理论建构以此为逻辑基点演绎发散。

军事法学学科理论的建构始终是在部门法学框架下展开的,而部门法局限于一国现实有效的法律整体,对应于部门法体系的部门法学实际上以此为标准建构了它的基本体系框架,其中一个突出的表现就在于对武装冲突法地位的认定。虽然以部门法理论为判别,武装冲突法不能归为军事法学学科体系。[②] 但在现存的军事法学著作中,基本上都将武装冲突法列为军事法学学科体系的一个组成部分。

有学者认为军事法不是一个独立的法律部门,而且军事法是"一个综合性、交叉性的学科",即"军事法学的任务是融合各学科知识,研究军事领域中的法律现象,揭示其背后隐藏的特殊规律,更好地为依法治军服务",所以,"军事法学不仅是一个纵观各部门学法的综合性部门法学,而且是一门横跨法学与军事法两大学科的交叉性学科。"[③]这种说法似有新意,但细观其分析理论,依然是在部门法学学科层次上的分析,其在部门法和法学学科两个意义上混用理论界早已约定俗成的法学概念——"军事法"和"军事法学"。从这个角度看确实有新意,但从其观点看,对于军事法是否独立法律部门,学界早有争论;而军事法学是法学学科下的一个二级学科,这不仅代表了学界的普遍观点,而且事实上在 30 多年前国家教委已经认定了。

由此看来,对问题的分析存在着一些我们意识不到却影响甚至决定分析的因素,这些因素包括我们展开分析所评价的理论以及分析的理路等。军事法学学科建构需要突出军事法学的自身特色,但是坚持以调整对象和调整方法为划分标准的部门法学分类研究、坚持部门法到部门法学的分析理路,事实上并不能

---

① 沈宗灵.再论当代中国的法律体系[J].法学研究,1994(1)：12 - 18.
② 田思源,王凌.国防行政法与军事行政法[M].北京：清华大学出版社,2009：271.
③ 冉巨火.学科军事法论[J].当代法学,2016(5)：151 - 159.

真正体现这个学科自身的特色。一是实现对军事法学理论符合其自身特色的建构,需要我们对军事法展开更加深刻的认识。二是我们需要对军事法学学科理论建构所依据的基础理论以及分析问题的理路予以重新检视。

对军事法学学科建构的创新性观点并非来自军事法学界。新的观点代表新的思路。就军事法学学科来看,这种创新性观点具体表现为对传统部门法学学科理论的超越。① 有学者已认识到在传统部门法之间存在很多间隙、裂缝甚至断层,并建议建立行业法概念及理论系统。在与部门法的关系上,行业法并非对传统部门法的替代,行业法首先表现为跨部门的法。② 而军事作为一个行业,为军事法的认识提供了一个新的视角。有学者认为法律所调整的社会关系的单一性是我们正确认识不同法律部门的标准,而常见的另一种法律现象是以事项为参照标准的法律规范群,呈现一个法的领域,简称"法域",即以一定的"事项"划定法律规范的范围,而不强调法律所调整的社会关系的单一性质,凡是以某个特定"事项"划分范围的法律规范都可归为一个"法域",所以,"法域"是可以调整两种以上的社会关系的法。③ 虽然提出这一观点仅出于支撑金融法的相关论述,但其对于军事法的认识来说也并非没有意义。还有学者提出研究"领域法"及其发展规律的领域法学概念和理论。领域法学以问题为导向,以特定经济社会领域全部与法律有关的现象为研究对象,是融经济学、政治学和社会学等多种研究范式于一体的,具有交叉性、开放性、应用性和整合性的新型法学学科体系、学术体系和话语体系。它集合了部门法法学研究方法、工具和手段的全部要素,但又在方法论上突出体现以问题意识为中心,是新兴交叉领域"诸法合一"研究的有机结合,并实现了与部门法学同构和互补。④ 还有学者总结了学界关于法学二级学科设置的观点,并在学科认识、整合、证立、回应四大功能意义上反思了法学二级学科设置方面存在的问题,并借助领域法学的相关观点和理论,提出了法学学科基础与领域"二分"的重塑构想。⑤ 在这种学科划分中,军事法学作为一门领域法学也能找到定位。

---

① 解志勇.法学学科结构的重塑研究[J].政法论坛,2019(3):13-22.
② 孙笑侠.论行业法[J].中国法学,2013(1):46-59.
③ 王保树.金融法二元规范结构的协调与发展趋势:完善金融法体系的一个视点[J].广东社会科学,2009(1):174-180.
④ 刘剑文.论领域法学:一种立足新兴交叉领域的法学研究范式[J].政法论丛,2016(5):3-16.
⑤ 整体方案:将法学学科分为基础学科和领域学科。基础学科负责国家根本法律制度、法学基本原则和方法论的塑造;领域法学负责法律制度的构建。基础学科又可分为传统型和现代型,前者包括理论法学(法理学、法史学等)、民商事法学(含民事诉讼法)、刑事法学(含刑事诉讼法);后者包括宪法学、行政法学(含行政诉讼学)。领域法学包括经济法学、社会法学、环境法学、国家法学、军事法学、网络法学以及其他具有开放性、回应性、针对性、灵活性特点的新兴法学学科。参见解志勇.法学学科结构的重塑研究[J].政法论坛,2019(3):13-22.

以上这些关于法学学科的研究，相对于传统部门法学的理论来说，无疑属于创新一类。而这些观点、理论及分析理路对于军事法学显然都具有借鉴意义。对于军事法学学科的建构，其他传统部门法学的学人事实上已经提出了新的思路，即使这种思路并不能反映军事法学这一学科的真正特色，但在方法论意义上也是有价值的，它为军事法学人在军事法学学科理论上的超越提供了借鉴。

三、军事法在认识上的固守与超越

相对于军事法理论建构和军事法学学科理论建构来说，对军事法的认识并不在一个层次上。对军事法的认识源自一种更加基础、更加本源性的观念层次，虽然这种观念笔者认为多归于一种直觉、一种本能性的主观认知，但这些认知与其所依赖的知识背景又有着千丝万缕的联系，甚至由其决定，这也是现代诠释哲学所涉及的理解问题。理解是一定知识背景下基于一定目的的理解。"问题不是我们做什么，也不是我们应当做什么，而是什么东西超越我们的愿望和行动而与我们一起发生。"[①]表现在对军事法的认识上，一个需要且能够把握的现象就是我们曾经的认识何以展开，为何展开。在这个意义上，必须关注军事法的研究向度和知识基础。在这个层次上，军事法并非被作为一个独立、客观的现象存在，无论是从理论建构还是从实施领域来看，它都有渊源：法律领域和军事领域。

军事与法律属于不同的社会领域，两者有着不同的意义指代，但严格来说，无论是社会分工的领域标准还是意义指代的层次标准，法律和军事都不会出现在同一个逻辑分类序列里。因为法律本质上是一种社会规范，在这个意义上，它表现得明确而单纯，相对而言，对军事的理解则比较复杂。就现有解释的义项来看，它可以指一种事项（事项说），即一切与战争或军队直接相关的事项的统称，包括国防建设与军队建设、战争准备与战争实施。《辞海》、"中国人民解放军军语"等就是在这一义项上的定义。军务说认为，"军事是以国家为主体，军队为主要执行者，进行的战争准备和战争实施的事务。"[②]从军事哲学的视角来看，军事是特殊的社会活动形态，军事始终与战争、军队联系在一起。社会活动说认为，"所谓军事，是指以准备和实施战争为中心的直接相关的社会活动。"[③]

从以上的列举我们可以看出，军事可以界定为特定的事项、事务、社会活动，这些对军事内涵的不同表述并非意味着无法弥合的差异，事实上，不同的表述所

---

① 汉斯-格奥尔格·伽达默尔.诠释学Ⅱ：真理与方法[M].洪汉鼎，译.北京：商务印书馆，2010：438.
② 张山新.军事法概念新解[J].当代法学，2006(1)：113－118.
③ 梁必骎.军事哲学[M].北京：军事科学出版社，2004：98.

反映的理解在本质上是相通的,只是采取的手法不同,事项说、事务说采取的是外向型描述手法;社会活动说采取的则是内向型的解释手法。在所有的社会活动中,军事活动是一种特殊的活动,虽然它始终与战争紧密相连,但它与战争并不相同。军事与战争联系紧密,但也存在区别。[①] 对军事的深入理解需要从社会活动的基本属性特征来把握。从这个角度看,军事的暴力性是军事基本属性特征的主要方面,这是由军事的核心——战争的暴力性所决定的,[②]这也是军事区别于其他社会活动的内在依据。所谓军事的暴力性,是指军事活动中所蕴涵或呈现的一种迫敌就范的武力强制性,它表现为军事组织是一种暴力组织,军事活动的主要内容具有暴力性。军事暴力性代表了军事这种社会活动属性特征的主要方面,但军事的基本特征中也存在非暴力性的一面。这种非暴力性是指军事活动中所蕴涵或呈现的一种非直接武力冲突的性质。对军事中非暴力特性的把握,有助于加深对复杂的军事本质的认识。由此看来,对军事的基本特征仅作暴力性方面的理解是有失偏颇的。尽管暴力性突出了主要的、核心的军事基本属性,并主导着非暴力性的一面,但只有基于暴力性与非暴力性的组合才能够全面地理解军事的基本属性和特征。

　　相对于对法律本质的解释,对军事的解释可谓颇费笔墨,但关于军事法的认知、理论建构及其争议恰好就在于对军事内涵及其属性特征的不同把握。当然,无论对于军事作何种意义上的理解,军事本质上是社会活动,法律本质上是社会规范,这两者不可能并列。如果军事法必然涉及军事和法律的结合,但必须明确两者在何种意义上的结合。法律在规范意义上针对的是社会行为,社会行为是一定社会主体的行为,法律作为一种社会规范所针对的就是这些主体的社会行

① 就军事与战争的联系和区别来说,一方面,军事和战争紧密相连,军事是围绕战争这个中心展开的,有了战争才有相应的军事活动,没有战争,军事这种社会活动就没有存在的根据和理由。战争发展了,军事也会得到相应的发展。在这个意义上,战争决定军事的产生、发展。也正因为如此,战争及其各种属性也成为军事的主要内容和属性。另一方面,军事和战争也是有区别的:一是两者包含的内容不同,战争是指以军队为主体的武装斗争活动,是敌对双方在战场上你死我活地搏斗与抗争。军事是指战争及其直接相关的各种活动的统称。也就是说,它不仅包括战争,而且包括战争和战争准备、军地建设以及与战争直接相关的其他活动。二是形成的时间不同,军事是战争的衍生物,战争比军事出现得早,人们对战争的认识早于对军事的认识,战争概念的形成也早于军事概念。三是战争与军事对应的范畴不同,战争一般与和平相对应,军事一般与民事相对应,军事在和平时期依然存在和发展。参见梁必骎.军事哲学[M].北京:军事科学出版社,2004:109.

② 需要特别说明的是,军事的暴力性最充分、最集中地表现在战争之中,战争就是最强烈的暴力,但战争这种暴力并非军事暴力性的全部,军事暴力性虽然主要通过战争表现出来,但这并不等于非战争的军事活动就不具有暴力性质,只不过它是潜在的,在战争中才能转化为直接的暴力。战争这种强烈的暴力,如同一种普照的光,使得其他非战争的军事活动的特点变了样,从而具有了暴力的性质。如果我们不这样理解军事的暴力性,就无法把握军事暴力性的真正实质,而是割裂其内在的联系,把军事活动分为暴力的(战争)和非暴力的(其他军事活动)两个部分,从而不能正确把握军事的特征。参见梁必骎.军事哲学[M].北京:军事科学出版社,2004:110.

为。而军事本质上是一种社会活动，从主体与行为的角度来看，这种社会活动实际上就是一种社会行为，而这种社会行为的执行者就是军队（或武装力量）。如果把针对规范军队（或武装力量）的社会行为法称为军事法的话，那么，这种行为的属性及其目的追求与法律这种社会规范的价值内核及功能建构不可避免地产生了一定的冲突。面对这一冲突，研究者对军事法认知存在两种倾向性：一是围绕服从于、服务于军事活动来认识军事中的法律，并进行理论建构，表现在军事法上就是军事法的"工具论"，其研究进路又被形象地表述为"通向军事的法律"。二是立足于法在军事活动中的特殊表现来认识军事法并实现其理论建构，这种理论偏向对于"工具论"虽无明确肯定，但也从未明确地声称其"目的性"存在，其研究进路被形象地视为"通向法律的军事"。事实上，这两种倾向基本代表了30多年来军事法学者关于军事法的观察和研究进路。

对于军事法、军事法学来说，研究者立足于法律来审视军事这种活动，尤其是在法学学科体系建构下所能够选择的道路其实已经很明确。立足于"通向法律的军事"视角和研究进路基本上代表了军事法学理论建构的主流。事实上，军事法学自1987年被确定为法学学科之下的一个二级学科之后，借助普通法学学科的概念及理论体系，已经实现了军事法学科的跨越式发展。从"概念"到"调整对象"，再到"效力"等这些着眼于理论的建构偏好，在一定程度上冲淡了军事法的军事特质。事实上，对于学科初创时期的军事法学人来说，其所面临的紧迫问题已经不是学科证成问题，尽快完成"军事的法律化"已经突出地体现在对这一学科的理论体系建构上。从军事法学学科发展的历程来看，至1999年，有人认为"总体上说，中国军事法学已经初步建立了一个由军事理论法学、军事部门法学、军事历史法学、军事法制学、比较军事法学、战争法学、军事法律施行学（包括军事立法学、军事法律社会学等）和军事法边缘学科（包括军事法律逻辑学、军事法律心理学等）组成的、有一定中国特色的学科体系"。① 从学科理论体系建构的载体看，面向学科体系建构的教材也成为这一时期的特色：《中国军事法学》（1988年）、《军事法概论》（1990年）、《军事法学》（1990年）、《军事法学教程》（1992年）、《军事法学》（1994年）、《军事法制教程》（1999年）。这些教材对军事法进行了全面的阐释和体系化建构。"军事法学作为独立的部门法学的学科地位很快被'体系完整'和'逻辑自足'的证成定格了，'军事法学是法学的分支学科'这一论断成为当时的主流观点"。② 军事法学学科体系的早期建构及后期延

---

① 俞正山.创新：21世纪初期的中国军事法学[J].西安政治学院学报，1999(6)：56-61.
② 姬娜.通向法律的军事抑或通向军事的法律：军事法学研究进路的回顾与展望[J].南京政治学院学报，2012(2)：124-128.。

续代表了研究者观察、研究军事法的视角和进路,事实上,这也造就了军事法学如今宏大的学科理论体系。

军事法学作为一门学科的研究起步于学科地位先定,学科理论建构后续的路径。学科基于其特殊研究对象的分析以及证成学科存在的前提性论述已经不需要了,因为"学科建构并非以学科自治为起点,而是以结构上的完善与划分为全部着眼点"。① 对此,军事法学界并非没有意识到。早在 1990 年军事法学研究处于起步之时,有人已经觉察到军事法学理论研究存在公式化、概念化,仿照类比性明显,需要针对部门法解决实际问题。② 2000 年,有人指出,"军事法学的学理基础不强,基本上还停留在直接移植或者简单搬用一般法学基础理论成果的水平,而对于军事活动领域内特有的社会关系还缺乏深刻而独到的分析"。③ 因此,有人提出 21 世纪军事法学研究的创新需求,在确定基础理论与应用两个方面的情况下,"从理论与实践的结合上把握与市场经济法律体系相协调、与新的世界军事革命相适应、保障打赢高技术局部战争的中国军事法,为依法治军提供军事法学指导"。④ 基于法律和军事相得益彰地预设,在法学学科建构中对法律的偏爱而逐渐模糊其赖以生存的基础对象,这似乎是不可避免的。这是由研究的倾向性所决定的,军事法学学者虽保持警惕,但"还不是对法律与军事从价值根源的反思,依旧是法学框架内的自我修正。"⑤

对军事法学理论的批判性反思来自价值底层的追问,包含对现实军事法学作为法学学科宏大叙事的价值怀疑,以及对其应有价值趋向的追问和回答,而这显然又是另一个角度和路径的展开。"共存并不能掩盖矛盾:军事秩序毕竟不属于现代法治的范畴,其具体制度难以与现代法治的基本原则完全适应。现代法治也并不能全面实现军事秩序,有时甚至会干扰和影响军事秩序的正常运行。""突破纯粹的军事思维或法治视角,充分尊重矛盾运动规律和军事法制实践,做出理性的价值抉择并促使两者良性互动,形成科学、明确的军事法学价值取向,从而指导军事法制建设实践处理好军事秩序与现代法治的关系,实现军事领域的根本建设目标和固有价值"。⑥ 也有人对此观点并不认可,认为"法学与军事学在军事法这一共同体中更多体现了手段与目的的关系,而不是目的与目

① 杨韧.军事法研究的价值取向与方法论[J].武警学院学报,2003(5):52 - 55.
② 张建田.坚持四项基本原则,繁荣我国军事法学研究[J].法学杂志,1990(2):24 - 25.
③ 张少瑜.中国军事法学的过去、现在与未来[J].华东政法大学学报,2000(4):3 - 18.
④ 俞正山.创新:21 世纪初期的中国军事法学[J].西安政治学院学报,1999(6):56 - 61.
⑤ 姬娜.通向法律的军事抑或通向军事的法律:军事法学研究进路的回顾与展望[J].南京政治学院学报,2012(2):124 - 128.
⑥ 赵会平.军事法的价值构成及其对立统一:军事法学价值取向的基础分析[J].西安政治学院学报,2002(2):50 - 54.

的的冲突与调和的关系……军事法学是借用法学的理论来规范军事行为的一门社会科学。决定军事法学价值取向的应当是军事需要，法学在其中充当的只是方法论的角色"。① 这一观点对于传统军事法理论建构的基础来说，无异于重重一击。针对这一观点，有学者展开了针对性的讨论，②但这一观点本身的价值更多体现在思维路径的转变上，在对军事法的思考中，军事与法律的地位有了一次重新审视的机会。③ 只是把握这种机遇并非易事，这毕竟是在对军事法认识视角上的转换，研究路径的重新选择几乎意味着要抛弃理论预设正确的前提，在有意识的系统质疑的状况下，对绝大部分理论基础的重新审慎与建构，这显然是一项比建设更为繁重的任务。因为它不仅面临建构，而且面临对此前理论的反思与批判。

---

① 杨韧.军事法研究的价值取向与方法论[J].武警学院学报,2003(5)：52-55；杨韧,李剑.军事法研究进路的批判性建设[J].南京政治学院学报,2004(1)：79-83.

② 毛国辉.军事法：法学与军事学冲突之解决与建构：兼与杨韧、李剑同志商榷[J].南京政治学院学报,2004(5)：70-72.

③ 张山新的《军事法概念新解》可视为这种转变的一个例证。他提出,"军事法是关于军事的法。军事决定军事法的基本特性、主要内容和调整范围,因此,军事是军事法研究的逻辑起点。"据此,他将军事法调整对象缩小至三项,即武装力量建设关系、武装力量相互关系、武装人员的军事权利义务关系。至于"那些可以通过行政法调整的社会关系,就应当划入行政法调整的范围；那些可以通过民事法律调整的社会关系,就应当划入民事法律调整的范围"。表面上看只是观点的修正,但却意味着研究进路的转向,即"军事法的问题都应当从军事的内在规定去寻找答案与根本的依据"。田思源、王凌在《国防行政法与军事行政法》一文中认为,涉及的领域虽不是全部军事法,但其将国防行政行为与军事行政行为二元分离的努力却体现了作者面对传统的"大军事法观"的改弦更张。

第三章
军事法理论发展中的几个聚焦问题

第一节　军事法调整范围暨
"大小军事法"之争

　　按照既有军事法理论的建构思路,研究军事法的调整范围需明确军事法的调整对象。因为所谓的调整范围就是调整对象所能够涵盖的范围。而"大小军事法"之说,也就是在调整范围的意义上被表达的。"大""小"是相对而言的,"大军事法"观点代表了研究者对军事法调整范围的界定相对宽泛。至于宽泛到什么程度,即使坚持此观点的研究者中意见也并未统一。更合适的解释是这种军事法调整范围观也是一个不断发展变化的过程。相对于学界明确提出的"大军事法"观,"小军事法"观的意义指代更不统一,甚至"小军事法"这种词语意义上的表达都极少出现。所谓"小军事法"观只是意味着对军事法调整范围的界定不像"大军事法"观那般宽泛。比较而言,"小军事法"观点的针对性、理论的说服性以及逻辑严密性则更加突出。形象地说,"小军事法"观更像一种学术观点,这种观点是不同于"大军事法"观的对军事法调整范围的宽泛性理解。所谓"大小军事法"观实质上是关于对军事法调整范围的不同理解。

一、"大军事法"观的演进及其特征

　　基于军事法学界对军事法的独立部门法的理解,①借助部门法理论来研究军事法,这是自然的选择。军事法调整范围是其调整对象的涵盖范围虽然没有

---

①　关于军事法是否一个独立的部门法,军事法学界对这一问题的看法在早期也是有争议的,但是后来,均将军事法作为一个独立的部门法加以界定。参见李佑标.军事法与军事法学的概念研究[J].中国法学,2004(3).地方法学界对于军事法是否作为一个独立的部门法一直都是有争议的,从1983年法学界召开的"法律体系问题研讨会"成果及早期法学理论教材便知。即便在2011年国家宣布中国特色社会主义法律体系形成之后,这一看法在理论界也并未改变。事实上,已经宣布的"七法体系"本身已经受到质疑,在理论基础、划分目的和作用以及社会适应性等方面,已有研究成果对其进行了深入分析。

离开部门法理论的框架，但是不同层次上的认识。对军事法调整范围的把握也有利于加深理解军事法，在这个主题范围内，观察军事法学界的研究进路和成果将有利于在一个新的层次上把握军事法的理论建构特色。

"大军事法"观的形成过程基本上代表着传统军事法概念的形成过程。而军事法概念的形成过程不仅意味着其意义赋予的过程，而且意味着"军事法"这个词的产生及确定过程。对军事法这个新词及其指代意义的确定，也涉及与其他义项近似词的区别，例如军制、军律和军法。相对于"军事法"这个词来说，这几个词还肩负历史传统义项。军事法与其说是对这些义项类似词的取代，不如说是共存。军事法只不过是服膺于现代法治实践和现代法学理论而被创造的一个新词，被赋予了一定层次上的对其他义项类似词的替代性，并在这个过程中不断被赋予新的意义和内容。基于这个角度，有人甚至认为"我国军事法学创立之初就是从这个看法入手的。"①

1984年著名法学家张友渔、潘念之在《中国大百科全书（法学）》"序言"中提到，军事法是一个独立的部门法。但是，他们并未论述军事法这个部门法调整了哪些社会关系、与其他部门法有什么关系等问题。而且此书并未设置军事法条目。尽管在此之前，关于军事法是否一个独立部门法已引起学者关注，1983年，我国法学界首次召开社会主义法律体系探讨交流活动，已有学者谈及军事法在国家法律体系中的地位问题，但只是附带性的，并未成为一个针对性的问题。

循着部门法的思路，20世纪80年代出版的两本军事法学著作中都有相关的论述，它们不仅明确提出了军事法的调整对象，而且规划了军事法调整范围的路径。《军事法学》译著在阐述军事法的调整对象时，对苏联法律体系的划分及其分化组合有着比较深入的分析，认为法的门类是调整某一社会生活领域关系的法规范的总和。要形成法的一个独立的门类必须具备两个条件：一是法规范所调整的社会关系能否组成统一的不同于其他社会关系的整体；二是这个社会关系的整体客观上需要进行相对独立的法律调整。与之相应，划分法的门类的准则是法律的调整对象和调整方法。调整对象是受该法的门类调整的某类社会关系，调整方法是在调整该类社会关系时实施法律影响的方法。苏维埃法包括国家法、行政法、经济法、土地法、民法、劳动法、家庭法、集体农庄法、刑法、刑事诉讼法、劳动改造法，这些门类又包括若干法律分支。法律分支是调节门类范围内同类社会关系的法律规范的组合，例如国家法包括公民、选举制度等分支，民法包括财产法、继承法、承包法等分支。随着法的实际发展进程、其他各门类的

---

① 张少瑜.中国军事法学的过去、现在与未来[J].华东政法大学学报,2000(4)：3-18.

分化和整合以及综合调整社会生活众多领域的关系的实际需要,形成了一些法的综合性门类。这些是研究法律如何调整苏联武装力量建设领域和社会关系的基础资源。苏联武装力量建设领域各种关系有的受法的各种门类的规范所调整;有的受专门的军事法律规范调整。无论是苏联武装力量中现行法的传统门类规范,还是专门的军事法文件的规范,都被其对象的统一性结合在一起,这个共同的调整对象就是武装力量建设领域的社会关系。正是法之调整对象的统一和共同的目的——加强和完善武装力量,使其保持高度的战斗准备,构成了军事法的客观性结构基础。[①] 由此来看,苏联军事法的调整对象,即武装力量建设领域的社会关系,其范围是相当广泛的。

　　1988 年 4 月,国防大学出版社出版的《中国军事法学》,由张建田、钟伟钧、钱寿根编著,图们、郭其侨审定。张友渔在"序言"中赞其是"我国第一部全面阐述军事法理论的学术专著"。该书基于军事法是国家法律体系中的一个独立部门法的认知和对军事利益的特别关注,认为"军事法是指一定范围内涉及国家军事利益关系的法律规范的总和"。[②] 在论述军事法调整对象时,该书参考了《苏联军事百科全书》的有关观点。《苏联军事百科全书》认为,苏联军事法"规定了武装力量的建设、活动、组织机构、管理和执勤制度等方面的各种社会关系,各军事指挥机关之间、部队主管之间、军人之间的相互关系及其职责、权力和责任"。《中国军事法学》一书认为,这一定义可借鉴之处在于军事法一方面是调整国家武装力量建设方面的社会关系;另一方面,则规定了军队内部隶属或非隶属人员之间的关系。此书从立法实际情况出发,认为涉及我国军事利益的法律规范是多种类的,因此,军事法调整的对象也不应当是单一的。据此,该书认为军事法的调整对象和范围主要包括三个方面:国家与武装力量建设方面的关系、武装力量内部的关系和军队与地方、军人与公民之间的关系。相对于译著《军事法学》所列的军事法的调整对象和范围,《中国军事法学》对"武装力量建设领域的社会关系"进行了更为细化的理解,或者说更为具体,但总体而言并无实质性变化。[③] 有

---

① A. Г. 戈尔内.军事法学[M].何希泉,高瓦,译.北京:解放军出版社,1987:12 - 14.

② 张建田,钟伟钧,钱寿根.中国军事法学[M].北京:国防大学出版社,1988:5.

③ 这里必须说明的是,张少瑜在《中国军事法学的过去、现在与未来》一文中是这样介绍的:"张建田等著的《中国军事法学》在 1988 年出版,也采用了相同的军事法的概念。他们认为'军事法是调整国家和军队在军事活动中发生的各种关系的法律规范的总和'。这些关系指'国家和军队在武装力量建设、武装斗争的准备与实施、军事科学研究等活动中所发生的社会关系。'"经笔者检索,《中国军事法学》一书中并无此观点。至于文字来自何处,因引用者没有标注来源,笔者也无从查知。既然引述错误,由此得出之结论"军事法的概念基本上就树立起来了,它把军事法调整的范围越出了军队,包括有关国内法和国际法。此后,我国绝大多数的军事法专著和论文都采取了这个概念,在表述上大同小异,不同的地方多表现在调整范围的宽窄上。"在论据上显然是存在问题的。

的论文认为由于战争法涉及国内法和国际法，在我国已经加入一些国际公约的前提下，将战争法列入我国军事法体系内也并非不可取。① 如果战争法列入军事法体系，那么军事法的调整范围显然会扩大。

1990年有两本军事法学著作出版：② 一是《军事法概论》，由莫毅强、钱寿根、陈航主编，编写人员主要来自武警学院；二是《军事法学》，由夏勇、汪保康合著，著者为南京政治学院的教员。这两本关于军事法调整范围的认定最具特色之处在于两者都超出了国内法的范畴。《军事法概论》认为军事法调整对象包括：国家和国防建设方面的军事关系、武装力量建设方面的军事关系、军队内部之间的军事关系、军队外部相互之间的军事关系，以及有关国家在战争、内乱等非常时期和涉外军事事务等方面的军事关系。③《军事法学》中认为军事法律关系主要包括：国家与武装力量之间的法律关系、国家与军人之间的军事法律关系、国家与地方（地方公民）之间的军事法律关系、武装力量内部的军事法律关系、军队与地方之间的军事法律关系、涉外军事法律关系。④

1992年，由图们任主编、法律出版社出版的《军事法学教程》，其"前言"指出，该书对军事法学成果有较为全面的总结。这本著作中军事法的调整对象被认定为"军事领域内各种社会关系"，⑤ 即包括武装力量与中国共产党的法律关系、武装力量内部的法律关系、武装力量同外部的法律关系以及涉外的军事法律关系。⑥ 1994年，西安政治学院陈学会教授主编并出版了《军事法学》一书。在军事法的调整对象上，该书给予了宽泛的界定，其范围包括：国家在国防建设领域中的军事社会关系，国家在武装力量建设领域中的军事社会关系，武装力量内部之间的军事社会关系，军地军民之间的军事社会关系，国家在战争、内乱等非常时期和涉外军事事务方面的军事社会关系。⑦ 至此，军事法的调整范围被扩大到极限。⑧ 由于"大军事法"观所依托的多为院校适用教材，其影响力不容小觑，逐渐成为我国军事法学界的主流观点。⑨

---

① 唐天正.关于军事法体系的几点思考[J].当代法学,1988(4)：44-45.
② 检索资料显示,1990年出版关于军事法学的著作有三本,即中国人民公安大学出版社出版的《军事法概论》、黄河出版社出版的《军事法学》、海军出版社出版的《军队法制学》。
③ 莫毅强,钱寿根,陈航.军事法概论[M].北京：中国人民公安大学出版社,1990：9-11.
④ 夏勇,汪保康.军事法学[M].济南：黄河出版社,1990：126-137.
⑤ 图们.军事法学教程[M].北京：法律出版社,1992：35.
⑥ 图们.军事法学教程[M].北京：法律出版社,1992：86-95.
⑦ 陈学会.军事法学[M].北京：解放军出版社,1994：54-57.
⑧ 张少瑜.中国军事法学的过去、现在与未来[J].华东政法大学学报,2000(4)：3-18.
⑨ 张少瑜.中国军事法学的过去、现在与未来[J].华东政法大学学报,2000(4)：3-18.

二、对军事法调整范围的不同理解

对军事法概念、调整对象和范围的界定是军事法学研究中一个带有前提性、根本性的课题。而对军事法概念的把握又取决于对军事法调整对象和调整范围的科学界定。基于对军事法是一个独立部门法的理解，军事法学界自军事法学学科初创之时就开始对这一范围进行宽泛和扩大的理解。从军事法学学科创立所需的理论基础来看，立足于学科发展的现实需求、采取粗放式的发展手段、迅速构建起来的学科所必须的理论体系，这是一种客观的态度。历史地看待当初现实对理论的需求，这种建构方式未尝不可取。在这个时期内，对于军事法学学科来说，发展、建构是主题，反思批判也许不可或缺，但并非主流。是否主流与是否重要这是两个层次的问题，具体到军事法的研究而言，那种基于学科理论自洽的角度对军事法概念展开的反思，并进而对军事法研究范围沿着另一个思路进行再认识能显示出独特的价值和意义，这种思路代表一种理论研究的特色倾向。它所表现的结果虽不统一，但不同于"大军事法"观。

如何认识军事法，既涉及对象的复杂性，也涉及认识方法；认识方法的改变在一定程度上意味着对认识对象的新体验。有研究者开始从广义和狭义两个角度展开对军事法调整范围的把握。[①] 广义的军事法，其调整对象是国防建设和武装力量建设与活动的社会关系，范围包括军队内部的关系和军队以外的涉及国家军事利益的关系；狭义的军事法仅指军内法。[②] 也有研究者把视角转向法律规范层次，周健教授在其《军事法论纲》一书中认为，我国广义上的军事法由三大类构成：一是调整国防关系的法律规范；二是调整武装力量关系的法律规范；三是调整国际军事交往和武装冲突的法律规范。狭义上的军事法只是指第二类，即调整武装力量关系的法律规范。为指代这一类军事法规范，作者还创造了"核心军事法"一说。这三类法律规范虽有紧密联系，但其调整

---

① 也有研究者用广义和狭义来指代军事法调整范围的观点倾向。"狭义说"认为军事法仅指军内法。这种把军事法限定在如此狭窄的空间观点受到地方法学界很多学者的认同，并获得国家最高立法机关的支持。而"广义说"认为军事法调整国防建设和武装力量建设与活动中的社会关系，包括军队内部的关系和军队以外的所有军事领域里涉及国家军事利益的社会关系。这种观点在军事法学界已经形成了一个基本的共同认知。参见张艳.军事法学理论问题研究[M]北京：法律出版社，2017：48－50。按照张艳介绍的"狭义说"，这种观点为地方法学界所持有，"他们强烈认为军事法就应当是在狭义语境中使用的，即军事法是只适用于军队（武装力量）或军人的法律规范的总称。这种观点与英美国家关于'军事法是军队内部的法律，其调整对象和范围仅局限于军队或武装力量内部'的界定高度一致。"

② 张少瑜.中国军事法学的过去、现在与未来[J].华东政法大学学报，2000(4)：3－18.

对象又不完全相同。第一类调整的国防关系具有调整对象的广泛性、主体的全民性等特征，可称为国防法；第二类调整的是武装力量建设领域的社会关系，形成了独特的军事法律关系，可称为"核心军事法"；第三类国际军事法与武装冲突法又属于国际法的范畴。这样看来，我国军事法就构成一个特殊的和综合性的法律部门，这个法律部门是基于我国国情军情而形成的。由于这三类法律关系的理论基础不同，因此，很难用一个总体基本理论体系加以概括。① 这一观点，从法律规范角度看，包括国内法部分的国防建设领域、武装力量建设领域法律规范，以及属于国际法部分的国际军事法和武装冲突法；从调整范围来看，包括国防关系、武装力量建设领域的社会关系和涉外军事关系三个部分。

任何理论的研究都不可避免地具有研究者自身的价值判断，而这种价值判断的形成则来自研究者对现实问题的经验抽象。基于对法律与军事究竟能在多大范围内、多大程度上加以结合，有研究者认为，"军事法是关于军事的法"；"军事法以有关战争准备和战争实施中发生的军事社会关系为调整范围。"② 战争准备和战争实施这种军事社会关系又表现为以下三个方面：武装力量建设关系、武装力量相互关系、武装人员的权利与义务关系。③ 基于军事是军事法的逻辑起点，战争是军事的中心活动，这种观点将军事法的调整范围进一步凝练和压缩。

也有研究者认为"目前的军事法研究，人们对于什么是军事法始终不能做出科学界定。根本的原因在于，把大量的国防行政法律、法规视为军事法，使军事法外延不合逻辑地无限扩大，使军事法几乎走到了丧失自我的边缘。"④ 该观点持有者在军事行政和国防行政两分的理论基础上提出：军事法以规范军事权为核心，军事法是规范和调整武装力量内部关系法律规范的总称。与此相应，这些内部关系只包括武装力量建设、管理、使用等各个领域，并且明确了武装冲突法与军事法是两个不同的法律体系，两者在性质、渊源、规范和调整对象上都有区别。不能因为武装冲突法与武装力量和军事行动密切相关就把它归为军事法范畴。⑤

还有人认为军事法只是在"核心军事法"意义上的存在，但就军事法与国防法的关系来看，从各自的调整对象的范围分析，军事法调整对象只是国防法调整

① 周健.军事法论纲[M].北京：海潮出版社,2000：56－57.
② 张山新.军事法概念新解[J].当代法学,2006(1)：113－118.
③ 张山新.军事法概念新解[J].当代法学,2006(1)：113－118.
④ 田思源,王凌.国防行政法与军事行政法[M].北京：清华大学出版社,2009：248.
⑤ 田思源,王凌.国防行政法与军事行政法[M].北京：清华大学出版社,2009：246－248.

对象的重要组成部分。在《国防法》中,"国防"和"军事"的关系是包含与被包含的关系;在《宪法》中,军事法的实质是对军事权的规范。这样,军事法的调整范围就被"精确地"划定在"武装力量内部与军事权有关的各种关系,与行使军事权无关的各种关系则不属于军事法的调整范围"。①

至此,军事法的调整范围也被缩小到了极限,就其内在发展逻辑及外部影响力来看,"小军事法"观或者"核心军事法"观已经成为我国军事法学界不容忽视的观点,"其所具有的理论'杀伤力'不容小觑"。②

三、争议产生的焦点、原因及评价

对军事法调整范围大小的认识是建立在对军事法调整对象的认识基础之上的,调整范围本质上就是调整对象的外延。所谓"大小军事法"观点的争议其实已经很表象化了。实质上,这一争议代表了每一种关于军事法认知背后的理论建构的特色以及它们之间的差异。

通过梳理不同观点,笔者发现了一个相对突出的现象:"大军事法"观出现时间较早。其原因可以从以下两方面分析。

一是学科理论建设的需要。1987 年军事法学学科地位被确定之时,其理论基本上是空白的。对于亟须体系理论"填充"的军事法学学科来说,在学科理论体系发展的大势之下,军事法的调整范围问题只是一个小问题,并没有被当作一个重要的问题。"非其不重要也,其不当时也。"在军事法学学科理论需要整体发展建构之时,宏大、快速、抢占等是比较恰当的形容词。对于一个学科的发展来说,每一个时间段都有其自身的需求和发展特色。在学科初创之时,既实现学科理论体系的快速发展,又能够尽可能地扩张、拓展其研究的领地范围,两者相得益彰。从这个角度来看,"大军事法"观的发展和军事法调整范围的扩大是学科发展的正常现象。

二是受苏联军事法学理论的影响。"大军事法"观并不是快速形成的。军事法学人对军事法调整范围的拓展认识也有一个过程,但这个过程,从其起步的那一刻起就已经存在着榜样和模范。1987 年,军事法学学科被确定为法学学科之下的一个二级学科。苏联法学对我国的影响,这是一个很有价值的问题,我国法学界实际上已有不少针对性的研究。从研究成果的总结来看,这种影响是深远的。就军事法学理论发展来说,译自苏联的这本《军事法学》对我国军事法学界

---

① 平达,邵先军.军事法概念新论[J].黑龙江省政法管理干部学院学报,2010(12):1-4.
② 谭正义.近年来军事法学若干基础理论问题研究述论[J].武警学院学报.2014(7):35-38.

的影响也不容低估。① 书中认为军事法"既包括法的传统门类，又是专门的军事法令规范的综合性形态"；"无论是苏联武装力量中现行的法的传统门类的规范，还是专门的军事法文件的规范，都被其对象的统一性结合在一起了。它们共同的调整对象，即武装力量建设领域的社会关系"。② 从这里开始，军事法调整范围的认识和拓展又搭上了军事法学学科建设的快速列车。

　　1990 年出版的《军事法学》，夏勇教授是著者之一，该书坚持"大军事法"观，而且针对这种"大军事法"观，夏勇教授也有专门论文进行论述，例如《军事法概念与"大军事法观"》就从多个方面对这种观点进行论证。对于这种"大军事法"观，时任中国社会科学院法学研究所副研究员、《法学研究》杂志社副编审的张少瑜先生曾发表论文《中国军事法学的过去、现在与未来》，其先是以网文发表在中国法学网"学者专栏"中，经整理后又发表在《华东政法学院学报》上。作者认为"中国军事法最大的理论毛病是大军事法观，即举凡涉及军事利益的事都受军事法管"。针对这一指责，2005 年，夏勇教授在其专著《中国军事法学基础理论研究》一书中又予以全面辩驳，③并再次重申了其以"军事利益"标准对军事法调整范围的宽广理解。在这一标准之下，不仅包括军事领域、军事活动、军事主体，而且体现在非军事领域、非军事活动和非军事主体之中。在"大军事法"观中，军事利益标准也成为通说。

　　相对于"大军事法"观基本上代表了军事法学学科初创之时的发展趋向，对军事法调整范围的深入思考显然是基于一定的前提性因素，即对"大军事法"观

① 　关于该书对我国军事法学的影响，张少瑜在其论文中有专门的研究。他认为，这本书至少在以下几个方面对我国主要军事法著作产生了显而易见的影响：首先，该书的教材性质。20 世纪 80 年代，苏联的军事院校设有"军事法学"这一课程。该书便是为这门课程编写的教科书，同时也是为广大苏军军官结合本职工作学习军事法知识提供的一份教材。该书不是严格意义上的学术著作，书中引用的材料是马列经典、党政领导的讲话和文件、各种法律规定等。这种思路对我国著作有影响。我国军事法的书籍基本上也是出于军队院校学者之手，主要是为了教学而使用的，因此论述思路和写作风格受苏联的影响较大。其次，该书采用了总论和分论的结构，从内容上看大致可以分为三个部分：一是法学的一些基本理论、保卫祖国的宪法依据、军队指挥的法律基础，具有重要法制意义的条例的阐释；二是军事法在军队中得到贯彻落实的有关问题，包括军事司法、加强法制教育、实行法律惩处等各项制度；三是从军事角度介绍有关国际法知识以及对帝国主义国家军事法的批判。这种理论和实践相结合的结构，对后来我国各种军事法著作有重要的影响，我国几乎所有的综合性军事法著作都采用这样的结构。苏联《军事法学》强调党对军事工作、对军事法的领导作用，对我国学术著作也有很大影响。再次，该书的许多基本观点，例如以宪法为军事法的根本依据；军事法的概念；调整对象（武装力量建设领域的社会关系）；共同目的（加强和完善武装力量，使其保持高度的战斗准备）；军事法的特点（详尽、对军人要求严厉、军人的更大责任、法源的综合性）；军事法法源（宪法主导、兵役法、军人誓词、共同条令、最高苏维埃的条例条令、部长会议的法令、军事指挥机关的规范性文件及传统法的门类中的一些规范，以及战争法的某些内容）；军事法的作用（党和国家加强武装力量的重要武器）都对我国的军事法论著有直接影响。参见张少瑜.中国军事法学的过去、现在与未来[J].法学，2000(4)：3-18.

② 　А.Г.戈尔内.军事法学[M].何希泉，高瓦，译.北京：解放军出版社，1987：12.

③ 　夏勇.中国军事法学基础理论研究[M].北京：中国财政经济出版社，2005：68-78.

的审视和对军事法调整范围问题的再认识,这需要一定的基础。在对象上,主要体现为"大军事法"观的理论建构;在能力基础上,就是反思本身所需理论素养和能力的生成。无论基于前者还是后者,所谓"小军事法"观都是处于"后发"状态。

军事法学学科理论自洽的基础是关于军事法理论的逻辑自洽。如何实现军事法理论的逻辑自洽?对这一问题的回应,关于军事法的研究范围问题是一个不可回避的问题。《军事法概念新解》认为"军事法是关于军事的法",在其调整范围采用了均衡原则,突出了鲜明的军事属性,即军事法包括"与战争准备和战争实施直接相关的,必须通过军事法这种特别法加以调整的事务。因此,那些可通过行政法加以调整的社会关系就应当划入行政法调整的范围;那些可通过民事法律调整的社会关系,就应当划入民事法调整的范围。"①这种对军事法调整范围的理解不仅反映了视角的创新,而且体现在对军事属性的具体把握上。

基于立法的规范分析,军事权逐渐被作为军事法理论建构的一个基点。一些学者围绕军事权展开对军事法的重新认识,包括对军事法调整对象范围的把握。基于军事权的活动空间情况,军事法的调整范围涵盖了武装力量建设和国家战争行为领域、武装力量的组织、管理与指挥,②并在新的意义上安排了军事法体系,即"按照国内军事法与武装冲突法的关系以及军事活动的环节,对军事法体系进行了全新的构建……它摆脱了以往单纯的军事法门类组合,开始形成自己的逻辑体系"。③ 基于规范分析,也有学者认为军事法调整范围是国防法调整范围不可缺少的一部分,且只调整武装力量内部与军事权有关的内容。④ 有研究者坚持类似的理论逻辑也得出基本相同的观点,但建立的前提是将国防行政与军事行政进行区分。⑤

如前所述,基于理论发展倾向性的非严格归类,"大军事法"观的发展抢占先机,成为主流观点。相对而言,对军事法调整范围的检视和反思,必须分析理论逻辑自洽的内在动因。所谓两者的区别,只是在区别两者的情况下显得明显和重要,而现实理论演进的样态并非如此。以"争议"来表达两者的关系,也非适当。观点更多地表现为研究者自己对这一问题的认识,而每一个认识所依据的因素、选择的视角、出发的立场等并不相同。不同观点之间的区别需要掌握,而观点本身也是一个发展变化的过程。以军事权为逻辑基点展开对军事法逻辑体

① 张山新.军事法概念新解[J].当代法学,2006(1):113-118.
② 薛刚凌,周健.军事法学[M].北京:法律出版社,2006:24-25.
③ 傅达林,唐丹.创新军事法学的一部力作:《军事法学》(2006)评介[J].西安政治学院学报,2007(1):88-90.
④ 平达,邵先军.军事法概念新论[J].黑龙江省政法管理干部学院学报,2010(12):1-4.
⑤ 田思源,王凌.国防行政法与军事行政法[M].北京:清华大学出版社,2009:246-248.

系建构并因此而构建军事法学学科体系的"21世纪法学规划教材"——《军事法学》在其第二版中就认为，"单纯以军事活动或军事权力来界定军事法的调整范围，难以涵盖全军事社会关系的范围"，故引入军事利益标准。① 在此之前，同样以军事利益为标准，《中国军事法学基础理论研究》对军事法的调整范围则更广泛。②

总之，对军事法调整范围的不同观点代表着不同认知倾向，其价值并不仅体现在这一环节性的问题之上，我们需要从军事法理论建构的整体方面去认识。基于军事法是部门法的理解，借助部门法的理论展开认识几乎已成为认识军事法的一种定式。在部门法理论基础之上，"学界关于军事法调整范围的不同观点，源于对调整标准没有达成共识，即在应当依据什么标准来界定军事社会关系上没有达成一致"。③ 但是，标准是否能够达成一致？对这一疑问的回应，已经从问题本身转化到判断问题的标准上来，这显然又成为一个新的问题。那么，这个标准本身有问题吗？这个基于部门法标准的理论来认识军事法的这个思路本身有问题吗？军事法可以借助传统部门法理论得到客观真实的表达吗？这些问题显然是需要法学界尤其是军事法学界思考的。实际上，这些问题已经涉足观点背后的理论基础。以这种方式展开反思才能真正发掘重构的力量。

第二节　关于军事法是否独立部门法的争论

从应用法学的视角来看，由于各法律部门或部门法代表的是一国现行的法律规范，故以此为根本展开的理论研究拥有了自身"合法性"的基础。在一国法律体系中是否拥有独立的部门法地位也就成为检测部门法学学科价值和地位的判断标准。出于学科自身的求生本能，在法学的应用学科建构中，必然展开以追求其自身"合法性"基础的独立部门法的重点关注和理论论证。具体方式又表现为借助部门法的一般理论论证具体部门法的存在及形式，这即使不能成为学科建设的核心，但一定是学科理论的重点。问题恰恰就出现在这里。一般部门法理论是否完全适合判定所有具体法律规范的部门归属，所有的法律规范是否只能够通过部门法理论的判别才能在法律体系中找到自己唯一合法的地位？这些问题其实早已引起学界的关注。这些研究结果及方式都为笔者的具体分析提供

---

① 薛刚凌,肖凤城.军事法学[M].北京：法律出版社,2016：7-8.
② 夏勇.中国军事法学基础理论研究[M].北京：中国财政经济出版社,2005：55-64.
③ 薛刚凌,肖凤城.军事法学[M].北京：法律出版社,2016：7.

了资源和帮助。在军事法学学科理论建构中,对军事法是否一门独立法律部门的探求也有不同的观点。对这些观点的区别和把握,既有利于我们加深对军事法的认识,也在一定程度上能够引起一般部门法理论在具体现实中可能遭遇的不适。倘若能够引发所谓研究观念方法和方式的转变则更为可贵。

一、"军事法是一个独立的法律部门"——从论断到确信

1981 年北京大学出版社出版的《法学基础理论》,将军事法确立为一个独立的部门法。① 1984 年出版的《中国大百科全书(法学)》,著名法学家张友渔、潘念之在"序言"中指出:"法学研究的具体范围同法学的分科是密切联系的。从法的各种类别来说,法学研究范围首先是各部门法,例如宪法、行政法、婚姻家庭法、民法、经济法、军事法……从而有与之相适应的宪法学、行政法学、婚姻家庭法学、民法学、经济法学、军事法学"。② 这不仅肯定了军事法是我国法律体系中的一个部门法,而且肯定了独立部门法所对应的军事法学。③ 但由于《中国大百科全书(法学)》内并没有设立军事法条目,因此,专家的这一说法又被认为是一种学术上的论断,但这一论断的提出极大调动了研究者将军事法作为一个独立的对象进行研究的积极性。军事法是一个独立的部门法的观点在军事法学界成为一个固守的观点。

张友渔在《中国军事法学》(1988 年)中再次确认了他之前关于军事法、军事法学的论断:"在《中国大百科全书(法学)》的'前言'中,我和潘念之同志就一致认为,军事法是一个独立的法律部门,军事法学是我国法学的一门分支学科。"④相同观点在此后的军事法学的著作中陆续体现。

1990 年出版的军事法学著作《军事法概论》认为:"军事法是我国社会主义法律体系中的一个重要的法律部门,军事法学是我国法学体系中一个重要的分支学科。"⑤1994 年在国家哲学社会科学"八五"规划重点课题的基础上,西安政治学院陈学会教授主编的《军事法学》以四点理由论证了军事法是一个独立的法律部门:第一,军事法有特定的调整对象和特定的调整方法,符合划分法律部门的两个标准;第二,军事法具有相对特殊的军事法律关系主体;第三,军事法负有

---

① 陈守一,张宏生.法学基础理论[M].北京:北京大学出版社,1981:422.
② 中国大百科全书总编辑委员会《法学》编辑委员会,中国大百科全书出版社编辑部.中国大百科全书(法学)[M].北京:中国大百科全书出版社,1984:2.
③ 有学者认为,张友渔、潘念之两位法学前辈做出的"军事法是国家部门法"的论断可能受苏联学者 A.戈尔内《军事法学》的影响。参见张艳.军事法学理论问题研究[M].北京:法律出版社,2017:84-85.
④ 张建田,钟伟钧,钱寿根.中国军事法学[M].北京:国防大学出版社,1988:1.
⑤ 莫毅强,钱寿根,陈航.军事法概论[M].北京:中国人民公安大学出版社,1990:1.

特定的任务；第四，军事法成为一个独立的法律部门是形势发展的客观需要。①
2001、2003、2008 年由张山新教授主编的《军事法学》《军事法研究》《军事法理研究》出版，作者认为，"当代中国社会主义军事法作为国家法律体系当中的重要组成部分，是全国人民的国防利益和军事意志的体现，其内容是由社会主义初级阶段的物质生活条件所决定，体现和适应当代中国军事斗争和军事生活的内在规律。"②1999 年出版的《军事法制教程》也认为"军事法与刑法、民法等一样，也是国家法律体系中的一个部门法"。③ 这一观点在其 2012 年的第二版中也得到了坚持。④

2011 年 3 月 10 日，吴邦国委员长在十一届全国人大四次会议做全国人大常委会工作报告时明确指出，我国七大法律部门已经形成；同年 10 月 27 日，《中国特色社会主义法律体系》（白皮书）出版，两者均未见有关军事法是部门法的内容，但军事法是独立部门法的观点并未因此而停止。事实上在此前后，围绕这一观点，《解放军报》《西安政治学院学报》等报刊还专门组织了一批研究论文，针对性地从不同角度论述军事法是一个独立部门法的观点。此后，《军事法原理与案例教程》一书也认为，"军事法是一个独立的法律部门"。⑤ 由军地学者合作出版的《军事法学》（第二版）也申明："军事法是中国特色社会主义法律体系的重要组成部分，是中国法律体系中的一个独立的法律部门"。⑥ 2017 年《军事法学理论问题研究》一书同样提出了为军事法争取独立地位的学术努力方向。⑦

在军事法学界，对军事法部门法的存在形式也通过军事法规范涵盖的范围来理解，而这正是建立在对部门法规范的特殊认知上。《军事法学》在"译者的话"中，对军事法及军事法学的定义及意义的确定也受此启发。但是关于军事法的法律地位，该书认为"正是法之调整对象的统一和共同的目的——加强和完善武装力量，使其保持高度的战斗准备构成了军事法这个苏维埃法的综合性门类的客观的机构基础。可见，军事法作为苏联法律体系的一个有机组成部分，既包括法的传统门类，又是专门的军事法令规范的综合性形态"。⑧ 1990 年黄河出版社出版的《军事法学》一书虽然也肯定军事法是部门法，但认为"军事法既非独

① 陈学会.军事法学[M].北京：解放军出版社，1994：67 - 69.
② 张山新.军事法学[M].北京：军事科学出版社，2001：17；张山新.军事法研究[M].北京：军事科学出版社，2002：25；张山新.军事法理研究[M].北京：解放军出版社，2008：54.
③ 方宁，许江瑞，姜秀元.军事法制教程[M].北京：军事科学出版社，1999：1.
④ 许江瑞，方宁.军事法制教程[M].北京：军事科学出版社，2012：1.
⑤ 陈耿.军事法原理与案例教程[M].北京：中国人民大学出版社，2013：4 - 6.
⑥ 薛刚凌，肖凤城.军事法学[M].北京：法律出版社，2016：21.
⑦ 张艳.军事法学理论问题研究[M].北京：法律出版社，2017：102.
⑧ A. Г. 戈尔内.军事法学[M].何希泉，高瓦，译.北京：解放军出版社，1987：15.

立、完整、系统的军事法典，亦非一系列单行军事性法规的汇集，而是集各部门法以及单行专门性军事法规范条款于一身，通过内在的有机结合，形成一个相对独立的综合体。"①"军事法实际上是一个多部门性的特殊的法律规范，是多种法规交融的综合体。"②

1992年法律出版社出版的《军事法学教程》一书认为，"军事法是指国家制定或认可的，并由国家强制力保证实施，用以调整军事领域内各种社会关系的法律规范的总和，是法律体系中的一个既具有独立性又具有综合性的法律部门。"③其"既包括实体法，又包括程序法；既包括平时适用的军事法，又包括战时适用的军事法；既包括主要适用于军队或者武装力量的军事法规和军事规章，又包括与国防建设密切相关对全国范围或者普通公民都适用的国防法律；既包括国内制定的军事法，又包括国家承认或认可的战争法规、规则和习惯。从而构成一个体系完整、内容丰富、和谐统一，既具有独立性又具有综合性的法律部门"。④

如果军事法学界基于研究人员身份而在确立观点方面有所偏好，那么，这种将军事法视为独立法律部门的观点也存在于地方法学界。例如，在沈宗灵教授主编的系列法理学教材中均有军事法部门法的认定；张文显教授主编的法理学教材，在法律部门划分中也坚持军事法部门法的划分。在2010年中央军委法制局召开的"军事法与中国特色社会主义法律体系"座谈会上，关于我国军事法具有鲜明的中国特色，军事法是我国法律体系中不可或缺的重要组成部分，并将军事法作为中国特色社会主义法律体系中一个独立的部门法有益于中国特色社会主义法律体系的形成、发展和完善等观点得到众多地方法学专家的普遍认同。⑤

军事法学界对"军事法是一门独立部门法"的理解基本上是有共识的。由最初缺少理论支撑的论断到基于理论及推论基础上的观点统一，军事法学界对这一问题的认识始终处于分析建构中。而在地方法学界，自法学理论研究恢复初

① 夏勇，汪保康.军事法学[M].济南：黄河出版社，1990：26.
② 夏勇，汪保康.军事法学[M].济南：黄河出版社，1990：27.
③ 图们.军事法学教程[M].北京：法律出版社，1992.35.
④ 图们.军事法学教程[M].北京：法律出版社，1992.42.
⑤ 在这次座谈会上，中国社科院法学研究所的李林认为，将军事法作为单独的法律部门是社会主义法律体系中"中国特色"所在；中国人民大学法学院莫于川认为，应当根据军事法的特性和它与其他部门法的关系，把军事法作为跨学科的交叉的独特法律部门；清华大学公共管理学院于安认为，不能把军事法放在行政法门类中，而应当把军事法作为独立的部门法；北京大学法学院陈端洪认为，军事法从理论上讲是一种特殊的公法，是国家法律体系中一个重要的部门法，这在学术上是很清楚的，理论依据很充分；中国法学会研究部主任方向认为，在中国法学会或法学界看来，军事法既是一个法律部门，也是一个不断创新发展的法规体系。参见靳桦之.学者建议将军事法作为独立部门法[N].法制日报，2010-10-18(5).

期至今，对于军事法是否独立的法律部门，相当多的学者和专家持肯定意见，并通过一定的形式阐述了观点和看法。

二、"军事法不是一个独立的法律部门"——从民间到官方

1984 年出版的《中国大百科全书（法学）》，虽然张友渔、潘念之两位法学家对军事法作为部门法地位予以提及，但是书的内容中并没有涉及任何军事法内容。同在这本书中，关于法的体系的组成却有着与"序言"中不同的论述：在统一的法的体系中，各种法律规范因其所调整的社会关系的性质不同而划分为不同的法的部门，例如宪法、行政法、刑法、刑事诉讼法、民法、经济法、婚姻法、民事诉讼法等，但两位编者在阐述中国的法的部门时认为，中国的法的部门大致有宪法、行政法、刑法、民法、经济法、劳动法、婚姻法、刑事诉讼法、民事诉讼法、组织法。① 有学者认为这种现象可能归于参编者的观点不同，但也由此可以再次推断"张友渔、潘念之两位大家对军事法地位的认识仅是一个论断（断言），并未获得足够的学理支撑"。②

1994 年，孙国华教授主编的《法理学教程》一书把国家法律体系划分为宪法、行政法、民法、经济法、婚姻法、劳动法、刑法、诉讼法，③并没有把军事法作为一个部门法来界定。5 年后，《法理学》一书仍然认为当代中国主要法律部门是宪法、行政法、民法、经济法、婚姻法、劳动法、刑法、诉讼法等 8 个部门法，④只是将军事行政法和军事刑法分别归到行政法和刑法中。⑤ 对军事法的这种认定方式，在《法理学》此后版本中也没有发生实质性变化。

关于军事法地位问题，有学者认为，"改革开放以来，我国制定了大量的军事法规，体现了依法的需要……笔者以为军法最高层次——关于武装力量的地位、组织、职权是宪法法律部门的内容，而军法的大量内容是传统军事行政——行政法部门。军事法学作为行业法学有其存在的必要，但没有必要把军法列为单独法律部门。何况按照国际惯例，军事权为行政权之一种"。⑥ 论者提出了自己的观点，即"没有必要把军法列为单独的法律部门"。不过，从论者的论证中，至少有两点比较鲜明的特色：一是从军事法和军法这两个概念完全互换式的使用情

---

① 中国大百科全书总编辑委员会《法学》编辑委员会，中国大百科全书出版社编辑部.中国大百科全书（法学）.[M].北京：中国大百科全书出版社，1984：84 – 85.

② 张艳.军事法学理论问题研究[M].北京：法律出版社，2017：88.

③ 孙国华.法理学教程[M].北京：中国人民大学出版社，1994：384.

④ 孙国华，朱景文.法理学[M].北京：中国人民大学出版社，1999：303 – 306.

⑤ 孙国华，朱景文.法理学[M].北京：中国人民大学出版社，1999：302.

⑥ 周永坤.法理学：全球视野[M].北京：法律出版社，2000：88.

况来看,论者并没有摆脱军法概念历史意蕴的定式思维;二是论者按照国际惯例说,直接消除了这一特定法现象的地方性基因。当然,这也比较符合国际视野下的法理学论说。

2000 年《立法法》颁布之后,关于国家最高军事机关的立法权以及军事法律规范文件在国家法律位界中的地位问题已经非常现实地成为法学界必须关注的问题。问题虽然并非新问题,但有关这一问题的观点和理论有必要重新评价,这是立法实践对理论发展的直接驱动,但是从理论观点的发展来看,有学者认为关于军事法地位问题在地方法学界并未发生根本改观。[①]

虽然地方法学界关于军事法的法律地位的观点从整体来看没有根本改观,但并不是说没有任何变化,只是这个变化并非因《立法法》的出台,而是另有他因。1999 年,全国人大常委会办公厅研究室课题组认为,“中国特色社会主义法律体系是与我国社会主义初级阶段的基本国情相适应、与社会主义的根本任务相一致的,由门类齐全、结构严谨、内部和谐、体例科学的全部法律、法规所构成的统一整体”。其中门类齐全,“即在经济、政治、文化等社会生活的各个方面,以宪法为核心,民商类、经济类、行政类、刑事类、社会类以及程序类等法律法规齐全”。[②]同年 4 月 23 日,第九届全国人大常委会法制讲座第八讲在人民大会堂举行,主讲人为全国人大法律委员会主任委员,主讲题目是《关于有中国特色社会主义法律体系的几个问题》。[③]在这个讲座中,“经过课程组专家的反复比较、讨论,认为我国的法律体系划分为 7 个法律部门比较合适,这 7 个部门是宪法及宪法相关法、民法商法、行政法、经济法、社会法、刑法、诉讼与非诉讼程序法。每类法律部门中又包括若干子部门,有些子部门下面还可进一步划分”。[④]由于这一讲座的内容及参与人和讲授对象的特殊性,这一法律部门的划分方式被赋予了特殊的影响力,并直接产生了现实结果。2001 年 3 月 9 日,在第九届全国人民代表大会第四次会议工作报告中,对中国特色社会主义法律体系法律部门的认定基

---

① 张艳.军事法学理论问题研究[M].北京:法律出版社,2017:90-91.
② 全国人大常委会办公厅研究室课题.中国特色社会主义法律体系若干问题研究[J].理论前沿,1999(3):7-8.
③ 中国特色社会主义法律体系专题研究小组成员:王维澄、顾昂然、甘子玉、于友民、王利明、王叔文、王家福、厉以宁、乔晓阳、刘政、刘海年、吴志攀、应松年、张晋藩、杨景宇、姜云宝、胡康生、高明暄、程湘清。参见曹建明.在中南海和大会堂讲法制(1994 年 12 月—1999 年 4 月)[M].北京:商务印书馆,1999:387.
④ 曹建明.在中南海和大会堂讲法制(1994 年 12 月—1999 年 4 月)[M].北京:商务印书馆,1999:360-387;王维澄.关于中国特色社会主义法律体系的几个问题[J].求是,1999(14):8-11;王维澄.我国法律体系的基本特征和建成有中国特色社会主义法律体系的主要措施:全国人大常委会法制讲座讲稿选登[J].人大工作通讯,1999(11):4-8.

本上是全部接受。① 在地方法学界,这一划分方式显然也产生了一定影响,这在张文显教授主编的《法理学》一书中有着比较明显的体现。"本教材第一版亦将我国的法律部门划分为十个,即宪法、行政法、民法、经济法、劳动法、科教文卫法、资源环境保护法、刑法、诉讼法、军事法。根据第九届全国人大常委会的意见,我们将我国现行法律体系划分为以下七个主要的法律部门:宪法及宪法相关法、民法、行政法、经济法、社会法、刑法、诉讼与非诉讼法"。② 这一划分方式在此后的版本中也得到坚持。

2002年党的十六大报告明确提出:根据"社会主义市场经济发展、社会全面进步和加入世贸组织的新形势,加强立法工作,提高立法质量,到2010年形成中国特色社会主体法律体系"。时任全国人大常委会委员长的吴邦国提出,争取在本届全国人大及其常委会5年任期内基本形成这一法律体系的要求。③ 2003年4月25日,在第十届全国人大常委会法制讲座上,《我国的立法体制、法律体系和立法原则》为第一讲,由全国人大法律委员会杨景宇主任主讲。讲座第二部分"关于中国特色社会主体法律体系",关于"法律门类划分"基本继承了上届全国人大常委会专题研究成果。按照基本上达成的共识,将我国的法律体系划分为7个门类。

2010年,中央军委法制局在北京召开"军事法与中国特色社会主义法律体系"座谈会,来自众多地方大学等研究机构的专家学者济济一堂,对军事法作为中国特色社会主义法律体系中一个独立的部门法基本形成共识。《解放军报》《西安政治学院学报》等还集中刊发了一系列研究文章,承认军事法的法律部门地位。与军事法学界的积极姿态相比,否定军事法作为独立部门法的学界中人相对来说则比较少。莫纪宏教授在《检察日报》上发表的《军事法目前不宜作为独立的法律部门》一文,几乎成为此后对这一专题研究中必引观点,但这一观点实际上只是基于立法技术上的问题而认为"军事法目前不宜作为独立的部门法",这显然不是学界认定的部门法划分的基本理论标准。

三、争议的实质、问题及解决的可能

军事法是否一个独立的法律部门,对于军事法学界来说,既事关研究对象的"合法性",也决定着后续系列理论建构的"合理性",甚至"权威性"。这从初始阶

---

① 全国人民代表大会常务委员会办公厅.中华人民共和国第九届全国人民代表大会第四次会议文件汇编[G].北京:人民出版社,2001:162.
② 张文显.法理学[M].北京:高等教育出版社,2003:103.
③ 杨景宇.我国的立法体制、法律体系和立法原则[J].吉林人大,2003(11):47-49.

段对军事法部门法的认定到时至今日坚持不懈地论证都可以看出军事法学界在这一问题上的坚定和执着。这种坚定和执着也并非建立在毫无理论依据的空洞"迷信"或者有悖逻辑的矛盾推演上。客观来看,每一个承认其"是"的观点都是建构在一系列理论基础之上并经过严格逻辑推演的。从逻辑推演的角度来说,每种法律必然属于一种法律体系;军事法立法技术上的缺陷不能成为在逻辑上否定其部门法地位的理由;军事法只能是社会主义法律体系中独立的部门法。[①]如此类似三段论的形式逻辑推演具有的科学性、客观性本身已经具有说服力,用在军事法是独立部门法的论证上,在一定程度上也能达到证明的目的,但问题似乎并不体现在这个逻辑推理的过程中,而是在这个过程中所据以推演的内容上,这实际上又会回到对法律体系理论或者部门法理论的坚持上。

　　从理论基础来看,军事法学界坚持的"军事法是一门独立部门法"观点的理论基础是来自法学界通常认定的法律体系理论或部门法理论。关于法律体系概念的内涵,一直是法学界争论的焦点,因为对法律体系概念的理解和解释会导致不同的法律体系理论。[②] 基于对法律体系的狭义理解,我国法学界一般用它来指一国现行各部门法所构成的具有内在统一性的有机整体。由于它是由部门法组成的集合体,因此又被称为"部门法体系"。《中国大百科全书(法学)》认为法律体系是指"由一个国家的全部现行法律规范分类组合为不同的法律部门而形成的有机联系的统一整体"。[③] "这是继承了苏联对法律体系概念的理解,即法律体系的部门法体系解释模式"。[④] 部门法理论由五部分内容构成:部门法概念、部门法的划分标准、法律关系、部门法的结构、部门法之间的关系。[⑤] 在这些内容中关于部门法的概念和部门法的划分标准有着共同的内容,即法律规范针对的社会关系。就部门法的划分标准来说虽然存在争议,但并未超出调整对象和调整方法的理论范围和模式,也就是说,关于部门法的划分,采取调整对象和调整方式标准一直以来为法学界所接受并坚持,已形成通说。

　　"军事法不是一个独立的法律部门",这一观点在地方法学界已形成共识,而且这种共识事实上已经影响国家立法机关对这一理论尚处于争议状态的观点和态度。

---

① 李敏.矛盾及其化解:军事法的部门法地位解析[J].武警学院学报,2014(9):37-43.

② 庞正.法律体系基本理论问题的再澄清[J].南京林业大学学报(人文社会科学版),2003(3):39-44.

③ 中国大百科全书总编辑委员会《法学》编辑委员会,中国大百科全书出版社编辑部.中国大百科全书(法学).[M].北京:中国大百科全书出版社,1984:19.

④ 钱大军,马新福.法律体系的重释:兼对我国既有法律体系理论的初步反思[J].吉林大学社会科学学报,2007(2):75-80.

⑤ 刘诚.部门法理论批判[J].河北法学,2003(3):10-22.

事实上，认为"军事法是一门独立部门法"的观点，其所依据的理论也是一般部门法理论，这在关于军事法概念的界定以及军事法部门法的成立标准的论证上尤为明显。法学理论本质上属于一种主观建构。在这个意义上，面对同一对象，大家观点不同，这在法学界较为常见，就像博登海默说的，法学就像是一个房间，每一个理论就像一束灯光，但只能照亮它面前的那些空间，但不可能一下子照亮房间所有的角角落落、厅堂暗室。① 但就"军事法是否一门独立部门法"这个争议来看，那种对法学宏大整体的认知争论并不是十分适合。因为在这个相对有限的论题范围之内，甚至可以说是一个具体的理论争议中，大家所依据的理论是同一理论。尽管理论本身也有争议，但毕竟在争论之上还存在一定程度的、公认的通说。在这样的基础上，如果得出的结论具有类似性并不为奇。具体到"军事法是否一门独立部门法"这个问题，大家依据同一理论、分析相同的对象，却得出了完全相反的结论，也就是部门法理论既被用来支持否定军事法是独立部门法观点，也被用来证明军事法是独立部门法的观点，这是一种非常值得反思的现象。

2011年，国家最高立法机关和行政机关关于"七法体系"的宣布，是否有终结此前理论争议的意图已无法推测，但正如有的学者指出的那样，"中国特色社会主义法律体系的形成，只能是在总体框架上来讲才能成立，而且这一结论的宣告，在很大程度上是处于完成政治目标上的考虑，而不是从法律体系内部完整性上进行的判断。"② 尽管有人认为"《中国特色社会主义法律体系》（白皮书）发布，军事法未被作为一个独立的法律部门纳入其中。至此，这场学术争议似乎应该划上一个句号。让人遗憾的是，至今仍有一些学者坚持军事法的独立部门法地位，并撰文进行理论阐释"。③ 这种观点是否具有学术意义暂且不说，但至少表明了一定的学术立场和态度，可以确认的是，关于"军事法是否一个独立的部门法"问题上，军事法学界并未妥协，一系列重磅的研究成果不断问世，《再论军事法应当作为中国特色社会主义法律体系的部门法》《再议军事法在国家法律体系中的地位》《从"法内说法"到"法外说法"——军事法学研究范式的当下转型》《矛盾及其化解：军事法的部门法地位解析》等论文，以及《军事法原理与案例教程》《军事法学（第二版）》《军事法学理论问题研究》等著作都继续在这一问题上展开论述。

从学术史分析的角度来看，分析者尽管不可避免地有着自己的立场和态度，

① E. 博登海默.法理学：法律哲学与法律方法[M].邓正来，译.北京：中国政法大学出版社，2004：217.
② 王光辉.论中国特色社会主义法律体系中的宪法及其相关法[J].河南社会科学，2010(5)：18-24.
③ 冉巨火.学科军事法论[J].当代法学，2016(5)：151-159.

但是面对学术理论上的争议,尽可能保持一种相对客观的立场和态度是必须的。所以,在相对有限的空间内,以一种发展的眼光来看这个问题,分析这个论题,笔者认为有必要做好以下理论性工作。

一是对双方依据的理论本身进行再分析,在历史和现实、主观和客观、现象和规律等层次展开充分的、全方位的把握。法律体系理论(在一定程度上也就是部门法理论),它的产生和发展有其社会历史条件。任何客观理性的分析都需要历史的眼光和态度,首先这是方法论的适当性问题。任何移植的理论、制度都存在现实适应性问题。理论在一定程度上的适应主要表现在理论面对具体现实的适用性上。移植来的部门法理论能够在多大程度上满足和解释中国曾经的法制,以及不断发展的法治现实,这从一开始就是问题。在主观和客观层面上,理论属于主观认识范畴,理论本身具有争议性是其属性自身的基因特征,所有理论上的争议实际上是主体对理论认知不同的结果或表现,例如主体主观建构层次上的不同、把握客观的向度不同等。表现在部门法理论上,这种层次上的认知尤显基础性价值。从现象和规律的角度而言,法现象必然存在客观规律。现代法治的起源与近代主权国家不可分离。当法律理论分析的对象几乎被严格限定在国家实定法的范围内,当国家制定法逐渐填充对法律的解释时,法律体系概念倾向于狭义的、平面的理解也似乎不可避免。以上分析显然不是针对"军事法是否一门独立的部门法"问题的直接答案。但是,它是决定任何答案的基础。

二是对国家法律整体意义上的认识需要继续深化。关于对法的认知,历史上和现实中不同的学派发展出门类繁多但迥然区别的观点。因此,我们所理解的法律概念,只是众多关于法的概念中的一种,是把法律解释成国家制定或认可的,并经过国家强制力保证实施的代表统治阶级意志,经过特定程序和形式的规范体系。这种意义上理解的法律显然侧重于将其作为一种规范的产生、本质和形式意义上的表达,其目的和功能价值也以体现在立法领域中最为适当。事实上,法律体系并非只在狭义上的体现,即使只是在狭义上理解,其概念的外延也必须是能够涵盖一国全部法律规范。从法律整体意义上来看法律体系,这个体系由各部门组成,部门和整体之间能够实现充分且必要的检验。能够满足这个目标,法律体系划分成部分就是有意义的,而是否借助一种独特的理论,检验的标准就在于这种理论能否满足目标的达成。如果在这个过程中,部门法理论只具有有限几个部门的证明性而不是全部,那么,这种理论就是可以被证伪的。

三是军队和军队以外其他主体组成的社会,两者在目标、价值、手段等方面存在着区别。军队本身就是一种特殊的组织,有着特殊的管理运行方式,是相对的、非正常的存在。在我国军事领导体制下,这种张力凸显出其特质。军队坚持党的绝对领导,这种领导方式是经过宪法确认的领导体制,并经过宪法特殊的制度设计体现的。军队(武装力量)本身是一个特殊的社会组织存在,在我国有着特殊的宪法制度设计。国家颁布实施的法律规范要照顾社会的全部范围,法律体系的完整与协调不能以排斥某些部分为代价,更不能因为某些部分与正常社会法律规范的旨趣差异而对其熟视无睹。追求法律理论的中国特色应该首先表现在中国法律的全面性把握上,不能仅因为照顾某种理论的原创性而忽视了法律现实的整体及其特色。

以上理论上的追问和探究并不能解决本书所分析的观点争议,但显然能让我们在认识争议时立足的基础更加坚实,视域也更为高远。军事法是国家法律体系中不可分割的部门,但对军事法地位的分析是否只能借助部门法理论这种传统理论,传统部门法理论是否具有无可争议的普适性而适用于法律体系划分,法律体系是否存在其他的界定或划分方式,是否军事法只能以求得独立部门法地位为其唯一合法性追求,依据其他范式理论界定的军事法地位会产生哪些影响? 这些问题需要用发展的眼光来看待,更有待用创新的范式来解决。

第三节　关于军事法体系的研究及其问题

学界对军事法体系问题的研究肇始于 20 世纪 80 年代,从时间上看,自对军事法学这一学科建设之初,关于军事法体系的研究就已经开始,这也从一个角度表明,在对军事法的认知中,厘清和界定军事法体系是一个重要部分。"一种法律体系理论对于任何充分的关于某一法规的定义来说,完全是必不可少的前提"。[①] 军事法体系是由不同层次军事法律规范分类组成的若干法律部门所形成的有机整体,是国家法律体系的重要组成部分。如果对军事法概念的把握可以从不同的角度展开,那么,军事法体系的界定可以代表这一抽象概念具体化表达,而且是符合系统论原理的表达。当然,这种表达是以军事法在国家法律体系中占有一定地位的观点为前提的。所谓军事法体系显然基于这样的前提,即军事法是国家法律体系中独立的部分,而且这些部分可以基于系统论而能够继续划分。

关于军事法体系的认知是一个不断发展的过程,"层次分明"和"门类齐全"的共识也是在军事法学界经过不懈努力之后才基本达成的。"层次分明"是从纵向角度来说的,指的是军事法的体系是由若干层次的军事法律规范所构成;"门

---

① 约瑟夫·拉兹.法律体系的概念[M].吴玉章,译.北京：商务印书馆,2018：3.

类齐全"是从横向角度来说,指的是军事法的体系是由若干门类的军事法律部门所构成。① 这种对军事法体系的划分也被称为对军事法体系结构的划分方法。②

一、关于军事法体系的纵向结构

对军事法体系纵向结构的考察是以法律的效力等级为标准的划分,法律的效力等级基本上又遵循着既定的立法体制安排。依此来判别军事法规范,军事法学界主要有"三层次说""四层次说""五层次说"等。这类划分是从立法体例和法律规范位阶的高低角度来界定的。③ 因此,有关此问题的论述,有的归属于法律体系划分,有的则按照军事法的渊源或军事法的形式进行讨论,但重点关注都在军事立法的范围内。

"三层次说"认为,第一个层次是军事法律;第二个层次是军事法规;第三个层次是军事规章。有研究者认为"三层次说"是以张建田的相关著述为代表。④ 从这种观点的具体论述来看,论者对这"三个层次"的认识也有一个过程,对具体层次的界定有所调整。在 2003 年出版的《中国军事法学研究的回顾与思考》一书中,《关于我国军事法体系的建立和完善》一文是这样表述的:"根据《立法法》的规定和军事立法的现实情况,可以认为军事法内部的体例结构大致分为三个层次:第一个层次是综合调整国防和军事基本关系、基本制度和重要举措的军事基本法律规范,例如《国防法》;第二个层次是就国防建设或军事斗争的某一领域的问题进行规范的专门军事法律和军事法规,例如《国防教育法》《现役军官法》《征兵工作条例》等;第三个层次是为实施专门国防和军事法律、法规而制定的军事规章"。⑤ 在 2004 年在公开发表的论文中,张建田关于军事法体系的三个层次是这样表述的:"根据《立法法》的规定和军事立法的现实情况,军事法体系内部的体例结构在纵向上大致分为三个层次已基本形成定势,即第一个层次是由全国人大及其常委会制定的军事法律和有关军事法律问题的决定,例如《国防法》《中央军委组织法》等;第二个层次是由国务院、中央军委依据宪法和法律

---

① 薛刚凌,周健.军事法学[M].北京:法律出版社,2006:13.
② 军事法学研究会.军事法制建设研究[M].北京:解放军出版社,1996:337.
③ 也有从法律渊源的角度来分析军事法的层级划分,认为除宪法、国际军事条约外,有"三分法""四分法""五分法"三种不同的划分意见。参见薛刚凌,肖凤城.军事法学[M].北京:法律出版社,2016:27. 在此之前,1996 年军事法学研究会编的《军事法制建设研究》一书也认为军事法"只做横向门类划分,不做纵向层次划分。持这一观点的同志认为,所谓军事法的'层次',只是军事法的渊源,即军事法的外在表现形式,将其作为军事法体系的内容是不科学的"。此处意在说明不仅关于军事法体系的划分有不同的观点,而且军事法体系的划分方法和标准也有不同意见。从这一理论的发展情况来看,存在一定程度的共识,即军事法体系的划分应当坚持纵向和横向两个方法和标准。
④ 张艳.军事法学理论问题研究[M].北京:法律出版社,2017:118.
⑤ 张建田.中国军事法学研究的回顾与思考[M].北京:法律出版社,2003:227.

制定的军事法规（含军事行政法规），例如《现役士兵服役条例》《民兵工作条例》《征兵工作条例》和《军事训练条例》等；第三个层次是由总部、军兵种、各军区为实施军事法律、法规而制定的军事规章"。①

相对于"三层次说"，"四层次说"出现的时间更早，且受到一般认可。有研究者认为"四层次说"以薛刚凌、周健主编的《军事法学》为代表，②事实上早在1990年，夏勇、汪保康合著的《军事法学》一书即认为军事法体系包括四个层次："国家最高权力机关"制定的军事基本法；"国家立法机关"制定的军事法律；"国家最高权力机关授权国家最高行政机关和军事统帅机关"制定的军事法规；"国家职能机关和军队职能机关在自己的职权范围内制定的"军事规章。③ 在1994年3月5日首次召开的全军法制工作会议上，把建立中国特色的军事法体系确定为一个任务，即"围绕军事法制建设的主要任务，从长远看，要逐步建立起从共同原则出发，具有内在联系、结构合理、门类齐全、内容完整、规范严整、层次分明的军事法律体系，这种体系主要由以下几个部分构成：第一，要有一部由全国人大发布的军事基本法（国防法是国防和军队建设的根本法）。第二，要有一整套由全国人大常委会发布的与军事基本法相配套的重要军事法律。第三，要有一整套由中央军委发布或国务院与中央联合发布，与重要军事法律相配套的军事法规或军事行政法规。第四，要有一整套由全军各大单位发布的与军事法规相配套的军事规章"。④ 此后，在军事法学研究会主编的《军事法制建设研究》一书中，对军事法体系在纵向层次上的划分也分为四个层次，但在每个层次的归类上又有些微的不同。该书界定的四个层次分别为：军事基本法、军事法律、军事法规和军事行政法规、军事规章和军事行政规章。⑤ 对于这种划分，有研究者认为在军事法律规范的称谓上不存在军事基本法的说法，在军事法律之外，军事基本法的提法没有必要，但又认为我国军事法体系应该包括宪法性军事法律规范、军事法律、军事法规和军事规章这四个层次。⑥ 当然，有的教材依然采取这样表达：

---

① 张建田.关于我国军事法体系的建立和完善问题[J].河南省政法管理干部学院学报，2004(1)：39-46.
② 张艳.军事法学理论问题研究[M].北京：法律出版社，2017：118.
③ 夏勇，汪保康.军事法学[M].济南：黄河出版社，1990：39-41.
④ 张建田.关于我国军事法体系的建立和完善问题[J].河南省政法管理干部学院学报，2004(1)：39-46.
⑤ 军事法学研究会.军事法制建设研究[M].北京：解放军出版社，1996：343-344.需要说明的是，就在此书的第一部分关于军事法制的构成的论述中，关于军事法规范体系纵向关系的不同层次划分分为5个层次：根本法中军事法条款；基本军事法律，包括专门的基本军事法律、其他基本法律中的军事法条款、基本军事法律解释；军事法律，包括专门的军事法律、其他法律中的军事法条款、军事法律解释、国际军事约章；军事法规，包括专门的军事法规、军事行政法规、其他法规中的军事法条款、军事法规解释、军事法规性文件；军事规章，包括专门的军事规章和军事行政规章、其他规章中的军事法条款、军事规章解释、军事规章性文件，以及地方性军事法规和规章。
⑥ 吕世伦，付池斌.军事法体系的前瞻性研究[J].黑龙江省政法管理干部学院学报，2006(2)：1-8.

"一般认为，军事法的纵向体系是军事基本法、军事法律、军事法规和军事规章四个层次所构成。"①在此教材的第二版中，"四层次说"的观点并未得到坚持，而是认为"三分法"更具有合理性。②

"五层次说"认为军事法体系在纵向层次上由根本法中的军事法条款、基本军事法律、军事法律、军事法规与军事规章组成。这一观点最早见于1996年由军事法学研究会编写的《军事法制建设研究》；此后，1999出版的研究生系列教材《军事法制教程》也持这种观点。

对军事法体系的纵向划分问题，有学者从其他角度进行剖析，例如从立法体制的角度分为三个层次：一是全国人大及其常委会制定军事法律；二是国务院、中央军委联合或者单独制定军事行政法规；三是授权的三类机关制定的军事规章。③ 也有从法律渊源结构角度，认为我国军事法的渊源主要由宪法、军事法律、军事法规、军事规章、具有军事法规范性质的文件、散见于一般法中的军事法律规范、国际军事约章构成；④有的认为军事法的渊源类别有宪法、军事法律、军事法规、军事规章、国际军事约章；⑤也有认为我国军事法的渊源主要包括宪法有关国防和武装力量建设的条款、国防法律、国防行政法规和军事法规、国防行政规章与军事规章、国际军事约章；⑥还有认为军事法的渊源类别有宪法军事条款、军事法律、军事法规和军事行政法规、军事规章和军事行政规章、国际条约。⑦

综上，上述观点主要的分歧在于最高效力的军事法律规范的划分上。一是对宪法军事条款是否可以划分一个层次，这体现出对军事法不同认知；二是对军事法律最高层次是否可以划分为军事基本法律与军事法律两个层次，这也是"三层次说"和"四层次说"的分歧所在。而关于国际条约或国际军事约章能否归为军事法，这则是从军事法渊源的角度展开的认识。对于坚持军事法属国内法观

---

① 薛刚凌，周健.军事法学[M].北京：法律出版社，2006：11.
② 从军事法渊源层次划分上看，"三分法"具有更为充分的合理性，这是因为全国人民代表大会制定的基本军事法律与全国人大常委会制定的军事法律，在性质上都属于最高国家权力机关制定的法律，只是在适用时如果相关规定有不同，以前者优先，但两者并不构成上下两个层级的关系。同样，中央军事委员会制定的军事法规，与国务院和中央军委联合制定的军事行政法规，在性质上都属于军事法规，只是在适用时如果相关规定有所不同，以军事行政法规优先，但两者并不构成上下两个层级的关系。所以，军事法的渊源，除了宪法和国际军事条约，应当分为军事法律、军事法规、军事规章三个层级。参见薛刚凌，肖凤城.军事法学[M].北京：法律出版社，2016：27.
③ 周健.军事法论纲[M].北京：海潮出版社，2000：90；周健.军事法原理[M].北京：法律出版社，2008：77-78.
④ 陈学会.军事法学[M].北京：解放军出版社，1994：130-132.
⑤ 张山新.军事法学[M].北京：军事科学出版社，2001：57-58.
⑥ 钱寿根.军事法理学[M].北京：国防大学出版社，2004：171-173.
⑦ 陈耿.军事法原理与案例教程[M].北京：中国人民大学出版社，2013：20-22.

点的学者来说，这里存在的争议很明显。

对军事法体系纵向划分的不同观点，与其说是基于不同的视角及不同的划分方法和标准，不如说基于本质上军事法体系的不同认识。虽然军事法体系在纵向上表现为不同法律规范的效力层级，但这些不同的效力层次的法律规范又出自具有不同权力位阶的立法机关，这又是立法体制的问题。具体法律规范的表现形式可被称为军事法的渊源或形式，现实中体现在不同的立法文件中。总之，要在纵向上对军事法体系进行划分，就要面对这一系列的中间环节，从每一个环节点出发都可能对应着一套完整或相对完整的法律理论。而之所以有如此不同的观点，关键不在于观点本身，而在于产生差异观点的对象自身的特殊性。这就是军事法体系可以而且能够包容这些不同划分的缘由。这是军事法体系的特殊之处，当然这种特殊是比较而言的。

二、军事法体系的横向划分

如果说军事法体系的纵向划分体现军事法律规范的不同效力层级并进而体现对军事立法体制的依靠，那么，军事法体系的横向划分则反映了这类法律规范的调整宽度及内部区隔。

关于军事法体系的横向划分，张建田等编著的《中国军事法学》对此没有涉及。[①] 夏勇、汪保康合著的《军事法学》只明确了军事法体系的纵向层次而没有明确横向门类的划分。[②] 根据笔者掌握的资料来看，1990 年出版、由莫毅强等主编的《军事法概论》第一次探讨了我国军事法的体系问题，并对我国军事法部门作了初步的设想，[③]认为我国的军事法部门应当包括军事基本法、军事组织法、军事行政法、兵役法、军事刑法、军事诉讼法、军事经济法、国防科技法、国防动员法、国防教育法、军事设施保护法、军人优抚法、国界法、战时特别法和战争法，共15 类。[④] 相比而言，1993 年出版的《军事法学词典》除了将"军事行政法"改为"军事行政管理法"并删除了"边界法"外，其他 14 个门类完全相同。[⑤] 1994 年，陈学会主编的《军事法学》认为我国军事法体系的构成部分可以分为 19 类：国防法、兵役法、国防动员法、国防教育法、国防科技法、军事设施保护法、军事行政管理法、军事训练法、军队院校工作法、军队政治工作法、军事人事法、军人优抚

① 薛刚凌,周健.军事法学[M].北京：法律出版社,2006：11.

② 军事法学研究会.军事法制建设研究[M].北京：解放军出版社,1996：337.

③ 薛刚凌,周健.军事法学[M].北京：法律出版社,2006：11.

④ 莫毅强,钱寿根,陈航.军事法概论[M].北京：中国人民公安大学出版社,1990：83－88；图们.军事法学教程[M].北京：法律出版社,1992：106－11.

⑤ 杨福坤,朱阳明.军事法学词典[M].北京：国防大学出版社,1993：2－3.

法、军事经济法、军人婚姻法律制度、军事刑法、军事诉讼法、国界法、国际军事法、战争法。① 军事法体系在横向划分上组合成的宽广的门类从一定程度上能够解释"大军事法"观,但这种在规范意义上罗列的问题也是显而易见的,而理论论证上的加强也成为后续对军事法体系划分方式的最重要的要求。

1996 年由军事法学研究会主编的《军事法制建设研究》专门讨论了军事法体系的概念、划分标准、结构等,从而将军事法体系的理论研究引向深入。也就是在这本书中,开始对军事法部门进行归类,认为"每一个军事法的分支部门,都应有一部或几部由国家立法机关制定的军事法律"。② 基于这种划分,此书将军事法体系的横向门类分为 14 个门类:军事组织类、军事行政类、兵役类、人事类、优抚类、国防科研生产类、军事经济类、战争与动员类、国防教育类、军事设施保护类、安全防卫类、军事刑事类、军事诉讼类、对外军事关系类。③

在随后的研究中,一些学者开始对军事法部门进行归类,并按照一定的逻辑进行整合,以求构建起"逻辑化"的军事法体系。④ 有学者依据国防和军事活动过程的连续性和阶段性,将这一活动分为"四步"和"七个阶段"。"四步"是:第一步建立各种保障系统;第二步创设人和物两大类物质条件;第三步对人和物科学组合;第四步执行各种军事任务,实现国防和军事活动的目的。"七个阶段"是:国防和军事活动的基本保障阶段;军事人员征集、录用、管理阶段;军事设施、装备的建造、管理、保护阶段;国防教育、军事训练和武装力量日常管理;武装力量执行防务、卫戍任务阶段;武装力量从事非军事活动阶段;武装力量进行直接作战行动阶段。依据这"四步""七个阶段",军事法律规范的横向关系可以相应地分为六个方面:国防和军事活动基本保障方面的规范;军事人员征集、录用、管理方面的规范;军事设施与装备的建造、管理、保护方面的规范;国防教育、军事训练和武装力量日常管理方面的规范;防务卫戍方面的规范;武装力量从事非军事活动方面的规范。⑤

进入 21 世纪,对军事法体系的认识不断地追求内在逻辑性。2000 年出版的《军事法论纲》认为,中国的军事法部门包括三大类:国防法类、核心军事法类、战争法类。⑥ "书中创造性地提出了'核心军事法'概念,试图将散杂的军事法

① 陈学会.军事法学[M].北京:解放军出版社,1994:137-145.
② 军事法学研究会.军事法制建设研究[M].北京:解放军出版社,1996:345-348.
③ 军事法学研究会.军事法制建设研究[M].北京:解放军出版社,1996:345.
④ 傅达林.军事法体系的重构之道[J].北方法学,2011(5):82-92.
⑤ 方宁,许江瑞,姜秀元.军事法制教程[M].北京:军事科学出版社,1999:20.
⑥ 周健.军事法论纲[M].北京:海潮出版社,2000:99-104.

规范统合起来，应当说在军事法体系构建上具有突破意义"。① 2001 年出版的《军事法学》从国防活动的基本法律制度、军事行政法律制度、军事刑事法律制度、国际安全保障和武装冲突法律制度四个方面阐释军事法体系。② 同年，有学者从军事法调整的具体社会关系出发，将军事法律规范分为国家军事法、军地关系法、武装力量内部法三大类；在军事法体系内部又可分为军事基本法、军事活动法、军事行政法、军事司法、军事权益特殊保护法、特别行政区驻军法、涉外军事法、涉外战争法 8 个方面。③ 2003 年，《中国军事法学研究的回顾与思考》一书认为，军事法体系应当根据一定的科学分类标准、方法和规律、原则，由各种军事法律规范组成并与国家法律体系相适应的有机统一的整体，其中要深入认识和掌握各种不同部门法律规范之间的内在联系和逻辑关系。据此，军事法体系可划分为国防及军事基本法和武装力量活动法两大部分。④ 2005 年出版的《军事法学原理》则认为我国军事法体系的划分宜粗不宜细，主要包括国防法、军事管理法和战争法三类。⑤ 有观点总结认为这段时期内关于军事法体系的研究在横向划分上开始按照一定的逻辑联系进行重组，同时在思路和方法等方面也取得了一定的突破。⑥

2005 年《军事法体系建构新探》一文提出，构建军事法体系应当围绕军事权这一逻辑原点展开，并以此界定军事法体系的外部边界和内部逻辑边界，并主张将军事权的类型作为构建军事法体系基本框架的依据。⑦ 在后续观点中，作者从军事活动中法律调整的范围角度，推导出军事法的体系结构为国防行政法、军事统御法、战争法与国家人道主义法三个部分。⑧ 作者从军事权逻辑原点出发建构军事法体系的主张也得到其他学者的赞同，并建构起"符合军事法内在规定性"的军事法体系，即对军事权来源的设定——军事组织法；对军事权行使的保障——军事行为法；对军事权过程的规范——军事程序法；对军事权运作的监督和补救——军事监督和军事救济法。⑨ 2006 年出版的《军事法学》曾尝试从军事权逻辑原点出发，参照行政法体系，在区别国内军事法和国际军事法（战争法）的基础上，将国内军事法以军事活动的环节为标准归纳为军事组织法、军事行政

① 傅达林.军事法体系的重构之道[J].北方法学,2011(5)：82 - 92.
② 张山新.军事法学[M].北京：军事科学出版社,2001：58 - 61.
③ 刘海年,李林.依法治国与法律体系建构[M].北京：中国法制出版社,2001：404 - 407.
④ 张建田.中国军事法学研究的回顾与思考[M].北京：法律出版社,2003：207,227 - 228.
⑤ 李佑标.军事法原理[M].北京：人民法院出版社,2005：173.
⑥ 傅达林.军事法体系的重构之道[J].北方法学,2011(5)：82 - 92.
⑦ 曾志平.军事法体系建构新探[J].西安政治学院学报,2005(6)：57 - 62.
⑧ 曾志平.论军事法的体系独立性[J].西安政治学院学报,2011(4)：70 - 75.
⑨ 傅达林.军事法体系的重构之道[J].北方法学,2011(5)：82 - 92.

法、军事责任法,以求达到军事法体系的逻辑自洽。① 但在该书的第二版中,这种划分方式并未得到坚持。当然,也有观点认为未来完整科学的军事法体系将由国防安全法、军事组织法、军事行为法、军事管理法、军事保障法、军事处罚法、战时特别法、特区驻军法、军人权益保障法和国际军事法十部分组成。② 这种划分虽然着眼于未来,但其划分方式以及划分结果都可在早期对军事法体系划分的观点中找到渊源。

在对军事法体系的研究中也有研究者敏锐地觉察到既有军事法体系观点的缺陷,认为不应把属于国际法的武装冲突法纳入属于国内法体系的军事法,并主张国防行政法从军事法体系中剥离出来。③ 但在随后的研究中,这种观点及其分析思路并未获得广泛支持和赞同。2013 年《军事法原理与案例教程》认为,军事法的体系包括军事基本法、军事组织法、军事行政法、军事刑法、军事诉讼法、军事经济法、国际军事法。2015 年《美国军事法源流论》一书认为"军事法应由战斗力生成法、运用法、战斗力积极保障法和消极保障法四个部分组成"。④ 2017 年出版的《军事法学理论问题研究》从军事法所涵盖的内容标准出发,认为军事法体系的内容横向结构包括军事组织法、军事人员管理法、军事设施和装备管理法、军事活动法四个部分。⑤

三、军事法体系理论的评析及努力方向

如果说关于军事法调整对象、调整范围或者军事法规范特殊性的研究在于为军事法在国家法律体系中找到合适的定位,并采取合适的方式进行定义的话,那么,关于军事法体系的研究则是将军事法规范按照一定的标准、方法或原则内合成一个有机统一体的过程。法学理论本质上是一种实践性智慧,⑥军事法体系理论的价值也主要体现在对军事法的实践,例如在军事法立法中去实现,但每

---

① 参见薛刚凌,周健.军事法学[M].北京:法律出版社,2006:10 - 13.也有学者指出,这一观点,即将军事法的国内法部分分为军事组织法、军事行为法和军事责任法三个部分实际上是肖凤城教授的观点,因为该书的这一部分由肖凤城教授撰写。参见张艳.军事法学理论问题研究[M].北京:法律出版社,2017:12.

② 吕世伦,付池斌.军事法体系的前瞻性研究[J].黑龙江省政法管理干部学院学报,2006(2):1 - 8.

③ 田思源,王凌.国防行政法与军事行政法[M].北京:清华大学出版社,2009:270 - 271.

④ 具体而言,战斗力生成法包括军人法、军队组织法、军事公物法、国防动员法等;战斗力运用法包括和平时期动用法、紧急状态动用法和战争(武装冲突)动用法等;战斗力积极保障法,例如军事立法、军事训练与教育法、军人福利保险法、军事采购法、军人申诉法等;战斗力消极保障法,例如国内军事法司法法制、国际军事司法法制及其他的追究与惩罚机制。参见李卫海.美国军事法源流论[M].北京:中国政法大学出版社,2015:5.

⑤ 张艳.军事法学理论问题研究[M].北京:法律出版社,2017:132 - 133.

⑥ 郑永流.法是一种实践性智慧[M].北京:中国政法大学出版社,2010:19.

一种关于军事法体系的观点及其理论基础客观上也反映了不同研究者关于这一问题的认知。学术史视角的把握虽然不能完全隔离理论与实践的辩证关系，但学术史的旨趣更多地体现在这些观点及其背后的理论依赖上，这也是一种研究方式的客观需要。换句话说，学术史关注学界对军事法体系的界定以及何以有此界定方面。如果能在此基础上，从理论特质和实践价值双层视域内对相关具体理论展开审视，将更能体现这种研究价值。

（一）对军事法体系研究成果的评析

从纵向上基于军事法律规范的效力层级来划分，基本上对应于军事立法体制中具体立法主体的位阶。而在立法主体确定的情况下，如何认识并界定产生于斯的法律规范，这对于理论上能够发挥的空间或者能够基于不同理论基础而争论的空间并不大。所以，军事法体系在纵向上的划分问题，争点比较明确，也容易把握，关于军事法体系的观点差异主要体现在横向划分上。上文虽然遵循时间顺序梳理了比较有代表性的观点，但这并不是说所有的观点一定是继承关系。

有观点认为划分军事法分支部门应按照地方法学界形成的共识，即军事法律规范调整的社会关系的性质和调整方法；① 有的认为应该将军事权作为确立军事法体系的逻辑原点，即根据军事权的类型或来源、行使方式、程序、救济等作为划分军事法体系的标准；② 有的以军事活动的环节为标准来划分军事法体系；③ 有的围绕战斗力标准来界定军事法体系；④ 也有的设想从军事法所涵盖的内容中概括出一条标准。⑤ 以上这些标准最终产生了对军事法体系的不同界定，而这些不同的标准则基于不同的现实认知和理论基础。意图建构一种能够涵盖军事法体系整体性全面性的认知不大可能，但作为一种追求是众多军事法学人的努力方向。事实上，所谓整体、全面在一定程度上只是在局部、片面基础上的体现，这也是各军事法体系理论生存空间。

我国翻译出版的第一本《军事法学》是苏联军事法学界的著作，"这本书对我国主要军事法著作的影响是极其显而易见的"。⑥ 该书指出苏维埃划分门类的

① 周健.军事法论纲[M].北京：海潮出版社，2000：99.
② 曾志平.军事法体系建构新探[J].西安政治学院学报，2005(6)：57-62；傅达林.军事法体系的重构之道[J].北方法学，2011(5)：82-92.
③ 薛刚凌，周健.军事法学[M].北京：法律出版社，2006：13.
④ 李卫海.美国军事法源流论[M].北京：中国政法大学出版社，2015：5.
⑤ 张艳.军事法学理论问题研究[M].北京：法律出版社，2017：132.
⑥ 张少瑜.中国军事法学的过去、现在与未来[J].华东政法大学学报，2000(4)：3-18.

准则是：① 法律调整的对象，即受该法的门类调整的某类社会关系；② 法律调整的方法，即在调整该类社会关系时实施法律影响的方法。① 尽管对这种标准的内在不统一我国学界早已有反思，认为它对中国法的体系理论特别是它关于部门法划分的必要性理论提出了挑战，并将成为中国法学界必须要研究的问题，②"但迄今为止为修正这一主导标准之缺陷所做出的努力仍很有限。"③坚持这一标准来认定军事法体系的现象至今不仅存在甚至从未退出主导性地位。鉴于其存在的缺陷，并一定程度上导致军事法体系划分过程中的逻辑不统一，有学者尝试提出以"军事权"作为军事法体系的划分标准。但依此标准作为划分军事法体系的内部横向结构"缺乏贯彻始终的自觉和能力"，这种划分标准只能局限于军事法体系这个单一的体系之内，而不能推广至其他法律体系。以军事权"作为一个新的划分标准的创新是可贵的，但可行性却是有限的"。④ 军事活动有其自身的特殊性，这种特殊性可以通过活动主体、活动性质以及目标追求等多方位体现。因此，抓住军事活动这一脉络，明确其具体环节对应的法律规范，并以此为标准展开规范的横向体系性划分也不失为一个可资探讨的视角。与此类似的方式是以军队战斗力标准的考量标准对军事法体系的划分，也有学者以军事法所涵盖的内容作为划分标准。

上述这些关于军事法体系的划分标准相较于调整对象、调整方法标准，不仅体现在观点的新颖，而且更能突出军事这一社会领域的独特性的把握。作为一种观察研究视角，其自身的价值也都在对军事法体系的整体认知中得到具体体现。当然，这也更加明确了对军事法体系的认知并非只能局限于某一种视角或方式，这本身就是理论之于现实应有的策略和必然的理路。

（二）关于军事法体系问题的研究思路

一种完整的法律体系理论应当包括：这种法律体系的存在标准、特征问题、结构问题以及内容问题。⑤ 研究法律体系离不开对这四个方面的关注，尽管这是一种在更加宏观的层次上对法律体系的把握，但其理论具有的启发性对认识军事法体系来说并非没有意义。军事法体系在国家整体法律体系中涉及自身的定位，这必然关系军事法的边界问题。在这个层次上，军事法体系关注的是其自身存在的标准是什么，而其自身特征又能够对其存在标准起着怎样有力的证明

① А. Г. 戈尔内.军事法学[M].何希泉,高瓦,译.北京：解放军出版社,1987：13.
② 周旺生.中国立法五十年[J].法制与社会发展,2000(5)：1－19.
③ 张艳.军事法学理论问题研究[M].北京：法律出版社,2017：125.
④ 张艳.军事法学理论问题研究[M].北京：法律出版社,2017：125.
⑤ 约瑟夫·拉兹.法律体系的概念[M].吴玉章,译.北京：商务印书馆,2018：1－2.

和支持？对于军事法体系的结构和内容的关注更加突出军事法体系内部的纵向和横向划分。在这个层次上，外部表现为军事法的结构问题，而内部针对的则是军事法的内容问题。从存在标准问题、特征问题、结构问题以及内容问题的把握，能够体现出对军事法的实质特征的了解，这不仅对于认识军事法体系有意义，而且能够在更加全面的基础上实现对军事法的认识。

实现军事法体系的再认识，首先表现为一种理论上的追求，这一理论追求既要负载既往的智识经验，也需要创新研究方法，开放研究路径。

一是创新研究方法。研究方法的创新对于理论发展有着重要的意义。范式的转化能够发挥出革命性的认知效果。对军事法体系的认知不能仅从军事法体系这一问题本身着手，应在军事法理论的整体中去认识，即从军事法的概念、军事法的特征以及军事法的原则等理论问题入手，从一些基础概念出发，对军事法体系构建中的每一个细节问题进行深入的理论考究，在一点一滴的基础上积累军事法体系的素材。这种反思式的认知方式本身就为研究方法的创新提供了基础。总之，对军事法体系进行合乎逻辑和军事领域特殊实践的主体性建构需要在研究方法上的不断创新，不能局限于陈旧的方法，这也是理论面对现实的发展需求。

二是开放研究路径。军事法体系理论体现了对军事法律规范的系统性的安排，这种安排本质上属于理论范畴。在这个意义上，军事法体系不能满足于自给自足，而是需要从其他社会科学以及人文学科的研究成果中汲取养料。同时，军事法研究路径的开放不仅意味着它面向本国军事法制的现实，而且也意味着对他国军事法实践的敏锐洞察，用贴近社会的开放性思维回应实践中的理论需求。此外，军事法研究路径的开放还意味着研究理论的聚合，这需要不同领域的学者在各自研究的基础上展开合作。

第四节　军事法基本原则的学术争议及评析

从法治实践来看，法律的基本原则是法律精神最集中的体现，在一定意义上甚至可以说它构成了法律制度的基础。法律基本原则体现了立法者及其代表的社会群体对社会关系的本质和历史发展规律的基本认识，体现着其所追求的社会理想的总体图景，体现着他们对各种相互重叠和冲突着的利益要求的基本态度和判断是非善恶的根本准则，而这一切都以高度浓缩的方式集中在一个法律制度的原则之内。① 从这个角度来看，法律的基本原则有着不可替代的功能，也表明着其自身的独特地位。军事法的基本原则是军事法基础理论的重要组成部分，它能够反映军事法的根本价值和基本精神，对军事法的制定和实施具有普遍指导意义。总体来看，军事法学界在对军事法应该有自己的基本原则这一点上并无异议。不同的看法和观点主要是军事法基本原则包括哪些基本原则，基本原则的内容如何界定等。

一、对军事法基本原则概念和特征的认知

何谓军事法基本原则？这是一个前提性问题，对这一概念的认知决定着对军事法基本原则体系、内容的建构。在早期军事法学著作中，例如1988年出版的《中国军事法学》认为，"军事法的基本原则，是指我国一切国防法律和军事法规都应当遵循的带有普遍性的、共同性的一些基本准则。它是军事法本质的具体表现，是军事立法的基础，是实现和发挥军事法作用的根本保证，也是我们执行军事法规、进行军事法制建设、处理涉及国家军事关系的法律依据。"② 这个观点对军事法基本原则的界定比较明确，并且指出了军事法基本原则的涵盖范围，即一切国防法律和军事法规。1990年出版的《军事法概论》也坚持了类似的界定方式。该书认为，"军事法的基本原则，是指军事法律本身所特有的、一切军事法律都应具备和严格遵循、带有普遍性、全局性、根本性的原则。军事法的基本原则是军事法本质的体现，是军事立法的基础，是贯彻实施军事法的依据，是实现军事法的目的、要求、任务和作用的重要保障。"③

对军事法基本原则的界定，"上述两种看法不尽相同，但有一点是基本相同的，那就是认为军事法的基本原则都应当是军事法律所必须遵循的基本原则。我们认为这种看法不够全面。"④ 也有观点从"军事法的基本原则是否军事法所特有的原则"这一分析入手，认为"在逻辑学上，基本原则与特有原则是包含关系，特有原则是基本原则的一部分。所以，从称谓上，我们应当严格区分军事法的基本原则与军事法的特有原则"。⑤ "军事法的基本原则，是指能够反映军事法的本质内容和基本精神，对军事法的制定和实施具有普遍指导意义的基本行为准则"。⑥ 基于这种军事法基本原则的认识，对军事法基本原则的界定应该区

①　张文显.法理学[M].北京：法律出版社，2011：122.
②　张建田，钟伟钧，钱寿根.中国军事法学[M].北京：国防大学出版社，1988：54.
③　莫毅强，钱寿根，陈航.军事法概论[M].北京：中国人民公安大学出版社，1990：51.
④　图们.军事法学教程[M].北京：法律出版社，1992：67.
⑤　李佑标.军事法学原理[M].北京：人民法院出版社，2005：23.
⑥　图们.军事法学教程[M].北京：法律出版社，1992：67.

别于军事原则或政治原则，军事法基本原则是具有高度概括性和普遍指导意义的法律原则，具有法定的约束力，而不是一般的口号或号召。① 这种对军事法基本原则的界定也得到了其他学者的支持。1999 年军事科学院研究生教材《军事法制教程》以及 2001 年张山新教授主编的《军事法学》均坚持这种对军事法基本原则的界定和对军事法基本原则特征的归纳。②

在对军事法基本原则概念认同的前提下，也有研究者把军事法基本原则的特征总结为四个方面，即规范性、本源性、普适性和稳定性。其中，规范性是指军事法的基本原则是构成军事法律规范体系的基本要素之一，并因此而对其调整对象具有约束力；本源性是指它体现军事法根本价值，作为军事法律规范的思想浓缩并支撑着整个军事法律规范体系；普适性是指其调整的军事社会关系能够涵盖军事法的各个领域、各个环节和各个方面；稳定性是指调整的军事社会关系具有较强的适应性，并体现为自始至终的效力。③ 这一军事法基本原则的概念和特征的观点后来也体现在 2006 年法律出版社出版的《军事法学》中，④在其第二版中，这一观点也同样得到了坚持，且在与军事法的价值以及军事法具体制度的比较中，对这一观点的认识更为深刻。⑤

在军事法学的早期著作中，1994 年出版的《军事法学》代表了当时西安政治学院军事法学研究所关于军事法研究的最新成果。该书在分析军事法基本原则之前，首先研究了法的基本原则，认为法的基本原则是集中反映法的性质和基本内容的准绳或尺度，由一定社会经济基础和统治阶级的政策决定，反映法所调整的社会关系本质和规律以及法本身的规律和方式。在这种认知之下，"军事法的基本原则，是由我国社会主义公有制经济基础和党的路线、方针、政策决定的，是反映我国社会主义军事关系本质和规律，军事法本身的规律、方式和基本内容的准绳和尺度"。⑥ 关于这一概念的理解，作者认为军事法的基本原则是社会意识的产物，是工人阶级及其领导的广大人民的根本利益和党的路线、方针、政策的集中表现，由社会主义公有制的经济基础决定并受军事法自身的特殊规律和本质制约。⑦ 这种对军事法基本原则认识，其基础资源超出了军事法律规范的范围。

---

① 图们.军事法学教程[M].北京：法律出版社,1992：67 – 68.
② 方宁,许江瑞,姜秀元.军事法制教程[M].北京：军事科学出版社,1999：4.
③ 李佑标.军事法学原理[M].北京：人民法院出版社,2005：23 – 25.
④ 薛刚凌,周健.军事法学[M].北京：法律出版社,2006：48 – 49.
⑤ 薛刚凌,肖凤城.军事法学[M].北京：法律出版社,2016：31.
⑥ 陈学会.军事法学[M].北京：解放军出版社,1994：111.
⑦ 陈学会.军事法学[M].北京：解放军出版社,1994：111 – 112.

2003 年张山新教授主编的《军事法研究》认为，"军事法基本原则，是指体现军事法根本价值和基本精神，对军事法的制定和实施具有普遍指导意义的基本行为准则和出发点，是军事法的基础性真理和原理。"①但同时提到，"我国军事法学论著尚未对军事法基本原则进行分类……按照军事法产生的基础不同来划分，军事法的基本基本原则可以分为政治性基本原则和普适性基本原则"。② 所谓政治性基本原则体现了国家的经济基础、阶级本质和社会目标；所谓普适性基本原则体现了军事法所反映的军事生活的一般规律，这类原则为各种社会历史类型的国家所广泛认同。基于这样的认知，视角的侧重点也从军事法基本原则的特点转移到基本功能上。相对于此前关于军事法基本原则特征的描述，1994 年版《军事法学》与 2003 年版《军事法研究》则倾向于对军事法基本原则功能和作用的总结。

不同的观点及论述，其背后有着不同的理论基础，也遵循着不同的分析方式，但总体而言，其都在各自的向度深化了对军事法基本原则的认知。相对于军事法的价值而言，军事法基本原则具有规范性、适用性；相对于军事法具体制度规定而言，军事法基本原则又具有本源性、普适性和稳定性等特征。在功能作用上，军事法基本原则决定了军事法律制度的基本性质、基本内容和价值趋向。对军事立法主体而言，则发挥着指导功能；对军事法的适用主体而言，其规范功能则有利于正确理解和掌握军事法律规范、弥补漏洞并规范和限制军事机关的自由裁量权；对军事法的遵守主体而言，也有利于预测军事执法行为并依法维护合法权益。总之，关于军事法基本原则的研究成果整体上反映了对军事法的认知，深化了对军事法这一特殊法现象的理解和把握。

二、关于军事法基本原则内容的研究

如果说军事法基本原则的概念解决了"什么是"的问题，那么，军事法基本原则的内容解决的是"是什么"的问题。军事法基本原则应当包括哪些内容？以什么标准来界定这些内容？这些是军事法基本原则内容研究的重心所在。关于这一问题，军事法学界的看法存在分歧。

1988 年由国防大学出版社出版的《中国军事法学》认为，我国军事法有 5 项基本原则：坚持以国家宪法和法律为依据原则、保证国家军事利益不受侵害原则、高度集中和统一的原则、军事人员权利和义务相一致原则、服从国家大局和

①　张山新.军事法研究[M].北京：军事科学出版社,2002：41.
②　张山新.军事法研究[M].北京：军事科学出版社,2002：41.

国家整体利益原则。①

1990 年出版的《军事法概论》认为，军事法的基本原则有 4 项：以国家宪法和法律为依据原则；保护和服从国家军事利益原则；高度集中统一原则；军法优先、军法从严原则。② 同年出版的《军事法学》认为军事法的基本原则有 5 项：维护国家军事利益原则；军法从严原则；战时从严原则；权利与义务一致原则；军事法与国家一般法相协调原则。③

1992 年出版的《军事法学教程》认为军事法基本原则有三项：维护国家军事利益原则；高度集中统一原则；军法从严原则。④

1994 年出版的《军事法学》认为，军事法的基本原则有 4 项：坚持党对军队绝对领导原则；维护国家军事利益原则；保障军队高度集中统一原则；军事法从优从严原则。⑤ 而《我国军事法的特征和原则》一文则认为我国军事法的基本原则有 10 项：坚持以宪法和法律为依据原则；坚持维护国家军事利益原则；保证武装力量高度集中统一原则；权利和义务相一致原则；服务国家大局和整体利益原则；保证党对军队绝对领导原则；捍卫社会主义制度原则；保持人民军队性质原则；正确区分和处理两类不同性质矛盾原则；坚持军法从严原则；战时处罚从重原则。⑥

1997 年出版的《中国军事法导论》一书认为军事法的基本原则有 7 项：以国家宪法和法律为依据原则；保护国家军事利益不受侵犯原则；坚持党对军队绝对领导原则；高度集中和统一原则；军事权利和义务相一致原则；服从国家大局和整体利益原则；军事法的适用优先于普通法原则。⑦ 同年出版的《军事百科全书·军事学术 I》把军事法原则区分为一般原则和中国军事法的特殊原则，认为军事法的一般原则有 4 项：以国家宪法或宪法性法律为依据原则；维护国家军事利益原则；保证军事行动高度集中统一原则；国防权利和义务相结合原则。此外，中国军事法的特殊原则有 3 项：坚持四项基本原则；坚持人民军队的性质；坚持社会主义法制原则。⑧

1999 年出版的军事科学院硕士研究生系列教材《军事法制教程》认为军事

① 张建田，钟伟钧，钱寿根.中国军事法学[M].北京：国防大学出版社，1988：54 - 77.
② 莫毅强，钱寿根，陈航.军事法概论[M].北京：中国人民公安大学出版社，1990：51 - 60.
③ 夏勇，汪保康.军事法学[M].济南：黄河出版社，1990：81 - 115.
④ 图们.军事法学教程[M].北京：法律出版社，1992.67 - 81.
⑤ 陈学会.军事法学[M].北京：解放军出版社，1994：111 - 128.
⑥ 刘沽.我国军事法的特征和原则[N].解放军报，1996 - 08 - 04(3).
⑦ 梁玉霞.中国军事法导论[M].成都：四川人民出版社，1997：45.
⑧ 中国军事百科全书编审委员会.中国军事百科全书(军事学术 I)[M].北京：军事科学出版社，1997：368 - 370.

法的基本原则有 3 项：维护国家军事利益原则；高度集中统一原则；军事法从严原则。①

2001 年，由军事科学出版社出版的《军事法学》由原解放军西安政治学院集体编撰。这本书对军事法的基本原则的论述基本承续了 1999 年《军事法制教程》的界定。② 作者认为军事法的基本原则包括两大类：一是军事法的一般原则，包括以国家宪法为依据的原则、维护国家军事利益的原则和高度集中统一的原则；二是军事法的特殊原则，包括保障党对军队绝对领导的原则、捍卫社会主义制度的原则、保证人民军队性质的原则和军法从严的原则。③ 这种对军事法基本原则的划分和界定在 2004 年出版的《军事法理学》一书中也有相同表述。④对军事法基本原则的划分方式，在 1997 年出版的《军事百科全书·军事学术Ⅰ》中曾经出现过，只是两者对一般原则和特殊原则的认定内容有所不同。

2003 年由西安政治学院军事法教研力量编写的研究生教学用书《军事法研究》一书在 2001 年《军事法学》一书的基础上又有新的变化：坚持对军事法基本原则进行分类理解，但并不是按照一般原则和特殊原则的分类，而是按照军事法产生基础的不同来划分，将军事法的基本原则分为政治性基本原则和普适性基本原则。对军事法基本原则的认定为 4 项：坚持党对军队绝对领导原则、维护国家军事利益原则、高度集中统一原则、军事法从严原则。⑤ 2013 年中国人民大学出版社出版的"21 世纪法学系列教材"《军事法原理与案例教程》也是以这 4个方面为军事法的基本原则。⑥

在对军事法基本原则概念、特征、体系、标准等方面展开客观分析的基础上，通过比较评析此前著述中对军事法基本原则，2004 年《论军事法的基本原则》一文认为军事法的基本原则有 3 项：维护国家军事利益原则；党对军权的绝对领导原则；军地法治协调原则。⑦ 2005 年出版的《军事法学原理》认为，军事法的基本原则主要有两项：维护国家军事利益原则；保障高度集中统一原则。

2006 年法律出版社出版的《军事法学》凝结了军地双方的学术智慧，认为军事法的基本原则应该承载军事法的基本价值追求，指导军事法律制度的具体建

---

① 方宁，许江瑞，姜秀元.军事法制教程[M].北京：军事科学出版社，1999：4-10.
② 张山新.军事法学[M].北京：军事科学出版社，2001：10.
③ 陆海明，钱寿根.军事法学[M].北京：解放军出版社，2001：58-71.另外，在钱寿根的《军事法理学》一书中，也是坚持这一划分方式。此外，在作者的论文《军事法的一般原则和特殊原则》中，还将"正确区分和处理两类不同性质矛盾的原则"作为军事法的特殊原则。
④ 钱寿根.军事法理学[M].北京：国防大学出版社，2004：87-104.
⑤ 张山新.军事法研究[M].北京：军事科学出版社，2002：41-47.
⑥ 陈耿.军事法原理与案例教程[M].北京：中国人民大学出版社，2013：12-19.
⑦ 李大鹏.论军事法的基本原则[J].西安政治学院学报，2004(3)：62-66.

构，并具有引导性和前瞻性，并据此认为军事法应确立 5 项基本原则：维护国家军事利益原则；保障高度集中统一原则；保障军人权益原则；维护世界和平原则；开放原则。① 在此书的第二版中，作者认为确立军事法基本原则的确立标准是将军事法基本原则与其他类似现象区别开来的客观依据，并认为军事法基本原则的确立标准包括法律性、特殊性、基本性和抽象性。以此为标准，军事法应当确立的基本原则有六项：维护国家军事利益原则；保障高度集中统一原则；依法治军原则；维护世界和平原则；保障军人权益原则；军民融合原则。② 相对于此前关于军事法基本原则的界定，《军事法学》无论第一版还是第二版在这一问题的界定上，都具有一定的创新性，不仅表现在关于军事法基本原则内容数量上的增加，而且在于对具体原则的界定更加紧密地结合了时代特点。

三、军事法基本原则的研究总结及一些争论

（一）关于军事法基本原则概念的认识

对军事法理论研究的开始，就是将其作为国家法律体系中一个独立的部门法而展开的，其间存在的争议也仅在军事法调整范围上有所不同。"任何一个法律部门都有自己的基本原则，体现着这一法律部门的精神实质。军事法作为一个独立的法律部门，自然也不例外"。③

军事法是一门独立的部门法，其必然有这个部门法的基本原则，但问题是如何界定军事法的基本原则，这涉及两个方面：一是从概念意义上去理解；二是在指代意义上去理解。前者即是关于军事法基本原则概念的界定及其内容特点、功能作用等；后者则是关于军事法基本原则的内容体系及其标准等。只有充分研究这两个方面才能对军事法基本原则有比较充分的了解。

第一，明确了军事法的基本原则是法律原则，而不是政治原则或军事原则。这是对军事法基本原则性质的把握。从这方面来认识军事法基本原则的概念能够实现准确定位。我国是人民民主专政的社会主义国家，我军是人民民主专政的坚强柱石，政治原则和军事原则都是必须坚持的原则，但应当看到这些原则之间存在性质上的差异，军事法基本原则有着自己独特的性质和地位，即须从法律关系上来看待军事法基本原则这一概念。

第二，明确了军事法的基本原则是军事法部门所特有的法律原则。军事法的基本原则可能与其他部门法的基本原则有着共性的地方，但反映的主要是军

① 薛刚凌,周健.军事法学[M].北京：法律出版社,2006：51.
② 薛刚凌,肖凤城.军事法学[M].北京：法律出版社,2016：32 - 44.
③ 图们.军事法学教程[M].北京：法律出版社,1992：67.

事法自身的运行规律,所以对军事法基本原则的认定应当以军事法的根本价值和基本矛盾为根据。因此,那些属于一般法的原则或者只能体现其他部门法特性的原则不能成为军事法的基本原则。这主要是在法律部门层次上界定军事法基本原则的特性。

第三,明确了军事法的基本原则是具有高度概括性的法律原则。军事的基本原则是对军事法中的根本问题所进行的高度概括和抽象。因此,相对于军事法的各种具体法律制度而言,相对于军事法中具体化、制度化的行为规则而言,军事法的基本原则具有本源性、普适性和稳定性等特征,这是关于军事法基本原则概念的进一步认识。

第四,明确了军事法基本原则是具有普遍指导意义的法律原则。在这个层次上,军事法基本原则既区别于军事法制定或军事法适用的法律原则,也区别于军事法的某些或某一分支部门的法律原则。军事法的基本原则不仅对军事法的制定具有指导意义,而且对军事法的实施也具有指导意义;不仅对军事法的某些或某一分支部门具有指导意义,而且对军事法的所有部门都具有指导意义。军事法的基本原则更为宏观、更具有普适性,是最高层次的、比较抽象的行为准则,是构成其他行为准则基础性或本源性的依据。

第五,明确了军事法的基本原则是具有法律约束力的法律原则。在这个意义上,军事法基本原则区别于一般的口号或号召。军事法的基本原则是构成军事法律规范体系的基本要素之一,对其调整对象具有法律拘束力。凡是违反军事法基本原则的行为应当得到否定性军事法律评价;凡是符合军事法基本原则的行为应当得到肯定性军事法法律评价。从遵守或违反它所产生的法律后果来看,军事法基本原则是具有法律约束的,这又被称为规范性特征。

以上这些特征既是军事法学界关于军事法基本概念理解的结果,也是有关这一问题的理解体现。军事法的基本原则较军事法律规范更能直接反映军事法的本质和内容,以及军事法律活动的趋势、要求和规律性,它是军事法制定的基础;是贯彻实施军事法的依据;是实现军事法目的、要求、任务和作用的重要保证。只有更好地掌握军事法的基本原则才能领会军事法的精神实质,其对军事法的制定和实施以及每个分支部门均具有指导作用。

(二) 关于军事法基本原则内容的界定及其问题

军事法学界关于军事法基本原则的界定,首先从概念上进行了分析。坚持从这个概念的特点入手,认识相对客观和全面。但军事法基本原则包括哪些内容? 这需要对军事法基本原则进行确认。法律基本原则通常通过三种方式确立：立法确认、判例确认和学理确认。① 鉴于军事法基本原则确认中立法确认、判例确认并不明确，故军事法学界对军事法基本原则的确认主要是通过学理分析这一途径。在学理分析过程中有两个紧密相关的层次：一是军事法基本原则的确立标准问题；二是在各自标准之下能够确立的军事法基本原则内容体系。为此，需要建立相对独立的视角去认识和把握。

第一，关于军事法基本原则内容体系的划分标准问题。只有确立了明确的标准，我们才能说明哪些原则是军事法的基本原则，哪些不能归为军事法的基本原则。

在军事法理论发展之初，相关著作并未有相关论述。1988 年出版的《中国军事法学》确立了 5 项军事法基本原则；1990 年出版的《军事法概论》确立了 4 项军事法基本原则；《军事法学》确立了 5 项基本原则。1992 年出版的《军事法学教程》在对军事法基本原则概念分析上首次深入研究了军事法基本原则的 4 个特征，同时认为："军事法基本原则的特征事实上就是我们为概括和归纳军事法的基本原则而确立的四个标准。"②这种对军事法基本原则内容体系的论述方式在后续的研究中也得以坚持。

尽管学者在对标准理解上并没有实质性的差异，但在具体把握上存在不同的观点。例如，1992 年出版的《军事法学教程》以 4 个特征作为划分标准，即军事法基本原则的性质；作为法律原则而具有高度概括性；普遍指导意义；法律约束力。③ 2005 年出版的《军事法学原理》对军事法基本原则特征的把握也是 4 个方面，但这四个方面已经被凝练为规范性、本源性、普适性和稳定性。④ 2016 年出版的《军事法学》关于军事法基本原则的确立标准又被总结为法律性、特殊性、基本性和抽象性。⑤ 可见，军事法基本原则标准的确立理论也是在认识过程中不断深化。

第二，关于军事法基本原则内容体系划分的争议。军事法学界对军事法基本原则的界定并无完全统一的意见。其差异主要体现在两个方面：一是军事法基本原则能否划分成不同的类别；二是对军事法基本原则的内容体系进行的划分。

首先，军事法的基本原则能否划分为不同的类别。2001 年解放军出版社出

① 薛刚凌,肖凤城.军事法学[M].北京：法律出版社,2016：31.
② 图们.军事法学教程[M].北京：法律出版社,1992：69.
③ 图们.军事法学教程[M].北京：法律出版社,1992：67 - 68.
④ 李佑标.军事法原理[M].北京：人民法院出版社,2005：24 - 25;李佑标.军事法基本原则的反思和重构[J].武警学院学报.2004(3)：9 - 11.
⑤ 薛刚凌,肖凤城.军事法学[M].北京：法律出版社,2016：31 - 32.

版的《军事法学》认为,军事法的基本原则包括一般原则和特别原则。其中一般原则包括:以国家宪法为依据的原则;维护国家军事利益的原则;高度集中统一的原则。特殊原则包括:保证党对军队绝对领导的原则;捍卫社会主义制度的原则;保持人民军队性质的原则;军法从严的原则。① 这种对军事法基本原则的划分方式在 1997 年出版的《军事百科全书·军事学术Ⅰ》中曾经出现,只是两者对一般原则和特殊原则的认定内容有所不同。② 1995 年发表的论文《军事法的一般原则和我国军事法的特殊原则》将军事法的基本原则划分为一般原则和特殊原则,③有人并不认同这种划分方式:一是从划分一般原则和特殊原则的内容来分析,这种划分并未明确分类的依据是什么? 如果有这一标准,那么依这一标准的划分能否协调一致。其次,军事法以部门法存在,与非军事法的基本原则或者同法的基本原则相比,已有其特殊性。在这种情况下,再将军事法的基本原则划分为一般原则和特殊原则并不合适。④

也有观点是按照军事法产生基础的不同来划分的,即将军事法的基本原则分为政治性基本原则和普适性基本原则。其中,政治性基本原则体现了国家的经济基础、阶级本质和社会目标,这意味着不同社会历史类型的国家,军事法的政治性基本原则是不同的。普适性基本原则体现军事生活的一般规律,这类原则为各种不同历史类型的国家所广泛认同。⑤ 在这种划分之下,军事法基本原则有的属于政治性基本原则,有的属于普适性基本原则。所谓军事法基本原则则是这两种基本原则的结合。⑥

在军事法基本原则确立标准明确的前提下,以上对军事法基本原则的进一步分类只是众多界定军事法基本原则的一种方式,更多是不进行类似的划分,而是直接进入具体的基本原则的论述。对军事法基本原则的争议则主要就体现在对不同的军事法基本原则的界定上。

其次,军事法基本原则内容体系的评析。综观多年来对军事法基本原则的研究,尽管学者对军事法基本概念内容体系的看法并不相同,但其中也有一些内

---

① 陆海明,钱寿根.军事法学[M].北京:解放军出版社,2001:60-71.这一观点最早见于 1995 年《军事法的一般原则和我国军事法的特殊原则》一文,并有所改动。论文还将"正确区分和处理两类不同性质矛盾的原则"作为军事法的特殊原则,参见钱寿根.军事法的一般原则和特殊原则[J].法学杂志,1995(1).而在《军事法学》一书中,这一项并未有体现。同时,这种对军事法基本原则的划分方式还体现在 2004 年出版的《军事法理学》一书中,因作者系同一人,所以观点及表述均相同。
② 中国军事百科全书编审委员会.中国军事百科全书(军事学术Ⅰ)[M].北京:军事科学出版社,1997:368-370.
③ 钱寿根.军事法的一般原则和特殊原则[J].法学杂志,1995(1):38.
④ 李大鹏.论军事法的基本原则[J].西安政治学院学报,2004(3):62-66.
⑤ 张山新.军事法研究[M].北京:军事科学出版社,2002:41.
⑥ 陈耿.军事法原理与案例教程[M].北京:中国人民大学出版社,2013:12.

容得到了普遍认同。

例如，以国家宪法和法律为依据的原则、维护国家军事利益原则、高度集中统一原则、保证党对军队绝对领导原则、军法从严原则等都得到了普遍认可。但对这种普遍认可的基本原则并非完全没有异议。对于军法从严原则，它已经在军事立法中体现了，而在军事法的适用上并没有从重处罚一说，即军法从严是一种立法原则而非执法原则，而且在军事法的下级部门中，这一原则也并不能得以贯彻。[①]

也有观点根据确定的标准来判别军事法的基本原则，[②]认为在众多军事法基本原则的内容体系中，有的是军事法制定或适用的基本原则，例如以宪法和法律为依据的原则、军事法与国家一般法相协调原则、军法从优原则或军法从严原则、军地法治协调原则等；有的则属于军事法某一分支部门的原则，例如服从国家大局和国家整体利益的原则和军法从严原则。有的在内容上有一定程度上的重合性，例如战时从严就包含在军法从严原则之中。有的原则归入军事法基本原则也存在一定的问题，例如保证党对军队绝对领导原则或保证党对军权的绝对领导原则、捍卫社会主义制度原则、保持人民军队性质原则等。

在理论上确认军事法基本原则存在不同看法是正常现象。例如，坚持党对军队的绝对领导原则，有的认为这是军事法基本原则中不可缺少的一项，也有观点将此认为是政治性基本原则。对于军法从严原则，有的认为是部门法原则，不能归入基本原则范畴，但也有观点认为它就是军事法的基本原则之一。

(三) 界定军事法基本原则应具有的理论态度

首先，特殊领域对一般理论的引入更需要深层次研究。军事法被视为一个独立的部门法，在军事法学界并无多大争议。在军事法基本理论的论述中，剖析军事法的基本原则可以明确有关这一概念理论基础的渊源，因为基本原则的概念来自法理学关于法律基本原则的论述。军事法基本原则问题实际上是在清楚地解释在军事法这个部门法中体现法律基本原则意义内容是如何界定并归纳的，这实际上是一般法理学关于法律基本原则在军事法这个部门法中的特殊体现。法律基本原则的概念、功能和意义等可以被全盘借用到军事法理论中，军事法基本原则可以承担法律基本原则在军事法领域的特殊意义指代。军事法理论发展中关于军事法基本原则的阐述基本上也是在这个层次上展开的，但其中的

[①] 李大鹏.论军事法的基本原则[J].西安政治学院学报，2004(3)：62 - 66.
[②] 李佑标.军事法原理[M].北京：人民法院出版社，2005：26 - 27.

过程、原因并未进一步研究和论述,原因是有人认为"对军事法基本原则的研究停留在教材的形式,理论研究层次不高,内容表述有欠规范严谨"。①

其次,军事法基本原则必须体现军事法的特殊性。按照一般法理学的理解,法的要素区分为三类,即规则、原则和概念。与法律规则相比,法律原则可以作为众多法律规则之基础或本源的综合性、稳定性的原理和准则。法律原则中的基本原则体现了法律基本精神,是在价值上比其他原则更为重要、在功能上比其他原则的调整范围更为广泛的法律原则。但是基本原则与具体原则只是相对而言的。军事法基本原则必须体现军事法而非其他部门法或领域法的基本原则。军事法基本原则可能与其他部门法的基本原则有共性的地方,但反映的主要是军事法自身的基本矛盾和特点规律。所以,确认军事法基本原则应当以军事法的根本价值和基本矛盾为依据,体现军事法部门的特殊性。

再次,军事法基本原则必须体现其对军事法的全面涵盖。从功能角度来讲,法律原则在法律制定和实施上有着不可替代的功能。在法律制定上,法律原则直接决定了法律制度的基本性质、内容和价值倾向,是法律制度内容协调统一的重要保证;在法律实施上能够指导法律解释和法律推理,补充法律漏洞,强化调控能力。这是关于法律原则在功能上的一般性论述。在军事法领域,军事法基本原则决定了军事法律制度的基本性质、内容和价值,对军事立法主体具有指导功能,有利于正确理解和掌握军事法律规范,弥补军事法律规范的漏洞,规范和限制军事机关自由裁量权。对于军事法适用主体具有规范功能,有利于人们预测军事执行行为,依法维护合法权益。对军事法的遵守主体也具有预测功能。从军事法基本原则所具有的功能来看,军事法基本原则在功能上的全面性涵盖,也是归纳凝练军事法基本原则必须考虑的方面。

---

① 李大鹏.论军事法的基本原则[J].西安政治学院学报,2004(3):62-66.

第四章
军事法理论研究的部门化及其成果

第一节　军事立法的部门化研究

"军事立法学是研究军事立法活动及其规律的学问和理论知识体系,是军事法学的一门分支学科。军事立法活动及其规律在军事法律现象中具有相对独立性,因而可以构成一门独立的军事法学分支学科。"①在这个层次上,对军事立法的研究应该力求实现学科理论要求的全面性,在层次上也应该达到一定的深度。所谓军事立法研究的部门化,实际上也就是军事立法理论研究的学科化,这不仅能够解释军事法理论体系的特殊性,而且能够证明军事法学学科发展的特殊性。这是在理解国家法律体系中其他部门法时可能无需深入探讨的层次和范围,也是其他部门法学所不具有的内容或特征。客观而言,以部门化形式或趋势进行的军事立法理论研究无论在范围还是在深度方面都已经形成了一定的研究成果。

一、研究军事立法理论的主要载体及其研究范围

对于军事立法理论的研究开展得较早,理论研究成果也以多种方式呈现:一是关于一般军事法理论体系化研究的教材;二是关于军事立法理论的专著;三是公开发表的论文。当然,关于军事立法的理论研究不只上述载体。事实上,笔者也曾见到一些研究报告、课题,甚至一些参考文件也曾有相关的研究成果,而且具有一定深度,但对这些有价值的研究,只是局限于特定的知晓范围,受众有限且目的特定。

(一) 将军事立法理论作为军事法基础理论的研究
军事立法研究开始得比较早,主要是将其定位为军事法基本理论研究的一

---

① 周健,曹莹.军事立法学[M].北京:军事科学出版社,2002:1.

部分而展开的,这在有关军事法学的教材类著作中表现得较为明显。1988 年,被称为我国第一部军事法学著作《中国军事法学》,其第五章以 4 节的篇幅分别探讨了军事立法的概念、军事立法的基本原则、军事立法的程序以及完善军事立法、加强军队法制建设等内容。① 1990 年出版的《军事法概论》和《军事法学》也有相关内容,其中《军事法概论》以专章形式探讨了军事立法的原则和程序;②《军事法学》则在"军事法制"一章中,以专节形式探讨了军事立法体系、指导思想和原则以及立法程序等。③ 1992 年出版的《军事法学教程》也是以专章形式分析了军事立法的概念和作用、指导思想和基本原则、立法体制和立法程序以及军队法制机构的设置和职责等内容。④

也有著作不以"军事立法"这一概念来探讨军事立法问题。1994 年出版的《军事法学》就使用了"军事法的创制"这一概念,认为"法的创制"与"立法"并非相同概念。法的创制是指国家制定或认可、修改或废止法律规范的活动。而严格意义上的立法是指国家最高权力机关依据法定权限和程序制定、修改或废止宪法、法律等规范性文件的活动。在概念严格区别的前提下,该书论述了军事法创制的意义、基本原则、创制体制、创制程序以及军事法制机构等内容。⑤ 值得注意的是,"军事法的创制"概念在 2001 年由军事科学出版社出版的《军事法学》一书中也有使用,但不同之处是该书认为军事法创制即为军事立法。⑥

1996 年由军事法学会主编的《军事法制建设研究》设专章研究了军事立法问题,内容涉及概念、立法主体及其权限范围、立法的基本原则及军事法的外部结构形式的规范与完善等。⑦ 1999 年出版的《军事法制教程》也专章研究了军事立法体制、军事立法程序和军事立法技术。⑧

进入 21 世纪,军事法的研究向纵深发展。在有关军事立法的研究中,2003 年出版的《军事法研究》对军事立法问题的研究开始突出理论的演进与深化,在不断总结先前研究成果的基础上力求在新的层次上展开论述。这在 2004 年出版的《军事法理学》、2005 年出版的《军事法学原理》以及 2008 年出版的《军事法理研究》中表现得较为明显。2016 年出版的《军事法学》对军事立法的研究也设有专章,并结合军事法的发展研究了军事立法的概念和特征、军事立法的体制与

① 张建田,钟伟钧,钱寿根.中国军事法学[M].北京:国防大学出版社,1988:95 - 117.
② 莫毅强,钱寿根,陈航.军事法概论[M].北京:中国人民公安大学出版社,1990:107 - 124.
③ 夏勇,汪保康.军事法学[M].济南:黄河出版社,1990:339 - 348.
④ 图们.军事法学教程[M].北京:法律出版社,1992:112 - 131.
⑤ 陈学会.军事法学[M].北京:解放军出版社,1994:197 - 219.
⑥ 张山新.军事法学[M].北京:军事科学出版社,2001:42.
⑦ 军事法学研究会.军事法制建设研究[M].北京:解放军出版社,1996:67 - 106.
⑧ 方宁,许江瑞,姜秀元.军事法制教程[M].北京:军事科学出版社,1999:22 - 43.

权限划分、军事立法的原则以及立法程序等内容。①

在这些军事法学教材类著作中，对军事立法理论的关注凸显了军事立法理论的独特价值和地位。

（二）军事立法理论的部门化研究主要表现为军事立法著作

关于军事立法理论的研究多表现为专门性、专业性的著作或者专题论文。2002年《军事立法学》出版之前，并未发现关于这一主题的专门性著作，正如该书的"后记"所言，《军事立法学》一书是根据国家、军队的法律、法规和军事规章制度以及军事立法实践编写的。该书由当时西安政治学院部分教研力量编撰完成，对军事立法学进行了界定。简而言之，军事立法学是一个新的概念，以军事立法活动和规律为研究对象。② 从这本著作的内容体例来看，该书研究了军事立法的基本原理、军事立法的历史沿革、军事立法与国情、军事立法体制、军事立法主体、军事立法程序、军事立法监督、军事立法完善、军事立法的科学化、军事立法技术、军事行政立法、军事经济立法、军事刑事立法以及部分国家军事立法的理论与实践等内容。这些内容按章节形式分门别类，具有一定的体系性。该书以系统性的理论形式论述了军事立法活动的内在逻辑体系和结构，奠定了军事立法学科的地位。

2012年由军事科学出版社出版的《军事立法研究》是一本研究生教材。全书除绪论外共分为9个专题，研究了军事立法与强国的关系、军事立法的历史演进、军事立法权问题、军事立法运行研究、军事立法技术、军事行政立法、军事刑事立法、军事经济立法和战时军事立法等。③ 虽然以分专题形式展开的研究有利于对具体问题的深化分析，但囿于教材的形式和内容需求，在理论研究中对问题意识及特色观点的弱化似乎也是常态。寻求通说或一般理论的编写要求也不可避免地掩盖了特色。所以，即使名为专题研究，但书中所列多是问题的解释和说明，很少见到观点的论证。不过，相对于教材著作类的《军事立法学》而言，《军事立法研究》的部分章节在学术形式上已经增加了相关的引用注释，这也为进一步深化学习和研究提供了线索。

如果说前述专门性著作可以归于理论类，2016年出版的《军事立法理论与实务》则遵循了"学术性与实用性并重的思路"。④ 这部著作属于军事科学院军

---

① 薛刚凌，肖凤城.军事法学[M].北京：法律出版社，2016：86-108.
② 周健，曹莹.军事立法学[M].北京：军事科学出版社，2002：10.
③ 周健.军事立法研究[M].北京：军事科学出版社，2012：4.
④ 赵晓冬.军事立法理论与实务[M].北京：军事科学出版社，2016：4.

事理论著作系列,也是军事管理学重点学科建设项目课题。这本书在结构上可分为"军事立法理论""军事立法实务"两篇。上篇重点探讨了军事立法体制、军事立法原则、军事立法程序、军事立法技术、军事立法管理、军事立法监督、军事立法冲突及其处理等基本问题,既对我国军事立法理论进行了系统总结,也反映了著者在这一理论问题上的深化认识;同时,对古今中外军事立法的历史发展做了介绍,试图呈现军事立法实践发展的全貌。其中,关于军事立法管理、军事立法监督、军事立法冲突及其处理等问题的阐述具有一定的创新性。下篇探索的是军事法规制度建设的新兴领域,其内容大致按照从国防立法到军队立法、从全局到局部、从作战到建设管理的顺序安排,各章之间并不构成严密的逻辑关系和体系框架。① 相对来说,这是本书的价值所在。虽然本书并未将军事立法理论作为一个学科,但其中对军事立法理论的系统性阐述、对中国古代和外国相关军事立法研究,尤其是对各专门领域军事立法的实务研究已经充分表明了这一理论部门化形式的现实意义。

从认识过程来看,对军事立法的研究首先始于对军事立法的认识和理解,这就涉及军事立法的概念问题。这里需要明确的是,对于军事立法概念的把握,主要表现为"国防立法"与"军事立法"这一对概念的关系上。

上述的军事立法理论有一个内在的前提,即不区分国防立法和军事立法,即使区分,也是坚持军事立法对国防立法的涵盖。实际上,军事法界对"军事立法"和"国防立法"之间关系的界定还存在另一种观点,其不仅认为国防立法和军事立法并非相同概念,而且认为国防立法能够包容军事立法,"军事立法是国家立法的一部分,也是国防立法的一部分"。② 从讨论问题的实质指向来看,有必要分析这种对国防立法的理论。

尽管坚持国防立法和军事立法并非同一概念,但对这个能够包容军事立法的国防立法概念的讨论,与之前讨论的军事立法的实质指向实属同一对象或问题。2015 年出版的《国防立法研究》对于国防立法的认识就显示出这方面的独特性,其分为上下两篇。③ 上篇五章为国防立法的基本理论与实践部分,通过对国防立法基本理论的研究,系统地阐述了国防立法的概念与内涵、功能与作用,并对国防立法的发展与完善做了分析。在此基础上,系统分析了我国的国防立法体制、国防立法应遵循的原则,并从理论和实践结合上对国防立法程序、国防立法技术做了概括和总结。下篇 10 章为国防法律制度的立法与完善,属于分论

①　赵晓冬.军事立法理论与实务[M].北京:军事科学出版社,2016:3-4.
②　姜秀元.国防立法研究[M].北京:中国政法大学出版社,2015:7.
③　姜秀元.国防立法研究[M].北京:中国政法大学出版社,2015:19.

部分。这部分是从国防法律制度建设的角度，从中国实际出发，在理论和实践的结合上，对国防基本制度、兵役制度、人民武装警察制度、边防海防空防制度、国防科研生产和军事采购制度、军事设施保护制度、国防教育制度、国防动员制度、军人保险制度、军民融合制度等方面的立法分别做了系统的分析，并对当前和今后一定时期国防立法的任务和重点，提出了建设性的意见和建议。

（三）学术性论文对军事立法理论的讨论更加专题化、细分化

笔者检索到的最早公开发表的关于军事立法问题的学术论文是 1988 年在《法学杂志》上发表的《对我国军事立法的初步探讨》和在《当代法学》第 4 期上发表的《谈谈军事立法应遵循的原则》。前者分析了军事立法在国防建设中的作用、军事立法的基本内容以及军事立法亟须解决的主要问题等；[①]后者认为我国军事立法应以宪法为依据，结合我军的具体实际情况，军事立法与国防建设要协调。[②] 2005 年《关于军事立法原则的思考》一文阶段性地总结了此前各种军事法著作关于军事立法原则的论述。据文中考证，至 2005 年，阐述军事立法基本原则的著作就多达十种之多。在这些著作中，关于军事立法原则的界定既存在相同之处，又存在差异。在总结此前军事立法原则的基础上，作者提出了确立军事立法原则的 4 个标准，认为我国军事立法原则应当包括维护国家军事利益原则、保障高度集中统一原则、军事法制统一原则。[③]

1989 年《试述中央军委立法权的几个问题》一文谈及的主题和内容时至今日仍然受到关注。在 2019 年《中央军委立法权的加强和完善》一文中这一主题依然是分析的重点。《试述中央军委立法权的几个问题》一文指出：当时，中央军委发挥着立法的作用，但法律上并未明确其立法权。这种现象在立法实践中可能产生矛盾，并且会影响军事法制的建设。鉴于此，此文提出了对中央军委立法权的法定化建议，并阐释了可采取的方法：近采权宜之计，通过特别的方法授予中央军委立法权；远待宪法修改时机成熟时再通盘考虑。[④] 事实上，今天我们再观察中央军委立法权的演变，以及现在仍然面临的问题，更能体会出这篇论文的重要意义。虽然不能准确判断论文在多大程度上对现实发生了何种影响，但从《国防法》《立法法》中对军事立法权限的规定中，也能够体察到立法实践并未偏离论文当初提出问题的解决方向。当然，这一问题重要性在其面对现实发展

① 傅秉耀.对我国军事立法的初步探讨[J].法学杂志,1988(1)：8-9.
② 卢炬,李喆.谈谈军事立法应遵循的原则[J].当代法学,1988(4)：45-46.
③ 李佑标,孙卫东.关于军事立法原则的思考[J].武警学院学报,2005(5)：34-38.
④ 蒲硕棣.试述中央军委立法权的几个问题[J].法学杂志,1989(6)：24.

中也会不断出现新的情况。正如 2019 年《中央军委立法权的加强和完善》一文
所言："我国《立法法》对中央军委立法权的确认,对于完善具有中国特色社会主
义法律体系、促进军事立法工作发展发挥了重要作用,但军委立法权在实际行使
过程中还存在着立法体制不协调、立法权限不清晰、法律法规称谓不规范、军委
立法主导作用不到位、立法程序不完善、立法层级不衔接、立法数量与质量不匹
配等问题。为了进一步加强与完善中央军委立法权,在坚持中央军委主席签署
发布军事法规的基本制度前提下,必须秉持中央军委'根据宪法和法律制定军事
法规'的立法原则,及时修改军事法律、法院原先主管部门的条款规定,健全国务
院、中央军委联合立法协调工作机制,明确界定军委及其所属机关和武警部队的
立法权限。"①在上述两篇文章发表的 20 年间,还有多篇论文关注过类似主题和
内容,例如《论我国军事立法权的依据》②《地方国家机关有无军事立法权问题》③
《论我国地方国家机关的军事立法权》④《谈我国地方行政机关的军事行政立法
权》⑤《论我国军事机关立法权的宪法基础:一个文本与制度的二元分析框
架》⑥等。

关于军事立法理论研究,不同的问题对应着不同的研究主题。除了上述军
事立法原则、军事立法权的论述,还有众多对整个军事立法问题进行研讨的论
文。事实上,军事立法理论问题是军事法理论问题的开端,有大量相关论文发
表,例如,《关于我国军事法规体系总体设计的构想》提出要着手建立从宪法中的
有关军事条款到具体军事规章制度、从具有普遍约束力的军事法律到指导军事
活动的具体行为准则;提出建立一部统一的军事法典和一整套调整军事领域各
方面社会关系的专门法律,因此需要健全立法体制、严格立法程序、加强立法活
动;⑦《关于军事立法理论问题的思考》论述了关于中央军委的立法权问题、军事
法的概念问题、军事法的渊源与效力问题;⑧《建议将有关军事的立法纳入〈立法
法〉范围》建议《立法法》应明确规定中央军委及其各总部、军兵种、各军区制定军
事法规、军事规章的权限;⑨《国防立法的实践与理论研究》则是作者参与《国防

① 张建田.中央军委立法权的加强与完善[J].法学杂志,2019(7):42-52.
② 朱阳明.论我国军事立法权的依据[J].行政法学研究,1994(4):23-25.
③ 夏勇.地方国家机关有无军事立法权问题[J].法学杂志,1994(3):42-43.
④ 徐丹彤.论我国地方国家机关的军事立法权[J].武警学院学报,2008(1):67-70.
⑤ 苏静.谈我国地方行政机关的军事行政立法权[J].武警学院学报,2009(7):51-53.
⑥ 刘春玲.论我国军事立法权的宪法基础:一个文本与制度的二元分析框架[J].云南大学学报,2013
(6):9-13.
⑦ 钱寿根,李向恕.关于我国军事法规体系总体设计的构想[J].法学杂志,1990(3):33-34.
⑧ 谷安梁.关于军事立法理论问题的思考[J].政法论坛,1993(1):73-76.
⑨ 朱阳明,宋丹.建议将有关军事的立法纳入《立法法》范围[J].行政法学研究,1994(3):43-51.

法》立法全过程后,对立法实践与研究情况的简要回顾与探讨,并总结了国防法立法理论研究的主要成果,即国防基础理论有突破、国防基本制度有创新、国防建设大政方针的法律化有开拓、国防基本法立法技术有建树;①《关于我国军事立法理论与实践的几个问题》是在《立法法》颁布实施之后,结合军事立法的概念、特征、体制以及军事立法理论需要关注的几个问题进行了归纳和分析,并提出了意见和建议;②《军事立法体制与军事立法实践中的有关问题》更倾向于对实践问题的回应,在论述我国军事立法体制的基础上,认为在军事立法实践中要明确军事立法的权限,规范军事立法程序,加强军事立法计划性,健全其法规体系,提高军事立法质量。③《以科学发展观审视军事立法工作》④《新中国军事立法的历史发展与阶段划分》⑤《建国六十年来国防法制理论研究的基本经验》⑥《中国特色社会主义军事立法的成就与展望》⑦《新中国军事立法历史分期研究述评》⑧《军事立法质量的标准》⑨《以新的视野和理念审视军事立法》⑩《法治体系下该如何完善军事立法》⑪《军事立法的合宪性审查》⑫等论文主要关注军事立法整体,具有一定的理论深度和价值。除此之外,军事立法理论研究还涉及军事刑法立法、军事经济法立法、战时军事立法等更为专业的问题。

二、军事立法理论体系中代表性问题的学术成就

尽管开展理论研究并非都以发展学科为追求,但若一个专门领域的研究在体系上能够支撑系统性的研究专题和内容,则有关这个专门领域范围的理论被上升至学科的地位并无不可。

(一) 深度分析了"军事立法"概念

在我国,"军事立法"始终是军事法学界关注的一个重要理论问题。而学界关于这一概念的理解存在不同的看法,形成了若干有代表性的观点。这些概念

---

① 朱阳明.国防法立法实践与理论研究[J].法学家,1995(5)：17 - 23.
② 张建田.关于我国军事立法理论与实践的几个问题[J].河南省政法管理干部学院学报,2002(6)：1 - 12.
③ 张建田.军事立法体制与军事立法实践中的有关问题[J].西安政治学院学报,2002(6)：55 - 63.
④ 张建田.以科学发展观审视军事立法工作[J].法学杂志,2006(5)：116 - 119
⑤ 张建田.新中国军事立法的历史发展与阶段划分[J].法学杂志,2007(4)：99 - 104.
⑥ 李佑标.建国六十年来国防法制理论研究的基本经验[J].武警学院学报,2009(7)：39 - 41.
⑦ 张山新.中国特色社会主义军事立法的成就与展望[J].西安政治学院学报,2010(6)：17 - 23.
⑧ 张艳.新中国军事立法历史分期研究述评[J].军事历史,2013(3)：48 - 52.
⑨ 朱晓红.论军事立法质量标准[J].西安政治学院学报,2014(3)：85 - 88.
⑩ 肖凤城.以新的视野和理念审视军事立法[N].解放军报,2014 - 11 - 23(6).
⑪ 成义敏.法治体系下该如何完善军事立法[N].检察日报,2015 - 09 - 17(3).
⑫ 从文胜.军事立法的合宪性审查[J].地方立法研究,2018(5)：1 - 10.

各有特色,但共同的特点显然在于对军事立法活动的描述,通常从以下三个方面对军事立法进行界定:军事立法的主体;军事立法活动的范围;军事立法活动的结果。①

关于军事立法活动的主体是指哪些机关拥有军事立法权,并可以进行军事立法活动。有观点认为根据我国宪法规定,国家的立法主体包括最高国家权力机关、最高国家行政机关、地方国家权力机关、地方行政机关、民族自治地方国家权力机关、军事机关等。其中对地方国家机关是否拥有军事立法权问题,由于立法上并未明确,故在军事法理论界存在争议。关于军事立法活动的范围是指哪些活动属于军事立法活动,理论界一般归纳为制定、修改和废止法的活动。因此,军事立法也不例外。就此而言,军事立法应该包括制定、修改和废止活动,而不是其中的部分活动。关于军事立法的结果是指哪些规范性文件同军事立法活动相联系。从我国军事立法实践看,军事立法包括各个层次的规范性文件,范围广泛。在这方面,对军事立法的描述不能狭窄或遗漏。②

也有观点从三种思路入手来认识和把握军事立法概念:一是"主体说",即从制定法律规范的主体性质来界定,凡是军事机关制定的军事法规和规章,不论其内容如何都是军事立法;二是"内容说",即以所制定的法律规范的内容界定,凡是制定军事法律规范的行为,不论制定主体的性质如何都属于军事立法;三是"内容兼主体说",即只有军事机关制定的军事法律规范的活动才是军事立法。在厘清军事立法概念定义思路的基础上,经过对军事法学界关于军事立法的界定,有学者认为军事法学界对军事立法的定义虽然有所差异,但采取的都是"内容说",且这种"内容说"能够基本反映我国军事立法性质的规定性,同时,以内容为准也可以把所有调整国防和军事事务的法律规范统一起来加以研究,并因此而具有系统性。③

2016 年出版的《军事法学》对军事立法的界定代表了这一概念的最新表述,即军事立法是指具有军事立法权的国家机关在法定职权范围内,依照法定程序制定、修改和废止军事法律规范的活动。④

(二) 建构了军事立法基本原则的内容体系
关于军事立法的基本原则,军事法学界从学术研究的角度进行了深度分析

---

① 李佑标.军事法原理[M].北京:人民法院出版社,2005:185.
② 李佑标.军事法原理[M].北京:人民法院出版社,2005:186-187.
③ 张山新.军事法理研究[M].北京:解放军出版社,2008:164-166.
④ 薛刚凌,肖凤城.军事法学[M].北京:法律出版社,2016:87.

和总结,其成果在军事立法理论体系中有着重要地位。军事法学界对军事立法基本原则的总结反映了我国军事法学界对军事立法基本原则问题的研究深度。

《中国军事法学》认为,军事立法的基本原则有五项:坚持四项基本原则;坚持以政策为指导的原则;坚持群众路线和民主原则;坚持实事求是、从实际出发原则;坚持平战结合、战时从严原则。①

《军事法概论》认为,军事立法的基本原则有五项:坚持四项基本原则;坚持以宪法为依据、以政策为指导的原则;坚持符合国家战略和军事战略的原则;坚持实事求是、从实际出发的原则;坚持平战结合、战时从严的原则。②

《军事法学》认为军事法创制的基本原则包括:坚持贯彻四项基本原则;贯彻以宪法为依据,以党的路线、方针、政策为指导的原则;实事求是、民主决策的原则。③

《中国军事法导论》认为军事立法的基本原则有:以国家宪法和法律为依据原则;保护国家军事利益不受侵犯原则;坚持党对军队绝对领导原则;高度集中和统一的原则;军事人员权利义务相一致原则;服从国家大局和整体利益原则;军事法的适用优先于普通法的原则。④

《军事法学》认为军事法创制的原则有:以宪法为依据,以政策为指导的原则;维护国家军事利益的原则;实事求是、民主决策的原则。⑤《军事法研究》将军事立法原则总结为:以马克思主义为指导,以提高战斗力为根本标准的原则;以宪法为依据,维护社会主义法制统一和尊严的原则;维护国家军事利益,保证军队高度集中和统一的原则;实事求是、民主决策的原则。⑥《军事法理研究》将军事立法原则总结为:以宪法为依据原则;维护国家军事利益原则;军事必要原则;平战结合原则;协调统一原则。⑦

《军事立法学》将军事立法的基本原则总结为五项:以党的政策为指导原则;维护国家军事利益原则;为军队建设服务原则;坚持下位法不得违背上位法原则;军事法从严原则。⑧

《军事法学原理》将军事立法原则分为一般原则和特殊原则。一般原则包括合宪原则;民主原则;从实际出发、实事求是的原则;维护法制统一原则。特殊原

① 张建田,钟伟钧,钱寿根.中国军事法学[M].北京:国防大学出版社,1988:100-106.
② 莫毅强,钱寿根,陈航.军事法概论[M].北京:中国人民公安大学出版社,1990:109-113.
③ 陈学会.军事法学[M].北京:解放军出版社,1994:201-204.
④ 梁玉霞.中国军事法导论[M].成都:四川人民出版社,1997:45.
⑤ 张山新.军事法学[M].北京:军事科学出版社,2001:43-44.
⑥ 张山新.军事法研究[M].北京:军事科学出版社,2002:64-66.
⑦ 张山新.军事法理研究[M].北京:解放军出版社,2008:183-187.
⑧ 周健,曹莹.军事立法学[M].北京:军事科学出版社,2002:47-49.

则包括维护国家军事利益原则;保证高度集中统一原则。①

《军事立法理论与实务》也从一般原则和特有原则来理解和认识军事立法的基本原则。其中,一般原则包括五个方面:立法必须遵循宪法的基本原则和规定;立法要从国家整体利益出发,维护社会主义法制的统一和尊严;立法应当体现人民的意志,发扬社会主义民主,保障人民通过多种途径参与立法活动;立法要从实际出发,科学、合理地规范社会关系;立法应当遵循法定的权限和程序。军事立法的特有原则包括:维护国家军事利益原则;保证高度集中统一原则。②

《军事法学》将军事立法的基本原则概括为 5 项:坚持以宪法为依据的原则;维护国家军事利益的原则;维护社会主义法制统一的原则;坚持从实际出发、实事求是的原则;贯彻科学决策、民主立法的原则。③

以上对军事立法基本原则内容体系的概括代表了我国军事法学界对这一问题的主要观点。虽然每一种观点总结的内容并不相同,但依据各自的理论基础和分析思路,体现了对我国军事立法实践的深刻把握。

(三) 研究了军事立法体制

关于军事立法体制,军事法学界存在不同的观点:一是认为军事立法体制是有关军事立法机构和军事立法权限的体系与制度,④也可被表述为军事立法体制是有关军事立法主体和军事立法权限的体系与制度;⑤二是认为军事立法体制是指关于军事立法权限划分的制度,⑥也可被表述为军事立法体制是关于国家军事立法权限划分的系统或体系。⑦ 前者强调了军事立法机构或主体以及军事立法权限;后者则只强调了军事立法权限。虽然两者对这一问题的看法不同,但都强调了军事立法权限。由此来看,在军事立法体制的研究中,军事立法权限问题是不可或缺的内容。

从历史视角来看,我国的军事立法体制有一个发展演变的过程。从现实来看,对军事立法体制的分析应以对国家的立法体制分析为前提。而关于国家立法体制法,学界对其定义不一,有"一级说""二级说""多级说"及"一元性"等多种说法。在对军事立法体制的研究中,这些观点的影响不容忽视。事实上,关于军

<hr>

① 李佑标.军事法原理[M].北京:人民法院出版社,2005:191-194.
② 赵晓冬.军事立法理论与实务[M].北京:军事科学出版社,2016:61-65.
③ 薛刚凌,肖凤城.军事法学[M].北京:法律出版社,2016:95-99.
④ 方宁,许江瑞,姜秀元.军事法制教程[M].北京:军事科学出版社,1999:22.
⑤ 赵晓冬.军事立法理论与实务[M].北京:军事科学出版社,2016:39.
⑥ 周健,曹莹.军事立法学[M].北京:军事科学出版社,2002:60.
⑦ 张建田.军事立法体制与军事立法实践中的有关问题[J].西安政治学院学报,2002(6):55-63.

事立法体制在立法层面上的不协调直接导致军事理论研究中的困扰。① 虽然国内学界在对军事立法体制的纵向划分上的意见一致，都认为我国的军事立法体制具有多层次的特点，但就多层次的理解有不同意见，主要有"三层次说""四层次说"和"五层次说"。"三层次说"将立法机关制定军事法律规范的效力层级划分为：全国人大及其常委会制定的军事法律；中央军委和国务院制定的军事法规和军事行政法规；被授权的国家军事机关和行政机关制定的军事规章和军事行政规章。代表论著有：《军事法学教程》《军事法制建设研究》《军事法论纲》。"四层次说""根据宪法关于法的创制权限划分和《中国人民解放军立法程序暂行条例》的规定"将军事立法体制划分为：由全国制宪或修宪委员会和全国人大起草、通过的宪法军事条款；全国人大及其常委会制定的军事法律；国务院和中央军委联合或者各自单独创制的军事行政法规；中央军委各总部、国防科工委、军兵种、各军区制定的军事规章；国务院各部、委与军委总部、国防科工委联合或者单独创制的军事行政规章，包括某些地方性的军事行政规章。代表论著是 1994 年《军事法学》。"五层次说"将军事立法体制划分如下：全国人大制定、修改宪法中的军事条款；全国人民代表大会及其常委会制定的军事法律；中央军委制定的军事法规；国务院和中央军委联合或单独制定的军事行政法规；中央军委各总部、各军兵种、各军区制定的军事规章，国务院各部、委与中央军委总部联合或者单独制定的军事行政规章；地方各级国家权力机关和国家行政机关制定的地方性军事法规和规章。代表著作：《军事法制教程》和《军事法学》。

　　上述立法体制的分类是在纵向上根据军事立法主体的层次性为标准进行的划分。从立法权限的划分上看，我国的军事立法体制还具有两分支的特点。所谓两分支是从横向上讲，主要是以军事立法主体性质为标准划分。根据宪法规定，作为国家机构的国务院和中央军委虽然职权不一，但地位平等。国务院和中央军委享有职权范围内的军事立法权限。我国的宪政体制和治军传统决定了国家军事机关和行政机关在划分军事立法权限时有着比较明确的分工，即军事机关的军事立法权限适用于"全国武装力量"之内，以调整军事领域内的军事法律关系，而最高行政机关国务院的军事立法权限则涉及与"国防建设事业"有关的范围。也就是说，国务院及其有关部、委可以单独或与相应的军事机关联合制定属于国防领导，涉及地方人民政府、社会团体、企事业单位和公民的军事行政法规和行政规章。

　　关于地方各级权力机关和行政机关是否享有军事立法权的问题一直存在理

① 张建田.中央军委立法权的加强与完善[J].法学杂志，2019(7)：42-52.

论上的争议。否定观点认为,首先,我国宪法、军事法律及军事法规并没有赋予地方国家有关机关的军事立法权限;其次,从国情来看,国家武装力量是完全独立于地方行政系统的特殊集团,虽然分驻于全国各地,但从国家的稳定和军队高度集中统一的特点出发,决定了它不能隶属于或从属于地方政府领导。从这个意义上讲,地方不具有军事立法权,地方性立法原则上不宜直接对驻军做出规范性要求,这正是军事立法权高度集中于中央的根本原因。① 对此,肯定观点则认为,地方国家权力机关和行政机关有一定的管理国防事务的职能,从现实法律依据分析,地方国家权力机关和行政机关行使一定的军事立法权有一定的法律依据。②

从军事立法理论研究所涉及的范围来看,上述三个问题的认识只是这一领域范围内的一部分,但这几个问题在军事立法理论中占有重要的地位。对这些理论成果的把握,能够在一定程度上了解军事法学界对军事立法问题的研究层次和深度,这实际上也从一个侧面反映出军事法理论研究中的部门化的发展状态。

第二节 军事司法的部门化研究

军事司法既是军事法律制度的核心内容之一,也是国家司法制度的重要组成部分;军事司法理论既是军事法理论体系的重要内容,也是军事法学学科的专业研究方向之一。通过检索资料,笔者认为对军事司法的研究尚未见到如军事立法研究那样被提升到学科层次的观点或论述,但军事司法理论研究内容的集合性和体系性也使其在军事法理论研究中的地位较为重要。之所以说军事法在国家法律体系中占有特殊的地位是因为军事法与其他法律部门比较,其涉及的军事司法的内容是其他法律部门所没有涉及的。关于军事司法的理论发展,是在历时性的基础上不断建构起来的。军事司法基础理论及军事司法实践问题为军事法学界的思考提供了不竭的源泉。军事司法理论研究的部门法趋势及其成果也是理解军事法理论发展特点的重要方面。

一、研究军事司法理论的主要载体及其研究范围

本节仅关注军事司法理论本身及其在整体意义上的演变和发展。从目前能

① 张建田.关于我国军事立法理论与实践的几个问题[J].河南省政法管理干部学院学报,2002(6):1-12.
② 李佑标.军事法原理[M].北京:人民法院出版社,2005:201-202.

够检索到的资料来看，有关军事司法理论主要是借助三种基本载体形式呈现：军事法学的教材类著作；专门性研究论著；公开发表的论文。

（一）有军事司法理论内容的军事法学类教材著作

相对于军事司法理论的专门性著作而言，一般的军事法学类教材著作对军事司法理论的关注只是将其作为军事法理论体系的一部分进行讨论和分析。事实上，对军事司法理论地位的认识也有一个变化的过程。1996 年出版的《军事法制建设研究》可能是对这一理论系统性研讨的开始。1999 年出版的《军事法制教程》设专章研究了军事司法理论，[①]而在此前，即 1994 年出版的《军事法学》也只是在军事诉讼法一章内讨论了部分军事司法的内容。[②]

2000 年出版的《军事法论纲》认为军事司法是国家司法的组成部分，它是指军事保卫机关、军事审判机关、军事检察机关，依据国家赋予的司法权而进行的侦查、检察、审判及其他相关活动的行为。军事司法制度是军事法制的重要组成部分，在"核心军事法"的体系中，它与军事行政法、军事刑法相贯通，构成一个完整的理论与现实的法律运作体系。[③] 除此之外，该书军事司法一章中还探讨了军事司法的历史发展、军事司法的方针、原则、任务以及军事司法的主要内容和军队律师制度等。与此前相关教材不同之处的是，此书对军事司法的分析只包含了军事刑事诉讼的内容。

2003 年出版的《军事法研究》把军事司法的内容列入军事法基础理论范围并进行了分析。在军事司法一章中，作者分析了军事司法制度的概念和基本构成、军事司法权的基本属性、军事司法的价值以及军事司法制度的改革等。[④] 这些内容在 2008 年出版的《军事法理研究》中得到了更为深入的探讨。该书对军事司法是作为一个独立的部分进行分析的，较之前者更加注重问题的具体化、专门化和理论上的论述。在军事司法理论一章中，对军事司法权的角色定位、军事司法的价值趋向、军事司法的表现形式以及军事斗争中军事司法的适用等问题进行了深入探究，并提出了具有一定代表性的观点。[⑤]

2005 年出版的《军事法学原理》对军事司法也是以专章的形式进行研究的，内容包括军事司法的概念、军事司法的特征以及军事司法组织体制和司法管辖

① 方宁,许江瑞,姜秀元.军事法制教程[M].北京：军事科学出版社,1999：93 - 109.
② 陈学会.军事法学[M].北京：解放军出版社,1994：645 - 687.
③ 周健.军事法论纲[M].北京：海潮出版社,2000：240.
④ 张山新.军事法研究[M].北京：军事科学出版社,2002：96 - 134.
⑤ 张山新.军事法理研究[M].北京：解放军出版社,2008：244 - 303.

体制，①尤其是在军事司法管辖体制的研究上，论述比较充分翔实。

2016 年出版的《军事法学》也有军事司法的相关内容，该书在体例安排上将军事司法与军事刑法共置于一章。对军事司法的研究内容包括：军事司法组织立法、军事法院与军事检察院、军事法官与军事检察官等部分，重点分析了军事司法组织法。该书认为军事司法组织包括军事司法机关及其组成人员，其宗旨是完成具体时空条件下的特定军事司法任务。军事司法组织法与军事司法实体法、军事司法程序法"三位一体"，共同构成完整的军事司法制度。因此，军事司法组织法既是国家司法组织制度的组成部分之一，也是对国家司法活动必备物质基础和组织保障的法律规范，其法律地位和实际功能十分重要，为现代法治国家和军队从事军事司法实践活动所不可或缺。但自中华人民共和国成立以来，我国立法机关尚未颁布专门的军事司法组织法，这种状况亟须改善，同时也彰显出相关理论研究的价值。② 随着军事司法改革大幕的拉开，有关军事司法现实问题的理论研究将进入一个新的发展阶段。

（二）军事司法专门性理论著作

中国人民解放军的军事审判机关是中国共产党领导下的人民军队的组成部分。中华人民共和国建立以后，这一机关为加强军队建设、保障各项任务的完成、巩固人民民主专政发挥了重要作用。在为军队建设和国家建设服务的同时，它自身也经历了深刻的变化和曲折发展的过程，逐步成为国家审判体系组成部门的专门性法院——军事法院。军队的审判工作有自己的光荣传统，具有鲜明的特色。对其进行总结，对于发扬人民军队审判工作、加强和完善军队的法制建设意义重大。③ 1988 年由人民法院出版社出版的《中国人民解放军审判工作史概述》一书即为第一部此类专题的著作。该书以历史的视角，审视了解放军审判工作的历史发展，内容包括：军事法院的概貌、军事法院成立前的军事审判工作、军事法院成立后的军事审判工作、军事法院成立后军事审判工作的曲折历程、党的十一届三中全会后军事审判工作等，并总结了军事审判工作的基本历史经验。对于了解、研究军事法院审判工作发展及其过程，这部著作具有重要价值。

1996 年出版的《中国军事司法制度》一书是目前能检索到的第一部系统论述中国军事司法制度的专著。著者认为，"从内在特征到历史发展的实践都证明

① 李佑标.军事法原理[M].北京：人民法院出版社，2005：291-353.
② 薛刚凌，肖凤城.军事法学[M].北京：法律出版社，2016：233.
③ 唐培贤，杨九根.中国人民解放军审判工作史概述[M].北京：人民法院出版社，1989：1-2.

了军事司法具有普遍司法不可包容、不可替代的独立性。它在国家司法领域有其独特的地位和作用。它的存在标志着国家司法的完善；它的发展水平反映了国家司法的发展水平。"①鉴于此，作者从若干方面展开对军事司法的研究：在军事司法制度概述部分论证了军事司法制度的一般理论；在军事司法组织制度中研究了军事审判组织制度、军事检察组织制度、军事保卫机关、军事法律顾问机构以及军委法制局；在军事司法制度方面重点论述了军事司法管辖、回避、辩护与代理、证据等制度，以及军事刑事诉讼制度、军事经济诉讼制度、军事行政诉讼制度、军队劳改劳教制度和国际军事审判制度。该书内容丰富、资料翔实、研究全面，代表了早期军事司法制度体系化研究的水平，为之后的军事司法制度研究提供了参考和借鉴。

2002年由军事学科出版社出版的《军事审判学》《军队刑事侦查学教程》和2003年出版的《军事检察学》《军队刑事侦查学》等专门性著作都对军事司法理论研究进行了深化。首先，这些著作在较短时间内出自一个教研单位，说明在专门性理论研究方面有整体的计划性。其次，这些著作具有一定的深度和体系性。其中，《军事审判学》研究了军事审判理论，认为军事审判学是军事法学的一门新兴的分支学科，是研究军事审判基本规律的理论知识体系；军事审判学的根本任务是要研究军事审判的本质及其产生、发展的基本规律，为军事审判实践服务，促进军队建设的发展。②该书对军事审判权的概念和定位、军事审判的基本构成、军事审判的价值等理论进行了详细阐述，同时还从历史视角研究了军事审判制度的产生和发展，论述了军事审判机关的任务和职权、基本原则和制度以及军事法官队伍的建设，并对军事法院刑事审判工作程序和方法、民事审判工作和方法、文书制作、案卷立卷归档以及军事面向21世纪军事审判制度的改革等进行了研究。《军事检察学》对军事检察学的界定是在军事法学界尚未对这一概念普遍认同的条件下展开的。该书认为军事检察学是关于军事检察制度和军事检察活动及其一般规律的科学，是对军事检察机关军事检察活动的理论概括和总结，属于检察学和军事法学的一门分支学科。③该书从学科意义上来认识军事检察理论，其内容和体系的安排也是按照学科体例展开的。该书分为绪论、总论和分论三个部分。其中，总论部分论述了军事检察的一般理论，包括军事检察制度与国家检察制度；军事检察制度的产生和发展；军事检察机关的性质、任务和职权；军事检察机关的设置和军事检察管辖权；军事检察机关的组织原则和活动原则；

① 梁玉霞.中国军事司法制度[M].北京：社会科学文献出版社,1996：4.
② 田龙海.军事审判学[M].北京：军事科学出版社,2002：1-3.
③ 李昂.军事检察学[M].北京：军事科学出版社,2003：1.

军事检察法律关系、队伍建设以及战时军事检察制度;等等;分论部分分析了军事检察机关自侦案件的立案、侦查;刑事公诉;法律监督;刑事赔偿以及档案管理;等等。整体而言,作为一个学科展开的论述,该书结构完整、体系严密、内容详备,也具备了一个学科要求的标准和条件。《军事刑事侦查学教程》《军队刑事侦查学》都是在学科意义上研究军队刑事侦查理论与实践,论证了军队刑事侦查学的基本理论,总结了军队刑事侦查工作的历史经验,概括了军队刑事侦查制度、刑事侦查活动的基本特征。[①]

2008 年出版的《军事司法权配置研究》属于"西安政治学院博士文库"系列。[②] 该书除导论之外共分 6 章,围绕军事司法权配置问题,对军事司法权的概念进行了界定,从历史视角考察了军事司法权的配置,分析了我国军事司法权配置的现状、特点及问题,并对我国军事司法权在平时和战时的配置提出了设想。作为一部专门研究军事司法权配置的专著,此书在专业性方面达到了一定的深度。2008 年还有一部有关军事司法理论的专著《军事司法制度研究》问世。据作者所言,"《军事司法制度研究》1994 年设课开始,至今已有十余个年头。我们带着博士生、硕士生不断在这块处女地上辛勤耕耘,一点一点地播种,一株一株地培育,一粒一粒地收获,周而复始,凭着'十年磨一剑'的意志,精心呵护,精心酿造,从无到有,由少积多,终于酿出这坛'美酒'。"[③]这本 30 多万字的专著共分四部分。第一部分是军事司法制度基础理论研究,分七个专题探讨了军事司法制度的概念、构成和特征,描述了军事司法制度的历史沿革,分析了军事司法权属性,研究了军事司法的价值取向、基本原则功能,展望了新军事变革与军事司法制度建设。第二部分是军事司法制度改革研究,八个专题分别研究了军队刑事侦查制度改革、军事检察制度改革、军事审判制度改革、军队律师制度改革、军事监狱制度改革、军队劳动教养制度改革、军事司法赔偿制度改革、军内民事行政诉讼制度的构建。第三部分是战时军事司法制度研究,五个专题分别研究了构建战时军事司法制度的理论起点、战时军队刑事侦查制度、战时军事检察制度、战时军事审判制度、战时军队律师制度。第四部分是外国军事司法制度研究,分别研究了美国、英国、加拿大、法国、意大利、德国、俄罗斯、韩国等军事司法制度。通过四个部分共二十八个专题的研究,系统而全面地梳理了军事司法制度的理论与实践,深化了军事司法制度的研究。在整个军事司法研究的学术成果中,这部专著具有重要的地位。如今十多年过去了,再读此书,依然能够感受

---

① 李自飞.军队刑事侦查学[M].北京:解放军出版社,2003:3-5.

② 徐占峰.军事司法权配置研究[M].北京:军事科学出版社,2008:1.

③ 田龙海,曹莹,徐占峰.军事司法制度研究[M].北京:军事科学出版社,2008:1.

到犹如美酒历经时光的发酵和沉淀之后的那种醉人的醇香。①

《军事司法制度研究》一书之后，再见到此类专门性著作是 2018 年出版的《中国军事审判制度》。张晋藩教授的"序言"中说："本书对人民军队各个历史时期军事审判制度的科学评析，结合同期外国类似制度进行比较得出的独到见解，对新军事变革司法需求趋势的合理预测，以及有关当下中国军事制度的改进意见，都反映出作者对此两重要法律制度爱之深、关之切和急之难。"②该书分五章，除绪论重点关注了理论问题之外，还探讨了革命战争年代的军事审判制度、新中国成立后前 30 年军事审判制度、改革开放以来的军事审判制度以及对中国军事审判制度的健全和完善的看法及建议等。作者"基本上全程见证了改革开放以来中国军事法制(治)建设，特别是军事审判工作及其制度的恢复、发展、创新和徘徊"。③ 这种浸润着工作思考和感悟的理论凝练和提升尤显其价值特殊。

(三) 学术性论文对军事司法理论的讨论更加专业化

研究军事司法的学术性论文出现时间早、数量多，在军事司法理论范围之内涉及内容广泛，既有平时军事司法理论，也有战时军事司法理论；既有国内军事司法问题，也有对外国军事司法理论的阐述，还有在此基础之上的制度或规范层次的比较。

根据检索，最早公开发表的有关军事司法问题的学术论文是 1986 年发表在《法学季刊》第 2 期上的《我国目前军事法院的管辖权》一文，其介绍了军事法院的机构以及审判管辖权问题。④《军事司法机关组织法应当及时制定》《分案审理军地互涉案件的问题》是 1987 年发表的两篇军事司法类学术论文。前者指出我军司法机关建设落后于军队正规化建设的步伐，在落后于"依法治军"对军事司法要求的情况下，迫切需要颁布军事司法机关组织法；⑤后者通过对实际案例分析，指出立法规范中的不统一现象。⑥ 随着 1987 年军事法学被国家教委确定为法学类二级学科，关于军事司法理论研究的论文日渐增多，研究范围也趋于广泛。

一是研究范围基本上限定在军事司法一般理论及实践问题方面。《关于我国军事司法理论与实践中的几个问题》一文从被引证的频次来看，其观点产生了

---

① 田龙海,曹莹,徐占峰.军事司法制度研究[M].北京：军事科学出版社,2008：1-4.
② 谢丹.中国军事审判制度论纲[M].北京：法律出版社,2018：2.
③ 谢丹.中国军事审判制度论纲[M].北京：法律出版社,2018：3.
④ 时春明,丁汝忠.我国目前军事法院的管辖权[J].法学季刊,1986(2)：73-74.
⑤ 龙宗智.军事司法机关组织法应当及时制定[J].西北政法学院学报,1987(2)：23-26.
⑥ 刘子玉.分案审理军地互涉案件的问题[J].法学杂志,1987(2)：47.

一定的影响力。该文探讨了军事司法的主体和原则、军事司法的职能、军事司法体制改革以及明确军事司法机关法律地位等问题。① 《军事司法若干基本理论问题研究》《对军事司法若干理论问题的认识》两篇论文虽然题目比较相似,且作者为同一人,但发表时间有先后,关注的问题范围和论述重点有所差异。前者探讨了军事司法权的性质、军事司法权的构成要素和功能以及军事司法的特有原则,分析了军事司法制度改革的基本理念;② 后者探讨了以下问题:一是军事司法的概念是研究军事司法理论的重要基础;二是军事司法具有一定的特殊性;三是军事司法权是国家司法权的重要组成部分,并非寓于军事统帅权;四是从军事司法权得以存在和对社会产生的作用构成认识要素和功能;五是军事司法权特有原则是国家司法活动基本原则下位的具体原则,是指导军事司法这一特殊领域的活动准则;六是军事司法的基本理论是决定军事司法改革基本目标的价值准则。③ 《军事司法功能的理性思考》一文认为,军事司法与普通司法不完全相同的内在制度结构决定了军事司法独具特色的司法功能,分为正功能和反功能。正功能是由不同位阶的具体司法功能组成的体系,包括人权保障、秩序维护、权力制约以及战斗力生成;反功能包括降低军事行动效率和淡化军事司法信仰。正功能大于反功能的构成格局是军事司法作为一项制度和活动在军队中存在的合理性根据,追求军事司法功能就是要力求实现军事司法正功能的最大化。④ 相对来说,《军事司法的建构基础与类型化分析》一文代表了对军事司法研究的成就,其总结了传统观点对军事司法的理论认知三种模式,即管理工具论、司法权延伸论和调和论,认为这三者均是以界定权力本质为研究基础,通过强调活动形式的司法性,聚焦军事司法人权保障核心的程序法与军事社会的共同问题。作者发现军事司法与救济对象的公法关系并非以单向度形式存在,其特殊性在于军事司法权与军事指挥权在权力对象上是一致的,在法益关系上联系紧密。因此,在对军事司法的制度设计中必须将军事指挥权作为重要影响因素加以考虑。根据两种权力的不同联系,可以将军事司法分为4种类型,并分析了介入军事法律关系的军事司法权、保障军人一般社会权益的军事司法权两种制度的正当性基础、职权范围和制度设计。面对军事司法改革的大势,作者认为军事司法重点在于系统的理论分析和总结之后的实践,而不是相反。⑤

此外,关于军事司法一般理论与实践类的文章还有很多,例如《略谈军事司

---

① 张建田.关于我国军事司法理论与实践中的几个问题[J].北京市政法管理干部学院学报,2004(1):2-7.
② 李昂.论军事司法若干基本理论问题[J].军队政工理论研究,2004(4):43-45.
③ 李昂.对军事司法若干基本理论问题的认识[J].当代法学,2005(4):115-121.
④ 赵娜,田静.军事司法功能的理性思考[J].西安政治学院学报,2004(2):54-59.
⑤ 胡锦光,胡大路.军事司法的建构基础与类型化分析[J].国家检察官学院学报,2016(1):65-75.

法制度》①《我国军事司法立法形式探析》②《改革开放 30 年我国军事司法制度建设的主要成就及其理论创新》③等，这些论文共同促进了军事司法理论研究的深化和发展。

二是针对军事司法权等专题问题进行讨论。军事司法权问题一直都是军事司法的核心问题。《军事审判权的若干理论问题》一文以军事审判权为主题展开分析，认为军事审判权是指设置在军队的审判机关，拥有依法对国防和军事领域的案件进行审理和判决的权力，其除了具有普通审判权的基本特征之外，还具有特定目的性、明显独立性、一定局限性和必要制约性等特征。《军事司法权属性理论的反思与重构》一文则认为学界关于军事司法权属性的理论研究在论域、视域、思维模式等方面都存在问题，应对军事司法权的内涵重新界定，并认为军事司法权具有司法属性、军事属性、社会属性、国际属性等多种属性，其本质属性在于平时是司法权，在战时是军权。④《论司法权的特有属性》一文也认为军事司法权具有综合权力属性，表现为它是一种综合了国家司法权和军事统帅权而形成的一种既区别于国家司法权，也有别于军事统帅权的权力，是国家司法权在军队中的特殊司法权。⑤

《我国现行军事司法权配置存在的问题及改革方向》一文则认为军事司法权是司法权与指挥权相交的结果。我国军事司法权具有的特点包括：鲜明的军事编制体制特色、居于军队法治化的特殊司法环境和使命、司法权与指挥权相交、维权的功能等。这种司法权配置存在的问题是，在军事司法改革中必须构建军事司法价值的制度体系和军事司法理论体系，把军事司法改革纳入新军事变革的大体系，并加大军事司法信息化建设。⑥《论军事司法权的重构》则认为军事司法权的重构需要澄清基本概念，通过诉讼法和组织法的修改，逐步建构起兼顾司法规律和军队特色的军事司法制度。⑦

三是战时军事司法。无论是从引用频次还是下载频次来看，《战时军事司法立法的三个理论前提》和《战时军事司法价值取向及其实现》两篇论文均处于靠前位置，其观点和思想的影响力不容低估。前者是原西安政治学院 2000 年的一

① 张志刚.略谈军事司法制度[J].法学杂志,1996(3):40.
② 罗向京,万学俭.我国军事司法立法形式探析[J].武警学院学报,2004(4):63-65.
③ 田龙海.改革开放 30 年我国军事司法制度建设的主要成就及其理论创新[J].西安政治学院学报,2008(6):62-65.
④ 徐占峰.军事司法权属性理论的反思与重构[J].西安政治学院学报,2005(5):53-58.
⑤ 黄捷.论军事司法权的特有属性[J].西安政治学院学报,2007(3):53-56.
⑥ 曹莹.我国现行军事司法权配置存在的问题及改革方向[J].西安政治学院学报,2007(4):52-56.
⑦ 姜涛.论军事司法权的重构[J].西部法学评论,2009(10):1-7.

个科研项目的研究报告,全文以建立既有中国特色又符合世界发展潮流的现代战时军事司法制度为基本理念,分别论述了战时军事立法的三个理论前提。论文的第一部分比较了当代国家军事司法权的两种角色,说明我国军事司法权只能属于国家司法权;第二部分比较了当代国家司法与平民司法的衔接状况,说明两者在我国的结合应当在军事司法专门化模式下运行,应当区分军事司法的公正价值和安全价值在平时和战时的不同构成,从而使这两种价值达到动态均衡,保证军事司法在战时具有战争适应性。第三部分通过比较当代国家战时司法多样化的立法形式,说明我国进行军事司法专项立法具有现实可行性。①

后者认为维护军事秩序和保障军人权利是军事司法的两大价值,两者互为前提、互相促进,但这种辩证关系也是一个动态的过程。平时军事司法更应关注对军人权利的维护和促进,战时则需要优先考虑维护军事秩序价值,即确定维护军事秩序价值优于保障军人权利的价值取向。为了促使战时军事司法价值的实现,应当伸缩管辖范围、调整军事司法机关设置、简化诉讼程序,让军事指挥官介入军事司法过程,充分发挥军队律师在战时军事司法中的应有作用,严格限制军事指挥官的临阵决定权等。②

《论战时司法权的有限扩张》一文认为战争需要为军事司法权的扩张提供了天然的合理性,但这种扩张在现代法治社会中必须受到严格的规范和理性的约束,从而使合理的边界成为一种有限权力。③《论战时司法权的配置》一文强调战时司法权配置以围绕惩治军事犯罪为中心,追求效率和秩序优先,兼顾公平正义,在运行载体的设置和相互关系上应突出协调基础上的制约性。④ 此外,《论战时军事刑事诉讼法律制度》⑤《试论我国战时军事刑事审判简易程序的构建》⑥等也都基于战时状态下对军事司法问题进行了理论回应。除了以上几种主题比较集中的论文之外,军事司法论文所涉及的范围还有很多,例如,对军队刑事侦查权、军事检察权以及军事审判权等问题。

二、军事司法理论研究总体学术成就总结

从军事司法理论发展的历程来看,其学术成就可以归纳为三方面:一是建

---

① 田友方.战时军事司法立法的三个理论前提[J].中国刑事法杂志,2001(5): 89 - 100.
② 田龙海,朱国平.战时军事司法的价值取向及其实现[J].西安政治学院学报,2003(1): 60 - 65.
③ 谢丹,徐占峰.论战时军事司法权的有限扩张[J].西安政治学院学报,2007(1): 46 - 50.
④ 李岩青.论战时军事司法权的配置[J].西安政治学院学报,2005(2): 73 - 76.
⑤ 李昂,刘文昌.论战时军事刑事诉讼法律制度[J].西安政治学院学报,2000(6): 50 - 55.
⑥ 杜英杰.试论我国战时军事刑事审判简易程序的构建[J].黑龙江省政法管理干部学院学报,2006(5): 105 - 108.

构了军事司法的基础理论体系；二是从理论角度回应了军事司法改革的现实需求；三是对外国军事司法制度、理论展开了全方位的阐述。在此基础上进行了比较研究，并形成了一定的成果。

（一）军事司法理论发展最重要的表现就是构建了基础理论体系

军事司法基础理论是军事司法理论部门化发展的主要标志。从有关军事司法的研究看，其基础理论研究无论在涉及的范围还是在研究深度上都对应了这一理论的体系化发展。这一理论体系包括以下几个方面。

一是界定了军事司法的概念和特征，主要有三种代表性观点：第一种观点认为，军事司法是指军队保卫、检察、法院机关依据国家赋予的司法权而进行侦查、检察、审判、执行及其他相关活动的行为。① 第二种观点认为，军事司法是指国家的军事司法机关依照法定权限和程序处理诉讼案件和非讼案件的专门执法活动，依法行使司法权的主体是军队保卫部门、军事检察院、军事法院和专门的司法行政机关等，可统称为军事司法机关。②《中国军事百科全书》"军事司法"条款的解释也持此观点。③ 第三种观点认为，军事司法是指军事审判机关和军事检察机关按照法定的职权和程序，依法处理诉讼案件的专门活动。④

二是学界关于军事司法认识不一致，直接影响对军事司法机关构成范围的认定。而关于军事司法的不同认定也主要表现为对军事司法机关的界定不同。有观点认为军事司法机关包括：军事法院、军事检察院、军队保卫部门、法制局、军事法顾问机构等。⑤ 也有观点认为军事司法机关包括：军事保卫部门、军事法院和军事检察院。还有学者认为军事司法的主体是军事司法机关，即军事法院、军事检察院和团以上政治机关的保卫部门。⑥

三是关于军事司法的特征，由于研究角度不同，故结论也不相同。有学者认为，军事司法的特征如下：一是军事司法有其特定的任务；二是军事司法有其特定的活动原则；三是军事司法活动主体独立；四是军事司法活动作用的对象特定；五是军事司法活动的方式方法特殊。⑦ 还有学者认为，军事司法具有以下特

① 梁玉霞.中国军事司法制度[M].北京：社会科学文献出版社，1996：15.
② 张建田.关于我国军事司法理论与实践中的几个问题[J].北京市政法管理干部学院学报，2004(1)：2-7.
③ 中国军事百科全书编审委员.中国军事百科全书·增补卷[M]北京：军事科学出版社，2002：278.
④ 李昂.论军事司法若干基本理论问题[J].军队政工理论研究，2004(4).
⑤ 梁玉霞.中国军事司法制度[M].北京：社会科学文献出版社，1996：15；张山新.军事法研究[M].北京：军事科学出版社，2002：96.
⑥ 曹莹.军事司法改革方向探析[J].西安政治学院学报，2001(5)：55-58.
⑦ 梁玉霞.中国军事司法制度[M].北京：社会科学文献出版社，1996：2-3.

点：一是军事司法权具有双重性，即军事司法权既源自国家司法权，又源自国家军事指挥权；二是军事司法的主体具有特殊性；三是军事司法的对象具有特定性。① 《中国军事百科全书》在"军事法"条目中，分析了现代军事法在军事司法活动方面通常具有的一些特点：一是有特定的法律依据；二是有专门的司法组织系统；三是军事指挥员享有追究军人违法行为法律责任的一定权限；四是有特定的犯罪罪名；五是战时与平时不同。② 这种观点的视野比较开阔。也有观点认为，军事司法的军队特色决定了其特殊性：一是目的、任务的特定性；二是内容、结构的特定性；三是活动原则的特定性；四是适用对象的特定性；五是执法机关的特定性。③ 有学者将此总结为 6 个方面，即主体的多样性；领导体制的双重性；职能划分的法定性；工作制度的稳定性；工作方法的政策性以及队伍和人员构成的专业性。④

此外，在基本理论研究中，还涉及军事司法机关及其任务、军事司法权属性、军事司法原则、军事司法任务以及军事司法功能等方面。

（二）军事司法理论研究从理论角度回应了军事司法改革的现实需求

军事司法理论对军事司法实践中的问题及其改革的回应是军事司法理论发展的重要方面。《军事司法改革方向探析》一文针对军事司法机关的设置沿用传统模式、司法效益不高、司法范围较小等现象，论证了改革的必要性，提出应改革军事司法领导体制，严格实行党司分开，改进党对司法干部的管理；军事司法机关应当实行双重领导体制，即在接受上级国家司法机关领导的同时，接受军事指挥权的领导；扩大军事司法职权，把涉及民事、经济、行政案件纳入军事司法管辖范畴；逐步建立起一支高素质的军事司法队伍；在我国《法官法》《检察官法》中设专章明确规定军事司法人员的职权与职责。⑤ 《新军事变革中军事司法制度改革首先要解决的三个理论问题》将新军事变革中军事司法制度改革的价值定位在平时公正优先和战时效率优先，平时保障军人权利优先和战时维护军事秩序优先。军事司法的发展模式是：在内容上实现军队由法制向法治，特别是战时由法制向军事法的战争适应性和法治有机统一；在形式上实现军事司法的信息

---

① 胡卫平.也谈军事司法特有的原则[J].西安政治学院学报，1998(1)：53-56.
② 中国军事百科全书编审委员.中国军事百科全书(军事法分册)[M].北京：军事科学出版社，1993：7.
③ 李昂.论军事司法若干基本理论问题[J].军队政工理论研究，2004(4)：43-45.
④ 张建田.试论我国军事司法制度的特征[J].西安政治学院学报，2004(5)：51-56.
⑤ 曹莹.军事司法改革方向探析[J].西安政治学院学报，2001(5)：55-58.

化带动军事司法的法治化的跨越式发展。[①]《军事司法独立》一文认为军事司法独立既是我国司法改革的重要价值目标,也是实现军事司法公正和军人权利保障的基本前提。尽管军事司法权具有普通司法权的基本性质和主要特征,但我国现行军事司法制度的诸多方面仍然体现出军事司法权和军事统帅权的紧密联系。此外,军事法院隶属的设置方法和军事法官人事任免制度也是影响和制约军事司法独立目标实现的主要因素。军事法院实行区域制,加强军事法官职业化建设是实现军事司法独立的重要途径。[②]《军队质量建设中推进军事司法体制改革的思考》《完善军事司法制度的思考》《军事司法机关组织机构的立法完善》《完善我国军事司法管理制度的三个基本问题》《军事行政执法与军事司法的衔接问题研究》《军事司法制度改革应突出宪法指导作用》《我国军事司法建设的回顾与展望》《军事司法信息化建设初探》等论文在对具体问题的研究以及观点的创新性方面都有一定的价值和意义。

在对军事司法改革的理论回应中,专著类的研究更体现了对现实问题的系统性研究。《军事司法制度研究》一书以 8 个独立专题的形式研究了军事司法制度改革的问题,探讨了军队刑事侦查制度改革、军事检察制度改革、军事审判制度改革、军队律师制度改革、军事监狱制度改革、军队劳动教养制度改革、军事司法赔偿制度构建,以及军内民事、行政诉讼制度的构建问题。这方面的理论研究为军事司法改革提供了理论支撑。

(三) 对外国军事司法制度展开了全方位的研究

从整体情况来看,有关美国军事司法的介绍和研究类的论文较多,研究的范围也较广。例如,发表时间较早的《美国军事司法的形成及其特点》一文介绍了美国军事司法的形成和发展,总结了美国军事司法的特点:军法从严原则贯彻于军事司法的各个环节、军事司法权隶属于军事指挥权、严密的司法程序以维护被告的权利等,[③]为读者理解美国军事司法提供了基础。《美国军事司法禁止强制性自证其罪规则解读》一文研究了美国军事司法禁止强制性自证其罪的规则,确立了禁止刑讯逼供原则、预先告知原则和非法证据排除规则,但这些规则受到了来自不同价值理念和军事司法实践的冲击。[④]《纪律与正义之间——浅析美

---

① 田龙海,徐占峰.新军事变革中军事司法制度改革首先要解决的三个理论问题[J].西安政治学院学报,2004(4)：72－75.

② 张朝晖.军事司法独立初论[J].法学杂志,2007(4)：110－113.

③ 王胜铎.美军军事司法的形成及其特点[J].军事历史,1993(1)：21－24.

④ 张山新,兰晓辉.美国军事司法禁止强制性自证其罪规则解读[J].信阳农业高等专科学报,2007(4)：32－29.

国军事司法制度改革的演进、论证及发展趋势》一文针对的则是美国军事司法制度的改革问题。1775年,美国陆军根据"战争条款",确立了军事指挥官控制军事审判的军事司法制度体系。虽然历经多次修改,但这一制度的基本框架并未发生实质性改变。1950年《统一军事司法典》从多方面限制了军事指挥官的司法职权,强化了军事司法中的正当法律程序和被告人权利保障原则。随美国军事司法制度改革的历史进程,保守派和改革派之间出现过多次争论。作者认为军事司法维持军事纪律和秩序以及实现司法公正的两大功能是决定美国军事司法制度改革成功与否的深层次原因,由此可以推测,美国军事司法制度在短期内不会发生结构性变革。[①]

除美国之外,学者也关注了其他国家例如英国、加拿大、法国、意大利、德国、俄罗斯、日本、韩国等军事司法制度。具体研究成果除了学术论文外,还有专著。

第三节　对军事刑法的部门化研究

中国自古以来刑事法制的发达为我国刑法理论研究提供了得天独厚的资源。兵、刑两分的认知背后是现代社会对军事、法律在价值意义上的分解与整合理论的分析。1979年7月《中华人民共和国刑法》颁布实施,1982年1月《中华人民共和国惩治军人违反职责罪暂行条例》(简称《暂行条例》)施行,结束了长期以来我国无专门军事刑事法律的历史,统一了国家对军人违反职责罪的定罪量刑标准,这为军事刑法学术理论研究的展开提供了研究对象,划定了研究范围。多年来,关于军事刑法的研究成果,类型多样、数量众多、主题广泛、观点鲜明。

一、军事刑法研究成果的载体形式及研究范围

从军事刑法的研究成果看,论文形式出现得比较早,且都是关于军事犯罪及其刑罚方面的专论。例如,1981年的《谈谈军人违反职责罪的从严处罚》;1982年的《军人违反职责罪的认定》《军人违反职责罪浅议》;1983年的《试析法规竞合原则在军事审判中的运用》;1984年的《谈惩治军人违法职责罪的法律规定》《军职人员盗窃案件定性问题探讨》《军人在家玩枪走火致人死亡应定何罪》《处理军人犯罪优先适用特别法》《论破坏军婚罪修改的必要性》《试论抢夺枪支、弹

---

① 谭正义.纪律与正义之间:浅析美国军事司法制度改革的演进、论证及发展趋势[J].西安政治学院学报,2009(3):66-71.

药罪与抢劫罪的区别——兼与高明暄等同志商榷》《浅谈武器装备肇事罪》《关于两个决定适用军职罪条例第十一条的一点浅见》《如何认定虐待部属罪》；等等。这些论文基本上代表了军事刑法研究在初始阶段的学术成就，也表明了军事刑法理论在这个阶段的关注重点和范围。就立法背景而言，1979 年 7 月我国《刑法》颁布实施之后，军队有关部门就开始了《中华人民共和国军人违反职责罪处罚条例（草案）》的起草和拟定。在这样的法制背景之下，学术理论对军人违法职责罪的集中关注既反映了这段时间内军事刑法理论对法制现实的理解，也从学术理论的角度为法律适用提供了基础。

从学术意义上对军事刑法超越罪与刑的分析，反映了学界对军事刑法认识的不断扩展和深化。例如《论我国军事刑法的地位》一文对我国军事刑法是否要列入军事法体系提出了自己的看法；①《完善我国军事刑律的几点浅见》提出要重视军事刑法理论的研究、重视军事刑律立法体例的选择，并重视《处罚条例》的司法解释工作；②《论我国军事刑法概念》认为军事刑法就是规定什么是危害国家军事利益的犯罪行为及应当受到何种刑事处罚的法律规范的总称。③ 这些对军事刑法概念、地位及完善角度的研究表明我国对军事刑法的理解已经提升到专门化的层次。

1988 年版的《中国军事法学》是我国第一部军事法学的教材类著作，其以专章形式探讨了我国军事刑事法律制度问题，认为军事刑法法律，又称军事刑法，是指规定军人犯罪及其处罚的法律。书中讨论了军事刑法的产生和发展、军人违反职责罪的概念和犯罪构成、军人违反职责罪的罪名及处罚、军人违反职责罪的刑罚种类和实施办法。④ 1990 年版的《军事法概论》与《军事法学》也有军事刑法的内容，主要包括：军事刑法的概念、军人违反职责罪的概念、犯罪构成、种类、军事刑罚的种类等内容。⑤ 总之，对这一问题的研究表现出对传统体例的遵循，即将军事刑法基础类的理论研究置于前，将针对犯罪与刑罚的研究置于后，这种体系安排至今仍是军事法学教材类的基本内容体例。

2013 年版的《军事法原理与案例教程》一书的体例安排就是依照军事刑法概述、危害国防利益罪和军人违反职责罪等顺序进行论述的。⑥ 2016 年版的《军

① 周恩惠.论我国军事刑法的地位[J].法律学习与研究,1989(1)：20-24.
② 张建田.完善我国军事刑律的几点浅见[J].法学杂志,1989(3)：32-33.
③ 蒲硕棣.论我国军事刑法概念[J].中外法学,1992(2)：59-60.
④ 张建田,钟伟钧,钱寿根.中国军事法学[M].北京：国防大学出版社,1988：245-267.
⑤ 莫毅强,钱寿根,陈航.军事法概论[M].北京：中国人民公安大学出版社,1990：265-281;夏勇、汪保康.军事法学[M].海潮出版社,1990：302-311.
⑥ 陈耿.军事原理与案例教程[M].北京：中国人民大学出版社,2013：145-174.

事法学》则按照军事刑法概说、军事刑法的特征、危害国防利益罪和军人违反职责罪的体例安排论述了相关内容。① 对军事刑法的研究除军事法学教材外,还有专著。2006 年版的《军事刑法研究》在体例安排上分为三篇:军事刑法基本理论研究、军事性质犯罪研究以及国际军事刑法研究。② 同年,国防大学出版社出版的《军事刑法学》一书分为绪论、军事刑法总论、军事刑法分论等。③ 2007 年版的《军事刑法学》则是第一部将军事刑法研究的理论上升到学科层次的著作,其体例安排为:军事刑法学的基础理论、危害国防利益罪、军人违反职责罪以及国际军事刑法等。④ 这种先一般再个别、先基础理论后具体罪刑的研究体例,确定了军事刑法理论的研究作为军事法学之下的部门化研究形式。

从军事刑法研究之初对具体罪与刑的关注,到军事刑法一般理论的关注,再到对这种理论的部门化研究,这一过程表明军事刑法理论发展的不断深化。2006 年版的《军事刑法研究》对军事刑法的研究分为三个部分:一是对军事刑法基本理论的研究,内容涉及军事刑法的基本范畴,包括概念、特征、功能、相关范畴的关系(适用范围)。二是在中国军事刑法的演进中,分析了中国古代军事刑法的缘起、产生和发展;论述了军事刑法的基本原则,探究了军事犯罪、军事刑事责任和军事刑罚问题;在军事性质犯罪研究部分,探究了危害国防利益罪、军人违反职责罪。三是系统研究了国际军事刑法问题,包括国际军事刑法的基本理论、国际军事犯罪和刑法以及国际军事刑法犯罪的主要罪名等。这些体系化的军事刑法理论研究将军事刑法理论推向新的高度。

2007 年版的《军事刑法学》认为军事刑法学"是军事法学的一门分支学科,亦是刑法学的一个有机组成部分"。⑤ 在学科意义上,其将军事刑法学的学科体系系分为 4 部分:一是军事刑法学基础理论;二是危害国防利益罪;三是军人违反职责罪;四是国际军事刑法。⑥ 在军事刑法学基础理论部分,主要内容包括军事刑法学的概念、特征、研究对象和分类;军事刑法学体系和研究方法;军事刑法的概念、特征和功能;中国军事刑法的产生和发展;军事刑法的基本原则;军事犯罪的概念和分类;军事犯罪的构成要件;军事刑事责任与军事刑罚;等等。在危害国防利益罪中研究了危害国防利益罪的概念和构成要件;危害国防安全利益方面的犯罪;危害军队作战利益方面的犯罪;危害军队战斗力方面的犯罪;危害

① 薛刚凌,肖凤城.军事法学[M].北京:法律出版社,2016:195-216.
② 张保平.军事刑法研究[M].北京:解放军出版社,2006:1-3.
③ 朱景义,于恩志.军事刑法学[M].北京:国防大学出版社,2006:1.
④ 钱寿根,王继.军事刑法学[M].北京:国防大学出版社,2007:1-6.
⑤ 钱寿根,王继.军事刑法学[M].北京:国防大学出版社,2007:3.
⑥ 钱寿根,王继.军事刑法学[M].北京:国防大学出版社,2007:10.

军队声誉方面的犯罪；危害战争动员秩序和兵役制度方面的犯罪；等等。在军人违反职责罪部分，研究了军事违反职责罪的概念和构成要件；军人忠诚方面的犯罪；军事行动方面的犯罪；军事秘密方面的犯罪；军事物品方面的犯罪；军事服役与管理方面的犯罪；军事人道方面的犯罪；等等。在国际军事刑法部分主要研究了国际军事刑法的概念和特征；国际军事犯罪、刑事责任和刑罚；国际军事犯罪中的主要犯罪；等等。

军事刑法的理论研究以学科形式展开必然有学科对理论的体系性要求，这也能够解释理论对于对象的涵盖范围。军事刑法理论研究的部门化也以此为主要标准。

二、军事刑法理论中的代表性问题及其争议

(一) 关于"军事刑法"的概念

法学界确定"军事刑法"的概念本身就代表着对这一对象的理性认知，不同的概念表述反映了学界对军事刑法的理解并非完全一致。当然需要说明的是，虽然我国军事法学界已经承认并且普遍使用"军事刑法"概念，但是在我国有关军事刑事立法的文件中从未出现过这一法律术语。法学界对"军事刑法"概念主要有以下表述。

1. 以犯罪主体作为逻辑起点来表述"军事刑法"的概念

"军事刑事法律，又称军事刑法，是指规定军人犯罪及其处罚的法律。"[①]"军事刑法是统治阶级以国家名义规定军人犯罪及其刑罚处罚的法律规范的总称。"[②]"军事刑法是指专门或主要适用于军职人员的一种特别刑法。所谓'专门'是指仅适用于军职人员而不适用于非军职人员。"[③]这些概念出现在军事法学发展的早期。它们有着共同的刑事法律背景，即《暂行条例》将军事刑法与普通刑法并行。在这一背景下，把军事刑法界定为军人犯罪或军人违反职责罪及其处罚有着充分的法律依据。但是，仔细观察这些概念，对军人犯罪的外延又突破了《暂行条例》所规定的军人违法职责罪的范围。因为军人既可以构成军人违反职责罪，也可以构成其他普通犯罪，如果只规定军人犯罪的刑法规范是军事刑法，则其外延显然过于宽泛了，即使将这里的军人犯罪限定为军人违反职责罪，也存在限定的范畴与给出的定义之间在语义和逻辑上的不统一、不协调等问题。[④]

---

① 张建田,钟伟钧,钱寿根.中国军事法学[M].北京：国防大学出版社,1988：247.

② 莫毅强,钱寿根,陈航.军事法概论[M].北京：中国人民公安大学出版社,1990：265.

③ 图们.军事法学教程[M].北京：法律出版社,1992.308.

④ 张保平.军事刑法研究[M].北京：解放军出版社,2006：11.

2. 以犯罪客体为逻辑起点的"军事刑法"概念

"军事刑法是指规定破坏国家国防和军事利益罪及其刑罚处罚的法律规范的总称。"[①]"军事刑法应以调整范围为依据将其界定为：是规定侵犯国防利益和军事利益的犯罪及其刑罚处罚的法律，即凡是对这两种社会关系的严重侵犯就是对军事刑法的违反，而不论犯罪主体是军人还是地方人员，也不论该案件是由军事法院管理还是由地方法院管辖。依照这种界定，除将 1997 年刑法中'危害国防利益罪'和'军人违反职责罪'两章当然纳入军事刑法的范畴外，还应包括其他各章中对涉及侵犯国防利益和军事利益犯罪的规定。"[②]"对军事刑法概念的界定，应当主要根据犯罪所侵害的客体，即国家军事利益来界定。据此，军事刑法的概念可以表述为危害国家军事利益罪及其刑事处罚的法律规范的总称。"[③]这些概念的提出具有相同背景，即我国《刑法》在 1997 年进行较大修改后，不仅纳入了军人违反职责罪，而且还特设专章"危害国防利益罪"。据此，有观点认为军人违反职责罪和危害国防利益罪两章构成了我国军事刑法的全部内容。上述定义均以有效法律规范为依据。

3. 犯罪主体和犯罪客体相结合的"军事刑法"概念

军事刑法是指"关于规定军职人员危害国家军事利益的犯罪及其处罚的法律规范的总称。是国家刑法的重要组成部分"。[④] "军事刑法是统治阶级通过国家制定、认可并以国家强制力保证其实施的，关于军职人员犯罪和公民犯破坏国家军事利益罪及其刑事处罚的法律规范总称。"[⑤]"军事刑法是国家关于军职人员及其他有关人员危害国家军事利益罪及其刑事处罚的法律规范的总称。"[⑥]"军事刑法，通常是指规定军职人员危害国家军事利益的犯罪及其刑事处罚的法律规范总称，属于国家刑法的重要组成部分，也是军事法的重要内容。"[⑦]此类概念结合了犯罪主体和犯罪客体，在认识上比较全面，含义也具有更强的确定性，但对于犯罪主体和犯罪客体的认知还存在一定的不确定性。

4. 将军事刑法分为广义和狭义

有学者认为军事刑法有广义和狭义之分。广义的军事刑法包括单行军事刑事法律、专门军事刑事法律、其他各种军事法律法规中包含有关对军人违法行为

① 张山新.军事法学[M].北京：军事科学出版社，2001：205.
② 武和中.浅谈对"军事刑法"定义的再界定[J].法学杂志，2002(2)：69 - 70.
③ 张山新.军事法研究[M].北京：军事科学出版社，2002：190.
④ 中国军事百科全书编审室.中国军事百科全书·军事学术[M].北京：军事科学出版社，1997：384.
⑤ 陈学会.军事法学[M].北京：解放军出版社，1994：608.
⑥ 张本正.中国军事百科全书·军事法总论(学科分册Ⅱ)[M].北京：中国大百科全书出版社，2008：1.
⑦ 薛刚凌，肖凤城.军事法学[M].北京：法律出版社，2016：195.

进行刑事制裁的规定、国家最高军事机关和最高行政机关颁布的决议和命令中有关军人犯罪和刑罚的规定；狭义的军事刑法是指国家权力机关颁布法典形式的军事刑事法律。① "广义的军事刑法是指规定军人犯罪及其处罚的法律规范的总和。""所谓狭义的军事形式，就是规定军人违反职责及其军事刑罚的法律。"② 也有学者认为，广义军事刑法是统治阶级通过国家制定、认可并以国家强制力保证其实施的，关于军制人员犯罪和公民犯破坏国家军事利益罪及其刑事处罚的法律规范的总称；狭义军事刑法，即国家规定军人犯罪及其刑罚处罚的法律规范的总称。③

以上关于军事刑法的定义代表了军事法学界关于军事刑法的认知。有学者基于对军事刑法的专门性理解，认为"这些观点不够全面和科学，其理由是未将'公民犯危害国防利益罪'的内容纳入军事刑法的范围"。④ 也有学者认为"对军事刑法的概念的界定只能在找寻其内在的规律性基础上进行，同时把它作为刑法和军事法的'下限'概念和二者的交叉概念，综合考量其内在属性。"⑤基于此，对于军事刑法概念的界定坚持了不同于上述解释性的定义方式，转而寻求描述性的定义。事实上，早在 20 世纪 90 年代就有学者提出军事刑法是"规定什么是危害国家军事利益的犯罪行为及应当受到何种刑事处罚的法律规范的总称"。⑥此外，还有通过描述性方式对军事刑法的界定：军事刑法是"专门规定军事犯罪及其处罚的那部分法律规范的结合体"；⑦"军事刑法是规定军事犯罪和军事刑罚的法律规范的总称"；⑧"军事刑法是国家制定或认可，并由国家强制力保障实施的，规定军事犯罪、军事刑事责任和军事刑罚的法律规范的总称"；⑨"军事刑法是规定军事犯罪、军事刑事责任和军事刑罚的法律规范的总称。"⑩这种定义方式的全面性表达不可避免地将概念的核心意义转移到概念所内含的其他概念上。

（二）关于军事犯罪概念的界定标准

不管军事刑法概念的界定是否需要厘定军事犯罪概念，在研究军事刑法中

---

① 莫毅强,钱寿根,陈航.军事法概论[M].北京：中国人民公安大学出版社,1990：265-266.
② 夏勇,汪保康.军事法学[M].济南：黄河出版社,1990：302.
③ 陈学会.军事法学[M].北京：解放军出版社,1994：608-610.
④ 朱景义,于恩志.军事刑法学[M].北京：国防大学出版社,2006：21.
⑤ 张保平.军事刑法研究[M].北京：解放军出版社,2006：15.
⑥ 蒲硕棣.论军事刑法概念[J].中外法学,1992(2)：59-60.
⑦ 田友方.军事刑法若干问题的理论探讨[J].当代法学,2004(5)：109-117.
⑧ 张保平.军事刑法研究[M].北京：解放军出版社,2006：17.
⑨ 朱景义,于恩志.军事刑法学[M].北京：国防大学出版社,2006：22.
⑩ 钱寿根,王继.军事刑法学[M].北京：国防大学出版社,2007：20.

都需要厘定军事犯罪的概念。军事犯罪概念在两大法系国家的立法和理论中被广泛使用,但我国立法没有使用这一概念,而是采用了"危害国防利益罪"和"军人违反职责罪"两个概念。在我国军事法理论研究中,"军事犯罪"这一概念被用来概括和研究刑法上危害国家军事利益的各类犯罪。由此可见,建构军事犯罪体系,军事犯罪概念是基本出发点。

有人从军事犯罪概念的界定中总结了以下观点:①一是任何违反军事刑法的行为都是军事犯罪,这意味着军事犯罪的主体是军事刑法的适用对象。因此,这种观点认为军事犯罪的范围并不局限于军人,军事犯罪不同于军人犯罪,同时,军事犯罪也不局限于违反军人职责、亵渎职务或危害军事任务的执行等行为。二是认为军人犯罪就是军事犯罪。这种军事犯罪实际上包括两类罪名:一是与军人职责或职务有关;二是与军人的特定职责或职务无关,仅就这些罪名而言,大多能在普通刑法中找到相应的规定。三是将军事犯罪与违反军纪的行为视为一体。这种观点认为应把所有违反军纪的行为按军职罪处理,只有刑罚轻重的区别,没有单纯违纪或既违纪又犯罪的区别,违纪即犯罪。四是将军职罪等同于军事犯罪。我国在立法上虽未直接使用"军职罪"这一罪名,而是使用了"军人违反职责罪",但事实上,这一术语源于苏联,②苏联和我国都将军职罪等同于军事犯罪。五是将军事犯罪与违反军纪的行为作为两个有区别的概念体现于军事刑事立法中。六是军事犯罪是指危害国防利益和军事利益,依照法律应受刑罚处罚的行为。

对军事犯罪的理解,也有学者从军事犯主义和军人犯主义的分化结合上对立法进行审视,③以求通过理论上的分析达到立法实践的实效。军事犯主义源于传统的军法理念,其专注于军事利益。在这种观点下,军事犯罪的主体不限于军人以及与军队有关的特定人员,非军人也可以构成军事犯罪。而军人犯主义源于狭义的军人犯罪学说,它关注军人身份和军事利益,在这种观点下,军事犯罪的主体限于军人及与军队有关的特定人员,非军人不能成为军事犯罪的主体。因此,非军人是否承担军事罪责是两大主义对立的焦点所在,并各自代表了一个极端。军事犯主义刑事立法观点是不管应当承担军事罪责的是军人还是非军人,优点是可将军事利益的保护置于绝对优先的地位;缺陷在于加重了普通公民的罪责。军人犯主义刑事立法的观点则排除了对非军人的处罚,优点是保护了普通公民的人权,但也导致军事利益保护无法在国家一般利益面前得到突出。两大

---

① 张保平.军事刑法研究[M].北京:解放军出版社,2006:158-164.
② 陈觉为.论苏联军事刑法对我国刑法的影响[J].黑龙江省政法管理干部学院学报,2001(4):43-47.
③ 田友方.军事刑法若干问题的理论探讨[J].当代法学,2004(5):109-117.

主义的极端化有其自身缺陷，但在立法上为军事犯罪的界定确立了参考标准。

（三）军事刑法之于刑法的特殊性

军事刑法的特殊性主要体现在其与刑法的关系中。有观点从军事刑罚权与军事统帅权的整合与分离角度来分析，即以法制史的手法梳理了古代专制政体、近代西方国家自第二次世界大战（简称二战）以来两者的关系，认为在古代专制体制下，军事刑罚权属于国家集权模式下军事统帅权的一部分。尽管西方国家建立了近代国家权力架构，但受军事专业主义及军民分治观念的影响，军事刑罚权实质上仍然服从于、服务于军事统帅权而与国家刑罚权处于分离状态。二战以来，随着社会法治化、民主化的发展以及受到军事专业主义应建立在法治基础之上理念的影响，军事刑罚权逐渐从军事统帅权中分离出来并向国家刑罚权回归，故对于军人的普通犯罪一律适用普通刑法，从而对军事刑罚权的性质作出了新的阐释，并确立了军事刑法与普通刑法的良性互动关系。基于传统观念及军事刑法在军事法的部门归属，目前我国人为地将军事刑法与普通刑法的关系对立了起来。在军事法是特别法而非部门法的基础性认知之下，军事刑法成为刑法部门中专门规定军事犯罪及其处罚的那部分法律规范的结合体；军事刑法与普通刑法是个性与共性的统一，在法理上是特别刑法与一般刑法的关系。①

上述观点是在刑法法治理念之下寻求军事刑法特殊性目的的实现，还有观点认为军事刑法的特殊性不能包含于普通刑法中，而在形式上追求两分。《制定独立的军事刑法是军事刑法发展的最佳选择》一文就从理论与司法实践两个方面论证了制定独立军事刑法的必要性。首先，从理论方面来看，军事刑法理论无法在统一的立法模式下充分发展。在现行立法中，刑法总则除了"战时缓刑"制度外，没有其他能够体现对军事领域特殊性关注的规定。这种现象在总则对分则的指导性中表现出明显的不协调性，虽然分则需要总则指导，但总则仅有的规定不能充分满足这种需求。此外，在军事犯罪与其他分则规定的罪刑之间也存在矛盾和冲突，其原因除了法律特有的滞后性和立法技术不成熟之外，更多地体现在军事刑法理论的特殊性不能包含在普通刑法理论中。从刑法的理念上看，正义、合目的性、安定性这些基本价值在军事刑法中都有不同的含义和体现。首先，从定罪的范围来看，普通刑法是其他法律部门的保护法，刑法维护的社会关系都是其他法律部门已经确定的，且只有在其他社会关系遭到重大损害时，刑法才进行调整。但军队并不以保障其每个成员的美好生活而存在，军事是作为维

---

① 田友方.军事刑法若干问题的理论探讨[J].当代法学，2004(5)：109-117.

护社会秩序的终极强力组织而存在的。军事领域的社会关系以义务性居多,军事利益的重要性使得几乎所有的义务关系都由刑法直接保障,并且是在刑法的直接规范下形成的。从刑罚运用上看,军事刑法对军职人员的形式责任要求更高。其次,从司法实践对军事刑法独立性的要求来看,军事刑法规定的罪名很大一部分是在战时构成的,平时很少发生;军事司法活动由军内司法系统完成,本身具有一定的封闭性;在司法解释上,军事司法解释由军事司法部门解释更为合适。将军事方面的形式规范从《刑法典》中剥离,制定相对独立的军事刑法应当是军事刑法发展的最佳选择。[①]

军事刑法作为普通刑法的特别法,虽然能够正确表达两者关系中军事刑法的特殊地位,但军事刑法自身的特殊性到底是什么,即军事刑法何以特殊,这需要从军事刑法内在的本质属性来论证。《军事刑法何以特殊》一文就从军事刑法的特殊性进行哲理分析与论证。该文以军事是一种奠基在整体主义观念之上的人类社会活动,并在这个整体主义观念之下展开推论:在个体与整体之间的关系上,个体要服从整体;在个体与个体之间的关系上,要在整体的指导下进行协同。在这个理论前提下,当个体权益与整体利益发生冲突时,整体有权力牺牲个体,这也说明了军事刑法在价值取向上与普通刑法的差异。在自由与秩序两大对立的价值范畴之间,军事刑法选择的是秩序;在正义和功利两大对立的价值范畴之间,军事刑法则功利性采取了军事利益保护优先并且兼顾公平的做法,[②]这就是军事刑法何以特殊的一个基于理性的分析,它超越了表面现象,展示了军事刑法的价值基础。在这种理性认知下,对现实立法的分析势必具有一定的深度,"如果《军职罪条例(草案)》通过,单列于刑法典之外,危害国防利益罪纳入刑法典中成为其中一章的话,我国军事刑法所呈现的格局完全是理想中的相对军人犯主义:以军人犯的惩治为重心,以军事犯的惩治为例外。既不增加犯罪军人的刑事负担,也不会增加普通公民的刑事负担。但由于种种原因,这一理想方案最终未能实现"。[③]

三、军事刑法学术成果总结

(一) 建构了军事刑法的基础理论

尽管军事刑法是否在立法体例上采取更为独立的立法模式还存在争议,但

---

① 蔺春来,郭玉梅.制定独立的军事刑法是军事刑法发展的最佳选择[J].西安政治学院学报,2006(2):59-61.
② 冉巨火.军事刑法何以特殊[J].中国刑事法杂志,2010(9):24-30.
③ 冉巨火.我国军事刑法立法模式之定位[J].公民与法,2010(8):17-19.

军事刑法自身具有的特殊性已为法学界普遍认可。有关军事刑法的理论尤其是基础性的理论就建立于此，其区分只不过是有的仅在其特殊性的理解上，有的则将这种理论上升到学科的层次上进行论述。军事刑法理论代表了法学界对军事刑法的看法，这些看法通过理论性的表述，并借以体系性的表达而具有学科体系化的要求，其基础理论最能反映对军事刑法的层次性理解。

1988 年出版的《中国军事法学》是我国第一本关于军事法学的著作，其探讨了军事刑法理论，内容包括：我国军事刑法的产生和发展、军人违反职责罪的概念和犯罪构成、罪名和处罚以及刑罚种类和实施办法等。之后在军事法学教材中，将军事刑法作为军事法的一个部门的观点几乎成为军事法学界普遍认同的观点，例如，1992 年出版的《军事法学教程》就将军事刑法界定为军事法的一个部门法，内容涉及军事刑法的概念和特征、军人违法职责罪的概念、犯罪构成、种类，以及军事刑罚概念、种类和适用等。2001 年出版的《军事法学》阐述了"军事刑法的一般原理"，并讨论了"军事刑法"的概念、军事犯罪的构成及分类以及军事刑罚的特点及分类等。2016 年出版的《军事法学》对军事刑法研究的内容包括军事刑法概说、军事刑法的特征、危害国防利益罪和军人违反职责罪等。

对军事刑法理论的系统性研究主要体现在军事刑法的著作中。2006 年出版的《军事刑法研究》将研究范围确定为：军事刑法基本理论研究、军事性质犯罪研究以及国际军事刑法研究，其中军事刑法基本理论研究的内容涉及军事刑法的基本范畴，包括军事刑法的概念、特征、功能；军事刑法与相关范畴的关系以及军事刑法的适用范围。作者分析了中国军事刑法的演进，讨论了军事刑法的基本原则，论述了军事犯罪和军事刑事责任及军事刑罚，基本涵盖了军事刑法理论的全部范围。这些内容在 2006 和 2007 年版的两本《军事刑法学》中也有论及，其中 2007 年出版的《军事刑法学》明确提出应对军事刑法理论进行体系性建构，认为军事刑法学是研究军事刑法这一特定社会现象及其发展规律的科学，军事刑法学既是军事法学的一门分支学科，也是刑法学的一个有机组成部分。[①]

军事刑法理论研究的多方位、多层次发展代表了军事刑法理论的繁荣，其学科化的发展方向也表明这一专门理论的部门化发展。随着立法的修改和变化，理论对新思想、新理念的引入，军事刑法基础理论研究也将在不断的发展中实现创新。

(二) 对军事刑法的立法及其完善提供了理论支撑

理论到底在多大程度上能够发挥对现实的指导，现实又在多大程度上吸收

---

① 钱寿根，王继.军事刑法学[M].北京：国防大学出版社，2007：3.

了理论研究成果,这并无标准答案,但理论对具体问题的集中关注以及基于实证分析的推演能够发挥对立法实践的影响是毋庸置疑的。

以 1997 年《刑法》中的军职罪的研究为例,有观点针对我国《刑法》中的军职罪的前后变化分析了得失,认为现行《刑法》第十章"军人违反职责罪"是 1997 年《刑法》的新增内容,有条文 32 条,包括 31 个罪名,[①]与原《暂行条例》相比,条文及罪名有所增加。虽然军职罪的范围有所扩大,"但基本延续了旧刑法稀疏化、粗放式的立法方式,未能在现代法治所允许的空间及军事必要的限度内,充分拓展军事刑法对军人职责行为的调控范围,这是新刑法在规定军职罪范围方面最大的缺憾"。[②]有学者通过对军职罪单列式和合体式运行的不同情况进行研究,认为将军职罪内容单独立法,使其与国家刑法典区分开来利大于弊。同时,理论界也认识到在现实情况下,把我国刑法中的军职罪或军事犯罪篇章单独分离,出台一部单行的军事刑法的条件不够充分,无论是在理论基础、实践经验的积累,还是在立法程序上都存在较大的难度。因此,对于军职罪采取何种立法体例和形式并无一个统一的标准,无论采取何种立法模式,都必须着眼于有利于保护国家刑法体系的一致性和打击惩罚军事犯罪的需要,并经过司法检验,深入研究论证,使之符合中国的国情、军情。[③]

也有观点总结了军事刑事立法现状并认为,与日趋成熟的军事刑事立法技术相比,军事法规体系不完善;在内容设计上没有调整战争时期和战争环境下的军事社会冲突方面的内容,显示了军事刑事立法内容的不全面;军事刑事司法解释权限有待进一步明确。从军事刑事立法的发展趋势来看,有必要完善军事刑事法规体系,赋予解放军军事法院和军事检察院刑事司法解释权。[④]

还有学者从 1997 年《刑法》实施以来出现的新情况、新问题的角度进行研究,发现军事司法机关处理的军职罪案件呈逐年减少的趋势。军职罪是以惩治军人违法犯罪为主旨,军法从严、战时从严历来是军事刑事立法的一大特征。然而,目前军职罪的条文不仅数量偏少,而且许多条款过于原则,弹性较大,导致在司法实践中难以执行。由于军职罪内容已经脱离了《暂行条例》的体例,其地位和作用在执法、司法、守法中容易受到漠视。1997 年《刑法》实施以来,全军每年判处的军职罪案件总数逐年下降,军职罪中的近半数条款所设罪名至今未见判例。特别是军职

---

① 目前,经过几次修正之后,刑法这一章内容有所改变,但该文是对作者论文观点及内容的介绍,有必要以原论文为准,而不强调刑法的变动。
② 田友方.军事刑法若干问题的理论探讨[J].当代法学,2004(5):109-117.
③ 张建田.论军人违反职责罪的完善[J].法学杂志,2008(4):89-92.
④ 曹莹.军事刑事立法的现状与发展趋势[J].西安政治学院学报,2002(6):60-63.

罪被并入《刑法》之后，军职罪的研究日渐削弱。[①]

在学术论文类的研究中，《军人违反职责罪犯罪主体立法的不足》《论军人违反职责罪的立法完善》《军人违反职责罪若干问题探析》《军人违反职责罪立法缺陷浅探》《军人违反职责罪的认定与处罚》等就军人违反职责罪中的立法和司法问题进行了回应；《"危害国防利益罪"中的若干概念辨析》《维护国家军事利益的重要举措——对修订刑法增设危害国防利益罪和军人违反职责罪刍议》《危害国防利益罪适用中的竞合问题》《危害国防利益罪的增设与适用》等对危害国防利益罪进行了深入研究，对立法实践及司法实务有一定的指导意义。

(三) 深化了军事刑法的适用研究

纵观我国军事刑法（军职罪、危害国防利益罪）的立法模式，曾先后存在单行模式、合体模式。1997 年《刑法》实施以前属于单行模式，即军事刑律以《暂行条例》为标志；1997 年《刑法》实施之后则属于合体模式。军事刑法的总则和分则内容分别体现在《刑法》的总则和分则中。我国《刑法》已数次修改，包括对危害国防利益罪和军职罪条文的解释、修改和补充。例如，2005 年 2 月 28 日《刑法修正案（五）》对《刑法》第 369 条破坏武器装备、军事设施、军事通讯罪进行了修改，增设了过失损坏武器装备、军事设施、军事通信罪等罪名。2009 年 2 月 28 日《刑法修正案（七）》将非法生产、买卖武装部队专用标志罪拆分为两款，将非法生产、买卖武装部队车辆号牌等专用标志的内容从《刑法》第 375 条第 2 款中分离出来，规定了伪造、盗窃、买卖、非法提供、使用武装部队等专用标志的行为方式及法定刑，增设了相应的罪名。2015 年 8 月 29 日《刑法修正案（九）》对《刑法》第 426 条的阻碍执行军事职务罪和第 433 条的战时造谣惑众罪的刑罚规定作出调整，取消可判处死刑的最高刑。

以法律规范的实施而展开的理论研究是法学理论研究的重要组成部分。在1997 年《刑法》实施之前，关于军事刑法的研究，主要体现在军事法学教材中。例如，1992 年出版的《军事法学教程》就从理论角度分析了军人违反职责罪的相关问题，界定了军人违反职责罪的概念、军人违反职责罪的犯罪构成、军人违反职责罪的种类及刑罚种类等。[②] 1994 年出版的《军事法学》对军人违反职责罪进行了理论分析。1997 年《刑法》颁布实施后，2000 年出版的《军事法论纲》研究了军人违反职责罪和危害国防利益罪的问题。

---

① 薛刚凌,肖凤城.军事法学[M].北京：法律出版社,2016：209.
② 图们.军事法学教程[M].北京：法律出版社,1992：308-331.

第四节　军事行政法理论研究的部门化

对军事行政法的概念、内容、体系等基础性认知有一个不断变化的过程,至今争议明显,例如以"军事行政包含国防行政观点"与"军事行政和国防行政二分的观点"为例,两者各有理论支撑。对军事行政法的研究就是在互相争议的理论观点交锋中,总体建构了具有一定内在逻辑的理论体系;在与军事法、行政法等相关体系的纠葛中形塑了自身的体系架构,显示着部门化的发展趋势。多年来,法学界尤其是军事法学界对军事行政法的专注与偏爱,造就了如今堪称系统化的理论体系,也赋予了其学科的研究地位。

一、关于军事行政法理论研究的载体及内容

"新中国成立后,如果说军事法学是一门新兴学科并逐步发展成为一门独立学科的话,那么,军事行政法学则是军事法学这门新兴独立学科中的一棵'幼苗'。"①1990 年出版的《军事行政法实用手册》是目前能够检索到的最早探讨军事行政法学基础理论的著作,其重点阐述了军事行政法的基本理论,介绍了我国古代、近代以及外国军事行政法的有关问题,同时以全国人大及其常委会、国务院通过的法律法规以及中央军委颁布的条令条例为准,回答了部队建设中的有关法律问题,②分编叙述了各类军事行政工作的制度和实施原则、要求等,不仅力求为军事行政执法提供一个比较全面的依据,而且涉及具体的执法行为。1991 年,发表在《西安政治学院学报》第 2 期的《简论军事行政法》是目前能够检索到的第一篇以军事行政法基础理论为研究主题的学术论文,作者认为一切调整国家、军队军事行政关系的法律规范的总和就是军事行政法。在形式上,它包括军事行政法律、军事行政法规和军事行政规章三个效力层次;在体系上,它主要包括军事行政、政治行政和后勤行政三个方面的内容,主张军事行政法遵循高度集中统一;依法管理、按级负责;发扬民主、提高效率;教养一致、训管结合的原则。③

专著、论文载体形式对军事行政法的专题专论代表了研究的专门化,但有关这一主题的研究,因其与军事法学之间的关系而在军事法学教材的著作中更早

---

① 李佑标.军事行政法学原理[M].北京:国防大学出版社,2010:3.
② 胡留元,许继棠.军事行政法实用手册[M].西安:陕西人民出版社,1990:1.
③ 许继棠,周健.简论军事行政法[J].西安政治学院学报,1991(2):27-28.

出现，其通常是作为军事法体系的一个部分而展开的。1988 年出版的《中国军事法学》以专章论述了"军事行政管理法律制度"，范围涉及军事行政管理的性质和基本原则、军队日常管理制度以及军队战时管理制度。这种对军事行政的狭义理解形式，即将军事行政理解为军事行政管理也代表了早期军事法学界对军事行政法的一般理解。1990 年出版的《军事法学》认为军事行政是国家行政的一部分，是指军事行政机关及其工作人员为完成国家赋予武装力量的任务而进行的执行、管理活动，其中军队的行政管理活动是军事行政的主要方面。如果从部分的角度看，军事行政法有军事行政组织法、军事行政活动法（或称军事行政管理法）、军事行政人员法、军事行政诉讼法。① 而同年出版的《军事法概论》也是从军事行政管理角度来理解军事行政法的，在"军事行政管理法规"一章，除了一般概念，该书还重点分析了内务条令、纪律条令、队列条令和保密条例，比较全面地解释了军事法规的内容。②

1991 出版的《军事行政法概论》是有关这一主题的专著，与 1990 年出版的《军事行政法实用手册》相比，其关注的范围更加广泛，理论研究也更加深入。1992 年出版的《军事法学教程》认为军事法的体系包括 15 个部分，军事行政法只是其中之一，规定了国家机关和军事机关进行军事行政管理、调整军事行政管理活动中各种社会关系的法律规范的总称，内容包括：军事行政管理法的概念和特点、共同条令、警备条令、武器装备管理工作条例以及军队保密条例等。③ 1994 年出版的《军事法学》将军事行政管理法作为军事法 19 个部门法之一加以叙述，研究范围包括：军事行政管理法的概念、特征、基本原则、内容和形式，以及共同条令、内务条令、纪律条令及队列条令等。

1999 年出版的《军事法制教程》对军事行政法律制度的研究更具有抽象性，研究内容包括：军事组织方面的法律制度、兵役方面的法律制度、军事行政管理方面的法律制度、军事训练方面的法律制度、军队政治工作方面的法律制度、军队人事方面的法律制度、军事后勤方面的法律制度、武装警察部队方面的法律制度、国防科技方面的法律制度、军事设置保护方面的法律制度、人民防空方面的法律制度、军人优抚方面的法律制度、戒严方面的法律制度以及军事行政程序方面的法律制度。④ 进入 21 世纪，除了 2000 年出版的《军事法论纲》对军事行政法在立法层级上进行理解之外，对军事行政法的阐述日渐进入抽象的基础理论加

① 夏勇，汪保康.军事法学[M].济南：黄河出版社，1990：263.
② 莫毅强，钱寿根，陈航.军事法概论[M].北京：中国人民公安大学出版社，1990：173-191.
③ 图们.军事法学教程[M].北京：法律出版社，1992：196-220.
④ 方宁，许江瑞，姜秀元.军事法制教程[M].北京：军事科学出版社，1999：50-66.

具体法律规范相结合的模式。例如,2001 年军事科学出版社出版的《军事法学》对军事行政法律制度的介绍就包括军事行政法律制度的一般原理、基本内容两个部分,其中基本内容包括：军事人事法律制度、军事行政管理法律制度、军事训练法律制度、军队政治工作法律制度、军事后勤法律制度和军事装备法律制度。① 2003 年出版的《军事法研究》一书增加了军事行政程序法律制度。②

　　如果基础理论的研究更能够显示对军事行政法理论研究的深度,那么,在进入 21 世纪之后,这种研究趋势得到了充分展示。例如,《军事行政法的地位、功能和基本原则》一文关注的是基础理论范围;③《军事行政性质辨析》则认为军事行政在权力渊源、特征、手段等方面与公共行政区别明显,在性质上不属于公共行政,并因此推断军事法不应纳入行政法体系;④《军事行政法学理论体系的反思与重构》针对军事行政法学理论体系的薄弱状况,提出系统性的体系安排;⑤《军事行政法基本原则研究》在区别军事行政法一般原则与特有原则的前提下重点论述了军事行政法的特有原则。⑥ 这些论文加深了对军事行政法的认识,也为专门性体系化的研究创造了条件。

　　在专门研究方面,1996 年《军事行政法律行为研究》一书出版之后,再见到类似专门性著作已是 2004 年,这一年出版的《法律战：战时军事行政法》论述了军事行政法在战时特殊时期条件下的表现。在狭义和广义两种战时军事行政法的框架下,坚持并论述了广义战时军事行政法的内容。⑦ 2008 年出版的《军事行政法治论纲》以"理论聚焦"和"制度架构"上下两编论述了对军事行政法治化的构想和设计。其以先基础理论后具体制度的研究顺序阐述了军事行政法的学科定位、基本原则以及军事行政法律关系、军事行政主体、军事行政权力等基本问题,阐释了军事行政法治的核心和关键以及面临的困难和阻力,在此之上,对具体军事行政法律制度进行了完善建构。该书认为军事行政法治化的要素具体包含三个方面：军事行政法律认知、军事行政法律设施和军事行政法律操作。作者指出军事行政法治化各要素只有相互作用、协调发展,才能确保军事行政法治整体价值的实现。⑧ 2009 年出版的《国防行政法和军事行政法》则在坚持国防行政和军事行政二分立场下展开论述,内容包括：国防行政与军事行政二元理论

① 张山新.军事法学[M].北京：军事科学出版社,2001：152－204.
② 张山新.军事法研究[M].北京：军事科学出版社,2003：162－189.
③ 陈耿.军事行政法的地位、功能和基本原则[J].法学杂志,2001(5)：23－26.
④ 曹莹,朱世宏.军事行政性质辨析[J].西安政治学院学报,2003(6)：53－55.
⑤ 李宝生,刘耀.军事行政法学理论体系的反思与重构[J].西安政治学院学报,2006(3)：51－55.
⑥ 李佑标.军事行政法基本原则研究[J].武警学院学报,2010(11)：34－39.
⑦ 周健.法律战：战时军事行政法[M].北京：海潮出版社,2004：5.
⑧ 张桂英.军事行政法治论纲[M].北京：中国政法大学出版社,2008：1－2.

的基础、国防行政与军事行政二元理论的展开以及国防行政与军事行政二元理论的运用。此书最大价值在于提出国防行政和军事行政二元划分的理论，并以此为基础确立了国防行政法学与军事行政法学各自独立的学科体系。[①]

2010年出版的《军事行政法学原理》系"四年磨一剑"的课题，反映了一个学科团队的合作。[②] 此书以13章分门别类地论述了军事行政法的基础理论问题，内容包括：学科概述、军事行政法的概念和调整对象、渊源和地位、产生与发展、法律关系、基本原则、法律主体、行为、程序、责任和救济等，充分展示了军事行政法基础理论研究的全面和深化。此后，2012年又出版了两本军事行政法的专著，即《军事行政法学》《军事行政法研究》。《军事行政法学》内容包括：军事行政法学基础理论、军事行政法主体、军事行政行为和军事行政监督救济等，[③]并将军事行政法学在学科名称和学科内容上实现了统一。相比来说，《军事行政法研究》虽然在涉及的范围上并没有超出学科自主这一逻辑要求，但也更突出了理论性和学术性，其特点是：一是注重基本理论阐释，对军事行政法学学科理论进行了系统的整理，厘清了一些基本范畴和学术概念。二是实现体系结构的整体优化，以国家军事利益为视角，将军事行政划分为国防行政法和军队行政法；体系上划分为军事组织法、军事行政行为法、军事行政法制监督法；军事行政行为法又划分为创制性军事行政行为法、管理性军事行政行为法和制裁性军事行政行为法。三是突出了对重大现实问题的探讨，努力回应了军队法制建设的现实需要，并深化了依法治军实践问题的研究。四是对军事法研究范式进行反思。在甄别中西方宪制体制差异的基础上，该书强调学术研究的"本土"意识，对一些疑难问题提出了开放性学术见解。[④] 在促进学术深化的同时也满足了研究生教学的层次需求。

二、军事行政法基础理论发展中几个代表性争论

（一）关于军事行政的几个代表性观点

军事行政作为行政的一个种类在我国行政法学理论中一直是被认同的。20世纪80年代，我国出版的第一部行政法学教材《行政法概要》第三编"分论"对"军事行政管理"进行了专章论述，内容包括：武装力量的编制、装备、教育训练和科研等。[⑤]

---

① 田思源，王凌.国防行政法与军事行政法[M].北京：清华大学出版社，2009：3.
② 李佑标.军事行政法学原理[M].北京：国防大学出版社，2010："后记".
③ 钱寿根，王继，仰礼才.军事行政法学[M].北京：国防大学出版社，2012：2-3.
④ 陈耿.军事行政法研究[M].北京：军事科学出版社，2012：296.
⑤ 王岷灿.行政法概要[M].北京：法律出版社，1983：161-168.

整体来看,该书并未摆脱对行政法的行政管理特色。①

　　什么是军事行政？学者界定并不相同。有的学者从外延界定,认为我国的军事行政管理一般分为三个层次：国家军事行政管理、军队行政管理、部队基层行政管理。② 在众多军事行政界定中,基于对主体、内容和对象三要素的认知不同,对军事行政的界定有不同的表达。

　　第一种界定是对军事行政进行最为宽泛的理解,认为军事行政是指国家军事行政和军队行政(军内行政),其主体不仅包括军队行政主体,而且包括国家军事行政主体。③ 有的学者认为："军事行政亦称国防行政或军务行政。简称'军政'……军事行政包括国家各种军事组织、机构设置的编组、训练、维持、管理的适用,调度控制以及国防动员、军需生产补给、防空警备戒严等。若就国防的性质分析,其内容包括狭义的'军政'部分之外,还包括'军令'部分。'军令'主要是指军队的统率指挥业务而言,包括战争在内。"④"军事行政是军事行政主体为行使军事行政权而进行的决策、组织、管理和调控活动,它是国家行政的重要组成部分……军事行政主体包括军事行政机关和享有部分军事行政权的国家行政机关。"⑤军事行政是指"国家行政机关和军事机关在职权范围内管理国防和军队建设事务的活动……军队行政是管理军队建设事务的活动,包括军队内部的组织、指挥和管理等活动。"⑥"军事行政是国家机关和军事机关在职权范围内管理国防和军队事务的活动,包括国防行政和军队内部行政两部分。"⑦"军事行政只涉及两个要素：一是军事行政的主体既可以是国家军事机关,也可以是国家行政机关；二是军事行政所涉及的事务必须是国防建设或军队建设,不包括作战指挥方面的事务……军事行政是国家行政机关和国家军事机关在其职责范围内对国防和军队建设事务进行组织管理的活动。"⑧这种对军事行政概念内涵和外延的宽泛的理解,也被称为军事行政的"广义说"。⑨

　　第二种界定收缩了军事行政概念,认为在主体上只有军事机关才是军事行

① 中国政法大学法律史学研究院.中国法学四十年(1978－2018)[M].北京：中国政法大学出版社,2018：109.
② 周健.军事法论纲[M].北京：海潮出版社,2000：112；周健,田胜利,贾延孝.法律战：战时行政法[M].北京：海潮出版社,2004：2.
③ 对军事行政这种宽泛的理解,在军事法学界比较普遍.
④ 张俊.军事行政法概论[M].长春：长春出版社,1991：2－3.
⑤ 张山新.军事法学[M].北京：军事科学出版社,2001：152；张山新.军事法研究[M].北京：军事科学出版社,2002：163.
⑥ 张本正.中国军事百科全书·军事法总论(学科分册I)[M].北京：中国大百科全书出版社,2008：116.
⑦ 薛刚凌,肖凤城.军事法学[M].北京：法律出版社,2016：110.
⑧ 陈耿.军事行政法研究[M].北京：军事科学出版社,2012：9.
⑨ 李佑标.军事行政法学原理[M].北京：国防大学出版社,2010：12－13.

政的主体。例如我国第一部《军事法学词典》就认为军事行政是"军事机关的一种组织活动，即军事机关在其职权范围内对军队和军事事务进行组织管理的活动"。① 1990 年出版的《军事法学》认为："军事行政是国家行政的一个重要组成部分，是指军事行政机关及其工作人员为完成国家赋予武装力量的任务而进行的执行、管理活动。其中，军队的行政管理活动是军事行政的主要方面。"②《军队行政监察新论》则认为"军队行政并不包括军事机关的全部职能活动，它只是军事机关行使军队建设职能的活动，是军队建设方面的管理活动……军事机关履行建设职能，一般称为军政行为，属于军队行政的范畴；军事机关履行作战指挥职能的活动，一般称为军令行为，它是一种国家行为，不属于军队行政的范畴。"③"所谓军事行政是指军事机关为实现特定军事目的，依据国家宪法、法律和军事法规、规章、政策，对军队内部的单位或个人实施管理、执行、监督、制裁的活动。"④相对于第一种理解来说，将国防行政从军事行政中剥离，这也基本上符合学者的"内部性军事行政"的界定。⑤ 这类观点也被称为对军事行政的"中义说"。⑥

第三种界定是进一步收缩，将军事行政限定为仅指军队行政（军内行政）管理活动，其主体是军事机关中的行政机关。"对军事行政机关，有三种理解，一种是泛指军事机关，包括团以上各级军事机关；一种是专指负责部队作战、训练、管理的团以上各级司令机关；一种是专指负责军事行政管理事务的军务部门。作为军事行政主体的军事行政机关应取第一种意义，但军事机关内的军事司法机关不应包括在内。"⑦"狭义上的军事行政管理，是指军队各级领导机关和首长按照军队的有关条令、条例和规章制度的规定，运用行政手段，对部队所进行的管理。"⑧这种对军事管理狭义上的理解在 1990 年出版的《军事法概论》、1992 年出版的《军事法学教程》以及 1994 年出版的《军事法学》等著作中有着一定的共识。这种对军事行政的界定又被称为"狭义说"。⑨

以上观点中，第三种对军事行政的理解"反映了学界在军事法学发展早期对军事行政法研究和认识不足的现实……将军事行政法与军事行政管理法简单地

---

① 杨福坤，朱阳明.军事法学词典[M].北京：国防大学出版社，1993：164.
② 夏勇，汪保康.军事法学[M].济南：黄河出版社，1990：263.
③ 郑三土.军队行政监察新论[M].北京：解放军出版社，2003：13.
④ 田思源，王凌.国防行政法与军事行政法[M].北京：清华大学出版社，2009：32.
⑤ 陈耿.军事行政法研究[M].北京：军事科学出版社，2012：8.
⑥ 李佑标.军事行政法学原理[M].北京：国防大学出版社，2010：13.
⑦ 张山新.军事法学[M].北京：军事科学出版社，2001：153.
⑧ 张建田，钟伟钧，钱寿根.中国军事法学[M].北京：国防大学出版社，1988：184.
⑨ 李佑标.军事行政法学原理[M].北京：国防大学出版社，2010：14.

等同起来,是一种落后的观念。"①相对来说,第一种和第二种界定的差异主要表现为对军事行政主体及内容的不同认知和理解,现实地表现为对国防行政与军事行政(军队行政)之间关系的厘定。不同的观点建构了各自的理论体系,学术上也表现为两种观点的争论。

(二) 国防行政、军队行政及军事行政关系的厘定

1982 年《宪法》在国家宪制的最高层面确立了军事领导体制问题。② 宪制上的这种设计直接规划了中国军事领导体制事实上的两部分内容:一是军队的领导、指挥和管理,规定了军队接受党的绝对领导,这种领导在组织上通过中共中央军委来实现,而中共中央军委与国家中央军委又是"一套人马,两块牌子"。这种设计最大的意义就在于"既解决了军队的归属问题,又很好地化解了军事权的宪政危机"。③ 二是国防建设方面,规定了国务院具有管理国防建设事业的职能。这种宪制设计,在军事行政法的范畴内直接表现为不同的板块,在军事行政的主体和内容上也被分为军队行政和国防行政两个领域。

军队行政主要面向军队内部,可以通过三个明显的特点来把握军队行政特点:首先,它涉及的是军队建设方面的组织管理活动。军事机关的活动按其职能性质,可划分为履行军队建设职能的活动和履行作战指挥职能的活动。前者一般称为军政行为,属于军队行政的范畴;后者是指军事机关履行作战指挥职能的活动,一般称为军令行为,不属于军队行政的范畴。其次,军队行政具有内部性,是军队内部的组织管理活动。包括除作战指挥以外的军事工作、政治工作、后勤工作和装备工作等。这些组织管理活动的全部出发点和归宿都是为了加强军队建设、提高部队战斗力、完成《宪法》赋予军队的使命任务。再次,军队行政主体是军队内部具有军队建设职能的各级司令机关、政治机关、后勤机关和装备机关,不包括军事司法机关和军队以外其他具有国防职能的国家机关。④

由于国家宪制体制决定着国家行政机关军事行政职责的有无和大小,所以,这一问题要具体分析。在国家军事机关隶属于国家行政机关的宪政体制中,所有国防的行政职责都是由国家行政机关履行的;在国家军事机关与国家行政机关属于并列关系的宪政体制中,国防行政的职责由国家军事机关和国家行政机关共同履行。我国的体制设计属于后一种。根据《宪法》关于国务院和中央军委

① 李宝生,刘耀.军事行政法学理论体系的反思与重构[J].西安政治学院学报,2006(3): 51 - 55.
② 陈斯喜,刘松山.宪法确立国家中央军事委员会的经历[J].人大研究,2001(3).
③ 傅达林.宪政体制下军事法体系的定位[J].西安政治学院学报,2011(1).
④ 陈耿.军事行政法研究[M].北京:军事科学出版社,2012: 8 - 9.

的职责分工，国防建设的行政行为由国务院和国家中央军委共同组织实施。尽管一些军事机关在国防建设中也参与一些事务，但是，这些行为都是以人民政府为主导、以国家行政机关的名义进行的，是国家的行政行为。① 军事法学界关于"国防行政"的理解和界定基本上也在这个范围内，而且这种理解和界定并不涉及国防行政与军事行政之间的关系。也就是说，无论关于国防行政与军事行政持何关系，对国防行政就是这么认定的。当然，也有对国防行政内容最宽泛的理解，并从"国防行政权"这个核心范畴展开分析，认为"国防行政权，就是指行政机关依据国家的法律、法规、规章和政策，管理、执行与军事有关的政治、经济、外交、科技、教育、文化等方面的国防事务的权力"。② 这种对国防行政的界定尽管在内容上存在不同理解，但至少在行政主体上明显区别于军队行政的主体认知。

尽管对以上概念的界定并不模糊，但争议还是产生了。军事法学界比较普遍的观点认为军事行政包含国防行政，也就是说，国防行政是军事行政的一个部分，③但是与此对立的观点认为国防行政与军事行政二分存在着充分的理论基础。④

多年来，军事行政法在基础理论方面积淀了诸多学术理论成果。除了上述所列举的问题之外，还有很多类似问题，例如什么是军事行政权？对军事行政权限制到什么程度？怎样才能既限制军事行政权，使军事行政权不要滥用，又能保证军事指挥权的顺利实施？军事行政主体与军事行政相对人包含哪些？军事行政司法制度与军事行政诉讼制度如何建设和实施？等等。对这些问题的研究都可归属到军事行政的基础理论范畴，并在每一个方面发挥着不可取代的理论价值。但是，从对军事行政法整体概念来讲，关于"什么是军事行政""军事行政和国防行政到底是什么关系"这两个问题直接关系整体理论建构并决定着其他理论的建构。所以，对这两个问题的具体阐述，能够洞察军事行政基础理论发展的基础。

三、军事行政法理论发展的评价

（一）军事行政法研究成果总结

经过多年的发展，军事行政法已经取得了一定的研究成果，总结起来主要表现为以下几个方面：一是在军事法学教材类著作中设有军事行政法章节，展开对军事行政法的理论阐述。这类著作对军事行政法的研究比较早，例如 1988 年

---

① 陈耿.军事行政法研究[M].北京：军事科学出版社，2012：9.
② 田思源，王凌.国防行政法与军事行政法[M].北京：清华大学出版社，2009：28.
③ 陈耿.军事行政法研究[M].北京：军事科学出版社，2012：9.
④ 田思源，王凌.国防行政法与军事行政法[M].北京：清华大学出版社，2009：28.

出版的我国第一部军事法学著作《中国军事法学》就有相关内容。二是在个别行政法学的著作中也有军事行政法的理论内容。从普通行政法的角度展开对军事行政的研究，代表了地方法学界对军事行政的理解。三是出版了军事行政法理论研究的专著。通过这种载体形式，建立了军事行政法的理论体系并具有一定的研究深度。例如1990年陕西人民出版社出版的《军事行政法实用手册》；1991年长春出版社出版的《军事行政法概论》；1996年法律出版社出版的《军事行政法律行为研究》；2003年解放军出版社出版的《军队行政监察新论》；2004年海潮出版社出版的《法律战：战时军事行政法》；2008年中国政法大学出版社出版的《军事行政法治论纲》；2008年黄河出版社出版的《我国军事行政法制建设研究》；2009年清华大学出版社出版的《国防行政法与军事行政法》；2010年国防大学出版社出版的《军事行政法学原理》；2012年国防大学出版社出版的《军事行政法学》和军事科学出版社出版的《军事行政法研究》，以及2013年知识产权出版社出版的《国防行政法研究》和人民出版社出版的《国防行政法要义》；等等。四是公开发表了一定数量的有关军事行政法的学术论文，例如《西安政治学院学报》1991年第2期的《简论军事行政法》；《法学杂志》2001年第5期的《军事行政法的地位、功能和基本原则》；《西安政治学院学报》2003年第6期的《军事行政性质辨析》；《武警学学学报》2004年第5期的《军事行政执法行为论纲》；《西安政治学院学报》2006年第3期的《军事行政法学理论体系的反思与重构》；《武警学学学报》2010年第11期的《军事行政法基本原则研究》等。

　　通过以上这些载体形式，军事行政法理论的研究表现出蓬勃发展的趋势，其中，也能寻觅到一些规律性的东西。例如，在军事行政法理论发展的早期，军事行政法多以"军事行政管理法律制度"为名出现在有关军事法的教材中，很少有专门论及部门法理论的专著和论文出现。有人认为这主要囿于两方面原因：一是军事法理论研究本身受到研究力量、封闭格局以及模仿套用思维的局限；二是军事行政、军事行政执法、军事行政法等概念难以被理论界认同。[①] 在这种氛围之下，重实践归纳的理论趋势只能将重点放在军队内部的行政管理规范上，而不可能在部门法的支点上深刻阐述其基本原理。

　　随着军内依法治军方针日渐深入，学界普通行政法理论研究的蓬勃发展，军队行政法理论开始模仿一般行政法的基础理论，探讨建构军事行政法理论。例如对"平衡论"的参照，认为军事行政法既要保障军事行政的有效实施，也要维护军事行政相对人的合法权益，其中大量借鉴、移植了一般行政法的概念，例如军

① 　陈耿.军事行政法研究[M].北京：军事科学出版社，2012：9.

事行政权、军事行政行为、军事行政主体、军事行政相对人、军事行政复议、军事行政赔偿等概念。这些理论层面上的探讨一方面表明了军事行政法的特性需要有一套能够解释自身特色的理论体系；另一个方面，也暗示了现实的理论体系的建构缺乏足够的学术自主性，并没有从军事行政法自身的特殊性出发去甄别、梳理相关概念和理论。这种现实也促使军事行政法的研究未来只能跳出复制、移植地方法学理论的窠臼，着力建立自身独特属性和学术品格的理论体系。① 鉴于此，军事行政法的研究开始进入反思后的提升阶段。例如，有观点提出军事行政与国防行政二分理论，重点将军事行政法压缩到军事法内部分支，诸如此类的研究诠释了军事行政法研究自主性意识的加强和学术贡献的提升。

（二）构建了军事行政法学的理论体系

军事行政法研究的部门化现象主要表现为军事行政法学理论体系的建构。军事行政法学的理论体系就是对军事行政法及其相关因素理论概括和科学阐释的逻辑化、系统化。对于学科意义上的军事行政法学来说，它是学科内在的逻辑结构及理论框架，在内容上体现各理论部分的逻辑联系，在形式上则体现为各部分的逻辑架构。体系结构也是军事行政法学研究的焦点问题，因为这一问题不仅决定了该研究领域的理论边界，而且也决定了这一理论的主要内容，在学科建构上，这是学科基础。② 军事行政法学要在学科意义上得以自立，必然需要关注这一学科理论体系的建构。

法学界对军事行政法的认识，在理论形式上表现为理论演进的阶段性变化。从最初在军事法体系中认识到军事行政管理法的存在现象，再到认识军事行政法的自成体系，并在理论上追求建构自主的学科理论体系，体现了对军事行政法认识的深入。

军事行政法学本身是一个开放和自由的体系，不同的视角和研究方法也为军事行政法学理论体系的不同表达提供了可能，而多样化的理论表达对军事行政法学的发展来说不仅不会起到阻碍的作用，反而共同铸就了这一领域研究的多样和繁荣。当然，在精彩纷呈的理论背后，关于其体系的发展趋势也存在着类似共同认可的模式，这也表明了军事行政法理论研究的部门化样态。

第一，关于军事行政法基本理论的研究。在这部分研究中涉及军事行政法的一些基本概念的界定，例如军事行政、国防行政概念及之间的关系；军事行政

---

① 杨蕾.春华秋实，任重道远：军事法学学科建设的回顾与展望：访军事法学专家陈耿教授[J].西安政治学院学报，2010(4)：115－120.

② 李宝生，刘耀.军事行政法学理论体系的反思与重构[J].西安政治学院学报，2006(3)：51－55.

权;军事行政法律关系;军事行政法渊源、地位、功能和基本原则;军事行政法的价值、历史发展等基础性理论问题,其为学科形式的发展和追求提供了基础性的逻辑基点,涵盖并支撑了整个学科在理论价值上的总体发展。

第二,关于军事行政组织法的理论。现代社会是一个组织结构性的社会,军事组织作为一个高度组织化的实体,越来越体现出对法治的渴求。一个国家的武装力量在顺应社会需要的基础上应包括哪些职能,这些职能在各级各类军事组织中应当怎样进行分配,国家应如何设置、变更或撤销军事组织,各级各类军事组织的性质、地位、任务是什么,它们分别拥有哪些职权、承担哪些职责,其活动应遵循哪些原则,它们如何构成、编制怎样确定,其所属人员的任用、培训、考核、晋升、流动等如何进行,等等,都可归为此类。对此类法律规范的理论分析显然是军事行政法理论体系不可或缺的部分。

第三,军事行政行为的理论。行政最现实的表现就是行政行为。军事行政行为特征明显、效力特殊且多种多样,可以根据不同的标准进行分类,不同的划分能从不同的角度深刻认识不同军事行为的各自特点、运用规律和实践要求。例如,抽象军事行政行为和具体军事行政行为;军事行政立法行为、军事行政执法行为和军事行政司法行为;单方军事行政行为和双方(多方)军事行政行为;要式军事行政行为和不要式军事行政行为;外部军事行政行为和内部军事行政行为;职权军事行政行为、授权军事行政行为和委托军事行政行为;羁束军事行政行为和裁量军事行政行为;等等。

第四,关于军事行政监督救济的理论。例如军事行政监察法理论、军事行政复议法理论、军事行政诉讼法理论、军事行政赔偿法及补偿法理论等,尤其是关于军事行政诉讼的理论研究,多年的积淀已较为全面和深化,有力地推动着实践的发展。

(三) 军事行政法理论研究未来面向

军事行政法发展至今已经具有了广泛的实践需求,但在理论上也存在一些问题。

1. 协调性问题

为了加速构建军事行政法的理论模型,对一般行政法理论的借鉴、复制甚至移植无疑是一种捷径,能够快速地建构起军事行政法所需要的理论架构和体系。在这种理论建构的态势下,关于军事行政法的学科定位问题,受其为行政法的特别法的观点影响较大。[①] 当然,"这些观点大致存在一个共同的问

---

① 陈耿.军事行政法的地位,功能和基本原则[J].法学杂志,2001(5): 73-74.

题,即仅有断言,未有论证".① 从研究成果来看,反而是与之相抵触的观点则更加注重论证。② 既然冠以"军事行政法"就肯定具有一般行政法的理论特点,在一些基本范畴和原理上具有相通之处,这也决定了军事行政法的发展不可能脱离一般行政法的指引。那么,在这种照搬一般行政法基本范畴和原理建构的、在一定程度上脱离实践乃至忽略实践需求的理论构筑已经出现是否"海市蜃楼"的质疑。显然,这种被认为具有普适性的行政法原理、原则和制度,在遭遇中国具体国情、军情的挑战时,是追求对一般的适用还是立足于实践的自主建构都考验着理论研究者的智慧。其实这个难题在于如何能够达致一般理论与特殊领域的最佳协调。这是个难题,但在未来军事行政法研究中也是必须面对并需要尽力解决的。

2. 说服力问题

传统军事法中对军事行政法的定位取向有两个趋向:早期军事法理论在军事法体系的创建中,对军事行政法的认识有扩大化倾向,认为军事法就是军事管理法,不对内容的管理性加以法律规范,视为军事法的全部;随着对军事法研究的深入,尤其是在体系构建逻辑推演下,军事行政法因其立法实践的单薄不能为基础理论提供相应的资源,使其在研究中趋于被边缘化的状态。如何准确判断军事行政法的功能和价值,并在此基础上设定军事行政法的合理边界,不仅涉及军事行政法的独立发展,而且涉及军事法的长远发展。

3. 理论方案问题

军事法和军事行政法的研究要求其对实践产生贡献和影响。理论研究应针对实践中的"问题源",采取合适的研究方法,避免理论因不接地气而陷于"苍白"。以军事行政诉讼理论研究为例,多年专题式的理论研究已经建构起军事行政诉讼所需的体系框架,但实践对这种建构理论的回应并不强烈,甚至有所抵制,这既有观念层次上的问题,也有体制性和组织性的问题,实践中"牵一发而动全身"的系统性问题,实际上已经远远不是一个专门性制度设计所能够解决的,哪怕这个制度在理论上设计得十分完美。如何将这个制度落实到现实中,怎样将这个制度落实到现实中国,这并不是这个制度本身所能够解决的。由此来看,军事行政法理论发展的突破并非易事。

---

① 曾志平.论军事法的基本范畴与核心命题[J].西安政治学院学报,2011(2):50-55.
② 有观点认为军事行政在权力渊源、特征、手段等方面与公共行政区别明显,因此,军事行政法不应纳入行政法体系。也有观点从军事行政区别于行政法的品格方面认为军事行政法不应当简单地归类于行政法的特别法:一是在军事行政法调整的社会关系中,缺少最紧要的"行政相对人";二是军队内部的管理行为与行政法上的行政公务员的管理行为不同。

第五章
对军事法学研究方法的学术审视

第一节 作为一种知识：军事法学
著述中阐述的研究方法

军事法学的研究方法是指认识军事法这一特定社会现象及其发展规律的各种手段。由于决定研究方法的因素并不唯一，因此，在军事法学研究中所采取的研究方法并不统一，甚至对研究方法的认识和阐述也并不完全相同，这至少有两种原因：一是军事法学研究主体的世界观不同，决定了其采取的研究方法不相同。[①] 二是军事法学研究主体对研究方法的认识和理解不同，决定了其在使用中的差异。对于前者，在一个人的世界观和研究方法之间如何建立关系及这种关系有何种样态表现等，对这些知识的研究显然已经超出法学研究的范围。对于后者，军事法学研究主体对研究方法的认识和理解则完全属于法学的关注范围。不仅法学研究范围内有单独的"法（律）学方法论"研究的主题，而且在理论法学和应用法律范围内都有对研究方法的特别关注。学术史视角对这一主题的研究既有价值，也需要方法。其价值主要体现在通过这种研究能够把握军事法学理论是通过什么方法得以如此建构；其方法则有必要分为论之：一是军事法学著述中是如何阐释研究方法的，这是在认识层次上体察军事法学人对研究方法的把握；二是军事法学理论是通过什么样的研究方法得以建构出来的，这是在实践层次体察军事学人对研究方法的实际运用。

一、早期军事法学著述中对军事法学研究方法的阐述

在理论建构过程中必然需要借助一定的方法和手段。任何理论都离不开方法，这是从一般意义来讲的，正确恰当的方法是打开真理之门的钥匙。即使我国

---

① 张山新.军事法研究[M].北京：军事科学出版社，2002：17.

早期的军事法学著述中没有专门的研究并阐释研究方法问题，但对于研究方法的运用也是自然而然的事情。相对来说，在军事法学著述中出现对研究方法的特别关注，本身就意味着军事法学的研究已经进入相对自觉的阶段，即不仅关注自身的理论建构，而且开始关注达到这种理论结果的方法问题。

军事法学著述中在内容体例上对研究方法的关注最早见于 1990 年由夏勇、汪保康合著的《军事法学》一书。作者指出，在我国进行科学理论研究最基本的方法是辩证唯物论和历史唯物论，这是认识世界和改造世界的思想武器。在此基础上，我国法学理论和军事学术中所运用的一般方法均可用于军事法学，例如系统论方法、社会调查和统计方法、逻辑演绎方法、实证归纳方法、思辨的方法、纵横比较方法等。在对这些方法的运用态度上，凡有助于军事法学研究的科学有效的方法均可采用，而没必要局限于一种或若干种方法，原因在于军事法学研究的军事法制是一种内容复杂、领域交叉、与社会生活各个方面广泛联结的立体现象，使用不同的手段和采取不同的角度对军事法制不同侧面加以全方位考察，有助于揭示其固有特征和规律。因此，军事法学研究应当根据不同的课题范围，采用一定的科学有效的方法。① 也就是说，根据研究需要来决定采用何种研究方法，即由内容决定方法。在这个层次上，方法只是方法，对它的认识尚未进入深层分析。

与《军事法学》一书相比，1992 年出版的《军事法学教程》则"为我国军事法学的创生阶段打上一个句号"。在此书的"军事法学概述"一章内第一次设专节讨论了军事法学的研究方法问题，认为军事法学的研究方法指的是军事法学研究主体认识军事法这一特定社会现象及其发展规律的各种手段。军事法学研究主体不同的世界观决定了军事法学的研究方法各不相同。马克思主义的科学研究方法论包括三个层次：哲学层次、一般科学的方法和专门科学的方法。在这些认识基础上，该书重点列举了我国军事法学 5 种主要的研究方法。

一是辩证唯物论和历史唯物论的指导思想。这既是科学的世界观和方法论的统一，也是无产阶级军事法学的理论基础。军事法学研究者在运用唯物辩证法研究军事法时，要把军事法和与军事法直接联系的各种社会现象以及受军事法调整的各种社会关系，用系统论、发展论、实践论和具体分析的观点等加以具体研究，并避免简单化、抽象化和口号化。

二是坚持理论联系实际的方法。军事法学研究应当联系社会、经济、政治、军事，把军事法与其所调整的社会关系结合起来，将静态的法律规定与动态的军

---

① 夏勇，汪保康.军事法学[M].济南：黄河出版社，1990：22 - 23.

事法律实践结合起来,在出自实践并回到实践检验的往复中达到军事法律理论的日臻完善。

三是批判、继承和借鉴的方法。军事法学作为一种社会意识,是一定阶级社会思想文化的结晶,在马克思主义军事法学产生之前,关于军事法的思想、学说和理论就已经存在。对于前人在军事法学研究领域的成果,需要分清情况,继承精华。

四是系统的方法。随着系统论、信息论和控制论的崛起而产生的系统的方法被认为是一种普遍适用的科学方法。系统方法的原理在军事法学中也有普遍的指导意义。军事法学研究本身就是一个系统工程,客观上存在许多相互联系、相互作用的系统,例如军事法学体系、军事法体系、军事法的基本范畴体系、军事法制体系等。运用系统论方法可以对军事法的研究对象进行多角度、多层次的分析,并从纵向和横向、动态与静态、宏观与微观的对立统一中,把握军事法学现象的整体功能和存在过程,揭示出军事法律现象与其他现象之间以及军事法律现象之间的起源、结构、信息和功能联系等,实现军事法整体功能的最优化。

五是分析和比较的方法。分析是指对军事法进行解释。作为一种概括性的规范,为了把握其内涵和外延,便于适用,必须对其进行科学的解释。比较就是对不同军事法律现象进行对照研究;通过比较揭示异同、鉴别长短,以完善军事法制的建设。同时,该书认为军事法学的研究方法是开放性的,除了以上列举之外,还有历史考察、逻辑和数学的方法等,不仅可以移植其他学科的新的研究方法,而且还要创立军事法学独特的研究方法。[①]

1994年出版的《军事法学》对中国特色的军事法学有着独特的认识,认为其是社会主义类型的、充分反映我国、我军历史与现实特点的、批判吸收各国军事法制建设先进经验和理论的、现实性和超前性相结合的、完整而严密的军事法理论知识体系。对于这种理论知识体系的研究方法,从总体上来说,一切科学、有效的研究方法,军事法学都可以而且必须采用,其前提是坚持唯物辩证法和历史唯物论,坚持理论与实际相结合的通用原则和根本方法,在此前提下,可以采用阶级分析法、历史考察法、纵横比较法、社会调查法等一般社会科学所采用的研究方法。在对其他相关学科研究方法的学习上综合吸收法以及在与法学的比较中采取的比较法等,一定程度上也可以被视为军事法学自身的研究方法。[②]

军事法学要不断取得适应军事法制实践的研究成果,就必须掌握正确的研

---

①　图们.军事法学教程[M].北京:法律出版社,1992:21-24.

②　陈学会.军事法学[M].北京:解放军出版社,1994:35-36.

究方法,注重方法论的建立和完善。1999 年出版的《军事法制教程》一书认为我国的军事法学研究方法主要有以下几个方面。

一是辩证唯物的方法。在军事法学研究中坚持这种方法就是要在观察、认识、把握军事法现象时,必须坚持唯物的观点、坚持辩证的观点。坚持唯物的观点就是坚持实事求和为军事法制实践服务的原则。军事法学研究必须结合有关国际政治、经济、军事斗争形势和本国国情、军情来观察和认识军事法现象;必须从国防建设、军队建设、军事法制建设和未来作战的需要出发,确定军事法的研究方式、目的和任务。坚持辩证的方法就是把辩证法的一系列观点和范畴运用于军事法研究。此外,军事法学研究还必须坚持历史唯物主义的观点,将军事法看作一种社会历史现象,认识其产生、发展、消失的规律。采用定性与定量分析相结合、静态分析与动态分析相结合的方法等。

二是系统论的方法。把系统论的原理运用于观察军事法现象,就能够做到把军事法作为更为广泛的系统的子系统来考察,分析军事法这种调整系统与其他调整系统在发生上、职能上的联系和相互作用;对军事法作为一个整体去考察,明确军事法的组成部分及该部分的内容依赖于它们所处的系统与整个系统所执行的职能关系等。

三是价值论的方法。价值论的方法能够使我们不仅把军事法现象看作一种必然的现象,而且将其看作一种能够在社会生活中带来某种利益,且满足社会、阶级、组织和个人某种需要的一种现象。一定的军事法在一定的时间和空间内能够存在并得以运行,说明其在特定的历史条件下有着特定的价值。

四是比较研究的方法。法律的比较研究既是一种法学研究方法,也是一门法学学科。在军事法学研究中运用这一方法,就是要对不同的军事法现象进行比较研究,既有宏观层面,也有微观层面;既有纵向比较,也有横向比较。通过比较,揭示异同,鉴别长短,合理吸收,为我所用。

五是分析法律的方法。分析法律,也称注释法律、解释法律,这是一种专门研究方法。对军事法含义、内容以及更深层次的立法意图的分析论证,科学合理地综合与概括具有普遍意义的概念、原理、原则和范畴,用于指导整个军事法学的研究和军事法制实践活动。

六是法律推理方法。这种逻辑思维活动,在军事法制建设中具有十分重要的用途,特别是在军事法的执行和适用过程中要经常运用这一方法。①

在 20 世纪 90 年代,军事法学研究对军事法学研究方法给予了比较特殊的

---

① 方宁,许江瑞,姜秀元.军事法制教程[M].北京:军事科学出版社,1999:201 - 207.

关注,实质上表现为将这种对研究方法的理论纳入军事法学基础理论范围,形式上表现为以专节形式进行介绍。无论是作为理论内容存在的军事法学研究方法,还是运用并体现于实践的军事法学研究方法,在这一时期都呈现出自身的特点。这些特点有些是在与科学研究方法的比较中体现出来,有的则是在此后的军事法学研究方法的转向中体现出来。

二、21 世纪前 10 年的军事法学研究方法

进入 21 世纪,对军事法学研究方法的关注呈现一种变化着的新的样态。这种新的样态有三种表现:一是军事法学著作对这一问题的关注越来越少,至少从内容分配上确实如此。在理论体系的整体建构中,没有再提及研究方法的问题;二是除少数军事法学著作中关于这一问题显示出对传统的坚持之外,更多的学术成果开始表现出对这一问题的反思性研究;三是关于军事法学研究方法的专门性研究开始成为学术论文研究的内容。这种方式的研究可以在不顾及整个理论体系的前提下予以专题专论,并在论据的借鉴、论证的方式以及论述的观点上实现与普通法学关于法学方法论研究的对话。

2001 年出版的《军事法学》一书,按照国务院学科评议组在评审时提出的修改意见,以《军事法研究》为名于 2003 年再次出版。① 修改之后,该书增加了军事法学研究方法的内容,并重点阐述了四种研究方法:一是理论联系实际。鉴于理论与实践之间的辩证关系和我国军事法学研究中理论不能适应实践的要求,该书认为军事法学工作者要以马克思主义的法学理论为指导,密切联系我国军事法律实践,大力开展调查研究,深入实际,接触社会,了解国情和我国国防和军队建设中的军事法学理论,掌握第一手资料,从实践中吸取营养,抓住军事法学研究的重点和难点,拓宽军事法学研究的领域,创建出具有中国社会主义特色的马克思主义军事法理论,以指导军事法律实践,解决实际问题并完善理论。二是批判、继承和借鉴。关于历史上的军事法学思想、学说和理论不能简单地加以否定,要区分情况加以批判、继承或借鉴。三是系统的方法。军事法学研究对象本身是一个系统工程,客观上存在许多相互联系、相互作用的系统,例如军事法学体系、军事法体系等。运用系统的方法能够实现军事法整体功能的最优化。四是分析和比较的方法。军事法需要科学解释,通过比较能够完善军事法制建设等。此外,军事法学研究还应当坚持基础研究和应用研究并重,要有组织地进

---

① 张山新.军事法研究[M].北京:军事科学出版社,2002:282.

行研究，加强军地合作，吸纳一般法学研究的成果。①

2003 年出版的《中国军事法学研究的回顾与思考》一书中有一篇论文《关于我国军事法学研究的历史回顾与思考》，其全面分析和介绍了我国军事法学的产生和发展、存在的问题及前景展望，对于军事法学的研究方法和手段问题也有论述。作者认为，建立具有中国特色的军事法学应当探索建立一套符合中国国情和目标的研究方法，例如立足中国国防和军事法制建设实际的方法；历史和现实相结合的方法；地方和军队相结合的方法；军事学、法学与军事法学相结合的方法；等等。同时，这些新的方法和手段在新的历史条件下还会有创新和发展。与此同时，军事法学还应当重视运用综合研究、比较研究等方法，扩展研究视野，提高学术档次。此外，坚持军事法学的研究方法和手段创新，要有新观念、新思路、新举措、新突破。要善于学习、借鉴发达国家的军事法学方法，还要向国内比较先进的其他部门法学习。随着军事法学研究的不断深入，军事法学不仅要善于移植其他学科的新的研究方法，而且还要创立自己独特的研究方法，从而使军事法学研究的思维方式成为立体思维，既具有创见性、预见性，又具有广阔性、联系性。②

2005 年出版的《军事法学原理》首先回顾了学术界关于这一主题比较有代表性的学术界定（主要是 1990 年出版的《军事法学》、1992 年出版的《军事法学教程》、1994 年出版的《军事法学》以及 1999 年出版的《军事法制教程》中关于这一问题的观点及论述）。在此基础上，比较系统地论述了军事法学研究方法的构建，认为军事法学方法体系构建过程中应当遵循实践原则、系统原则和发展原则。在这些原则下，军事法学的研究方法可以分为根本方法和具体方法。根本方法就是马克思主义哲学，是军事法学研究最高层次的方法。马克思主义不仅是世界观，而且是方法论。运用马克思主义哲学方法研究军事法学时，应当把军事法和其他直接相联系的各种社会现象，以及受军事法所调整的各种社会关系，用普遍联系、全面分析、阶级分析、历史考察、定性和定量分析相结合、静态和动态分析相结合、价值分析的方法等加以具体研究。

军事法学研究的具体方法：一是理论与实践相结合的方法。"从某种意义上说，军事法学是一门应用法学，它与军事法制建设的实践密切相关"。③ 军事法学的理论在军事法制的实践中形成，并且应当在军事法制建设的实践中实现。二是比较的方法。通过比较发现共性的东西，实现互相借鉴吸收，坚持宏观全面

① 张山新.军事法研究[M].北京：军事科学出版社，2002：17－19.
② 张建田.中国军事法学研究的回顾与思考[M].北京：法律出版社，2003：321－323.
③ 张建田.提升学术研究水平，加强与改建军事法学研究[J].西安政治学院学报，2003(5)：52－54.

的比较,在更大的层次上实现军事法制的理论认知。三是系统的方法。把军事法现象作为一个整体进行分析,以其整体为核心,军事法的现象系统与外部环境的相互联系、相互作用、相互制约等关系方面综合地、精确地揭示军事法现象的系统性质和运动规律,发现薄弱环节和无序状态,促进整合优化。①

基于价值取向而展开军事法研究进路的观点认为,"军事法学的任务在于肯定军事的暴力性,以一定程序保障军事暴力的实施,但又将这种暴力性维持在一定范围之内,法学方法无疑可为这一目的提供稳定、权威的制度规则"。② 建立在这种以军事需要为价值取向的军事法学并不排斥多种分析工具的引入:一是军事学的研究方法。由于军事法中存在着不可能引入司法裁判的技术性制度,例如武器装备的管理与适用制度、军事与国防战略、军事指挥权的运行、军队基层的组织与管理、各军兵种的战斗方法等,还有军事政治工作法律制度中不涉及军人权利和义务部分等,在这里法律是确认成熟军事理论的规则外壳。因此,军事法学研究引入军事学的方法主要是以法学的逻辑思路和话语方式整合军事理论,以便为其更加顺畅地运行提供传播、教育和学习的载体,并借助自身的稳定性和权威性加强军事制度的权威。二是社会学的研究方法。从社会学角度看,军事行为也是个体之间、个体与群体之间的博弈过程。以此角度考察军个体军人与军事社会的关系、军事亚文化、军事科层现象、个体军人的行为动因、军人角色认知,以及军人内心确信等也可以为军事法理论的论述提供实证的切入点。当然,社会学方法的引入也需要避免其内在的误导因素。三是经济学的研究方法。以注重效率和收益的经济学方法有助于将军事指挥与管理还原为成本、收益、边际效应、期待、战斗力(资源)发挥等可供量化分析的工具,实现既节约资源又导致军事指挥和管理目标的实现。四是历史分析的方法。这种方法的关键在于发现事实背后的精神、思想、文化以及传统因素等,避免为一系列的历史事实所蒙蔽,将当下的现象和问题赋予其历史层面的意义,从而解释现存制度的来源与功能。五是比较研究的方法。比较研究方法的理论潜力在于运用而不在于介绍,不能仅满足于提供外国的军法知识而不就其制度、现象、问题等异同做出合理的解释。而且,这种研究方法还应当结合军事、历史、社会的眼光挖掘外军法制中更深层次的东西,值得借鉴的分析其价值、理由,需要抛弃的阐述其原因,这是比较研究方法真正体现价值的地方。③

2008 年出版的《军事法理研究》对军事法理的研究方法有专门论述。书中

① 李佑标.军事法原理[M].北京:人民法院出版社,2005:58-63.
② 杨韧.军事法研究的价值取向与方法论[J].武警学院学报,2003(5):52-55.
③ 杨韧,李剑.军事法研究进路的批判性建设[J].南京政治学院学报,2004(1):79-83.

认为，我国军事法理研究的方法其实就是科学方法论在研究军事法理中的体现：一是坚持实事求是的马克思主义基本原则，包括承认军事法现象的客观性、以客观事实为认识和实践的基础、具体问题具体分析以及反对教条主义和经验主义等。二是坚持普遍联系的方法论原则。把军事法放在国家军事、经济、政治、文化、国防环境等更广阔的背景中来研究，并着重分析军事法内部各分支系统。三是坚持价值分析的方法。军事法价值分析须经历两个阶段，即价值认知和价值评价。对军事法价值评价要坚持战斗力标准、依法治军标准、维护军人权益标准。四是坚持批判、继承和借鉴的方法。五是坚持比较的方法。①

关于军事法学研究方法的研究，在 10 年间既有承续也有创新。随着研究方法的日益专门化、专业化，军事法学追求整体理论体系建构的著作中也逐渐减少了对这一问题的附带性论述，甚至不再涉及这一范围的内容。与此同时，对军事法学研究方法的关注越来越成为学术论文研究的重点。

三、军事法学界对军事法学研究方法的再认识

"即使仍处于对军事法理论的价值进行哲学或军事哲学反思和重新考虑的开端时，就企图对学科的体系和外在的形式结构加以明确，这使得绝大部分理论仍然在没有对其基础经过任何审慎与有意识的系统质疑的状况下就被假设为正确的。"②就军事法学的研究方法来说，在军事法学学科理论体系被建构之后，虽经过充分分析，但也已经从基础理论体系中被逐渐忽视，其表现为在军事法学的著作中基本不见对这一问题的内容，而是更换了位置，出现在军事法学的下一级学科中。

《论经济分析方法在军事法中的应用》一文分 4 个部分研究了军事法研究应用经济分析方法的可能和意义，认为从经济分析方法诞生以后的半个多世纪里，经济分析方法已经出现在众多部门法学的研究中。虽然学界对军事法的特征观点不一，但其军事性和综合性较能反映本质，作者以军事法的这两个特征研究了应用经济分析方法的可能。在军事法的军事性特征与经济分析方法的结合上，证明了经济分析方法既能够适用于对军事组织的研究，也能够适用于对军事行为的研究。在军事法的综合性特征与经济分析方法的结合上，论证了经济分析方法在调整平等主体及不平等主体之间关系的可能。最后作者认为适用经济分析方法，以效率为军事法价值目标，以效率指导军事法制建设，在保障军事利益

---

① 张山新.军事法理研究[M].北京：解放军出版社，2008：26 - 33.
② 杨韧.军事法研究的价值取向与方法论[J].武警学院学报，2003(5)：52 - 55.

最大化方面具有重要作用；同时，经济分析方法使用数量分析也使理论得以量化，在一定程度上克服了传统法哲学难以量化的弊端，丰富了传统的法学研究方法，给军事法学研究带来方法论上的丰富和完善，促进了新成果的产生。①

《论军事法研究中的社会学方法的引入：也谈军事法学研究方法的重构》一文分析了军事法研究现状，介绍了社会学的研究视角和基本方法，重点阐述了军事法研究引入社会学方法的可能性和必要性。在引入的可能性方面，作者认为军事法学是一门具体的、单科性的社会学科，研究的是社会的一个子系统，在一定程度上与社会学存在个别与特殊的关系，两者在研究对象上具有交叉性，在研究目的或意义上具有相似性，在研究方法和手段方面具有借鉴性，而且有法社会学的成功范例参照，因此引入社会学研究方法有其可能性。在引入社会学方法的必要性方面，军事法的调整对象是军事社会关系，社会学方法能够澄清军事法的概念；军事法的价值取向既包括维护军事秩序，也包括保护军人权利，两者是相辅相成的，社会学方法能够确定军事法研究的价值取向；在军事法学传统研究方法基础上，引入社会学方法可以扩展军事法研究进路，增强指导军队法制建设的作用；社会学研究方法也能开拓出一些对夯实军事法基础理论具有积极意义的研究范围。因此，把社会学的研究方法引入军事法学，既有可能性也有必要性，可对军事法研究带来新的变化。②

也有论者从已有法学方法论中的法解释学方法视角，认为作为法解释学的军事法学基本任务是适应军事法律实践的需要。因此，军事法学的方法革新主要有两个路径：一是建立独立品格的军事法学范畴与核心命题体系；二是加强军事法实施的案例公开与讨论，并通过法律实施过程中的法律解释实践，推进军事法的解释方法研究。这种实证性的解释需要以大量的案例或判例作为研究对象，但在现实中，已经公开发布的军事法的司法实践案例十分罕见。据统计，除最高人民法院公布的 4 个破坏军婚案件之外，几乎无公开的军事执法与司法案件。一些军法杂志刊登的着眼于法制宣传或警示教育的、极为有限的案例也十分简要，从中看不到展示法律适用过程的证据与事实认定的分析以及法律适用的解释，这无疑使得以真实案例为依据的法解释方法研究无从开展。③

所谓研究进路，就是包括研究方法以及从方法中所体现出的作者的思维路径或研究的出发点，这并非价值无涉的手段或工具，而是学者自觉或不自觉地服

① 赵国勇.论经济分析方法在军事法中的应用[J].武警学院学报,2009(5)：42-45.
② 陈伟,崔家生.论军事法研究中社会学方法的引入：也谈军事法学研究方法的重构[J].西安政治学院学报,2011(4)：84-88.
③ 曾志平.论军事法学的基本范畴与核心命题[J].西安政治学院学报,2011(2)：50-55.

务于自己研究的某种取向的过程。①《通向法律的军事抑或通向军事的法律：军事法学研究进路的回顾与展望》一文就透视了前人在不同时期研究军事法问题时，在军事与法律之间的抉择与平衡中表现出某种较为普遍的倾向性。在超越褒贬的意义上，作者认为无论是通向法律的军事还是通向军事的法律，都是军事法学科发展道路上的必经阶段，是军事法研究进路的选择问题，也是研究方法单一化的表现。从本质上来看，不同的研究进路都囿于法学研究的价值分析法，并意图通过传统的价值平衡和价值位阶法来解决法律与军事的博弈难题，但是这种争论的任何一方都会使军事法研究陷入困境。因为军事法既是规则的存在物，也是价值的整合体，既区别于其他社会科学，也与之共享着某些普遍规律。军事法的这种存在状态的复杂性也决定了其研究方法的多元性。②

《从"法内说法"到"法外说法"：军事法学研究范式的当下转型》一文认为尽管我国军事法学经过 30 年的繁荣发展初步构建了完整的理论体系，但在研究中也存在着明显的移植、复制一般法学理论的痕迹，借鉴有余而创新不足，导致没有实现对军事法"个性"或特殊性的揭示。未来军事法学研究要求理论创新，在继续运用解释学和法社会学方法实现"法内说法"的同时，还需要转换研究视角于法外，向其他学科取经借鉴，通过"法外说法"实现对军事法特殊性的全新阐释和理论的重构。③ 按照作者所见，这种研究思路，在军事法的研究成果中已有体现。例如，有学者从自由主义政治哲学的视角对军事法哲学问题进行全新的理论探索，检讨缺失，基于政治哲学的考量为军事法理论的自洽和重构提供支撑；④有学者从军事政治学的关系演变视角，阐述了国防行政法的基本原理，深化了国防行政法基础理论；⑤在国防动员立法中，有学者从经济学的角度分析成本收益，指出国防动员立法的基本考量是在公平与效率的框架内对多重利益进行权衡；⑥有学者从思想史的视角出发梳理并解读了中国传统思想史中的军事

① 姬娜.通向法律的军事抑或通向军事的法律：军事法学研究进路的回顾与展望[J].南京政治学院学报,2012(2)：124-128.
② 姬娜.通向法律的军事抑或通向军事的法律：军事法学研究进路的回顾与展望[J].南京政治学院学报,2012(2)：124-128.
③ 谭正义.从"法内说法"到"法外说法"：军事法学研究范式的当下转型[J].西安政治学院学报,2013(3)：76-82.
④ 杨韧.军事法的政治哲学分析与反思：基于政治自由主义的考量[J].南京政治学院学报,2007(3)：69-73.
⑤ 曾志平.论国防行政法的基本原则：军事政治学的视野[J].西安政治学院学报,2012(4)：53-57;曾志平.国防行政法要义[M].北京：人民出版社,2013：64-72.
⑥ 李芳梅.国防物力力动员立法的经济分析[J].军事经济研究,2009(4)：67-69;李芳梅.国防动员立法的外部性分析[J].西安政治学院学报,2011(2)：56-58.

法因素,为军事法的研究开辟了新的领域;①有学者从政治学视角,以国家公民关系理论为主线,分析了公民兵役义务的理论基础,深化这一问题的认识;②也有学者从多视角对军人优抚和退役安置制度的性质展开分析,综合运用了多学科知识,体现出较高的理论水平。这些有意识地引入多学科概念、知识和理论对军事法的分析,代表了军事法理论研究的方式和方法的多元发展趋向,从而提升了军事法研究的层次。

基于理性建构的军事法学分析范式的发展也是不断重述的过程。《军事法学学科分析范式的构建》一文认为现实主义的分析路径误解了军事法的行为规范本质,军事法学的主业应当是规范分析,其是澄清军事法的准确含义、实现其正义评价功能的前提。建构军事法学的分析范式有赖于从逻辑基础、价值源头上探究"何谓军事正义"。军事领域的价值判断是围绕着"暴力"与"权利"两者展开的,需要在公共性的军事手段与个体性的军事牺牲之间进行平衡。军事正义就是基于权力理由而对暴力手段的正当化证明。在这个意义上,军事法可以被视为"限制军事暴力"这一价值命题的实证化,并且可以基于限制的层次不同而将其归入武装冲突法、国际人道法、军事宪法以及狭义的军法4个范畴。也就是以军事活动造成的权力影响作为实证分析的起点,围绕战争对国家正当权利的影响来分析武装冲突法,围绕军事冲突对人权的影响来分析国际人道法,围绕组织运用武力对公民基本权利的影响来分析宪法中的军事条款,围绕战斗力需要对军人一般权利的影响来分析军法。如此,军事法的具体内容大致由特定主体的正当权利、可能遭受的暴力侵犯、合法的武力授权以及授权范围蕴含的目标(代价平衡)4个因素构成。因此,借助"军事法秩序"提供的规范语境和知识体系,军事法学发挥了不可或缺的法律解释功能。③

除以上论文对研究方法的阐述外,这一时期军事法学的下一级学科理论建构也开始关注专门性研究方法的介绍。例如2010年出版的《军事行政法学原理》一书就开始寻找并选择适合军事行政法学的研究方法,认为军事行政法学的研究方法应当是一个开放的、发展的、创新的多维体系,凡是有利于军事行政法学研究的方法都可以尝试运用。其中,价值分析方法和实证分析方法尤其应当给予足够的关注。④《军事刑法学》也认为理论联系实际的方法、历史考察的方

①　朱晓红.礼法,刑法与道法：先秦法思想的三条路径[J].贵州社会科学,2010(3)：45-49.;朱晓红.传统军事法律文化的三个向度及其现代价值[J].西安政治学院学报,2012(1)：55-59.
②　谭正义.论公民服兵役的义务：基于国家与公民关系理论的视角[J].西安政治学院学报,2011(6)：53-55.
③　胡大路,胡锦光.军事法学学科分析范式的构建[J].山东社会科学,2018(2)：141-147.
④　李佑标.军事行政法学原理[M].北京：国防大学出版社,2010：10-11.

法、分析的方法和比较的方法都是军事刑法学所要坚持的研究方法。①

以上对军事法学研究方法的专题专论，其载体形式主要是公开发表的学术论文。借助这种形式，军事法学研究方法，包括军事法学的研究进路、研究范式或分析范式等日渐成为军事法学理论界所普遍关注的一个热点问题。一些创新的观点或理论体系之所以有别于其他，在很大程度上得益于新的研究方法。对于军事法学的研究方法来说，在这一时期众多新的研究方法的介绍或论述既标志着军事法学理论范围的拓展，也催生着军事法学理论的不断创新。

第二节　作为一种方法：军事法学理论建构实践中的研究方法

"工欲善其事，必先利其器。"对于理论研究来说，这个器（工具）就是研究理论的方法。一定的理论体系建构是基于特定的研究方法，一定的研究方法也关系理论的水平和风格。对于军事法学理论来说，科学的研究方法发挥着如下功能：一是可以确定研究的基本方向，保证研究在方向选择上沿着正确的道路前进，防止研究误入迷途，避免追求无意义的目标。二是可以整合各种研究方法，保证研究在使用方法上的全面和科学性，防止片面使用某种方法或者孤立简单地使用某种方法。三是可以创新知识、创新理论，为新思想、新观点的发现提供可能。运用新的方法和新的视角，能够使我们对军事法现象的认识和判断从旧的、固有的局限中解放出来，重新审视研究对象。② 因此，实践的军事法学研究方法，其结果或者表现最终会落实到或表现为确定的军事法学理论，因此，从军事法学理论的建构中也能体察研究方法在运用中的发展以及发展中的运用。

一、基于理论体系建构需求下的军事法学研究方法

党的十一届三中全会之后，国家和军队的法制建设开始受到重视，各项立法和司法制度建设得到恢复和快速发展，特别是军队立法工作拨乱反正、重新起步，并取得初步成果，军队牵头起草的一批法律规范的颁布和实施，各级军事法院、军事检察院恢复重建，经过专门法学培训人员陆续回到部队，都在一定程度上加速了军事法的创立和研究进程，也为军事法学从无到有、作为一门独立的法

---

① 钱寿根，王继.军事刑法学[M].北京：国防大学出版社，2007：10-14.
② 张山新.军事法理研究[M].北京：解放军出版社，2008：26.

学分支学科存在,并在国家法律科学体系中确立其应有的地位提供了可能。当然,在学术理论的研究上,无论是发展现实还是发展态势距离专业理论的体系化都有相当一段的距离,但就是在这样的学术成果尚处于萌芽状态、理论准备不足的情况下,1987 年 5 月,国家教委将军事法学列入法学类的一个分支学科、这极大推了军事法学理论的兴起与发展,促进了军事法学理论的形成。从另一个角度来看,学科对系统理论的急切需求的压力也在一定程度上导致未经充分省思的理论体系的速成。如果说在学科建构时的压力下无暇审视建构理论所需要的方法,那么,如今再回顾、梳理这些理论,无疑将更能真实、真切地把握理论背后的研究方法。

(一) 借用、移植法理学基本概念与原理

从被确立学科时军事法学自身的理论条件和法学学科的理论基础看,军事法学理论对一般法学理论所采取的态度基本是可以确定的,即一边是军事法学理论不足的现实和学科理论建设面临的压力,另一边是相对来说已有发展并取得一定成果、基本成型的法学理论体系。并且从两者关系来看,无论是形式上的学科层次还是研究内容上的总分区隔,两者都有着充分的理由去达到理论上的共享。当然,这种共享实际上也只体现为单向度的移植,即由一般法理学向军事法学理论的弥漫,只不过这种形式,有的学者认为是"袭用法理学的基本概念与原理建立军事法学的概念与命题";[1]有的学者则以"复制军事法学"来进行评价。[2]

相对于法学其他学科来说,军事法学这一法学分支学科确立的后发性以及学科自身综合性特点,使其从学科建设的开始就具有得天独厚的参照范例。军事法学理论体系的搭建最典型的表现就是从法理学或其他部门法法学中引入基本概念与理论,然后冠以"军事"限定词,即推出军事法学的相应概念与命题。2003 年,军事法学理论进行回顾性研究,认为军事法学"机械地或者简单地套用法律部门划分理论,照搬照套的痕迹比较明显"。[3] 这种情况在早期的军事法学的基础理论建构中表现得尤其明显。

何谓军事法? 这是一个基础性概念,一系列理论体系由此而起。对军事法概念的表述比较普遍的做法就是借助法理学对法的概念定义,即"国家制定或认

① 曾志平.国防行政法要义[M].北京:人民出版社,2013:5.
② 杨蕾.春华秋实,任重道远:军事法学学科建设的回顾与展望:访军事法学专家陈耿教授[J].西安政治学院学报,2010(4):115-120.
③ 张建田.中国军事法学研究的回顾与思考[M].北京:法律出版社,2003:216.

可,并由国家强制力保证实施的规范体系";引用部门法学关于本部门法的概念模式,即"调整……社会关系的法律规范的总和"。在这种通用的模式下加上"军事"一词予以限定,军事法的概念由此生成。"在法律体系中,正是因为法律规范调整的社会关系的不同,从而组成了不同的法律部门。例如,刑法是专门规定犯罪和刑罚的法律规范的总和,它调整的是基于犯罪而形成的刑事法律关系;民法是调整平等主体之间的财产关系和人身关系的法律规范的总和;行政法是调整国家行政机关在行政管理活动中所产生的社会关系的法律规范的总和;军事法是调整军事领域内的各种社会关系的法律规范的总和。"①"军事法是国家制定或认可的并由国家强制力保证实施的,用以调整国防和武装力量建设,国际军事交往和战争等领域的各种社会关系的法律规范的总和。"②"军事法,是指国家制定或认可,并由国家强制力保证实施,用以调整军事领域社会关系的行为规则的总称。"③以这种借用、套用的方式对军事法概念进行界定的模式,有观点认为本身不存在严重的问题,但必须有后续的解释跟进,即对"军事社会关系"的概念、范围、结构与特征进行充分的论证,如此,才能在军事法概念上达到内涵明确、外延清晰,以其充分的独立品格区别于其他部门法,也就是军事法概念的界定尚需要继续论证,否则,其学术风险就有可能引发学术误解,将军事法理解为调整军队内部关系的法律规范。但是,军事法学的主流观点对军事法的界定远不限于军队内部的法。④

"军事法从本质上说是统治阶级的利益和意志在军事领域内的集中体现。"⑤"军事法的阶级性更加强烈,是因为军事是统治阶级生死存亡的大事,作为集中体现统治阶级军事意志的军事法必然会引起被统治阶级和被统治者的更大关注。"⑥军事的本质是指军事法律规范固有的、内在的根本属性。"军事法是统治阶级意志外化在军事关系中的行为规则。"⑦关于法的阶级性问题在一般法学理论中的阐释基本上就是加上了"军事"两字被整体搬移到军事法中。当然,指出这一问题并不代表对这一问题有多大疑问,而是对马克思主义法学理论中关于法的阶级性本质或特征在军事法这一分支的有无特殊体现以及如何体现的深入思考,只是说明一种现象,这种现象是军事法学理论对一般法学主要是法理

---

① 图们.军事法学教程[M].北京：法律出版社,1992.33.
② 陈学会.军事法学[M].北京：解放军出版社,1994：43.
③ 方宁,许江瑞,姜秀元.军事法制教程[M].北京：军事科学出版社,1999：1.
④ 曾志平.国防行政法要义[M].北京：人民出版社,2013：6.
⑤ 图们.军事法学教程[M].北京：法律出版社,1992：41.
⑥ 陈学会.军事法学[M].北京：解放军出版社,1994：47.
⑦ 方宁,许江瑞,姜秀元.军事法制教程[M].北京：军事科学出版社,1999：1.

学的复制和移植。

（二）比较、借鉴其他部门法学理论及国外军事法理论

军事法学学科从其学科建设之始就是以一定的军事法学基础理论和一系列
次级学科的学科群为追求目标。在这个学科内，有以"军事法学"命名的军事法
学概论形式的学科；有军事法理学、军事刑法学、军事行政法学、军事经济法学、
军事立法学、军事司法学、军事审判学、军事检察学、军队刑事侦查学以及战争法
学（武装冲突法学）等。从相关学科以及国外军事法吸收相关的概念和理论对军
事法中的某一专门部分进行比较与反思，进而提出观点，形成理论体系，这是军
事法学学科发展的一种方法。

以军事行政法学与行政法学在概念与理论的借鉴与应用来看，两者之间的
概念与理论的交流与共享有利于学科理论的提升和发展，但在对两者在深度上
的把握不够、对借鉴的前提研究不充分的情况下，理论说服力的弱化只能凸显复
制、套用的尴尬。例如，军队的各种活动均有明显的典型的行政色彩，有观点即
以此与行政法学进行比较，并移植其概念、理论构建起了军事行政法的一些基本
概念和命题，提出了军事行政法、军事行政机关以及军事行政诉讼等概念，并且
以简单的演绎方法将行政法的一些基本理论，例如行政法的核心宗旨在于控制
行政权等直接套用到军事行政法中，换其名存其质，称军事行政法的核心任务在
于控制军事行政权。这种移植套用方法对军事行政法学的理论建构具有一定的
意义，但问题是，在这种移植套用之前是否对各自的理论体系进行深层次的质疑
和反思，或者说对一般行政法概念、理论借用之前是否真正考察了这种类似现象
在军事领域之内是否呈现出一些不同于普通理论的特质内核，两者在简单套用
上建立的表面一致性是否遮蔽了内在不可融合的矛盾？事实上，已有观点认为
军事行政法不应纳入行政法体系；[①]也有观点认为军事行政机关根本没有独立
的地位。[②]

有学者认为在西方国家体制中，诸如国防部之类的军事机关大多列于行政
机关，遂由此得出军事权乃行政权之一的结论，并进而认为军事法不过是行政法
的特别法，军事法学也仅作为行业法学存在，没有必要把军事法列为独立的法律
部门。[③] 有观点对此提出批评，称其是"对西方军事法律制度的盲目借鉴"，"由
于中西方在宪政体制、立法制度以及司法实践上的根本区别，决定了我国军事法

---

① 曹莹，朱世宏.军事行政性质辨析[J].西安政治学院学报，2003(6)：54 - 58.
② 曾志平.国防行政法要义[M].北京：人民出版社，2013：7.
③ 周永坤.法理学：全球视野[M].北京：法律出版社，2016：77 - 78.

与西方在类似问题上有着根本不同"，这种"照抄照搬西方的法律制度"的做法容易造成"对军事法性质的错误认识"。① 既然要在比较中借鉴，基于现象的比较显然是一种肤浅的理解。在比较的方法下，所要比较的制度从来不是孤立的，尤其是法律制度，它是镶嵌在众多制度中的一个只有可能在比较研究中才相对独立的机制，它是一种系统之下且不可分割的部分存在，而且对所要比较的制度本身也必须有客观真实的认识。就西方国家体制中类似国防部的定位而言，它存在着行政系统的形式，但并不能据此就可以推断军事权是行政权的一种。因此，对外国军事法理论的借鉴也能解释学者做出的军事法理论存在"套用"痕迹这一评价的针对性。②

(三) 借用一般法学的研究方法

军事法学的研究方法指的是军事法学研究主体认识军事法这一特定社会现象及其发展规律的各种手段。③ 这一概念暗含的前提是军事法是作为一种独立的并有发展规律的现象而存在的，研究的目的是认识这一现象的整体存在和发展。在这个意义上，军事法学的研究方法就是对军事法这一整体性的现象的认识的方法。军事法学早期建构阶段对研究方法的强调主要是在一般科学研究方法的层次上关注。一般科学研究方法包括三个层次：一是哲学的方法，它是从世界观的意义上把握和研究军事法现象的方法。二是一般科学的方法，包括形式逻辑的方法、系统的方法、数学的方法、调查研究的方法、理论联系实际的方法、批判继承和借鉴的方法、分析比较的方法等。三是专门学科的方法，即法学本身专有的方法，例如法律推理、推定、注释等。这一阶段的军事法学研究方法一般都强调以下几种具有公用意义的方法。

一是强调辩证唯物的方法。马克思在《政治经济学批判》"序言"中说："我的研究得出这样一个结果，法的关系正像国家的形式一样，既不能从它们本身来理解，也不能从所谓人类精神的一般发展来理解，相反，它根源于物质的生活关系。"④这一原理揭示了法的基本特征，指明了认识法律现象的基本方向，对军事法研究有重要的方法论意义。因此，军事法学的研究要结合国际政治、经济、军事斗争形势和本国国情、军情来观察和认识，需要从整个国防建设、军队建设和军事作战需要出发确定其研究方向、目标和任务。

① 陈耿，王卫军.论军事法在中国特色社会主体法律体系中的地位[J].西安政治学院学报，2011(1)：53-57.
② 张建田.中国军事法学研究的回顾与思考[M].北京：法律出版社，2003：216.
③ 图们.军事法学教程[M].北京：法律出版社，1992：21.
④ 马克思恩格斯选集(第2卷)[M].北京：人民出版社，1972：82.

　　二是强调系统论的方法。这种方法要求把对象放在系统中去考察,也就是从系统的观点出发,始终从整体与部分(要素)之间,整体与外部环境的相互联系、相互作用、相互制约的关系中综合地、精确地考察对象,以达到处理问题的最佳效果。运用系统方法应遵循整体性原则、动态性原则与最佳化原则。军事法学的研究对象本身就是一个系统工程,客观上存在许多系统,因此有必要坚持系统论的方法和原理,把军事法律现象作为一个整体、动态的开放系统来研究。

　　三是分析和比较的方法。分析就是对军事法进行解释。军事法是概括性的法律规范,具有普遍性、专业性和逻辑性,为了准确把握军事法律规范,便于其适用于军事领域,有必要对其进行分析。比较是对不同的军事法现象进行对照研究。通过比较可揭示异同,鉴别长短,继续完善。

　　当然,对军事法学的研究方法并不止上述几种,还有历史考察方法、价值分析方法、数学方法等,这些方法都是军事法学研究中所采取的方法,但有一个最大的共同特质,就是它们都是为认识军事法这一现象服务的。所有方法的采用都服务于这一目的。因此,在各具体方法中更倾向于哲学层次的方法、一般科学层次的方法,而不是倾向于法学自身的研究方法。方法本身是客观的,但采用哪些方法进行研究这是主观层次,在主观层次上认识军事法既反映了研究的目的,也反映了学术发展的层次。

二、基于理论自觉追求下的军事法学的研究方法

　　"从事军事法研究的学者们相对注重理论体系的'全'而不够重视理论观点的'深'和'专'现象",其现象上表现为"不少学术成果模仿性、套用性的痕迹比较明显,不少论文内容篇幅过多侧重于必要性、重要性和现状情况的平铺直叙,而对问题产生的原因分析,以及解决问题的办法和措施等,能够占有大量资料地从法理的角度探讨得不够深入,学术含量不高。"①个中原因,在笔者看来主要在于研究方法的贫乏。军事法学是一门新兴的学科,整个军事法学的学科体系和学科建设仍处于不断完善之中,而在这一学科的建设过程中,研究方法的构建显得尤其重要和迫切,特别是学科早期构建之时。"应当指出的是,凡有助于军事法学研究的科学有效的方法均不应拒斥,都可以运用。没有必要局限于一种或若干具体方法。这是因为军事法学所研究的军事法制是一种内容复杂、领域交叉、与社会生活各个方面广泛联系的立体现象,适用不同手段和采用不同角度对其不同侧面加以全方位考察,有助于揭示其固有特征和规律。军事法学研究应当

---

① 张建田.中国军事法学研究的历史回顾[M].北京:法律出版社,2014:436.

根据不同的课题范围，采用一定的科学有效的方法。"①当然，法学研究方法的发展也是一个过程，在这个过程中呈现出一定的阶段性特点。在军事法学学科理论体系建构之后，在知识层次上产生一定的积淀之后，在其他学科尤其是其他法学学科研究方法日新月异发展之时，军事法学的研究方法在认识层次上进行更新是必然的。这时的更新既表现为研究方法视野上的开拓，也表现为对新的研究方法的借鉴和吸收，当然也表现为对之前研究方法的批判和反思。

例如，2000 年出版的《军事法论纲》提出的"核心军事法"观点，"应当说在军事法体系构建上具有突破性意义"。②"以往学界把军事法的调整对象较为笼统地界定为'军事领域内的各种社会关系'，但对于这些关系并没有进一步地区分和深入研究，也没有阐明它们与确定军事法概念之间的内在联系，造成军事法概念的过于宽泛，缺乏重点和核心。'核心军事法'概念的提出，对于军事法的构成做了进一步的划分，将军事法限定在一个相对固定的范围内，使人们对军事法的认识有了更为清晰的脉络，为科学构建军事法学理论体系提供了新的思路和途径。"③当然，也有学者对"核心军事法"的涵盖范围存有疑问，并指出对军事法与普通法关系的研究未触及深层次动因，军事法学的学科独立性强调有余，却丧失了其应有的功能。④

在论及军事法展开的内在逻辑时，有学者主张军事权是分析军事法体系的逻辑起点，全部的军事法律制度均由军事权而发生与展开：军事事关国家安全与人民生存底线，国家需要为军事承担相应的职能，由此产生组织军事事务的权力。以军事的内容及政府组成的原则，军事权分为三类：战争权、建军权、统帅权。决定宣告战争的权力为战争权，一般由最高权力（立法机关）执掌，或者与军事统帅共同执掌；建军权，即军队建设所需要的各种资源的筹集的权力，由文官政府执掌；统帅权，即对军队的管理教育与作战指挥的权力，由军事统帅执掌。⑤在我国，最早论及军权的是王世杰、钱端升所著的《比较宪法》一书，该书在"军事委员会"一目中谈及军权问题。⑥ 改革开放以后，"军事权"这一概念并未引起学者的关注。有观点认为，最早把"军事权"这一概念纳入军事法学视野，并进行深入研究的是 2006 年中国政法大学的博士论文《论军事权》，作者曾志平。⑦ 2009

① 夏勇，汪保康.军事法学[M].济南：黄河出版社，1990：23.
② 傅达林.军事法体系的反思和重构[J].中国司法，2007(4)：34 - 36.
③ 雷渊深.创新军事法学理论体系的重要探索：评《军事法论纲》[J].西安政治学院学报，2001(2)：23.
④ 杨韧.军事法研究的价值取向与方法论[J].武警学院学报，2003(5)：52 - 55.
⑤ 薛刚凌，周健.军事法学[M].北京：法律出版社，2006：22 - 23.
⑥ 王世杰，钱端升.比较宪法[M].北京：商务印书馆，2010：519.
⑦ 谭正义.近年来军事法学若干基础理论问题研究述论[J].武警学院学报.2014(7)：35 - 38.

年,该博士论文成书由江西人民出版社出版。该书首先从军事法现象出发,分别追溯了军事与法发生关联的原初脉络,提出军事首先是与政治发生关联,并在政治的视野下,军事开始与国家、法律和法治产生联系,这种联系的关键节点就是军事权。其次,该书还从军事科学的视野,发掘军事最原始的意义和内容,概括出国家职能视野下军事事务的内容与本质结构——军事活动的组成：组建军队、管理统辖军队,形成战斗力,最终遂行政治任务——战争。相应地,为了行使各项职能,国家形成三种军事权力：建军权、统帅权和战争权,整个军事法即由此逻辑架构统领并展开。该书在理论体系建构中分别从社会学、政治学、军事学、法学中寻求知识与方法,对相应的问题或应用法律解释的方法提供了科学的解读,运用法学研究的方法进行抽象的概念建构与命题论证。① 对于军事法理论体系的重构而言,此书一改传统军事法研究的思路,"在军事法学界所产生的影响与其说在论文观点的可接受上,不如说在于研究进路的创新上。"②

《国防行政法与军事行政法》一书则坚持从宪政视野下观察军事法现象,尝试从《宪法》规定的"议行合一"体制下"五权并立"的国家权力结构出发来观察军事制度的研究方法,提出基于军事权与行政权并立观点的国防行政与军事行政二元论,对国防行政法与军事行政法的研究在视角和方法上都带来了突破性的启示。

《军事法研究进路的批判性建设》一文论及的军事法研究的价值取向问题开启一场有影响的讨论。作者认为军事法研究的发展在于军事法学研究的进路。对学科进路的建构应从研究的目的、态度、方法和理论工具入手,通过明确阐述这一组范畴、命题,反思以往军事法学研究在分析进路上的不足和缺陷,以揭示军事法学研究应遵循的一般规则,并为学科自治提供理论研究的方法论平台。基于此,作者认为军事法学研究正成为目的本身,而非为目的服务的手段。在作者看来,军事法学是借用法学的理论来规范军事行为的一门社会科学,决定军事法学价值取向的应当是军事需要,法学在其中充当的只是方法论的角色。在这个意义上,军事领域里一切需要以法的形式来阐述和固定的社会科学都属于军事法学的研究范畴,其具体方法可采取军事学的研究方法、社会学的研究方法、经济学的研究方法、历史分析的方法以及比较研究的方法等。③

对军事法的研究可以通过不同的学科视角展开,例如运用哲学的方法或政治学的理论对军事法进行研究。事实上,这两种视角的研究方法正是军事法学

---

① 曾志平.国防行政法要义[M].北京：人民出版社,2013：7.
② 谭正义.近年来军事法学若干基础理论问题研究述论[J].武警学院学报.2014(7)：35-38.
③ 杨韧,李剑.军事法研究进路的批判性建设[J].南京政治学院学报,2004(1)：79-83.

理论建构中的早期比较普通的研究方法，只不过哲学、政治学都限定于马克思主义哲学及政治学，其他的立场或观点则不被正式采纳。当然，按照这种研究思路，以政治自由主义视角展开对军事法的审视，并非独有的选择，而且政治自由主义也有其自身不可克服的局限。军事法作为军事制度的重要组成部分必须以战争准备和战争胜利为第一追求。由战争影响的军事现实就是军事法的现实基础，在不同社会背景的比较中，军事法的价值选择会体现极强的政治功利，在军事立法价值取向上表现为：相对于人权维护来说，军事利益优先保护；相对于自由来说，军事秩序优先；相对于公正来说，效益优先。①

除政治学视角对军事法的认识外，从社会学、经济学等其他学科也是对军事法开展研究的方法和路径。这种现象在不断实现对军事法理论反思的同时，更在创新的意义上丰富了军事法研究的方法，扩大了视野，也促进了军事法理论研究的深入。

三、实践军事法学研究方法的特点总结

注重方法论的探讨和研究是科学发展一个重要表现和组成部分，甚至有人认为，一切理论的探讨最终都可以归结为方法论的探讨；一切理论变革首先依赖对其研究方法的变革，只有方法论上的科学更新才能带来学科的重大突破。② 军事法学作为法学的一个二级学科，其理论体系的建构借助并得益于一定的研究方法，这是客观事实。如果说由方法而理论能够代表一种正常的发展顺序，那么，通过对军事法学理论的丰富过程和现实状态来审视实践中的研究方法，这显然是一种逆推的过程，但只要方法之于理论的价值的存在，采取这样的研究方法，我们也能现实地并类似实证地把握军事法学研究方法的特点。

（一）军事法学研究方法的阶段性的发展特征

军事法学研究方法的阶段性特征至少可以从两个角度得到证实：一是表现在军事法学著作对军事法学研究方法的介绍上，这在一定意义上又可以成为形式上的标志。尽管从非严格意义上看，军事法学的研究方法本身也是军事法学理论的一个部分，但鉴于其研究主题的独特性及其相较于其他理论的工具性，对研究方法专门独立于其他理论的关注在一定程度上表现为对军事法学研究方法的介绍。二是表现在对军事法学研究方法的实用上，一定的军事法学理论或观

---

① 王伟贤,刘東良.政治现实主义视野中的军事法[J].南京政治学院学报.2004(5)：73-76.
② 刘永水.法学方法论研究[J].法学研究,2001(3)：42-54.

点必然借助一定的研究方法,军事法学理论或观点的创新在一定程度上也反映出研究方法的创新。创新的研究方法相较于传统的研究方法即使不能称为提升,但描述为改变并无不当。在这个意义上,阶段性是军事法学研究方法实质上的标志。

在军事法学著作对军事法学研究方法的专题介绍上,早期的军事法学著作基本上都有专门的内容。例如 1992 年出版的《军事法学教程》在"军事法学概述"一章中就专列了"军事法学的研究方法"一节,不仅定义了军事法学研究方法,而且专门阐述了辩证唯物论和历史唯物论的指导思想、理论联系实际的方法、批判继承和借鉴的方法、系统的方法以及分析和比较的方法。1994 年出版的《军事法学》也有"开展军事法学研究的基本方法"内容。1999 年出版的《军事法制教程》设有专节介绍"军事法学的研究方法"。2003 年出版的《军事法研究》对"研究军事法学的方法"有专门介绍。在军事法理学的范畴内,2005 年出版的《军事法学原理》和 2008 年出版的《军事法理研究》中都有本学科理论的研究方法的专门内容。当然,对军事法学研究方法的关注随着对这一问题研究的独立化、专题化以及对军事法学理论体系的创新认识等,在军事法学著作中逐渐不再单独对这一问题进行介绍。例如,2006 年出版的《军事法学》和 2016 年出版的《军事法学》(第二版)均未列军事法学研究方法的内容,2004 年出版的《军事法理学》和 2013 年出版的《军事法案例研究》也没有相关内容。从这些军事法学类的著作涉及的理论内容来看,有一个专门阐述到不再关注的过程。

当然,军事法学著作中不再有专门的内容并不代表学者对这一问题就不再关注。事实上,学者对军事法学研究方法,从军事法学理论体系视角下的关注逐渐转移到以专题专论的形式关注,具体表现为学术论文的增加。军事法学研究方法早期并无论文论述。随着军事法学理论建构面临着"正成为目的本身"以及"与实践相脱节"的指责,此类来自军事法学理论发展的内部的需求直接刺激了军事法学研究方法的深化和拓展。例如"核心军事法"观点和由此推导的军事法体系理论,以及 2001 年出版的《军事法学》一书按照国防法律制度、军事行政法律制度、军事刑事法律制度以及国际安全保障与武装冲突法律制度四个方面阐释了军事法的体系。这些都标志着军事法学研究开始遵循一定的逻辑方法展开理论建构。还有以军事权为军事法理论原点构建军事法理论体系一改传统军事法研究的思路和路径,在一定程度上深化和丰富了军事法基础理论研究的空间,同时,在军事权与行政权并立基础上提出了国防行政与军事行政二元论的观点就是立足于行政法视野研究国防体制,坚持从宪法国家权力结构出发观察军事制度的研究方法。

从发展过程来看，军事法学研究方法在军事法学著作中的形式及实质体现有阶段性的表现，但这种阶段性表现并非以明确的事件或理论分割。之所以以阶段性来界定主要是在描述意义上，就其发展过程的不同表现是相对而言的。因此，这种界定不具有绝对性。而阶段性的把握只在认识军事法学研究方法的过程中实现其意义，而且这个意义也是有限的。

（二）早期军事法学研究方法

从理论研究的角度来讲，任何学科包括军事法学在内的研究方法按其适用的领域和层次可以划分为三大层次：哲学层次的研究方法；一般学科层次的研究方法；具体学科层次的研究方法。三个层次的研究方法组成一个有机联系的统一整体。上一层次的研究方法对下一层次的研究方法具有普遍的指导意义，下一层次的研究方法是对上一层次的研究方法的具体化。一般来说，哲学层次的研究方法能够具体化为下一层次的某一种或某几种研究方法，而下一层次的每种研究方法也都能够在哲学层次的研究方法上找到根据。从早期军事法学研究方法的构建来看也遵循着一定的原则：一是实践原则，即军事法学研究方法的构建要从军事法制实践出发，以问题为导向；二是系统的原则，即在军事法学研究方法体系的构建上坚持一个由各种方法组成的具有内在逻辑联系且功能互补的有机整体；三是发展的原则，即立足于构建一个开放的、发展的方法体系为目的。

基于研究方法的不同层次以及构建军事法学研究方法体系的原则要求，早期军事法学研究方法最大的特点就是倾向于选择哲学层次的方法和一般科学的研究方法。理论联系实际是马克思主义的一个重要原则，理论产生于实践，实践既是理论的基础，也是检验真理的唯一标准。军事法学是军事法制建设实践的理论化，军事法学理论也应当服务于军事法制实践。系统的方法要求以军事法的整体为核心，从军事法系统与外部系统的关系中综合揭示军事法现象及其规律，促进军事法系统运行机制的优化等。比较的方法是指对不同的军事法现象进行对照研究，比较的方法形式多样，有横向比较（空间比较）、纵向比较（历史比较），还有综合比较、专题比较等。

早期军事法学所重点阐述的这些研究方法，从其所属层次来看有些属于哲学，有些属于科学。早期军事法学理论对研究方法大多倾向于哲学层次的方法以及一般科学层次的方法，对于研究军事法学这一学科而言，运用此类普遍适用的研究方法，其理论结果若突出军事法学所独有的特色似乎不太可能。无论军事法学有无独特的研究方法，其首先应该在法学研究方法内来选择，而不是舍近求远,选取一般科学甚至哲学层次的方法。

(三) 军事法学研究方法多元化发展

军事法学对研究方法的关注并不是直接界定为研究方法,而是研究进路、研究范式略显宽泛的概念。事实上,这种现象也是军事法学研究方法走出哲学和一般科学层次研究方法,呈现出新的阶段性特点。这种多元化的军事法学研究方法意味着对军事法的多学科、多角度、多层次的认识和理解。当然,这类研究方法有两个共同的前提:一是将军事法作为一个整体,在军事法的整体意象下来思考这一法律现象的定位、价值、目的等宏观层次的意义。二是在运用马克思主义法学理论中的阶级理论的同时,从新的立场和视角实现对军事法的认识和理解。

法的阶级性是马克思主义法学观的重要组成部分。从马克思主义唯物论出发,法是统治阶级意志的体现,法反映统治阶级整体意志和国家意志。这种社会学的分析方法是分析法律现象的一个视角,并不能代替其他的分析方法。因为法律是与各种社会关系都存在联系的现象,只有进行多角度的分析,才能认识法律的多元性。认识、分析军事法同样如此。在对普通法学研究方法认识的不断拓展中,军事法学研究方法呈现出多元化特点,而这种特点本身也需要借助特定的方式来解释。

2004 年《军事法学研究进路的批判性建设》一文对传统军事法学的研究进路提出批判。作者看到军事法学"学科建设并非以学科自治为起点,却是以结构上的完善与划分为着眼点;不是追求对既存事实的考察、反省,而是满足于解释、分析、综合观念体系,这导致一个危险的倾向,即对军事法理论的价值进行哲学或军事哲学反思和重新考量伊始,就企图对学科的体系和外在形式结构加以明确,这使得绝大部分理论在没有对其基础经过任何审慎与有意识的系统质疑的状况下就被假设为正确。然而,制度模型的完善并不等于制度实质和运作效果的完善,可以追求军事法学法科子系统的划分只能伤害真正意义上的学科自治,并导致急功近利的学术倾向"。[①] 在作者看来,军事法学的任务在于肯定军事法的暴力性,以一定程序保障军事暴力的实施,但又将这种暴力性维持在一定范围之内。这种研究范式最大的价值体现在能够在宏观的层次上实现对军事法的整体把握,但未经规范分析和论证的军事法很容易随着研究视角或立场的转变而呈现出不同的样态,这也可能是作者在另一篇文章中将此处指称的军事法调整

---

① 杨韧,李剑.军事法研究进路的批判性建设[J].南京政治学院学报,2004(1): 79 – 83.

为军事纪律的原因。①

当军事法学的研究方法不能够包含所要解释的概念义项时，创造或选择适合的新词是必然选项，例如研究进路、研究范式等。对此新词使用者多但解释者少，仅能看到的对研究进路的解释是包括研究方法以及从方法中所体现出的作者的思维路径或研究的出发点，研究路径并非只表达手段或工具意义而无涉价值，或者说它就是研究者自觉或不自觉地服务于自己的某种取向的过程。② 如果研究方法可以解释为研究工具或手段（主要是体现在客观的手段），那么，研究进路不仅包括研究方法这类客观的东西，而且包含研究者的主观价值取向和研究立场。显然，相对于研究方法而言，研究进路更宽泛。军事法研究的进路既然是围绕解决法律与军事在军事法中的矛盾展开，那么，这种研究的突破口就有必要寻求研究方法的创新。也就是在这个意义上，军事法学学科的自治当然不意味着研究方法的故步自封，寻求与其他学科的融通，诉诸研究方法的多元化是学科发展的固有之意。

多元化的研究方法表明军事法学研究方法在发展上的阶段性特征，其内在推动也发端于对既存军事法理论的反思乃至批判。在这个思路上，政治自由主义的审视、政治现实主义的视角、社会学方法、经济学方法、军事学方法、历史分析方法等纷至沓来，丰富了军事法学研究方法的构成。

(四) 军事法学研究方法未经充分的理论自省

军事法学研究方法在军事法理论体系的形式构成中，早期军事法学著作在内容体系的安排上基本上都有相关内容的阐述空间。审视这些研究方法的内容主要借助于哲学层次和一般科学层次的方法，法学类的方法并不多见，更无军事法所独具的研究方法。随着军事法学研究方法的专题专论展开，又多基于军事法的整体意象而从其他学科立场或视角进行观察审视，这种研究方式与其称为研究方法不如名为研究进路或研究范式之类宽泛的概念更为适当。这种研究方法能够为研究军事法提供更为全面、更多层次的观察和理解，但仅在整体意象之下认识的军事法也容易造成对这一核心概念的不精确理解，甚至前后理解上的不一致。

军事法学在学科意义上无论是归于法学还是归于军事学都不影响这门学科

---

① 杨韧.军事法的政治哲学论析与反思：基于政治自由主义的考量[J].南京政治学院学报，2007(3)：69 - 73.
② 姬娜.通向法律的军事抑或通向军事的法律：军事法学研究进路的回顾与展望[J].南京政治学院学报，2012(2)：124 - 128.

与军事和法律之间的关系,当然也不会动摇这门学科的性质归属于法而不是军事。尽管军事法学研究方法的选择离不开军事这一特殊问题域,但离开了对法的探讨,这门学科也终将不存在。所谓研究进路、研究范式抑或研究方式等所涉及的似乎也只是研究的立场或观察的视角,立场、视角的多元并不真正代表军事法所坚持的法学研究方法的多元。

就专门性的法学研究方法而言,军事法学的研究方法需要进行彻底反思。在法(律)学方法论而言更应如此,但这项工作显然是缺位的。时至今日,笔者也并未检索到一篇真正按照法学研究方法的理论思路来阐释军事法学研究方法的论著。当然,这种状态并不代表军事法学研究者对这一问题的集体忽视:一是军事法学研究方法问题是否值得研究;二是军事法学研究方法难以在法学的研究方法范畴内展开。作为一个学科,其理论体系既要建构,也需要不断反思。学科发展对研究方法是一种内在的需求。研究方法的重要性不能被低估,更不能被忽视。

第三节　建构一个背景：法(律)学方法论视域下的军事法学研究方法

关于军事法学的研究方法,前文基本上按照时间顺序罗列了这一主题的专门阐述,以及理论建构中的实质运用,并对其特点进行了总结。鉴于军事法学的研究始终是围绕着军事法展开,尽管对军事法有众多不同的认知,但军事法在本质上是作为法的一种客观存在,这是不争的事实(这也是笔者认为将军事法学学科列为军事学学科主要是出于功利性考虑,而不是基于学科属性考虑的主要原因)。因此,对军事法的研究最终要落脚在法(法律)上。在这个意义上,从法(律)学方法论视域下展开对军事法学研究方法的观察和理解,这就是一种类似于建构背景的形式。当然,这一背景也并非无限扩大至一切可能的范围,只是就军事法学方法的直接知识来源或直接经验背景而言。这种研究样态是否适合取决于两个方面的因素:一是对法(律)学方法论这一概念的界定;二是法(律)学方法论在研究内容上是否能够为军事法学研究方法提供资源支持。回应后者有待对前者的厘定。那么,如何理解"法(律)学方法论",又要回到这一概念所处的大致范围,从学术演进的过程中抽丝剥茧、理清脉络。

一、历史视角下法学方法论更新

近年来法学方法论在深度和广度上体现的繁荣发展已经明确地标志了其

"显学"的地位和发展势头。每年较大数量的研究成果中，既有关于基础理论层面的研究，也有关于各种具体方法的研究；既有学者以专著形式展开的体系性的论述，也有以学术论文形式呈现的专题专论；既有法理学者的理性思辨和逻辑推演，也有部门法学者基于法律实践的经验总结和理论提升。这种现象既标志着法学方法论的体系性发展，也意味着法学研究者学术自觉意识的充分觉醒。法学之研究，探其根本，必然发生方法论的问题，亦可谓法学的研究，至其终结，必须就方法论的问题，加以探讨。① 当然，就学术自觉来说，可以表现为不同的方面，但法学方法论作为一个突出的表现并非不当。这从研究方法与理论创新之间关系中即可看出，中国法学的发展与法学方法论的流变之间关系紧密。借由考察法学方法论的阶段性发展可以把握中国法学的发展脉络。

改革开放后的第一批法学基础理论类的教材对法学方法论的研究基本上是在严格区别唯物主义和唯心主义前提下开展的。华东政法学院法学基础理论教研室于 1981 年编印的供本院教学使用的教材《法学基础理论》一书就认为："研究法的现象，也像研究其他社会现象一样，不外乎两种方法，一种是唯物主义辩证法，一种是唯心主义形而上学的方法。……一切剥削阶级的学者都是从唯心主义出发，采取形而上学的方法，就是用孤立、静止、片面的观点去研究法的现象。这必然会得出错误的结论。方法问题又和立场有着密切的关系。唯心主义形而上学的方法有利于剥削阶级歪曲法的本质和它的发展规律。我们社会主义法学是建立在马克思主义哲学基础上的法学，它以唯物辩证法作为方法论来研究法这一社会现象。唯物辩证法是从自然界、人类历史和人类思维的大量现象中抽取出来的规律，是放之四海而皆准的普遍真理，是研究一切科学，一切社会现象的钥匙，也是研究法学的唯一的科学世界观和方法论。"②1982 年版高等学校法学教材《法学基础理论》应该属于改革开放后最早的统编类教材。该教材编写得到了司法部和教育部认可，由孙国华任主编，沈宗灵任副主编，集合了全国25 所院校、科研机构专业教研人员集体完成。显然，这本教材无论在理论观点还是在教学使用上都具有一定的普遍性，其认为"我国社会主义法学是以马克思主义为指导的，因此，它的方法论是建立在马克思主义哲学的基础上的。……资产阶级法学家的方法论，从根本上说，是属于唯心主义和形而上学范畴的，它同马克思主义哲学为指导的科学研究方法有原则区别。"③

① 胡玉鸿.关于法学方法论的几个基本问题[J].华东政法学院学报,2000(5)：21-27.
② 华东政法学院法学基础理论教研室.法学基础理论[M].上海：华东政法学院印刷厂,1981：15.
③ 孙国华.法学基础理论[M].北京：法律出版社,1982：23-24.此书编于 1981 年，集合了全国 25 所院校、科研机构专业教研人员编写，并得到司法部和教育部领导的关怀和支持，作为"高等学校法学教材"，供高等院校各法律专业选用或参考。

在唯物主义与唯心主义需要严格区分并可能决定着法学工作者学术观点之外的事情时,对法学方法论的研究也不可避免地印下了这个时代的特征。马克思主义在历史唯物论中关于法的观点具有决定性影响:法律是统治阶级意志的体现,法是阶级斗争的工具。在这种整体的法观念之下,这个时期的法学方法论的建构一般分为两个层次:一是哲学层次的方法论;二是法学学科层次的方法论。在哲学层次,就是坚持辩证唯物主义和历史唯物主义对法学研究的普遍指导意义。在法学等具体学科层次,除了这种具有普遍指导意义的方法论之外,还有自身的方法论,大致可以归纳为以下几种:一是社会调查的方法;二是历史考查的方法;三是分析和比较的方法。① 有学者考察同时期苏联与中国法学理论的方法论观点认为,中国法学理论中关于方法论的观点"几乎完全照搬苏联,甚至更简单化"。②

如果说改革开放后第一批法学基础理论类教材对法学方法论论述的理论基础源于苏联,并因此而巩固了新中国的苏联式法学传统,那么,随后的发展显然是朝着对这一传统的解构方向发展的。而且在这一过程中所采用的渐进方式让这一理论体系内部也始终存在着巨大的张力。随着思想解放、改革开放的推进,表现在法学上就是西方不同法学流派逐渐被引介到国内,西方法学流派的方法论体系也日益引起中国法学工作者的重视。这一时期法学研究方法理论虽然未发生基础性变化,但原有的法学方法论框架已经不再视为不可突破的束缚,在法学研究中不再教条式地看待传统的方法论理论。1993 年出版的《法学基本范畴研究》一书就是在强调马克思主义法学方法论理论基础的前提之下,引入了以西方其他法学流派为理论基础的新的法学方法论体系,其中最具特色的就是语义分析方法。作者坦陈,这一法学方法的哲学基础是西方分析哲学中的语言学哲学。③ 书中同时还介绍了历史考察方法、价值分析方法和阶级分析方法。与 20世纪 80 年代初期相比,变化较大的是对法学研究方法补充了新的内容,并在法学研究方法上秉持开放性的态度,"诸如以'老三论'(系统论、信息论、控制论)和'新三论'(耗散结构论、协同论、突变论)为代表的现代科学方法和其他一切适合法理学研究的人文科学方法被引进到法理学研究领域以后,必然会开拓新的视野和领域,推动法理学以致整个法学的发展。"④"近年来,在我国也有些中青年法学工作者尝试将这些新的科学方法论引入到法学研究中来,这是值得欢迎的。

① 孙国华.法学基础理论[M].北京:法律出版社,1982:24-26.
② 季涛.法学方法论的更新与中国法学的发展[J].浙江社会科学,2000(5):68-72.
③ 张文显.法学基本范畴研究[M].北京:中国政法大学出版社,1993:20.
④ 卢云.法学基础理论[M].北京:中国政法大学出版社,1994:26-27.

因为具有中国特色的马克思主义法学本身不是封闭型的而是开放型的理论,它要求继承科学发展中的一切有价值的成果。"①在法学研究方法的认识上已经打开了传统的口子,学术触角已经开始触及它能够到达的地方。

法学一旦走出强力政治的庇护并基于自身的知识特性进入自觉构建之时,其对科学方法的采纳有一种出自天然的本性。当然,这里所谓的方法在一些具体的研究中表现为研究的立场、进路或视角等。自 20 世纪 90 年代开启的法学方法论的研究至今朝着多方位、多层次发展,成熟理论体系的姿态也实质性地促进着整体法学理论的创新发展。有学者通过对我国法学研究存在问题的分析认为,我国法学研究有四个方面的转向:立法中心主义转向司法中心主义;本体论转向方法论;绝对阶级意志转向价值多元;整体主义转向个人主义方法论。② 深入本质的观察切实把握了我国法学研究的变化,但在更广泛的意义上,这种理解不也正是对我国法学方法论的把握吗? 尽管有观点认为中国法学从形式到内容早已在百年前就开始了无可挽回的西方化;尽管有观点认为在法学研究方法论的更新形式上有"温和"有"激进";尽管有观点认为众多西方法学方法论在中国的学术场域实现了"不在场的在场";尽管有观点追问法学方法论是否有本土性或民族性。所有的追问以及对追问的回答都已经毫无保留地共同构筑了我国法学界关于这一主题的理论。

二、规范视角下法(律)学方法论认识的演进

2000 年以前,对方法论问题的专门研究并非热点。中国法学论文题录(1978—1999 年)汇集了 20 多年国内公开发表的 72 095 篇论文题目中,涉及方法论问题的论文仅 63 篇,平均每年 3 篇。③ 在有限的研究中,一般很少论及法学方法论,即使有所论述,多数也是在方法论和方法相互替代或等同意义上使用的。"方法论不过是代替方法的一个比较动听的同义语而已。"④尽管有所关联,但"方法"和"方法论"无论在形式还是在含义上都是不同的两个词。

方法的确切涵义是什么?"方法"一词最早见于古希腊,由"遵循"和"道路"两部分构成。"在古希腊人的心目中,更加看重以外在的途径提供遵循,方法就是要给人们指出前进的道路。"⑤近代欧洲哲学家霍布斯在《论方法》中认为,方

---

① 沈宗灵.法学基础理论[M].北京:北京大学出版社,1994:18.
② 陈金钊.法学的特点与研究的转向[J].求是学刊,2003(2):23 - 28.
③ 季涛.法学方法论的更新与中国法学的发展[J].浙江社会科学,2000(5):68 - 72.
④ 刘永林.法学方法论研究[J].法学研究,2001(3):21 - 27.
⑤ 韦诚.方法学:科学发现的理论基础[M].合肥:安徽大学出版社,2008:8.

法是"采取的最便捷的道路"。① 另一个哲学家、科学家笛卡尔，同样把方法比作"遵循正确的道路"。② 中国过去也把方法叫做"道"，例如处世之道、治国之道、"吾未知吴道"③等。

现代人讲的方法同过去的原义既有联系也有区别，其中最大的区别就是方法概念的外延有了明显的扩展，对其内涵有了更加深刻的理解。所谓方法不仅指沿着什么途径和道路的问题，而且是人们为了实现某一既定的目的所采取的一切方式、途径、程序和手段的总和。例如 1968 年版《韦氏新世界美国英语词典》将"方法"描述为："作任何事的方式、模式、程序、过程……有规则的、明确的程序或方式"。从定义中我们不难看出，方法着重于实现目的的手段、技术、工具、方式之类。例如，经常使用的社会调查法、比较方法、阶级分析法、价值分析法、逻辑分析法等都是在这一意义上使用方法这个词义。当然，从方法学的观点来看，对方法性质的理解，至今人们也并未取得完全一致的意见，这为方法科学的发展提供了学术空间，但并不影响上述对方法的一般理解。

相对于方法理解的多元性，有学者检索西方关于方法论的定义，发现权威词典对此的解释较为统一。④ 方法论是关于方法的知识体系，但这个知识体系并非单个方法的简单罗列、相加，而是对方法的一种符合一定逻辑次序的安排，是研究主体站在一定的学术立场上，对各种方法进行选择、排序而形成的一种关于方法的理论体系。方法论涉及学术研究主体研究立场、视角、目的以及确定研究对象、途径或方式的选择等问题。在了解关于方法、方法论的内涵意义之后，就会发现两者之间存在着区别。方法，作为完成既定目的的具体方式、工具或手段，在功能和目的方面旨在提高研究效率，且价值上具有中立性。它不能告诉人们应该做什么，先做什么，而只是在这两个问题解决之后才提供用什么去做，即怎样去做的问题。相对来说，方法论涉及研究主体思考问题的角度选择、研究对象的范围确定、研究途径的比较选择、研究手段的筛选和运用以及研究目的的限定等，其主要功能和目的是引导如何从事科学研究。因此，明确地告诉人们应该

---

① 北京大学哲学系外国哲学史教研室.十六—十八世纪西欧各国哲学[M].北京：商务印书馆,1975：65.

② 北京大学哲学系外国哲学史教研室.十六—十八世纪西欧各国哲学[M].北京：商务印书馆,1975：139.

③ 《左转·定公五年》。

④ 1983 年由朗内斯特编写的《哲学词典》,方法论是"对那些总是指导着科学探索的推理和实验原理及过程的一种系统分析和组织,……也称之为科学的方法,因而,方法论是作为每一门科学的特殊方法的一种总称。"1977 年出版的《韦伯斯特大学词典》对方法论的定义是："一门学科所使用的主要方法、规则和基本原理;……对特定领域中关于探索的原则与程序的一种分析。"《韦氏新世界美国英语词典》将方法论定位为"方法的科学或方法的有序安排;特别是对于科学探索的推理原理应用有关的逻辑分支,……任何科学中的方法体系。"参见刘永林.法学方法论研究[J].法学研究,2001(3)：21-27.

做什么、不应该做什么，先做什么、后做什么，怎样才能事半功倍，取得最大的效益，这也就意味着方法论是特定世界观在特定对象上的具体应用，[①]而这是方法所不具有的本质内涵。

当方法、方法论引入到具体的法学学科，并形成诸如"法学研究方法""法学的研究方法""法学研究的方法""法学的方法论""法学方法论"等规范或不规范的词语用法时，随着法学概念的学术引进而引起的相应的理论认识变化，关于这一问题的认识也在词语形式、概念意义以及理论建构等层次上形塑了理论的发展路径。

在我国 20 世纪 80 年代出现的法理学著作中对于法学的研究方法与法学的方法论并没有严格区分，相互替代的使用实际上暗含了对两者意义等同的理解。[②] 从有关法理学的教材来看，关于此问题的认识状况在 20 世纪 90 年代也并未有明显改观。可能对于方法和方法论的诠释并不能局限于法学知识范围之内，而基于单独学科知识体系上的理解能够具有多大的普遍意义确实值得引入效益观念，在此存疑状态下，法学研究者不如仅局限于法学知识领域内就此问题进行探讨。

对法学方法与法律方法之间关系的辨析，能够从另一个角度反映国内关于对这一主题范围的认知历程。"研究者从法学方法中剥离出法律方法的概念，并逐渐赋予其独立的内涵，这一过程大致折射出国内法律方法论研究从最初起步到逐渐成为一个独立学科的成长历程，并在一定程度上反映了国内法学研究从早期较多关注理论研究到如今较多关注实践研究的转变过程。"[③]

法学界早期关于法学方法的认识是在继受哲学中有关方法的定义——方法是认识世界和改造世界的手段或途径的基础上，将方法概念直接移植到法学领域，认为法学方法就是人们认识法学知识的各种途径和手段。在这个意义上，法学方法就是法学研究或研究法学的各种方法，例如 20 世纪 80 年代，从苏联借鉴过来的阶级分析法又可分为社会调查的方法、历史考察方法以及分析与比较方

---

① 刘永林.法学方法论研究[J].法学研究，2001(3)：21－27；陈金钊，焦宝乾.中国法律方法论研究报告[R].北京：北京大学出版社，2012：248.
② 根据基本常用的几本有关法理学的教材来看皆有此现象。"我国的法学是以马克思主义为指导的，因而它的方法论是建立在马克思主义哲学的基础上的。……我国法学界虽然迄今并未对法学的方法论问题开展过正式讨论或取得比较统一的认识，但我国法学工作者在自己日常研究工作中通常所使用的方法，大体可以归纳为以下几类……"。参见沈宗灵.法学基础理论[M].北京：北京大学出版社，1994：14－15."法理学的研究方法坚持以辩证唯物主义和历史唯物主义为研究方法论基础"。参见卢云主.法学基础理论[M].北京：中国政法大学出版社，1994：24.
③ 陈金钊，焦宝乾.中国法律方法论研究报告[R].北京：北京大学出版社，2012：251.

法等。① 历经 20 世纪 90 年代的法学研究方法的进一步扩张，②至今仍有不少学者坚持法学方法就是法学研究的方法。③

自 1999 年我国台湾学者杨仁寿的《法学方法论》以及 2001 年拉伦茨的《法学方法论》在大陆的出版发行，"'方法论'在很大程度上蜕变成一种法律适用的方法，诸如法律解释、利益衡量、漏洞补充等，俨然成了'法学方法论'的主干"；④"此后各种不同法学传统下的方法理论的输入，加之先前固有理解的干扰，理论上的混乱便自然在所难免。"⑤具体表现为法律方法与法学方法两个概念界定及其之间关系的争论。"当人们采取领域的分类时，二者泾渭分明，而一旦涉及主要功能时，又难以将二者完全分开"。⑥ 围绕此争论，学界产出了大量研究成果。法学方法与法律方法两分也成为多数学者主张，并达成某种程度的共识，即法学方法主要是指法学研究的方法，关注的核心是何谓正确之法等本体论的问题，有关法学方法的学说是法学方法论，而法律方法主要是指应用法律的方法，研究对象包括：法律解释、法律论证、法律推理、价值衡量、漏洞补充等法运行论的问题，而有关法律方法的学说便是法律方法论。⑦

三、法（律）学方法论背景下军事法学研究方法的审视

无论将军事法这个义项词中"军事"看作社会中的某个领域、某些组织，还是看作作为调整对象存在的社会中某种特殊的社会关系，军事法在性质上的基本逻辑基点都在"法"上。在这个意义上，军事法是"法"而不是其他。由此出发，对军事法的研究方法的考察，如果放在对法的研究方法的背景下考察，这种方式显然有利于对既往进行反思。

（一）军事法学研究方法的审视

1. 军事法学对研究方法的态度自始具有开放性

正确恰当的方法是打开真理之门的钥匙。1990 年在军事法学这一学科创立初期，既有教材专门提及军事法学研究应当坚持的方法问题，认为军事法学在坚持辩证唯物主义和历史唯物主义认识世界和改造世界的思想武器之

① 孙国华.法学基础理论［M］.北京：法律出版社，1982：24－26.
② 季涛.法学方法论的更新与中国法学的发展［J］.浙江社会科学，2000（5）：68－72.
③ 刘永林.法学方法论研究［J］.法学研究，2001（3）：21－27
④ 胡玉鸿.方法、技术与法学方法论［J］.法学论坛，2003（1）：101－104.
⑤ 林来梵，郑磊.法律学方法论辩说［J］.法学，2004（2）：3－9.
⑥ 郑永流.法律方法阶梯［M］.北京：北京大学出版社，2015：28.
⑦ 陈金钊，焦宝乾.中国法律方法论研究报告［M］.北京：北京大学出版社，2012：254－255.

上，"我国法学理论和军事学术中所运用的一般方法均可用于军事法学。……应当指出的是，有助于军事法学研究的科学有效的方法均不应拒斥，都可以运用。没有必要局限于一种或若干种具体的方法。……军事法学应当根据不同的课题范围，采用一定科学有效的方法。"①1992 年出版的《军事法学教程》认为，"随着军事法学研究的不断深入，军事法学不但要移植其他学科的新的研究方法，而且还要创立出自己独特的研究方法，从而使军事法学研究的思维方式成为立体性思维方式，既具有创造性、预见性，又具有广阔性。"②1994 年出版的《军事法学》认为，"从总体上说，一切科学的行之有效的研究方法，军事法学都可以而且必须广纳之"。

军事法学是一门理论性和实践性都很强的学科，对这一学科的研究无论是基于理论建构还是实践功效，都有对不同研究方法的潜在需求。军事法学追求自治绝不是其研究方法的封闭，随着军事法学学科的不断发展和完善，研究军事法学的方法在不断发展完善的同时，也是不断吸收和移植其他学科的先进科学方法的过程。当然，这并非军事法学所独有。法学研究方法在本质上是一种思维程序，不同的程序制约下的思维活动观察到的问题面向不同、用以思维和分析问题的材料相异、解读和建构材料的原则也各不相同、挖掘出的材料运用随之不同、建构的理论所具备的解释力和诠释功能也不相同。由此来看，法学研究对其研究方法的创新和开放有着内在的需求。

2. 军事法学研究方法主要着眼于军事法整体性分析

军事法学的研究方法就是人们认识军事法现象及其发展规律的科学方法，这在早期军事法学教材中具有共识性。在这里，军事法始终是一个整体性存在。军事法作为一个整体区别于其他部门法，其研究方法就是这种区别的具体手段和工具。在这个观念之下，对军事法学研究方法的论述基本上都是采取外部视角，具体表现为马克思主义哲学方法论。

方法论即关于认识世界和改造世界的方法，按不同的层次分为：哲学方法论、一般科学方法论和具体科学方法论，三者相互依存、互相影响。③ 坚持马克思主义哲学为研究军事法学最高层次的方法，在军事法学教材中得到普遍坚持，尽管有的将之称为指导思想，但这种研究方法所面对的军事法也只能是一个整体性独立的对象存在。此外，在军事法学教材中所普遍坚持研究方法中，例如，理论联系实际的方法，其实质是在理论与实践关系原理的基础上来研究

---

① 夏勇，汪保康.军事法学[M].济南：黄河出版社，1990：22 - 23.
② 图们.军事法学教程[M].北京：法律出版社，1992：24.
③ 谭新田.西方哲学词典[M].济南：山东人民出版社，1992：131.

军事法现象;系统的方法,本身就是将军事法视为一个系统工程,在内外关系中达到整体系统运行的最优化;价值论方法,其研究的预设就是"一定的军事法在一定的时间和空间内能够存在,说明其在特定的历史条件下有着特定的价值"。① 类似这些着眼于军事法整体观念的研究方法,其宏大叙事方式有着自己的理论追求,即建构区别于其他学科的独立学科体系。事实上,这种方式越来越受到批判。

3. 军事法学研究方法的政治化倾向明显

古今中外,军事与政治之间的关系是不可完全分割的关系。法律与政治之间在实践中的关系反映在理论上主要借助于法学与政治学的论述。这些不同立场、不同门类、不同学科之间的关系纠葛在军事法学理论建构中部分地得到了体现,尽管只是部分,但其重要性已经触及军事法学理论的基础。例如,"几乎所有的军事法学教材在论及军事法的本质时都会提到军事法的阶级性"。② 类似表述比较普遍:军事法是统治阶级意志在军事领域内的体现,军事法是统治阶级用以调整军事关系,维护其统治的工具;剥削阶级的军事法是对内镇压广大劳动人民和敌对阶级的反抗,对外进行扩张和掠夺、推行侵略战争的工具;无产阶级的军事法是加强无产阶级专政、镇压敌对阶级和敌对势力反抗、保卫祖国、反抗侵略的工具。③ 有学者通过比较发现,这与早期刑法学教材有关刑法本质的论述极为相似,但从研究方法来看,如今的刑法学早已走出这种阶级斗争模式,但军事法学并未由此脱身。这种类似于政治学的研究方式最终可能导致军事法学自身的存在价值。④

诚然,对于法学理论来说确实无法自证清白,甚至时刻面临流于工具化的危险,这也是通过政治学视角审察军事法最常见的理论趋势。但是,军事法在内容上所具有的政治性特征不可忽视,不过这是基于军事法的视角来看待这一范围的政治现象,而非立场的变更。军事法要实现国家对武力的合法垄断,这本身也是现代政治合法性的重要内容,所以,军事法体现出强烈的政治性功能。军事法的本质或者说军事法的内在特征是军事法在本体意义上的存在属性问题,这并不能为其研究方法的政治性取向提供正当性证明。研究方法本是客观的方法,

① 方宁,许江瑞,姜秀元.军事法制教程[M].北京:军事科学出版社,1999:205.
② 冉巨火.学科军事法论[J].当代法学,2016(5):151-159.
③ 图们.军事法学教程[M].北京:法律出版社,1992:44-48;陈学会.军事法学[M].北京:解放军出版社,1994:57-66;方宁,许江瑞,姜秀元.军事法制教程[M].北京:军事科学出版社,1999:1-2;张山新.军事法学[M].北京:军事科学出版社,2001:23;李佑师.军事法原理[M].北京:人民法院出版社,2005:8-10;张山新.军事法理研究[M].北京:解放军出版社,2008:50-55.
④ 冉巨火.学科军事法论[J].当代法学,2016(5):151-159.

在一定意义上与价值无涉。在军事法学研究方法中掺杂明显的政治性倾向，最终实现的并不是军事法的客观研究，而只是透过政治视角对军事法的认知，最多它只能是研究方法中的一种，而且不能归入主要研究方法类别。

4. 军事法学研究方法对实证研究缺位明显

对于部门法而言，"实践中的法律"或者说注重对法律的实证性研究是不可或缺的。这种研究方法关注事实问题，研究法律在实践中的体现，一般通过对法律现象的观察、调查和实验，获取客观材料，抽象法律现象的本质属性和发展规律对于检验法律效果尤为重要。这种研究方法在军事法学中应该大有市场，因为实证研究本来就比较契合中国人实用主义的思维结构，也契合中国共产党一贯的实践和主张。"没有调查，就没有发言权。"然而，现实却是实证研究方法在军事法学研究方法中处于稀缺的状态。

有学者认为，实证调查类研究课题需要投入大量的时间、精力和资源，加之深入部队机关或基层开展问卷调查、座谈访问、文献检索等更需要借助研究者的人际关系，如果研究主题敏感性较高还会引起被访问单位的警惕，通过成本收益的经济分析，研究者自然不会产生从事这种"吃力不讨好"的实证研究的热情。同时，现有学术评价制度重量轻质的倾向，必然导致军事法学学术理论研究中理论演绎类研究大行其道，由此造成学术成果简单重复现象突出。①

也有学者从实证研究所需要的真实案例来分析，认为军事法学开展实证研究客观上并不具备条件。军事法的发展依赖于军事法的实施，但是综观我国当前的军事法实践，除最高人民法院公布的 4 个破坏军婚案件外，几乎找不到公开的具体的执法与司法案例。即使是公布的案例也多限于刑事案件，依常理应当经常出现的纪律处分案例极少出现。②

（二）展望

方法是为实现某一既定目的而使用的具体手段、工具、方式等。在此意义上，军事法学的研究方法具有的手段、工具、方式等属性并未发生改变，唯独需要明确的是，既定的研究目的是什么？从军事法学界早期关于军事法学研究方法的定义来看，军事法学研究方法就是认识军事法现象及其规律的科学，重点落在"认识"上。军事法学的研究方法只在于落实如何认识军事法问题。事实上，这一目的已经制约了军事法学研究方法的深化和扩展。从法学研究方法的发展来

① 谭正义.从"法内说法"到"法外说法"：军事法学研究范式的当下转型[J].西安政治学院学报,2013（3）：76 - 82.
② 曾志平.论军事法学的基本范畴与核心命题[J].西安政治学院学报,2011(2)：50 - 55.

看,军事法学的研究方法不能仅限于"认识",还应该有解释、论证、推理、修改、补充等。总之,对军事法学的研究方法需要在实践的、系统的以及发展的原则下不断发展。

1. 法内说法、法外说法研究视角需要双向共进

"法内说法""法外说法"并非军事法学的专有名词,只是学者在论述军事法学理论研究范式所创造的两个具有特定意义的指代概念。法内说法的原意主要是对传统军事法学研究天生具有的"复制军事法学"而言的,即对传统军事法学对一般法学知识的移植与借鉴而构建理论的进路现象的描述;法外说法在于提倡吸收多学科知识和理论,打通军事法学与其他学科以及一般人文社会学科的壁垒,探索军事法理论构建的多重视角和多种路径。①

"法内说法"与"法外说法"两种表述是否确切且不论,单从军事法学研究的出发来看,似乎也并未超出所列范围。研究军事法理论在其研究方法的路径选择上无外乎两条:一是来自法学路径,主要是基于军事法本质上是法的客观事实。因此,法学的研究方法对于军事法学研究实现无缝衔接,并无逻辑上的抵牾。事实上,军事法学历经 30 多年的学术建构,这种路径的研究方法功不可没。尽管法学研究方法在一些具体方法运用中,例如,对法解释学方法在军事法领域的直接套用一定程度上削减了军事法学学科的科学性和严密性;法学实证研究方法在军事法学研究中处于冷落场面,但这些并非归因于法学研究方法在军事法学研究方法在本质上的抵牾,恰恰相反,实现法内说法研究范式的深度拓展、深入推进这些研究方法在军事法学领域内的适用正是军事法学理论得以创新发展的条件。

法学本质上是实践的学问,应面向实践开展理论。面向实践的军事法学研究方法选择不能局限于法学内的视角和方法。军事法学研究需要运用多学科知识,从不同的学科角度,借助其科学的概念、理论模型等,遵循军事规律要求打通这些独立学科与军事法之间的内在联系,为军事法学研究方法的多样性提供知识支撑和经验借鉴。

总之,军事法学研究方法的深化和拓展,需要在法内说法、法外说法两种研究军事法学研究范式内持续发掘,不断创新。

2. 法学方法、法律方法需要共同发展

自 20 世纪 70 年代末开始至 20 世纪 90 年代中期,我国一直处于重建、完善

---

① 谭正义.从"法内说法"到"法外说法":军事法学研究范式的当下转型[J].西安政治学院学报,2013(3):76-82.

法律体系的过程中,这一时期的法学理论关注的多是法律是什么、法律的价值是什么等有关法本体论的问题。当社会实践需要制定完备的法律体系时,当法治建设的前提首先是有法可依时,理论研究也就多倾向于从立法者的视角研究法律,法学研究大多是"关于法律"的研究,于是就借用哲学中的各种方法站在法律之外研究法律现象。20世纪90年代中后期,中国的法律体系逐渐完备,人们希望能够通过法律适用来缓解和解决这些矛盾,法律实施中的公正越来越受到关注,学者的研究也越来越多地着眼于司法过程,法学研究正逐渐从关注法律是什么等问题开始转向关注法律如何被正确适用、如何公正解决现实纠纷问题,法律解释、法律论证、法律推理、价值衡量、漏洞补充等司法适用过程中的诸多方法逐渐成为法学方法论的主要内容。在这种背景之下,学术界对法学方法与法律方法渐为多数研究者所坚持。其中,法学方法主要是指法学研究的方法,关注的核心是何谓正确之法等法本体论的问题;法律方法主要是指应用法律的方法,研究对象包括法律解释、法律论证、法律推理、价值衡量、漏洞补充等法运行中的问题。

在法学方法、法律方法的背景下来看军事法学的研究方法。1991年,依法治军方针的正式提出,不仅为军事法学理论研究提供了合法性基础,更为军事法制建设,尤其是军事立法工作提供了方向保障。军事法学理论移植、借鉴一般法学理论的概念、理论以实现军事法学理论体系的建构,在功能上也为军事法制建设和军事立法工作提供了切实的理论指引。针对军事法是什么的本体论研究能够突出军事法区别于其他部门法的本质特征的把握,对技术性立法也能够提供一般理论指引。军事法学研究方法面向军事法的整体性、本体性的理论建构,军事法学的这种研究方法正是在法学方法的涵盖范围之内。

如果说军事法学理论研究在实践中的面向取决于军事立法中的军事法制建设,事实上在立法上也成效显著。2015年,我国军事法律、法规、规章(含规范性文件)数量已达4 050余件。① 这些立法既奠定了军事法制的法律规范基础,也标志着军事法治建设在立法工作上的巨大成就。如今,依法治军、从严治军方针作为治军方略得以确认。军事法治工作已经从相对静态的法制层次扩展到军队法治层次,军事法治已经成为一种实践。在这样的环境下,军事法学研究趋势也从宏大叙述向微观论证转换,以立法为中心的研究视角已经转向以军事法的实施为中心。军事法学者日益感到依法治军方针的价值,对军事法的研究已经进入军事法如何操作的阶段。法律方法论是实用性学科,军事法学者应该从那种

---

① 傅达林.我国军事法律法规数量已达4 050件[N].法制日报,2015－08－01(1).

宏大叙事中抽离出来,将研究旨趣集中于具体问题,真正展示出法律方法论的工具性价值。当然,从法学研究方法到法律研究方法,概念的转换体现的是学术研究对象的变化,这一变化展现出的是法学方法论研究日益突出对实践的回应能力。而这种转变也正是对军事法学理论研究一定要面向军事实践的恰当回答。

3. 学科自治、方法开放并行不悖

多年来,中国军事法学学科茁壮成长,军事法学理论取得了一定的成就,在研究进路上逐步摒弃模仿套用的研究方法,推出诸多凸显军事法学自主学科特性的著作,按照学科自治的目标进行自主性研究已经成为军事法学学者的共识。

作为一个独立学科,军事法学厘定了学科的基本范畴,例如对军事法的概念的界定。依据法的定义,按照军事法特有的调整对象,抓住"国家军事利益关系""国防和武装力量建设领域""战争准备和战争实施中的军事社会关系""提升战斗力"等核心要素,突出了军事法与其他部门法的区别。在军事法的基础理论方面,尤其是对军事法价值的讨论,综合多个学科方法,采取多种角度,深化了军事法的价值认知,与此同时还勾勒了军事立法、军事司法以及部门军事法的框架体系,在一定程度上形成军事法学学科群。在日益完善的军事法学学科体系的建构中,进一步细化了军事部门法研究的主题和范围。此外,对外国军事法学以及国际军事法的范围的拓展更是军事法学理论得以在更广阔的视野上构建。总之,军事法学理论的深化和研究范围的拓展为军事法学学科自治目标的实现提供了坚实的理论支撑。

军事法学学科自治的目标追求并不意味着其研究方法的自我封闭,不同的视角描述出来的问题也会得出不同的解读。由于问题不同,故研究问题的方法自然也会不同,这是研究方法的开放性。军事法学理论建设主要面向军事法治实践,在依法治军、从严治军方针之下,面向军事法治实践的理论建构也是理论自身价值的体现。军事法治实践的多样性、复杂性决定了军事法学研究方法的多样性和综合性。未来军事法学的研究要弥补方法论上的缺失,真正做到凡有利于军事法学研究的、科学有效的方法都可以运用,不能局限于一种或几种方法。在坚持哲学方法论的前提下,重视价值分析方法、社会学方法、比较方法、规范分析方法、经济分析方法、人类学方法以及其他一些交叉学科的方法,探索、思考军事法学研究中的国防、军事领域特有的一些方法,持开放的态度,促进军事法学研究方法的创新和吸收,推动军事法学理论的深层次发展,使军事法学理论与军事法治实践实现良性循环。

第四节　提出一个设想：建构
军事法教义学

　　法学研究方法的争论本是法学理论发展繁荣的一个标志。近年来，地方法学界关于法学研究方法的争论尤其引人注目。如果说地方法学界曾经"没有流派化意识"，①那么，经过多年磨砺与发展的当下，中国法学界尤其是一些青年法学者已经开始在学科方法论方面逐渐苏醒，自觉强化意识。中国的法学研究越来越呈现出一种"流派化"发展的趋势。"这种流派化发展的重要特点在于，法学研究越来越呈现出一种方法论上的自觉。"②其中，有关社科法学与法教义学之间的争论不仅能体现中国法学界在法学研究中的不同方法论旨趣，而且实际上也表明了中国法学界不同"流派"的形成与发展。本节不涉及中国法学研究方法论的争论，仅立足于军事法学这个学科理论的研究方法去观察、思考和借鉴。如前文所述，军事法学不排斥任何有利于自身繁荣的方法。所以，作为一个设想，笔者仅对法教义学方法论显示出偏好，毕竟这一方法论在军事法学界尚未见到专门的介绍和研究。

一、法教义学的理论概述

　　"法教义学"在德国乃至欧洲有着悠久的传统，但中国法学界较为普遍地使用却只有 10 多年的时间。③ 实际上，对"法教义学"的翻译也有诸多不同，例如法释义学、法律释义学、法律信条论、法教义学、法律教义学、教义学法学等。当然"在众多以法现象为研究对象的学问中，最能彰显法学家知识与能力之真正力量的部分，当属法教义学"。④ 近年来，关于法教义学的研究已经取得了较为丰硕的成果，法教义学作为一种方法论的研究也已经进入较为成熟的状态。⑤

---

① 陈金钊.当代中国法学的流派化旨趣(下)[J].扬州大学学报(人文社会科学版),2007(3)：31-36.
② 雷磊.法教义学的基本立场[J].中外法学,2015(1)：198-223.
③ 从检索到论文看，从 2006 年开始有这方面的学术论文出现。
④ 白斌.论法教义学：源流、特征及其功能[J].环球法律评论,2010(3)：5-17.
⑤ 例如白斌.论法教义学：源流、特征及其功能[J].环球法律评论,2010(3)；许德风.法教义学的应用[J].中外法学,2013(5)；张翔.宪法教义学初阶[J].中外法学,2013(5)；雷磊.法教义学的基本立场[J].中外法学,2015(1)；凌斌.什么是法教义学：一个法哲学追问[J].中外法学,2015(1)；纪海龙.法教义学：力量与弱点[J].交大法学,2015(2)；李忠夏.宪法教义学反思：一个社会系统理论的视角[J].法学研究,2015(6)；刘涛.法教义学危机？——系统理论的解读[J].法学家,2016(5)；雷磊.什么是法教义学？——基于 19 世纪以后德国学说史的简要考察[J].法制与社会发展,2018(4)；雷磊.法教义学与法治：法教义学的治理意义[J].法学研究,2018(5).

　　何谓法教义学？卡尔·拉伦茨在《法学方法论》一书中认为，法教义学即是法学，其是"以某个特定的，在历史中逐渐形成的法秩序为基础及界限，借以探求法律问题之答案的学问"。[①] 罗伯特·阿列克西在其著作中给法教义学下的定义是："法教义学是一类语句，这些语句涉及法律规范和司法裁判，但并非等同于对它们的描述，它们组成某个相互和谐之整体，在制度化推动的法学之框架内被提出和讨论，具有规范性内涵。"[②]无论是作为一种知识，还是作为一门专门的理论，在被译介至中国语境下，必然体现出中国研究者的理解和建构。白斌在其《宪法教义学》一书中指出，"法教义学(Rechtsdogmatik)乃是将现行实在法秩序作为其坚定信奉而不加怀疑的前提，并以此为出发点开展解释、建构与体系化工作的一门规范科学。"[③]雷磊认为，"作为知识的法教义学是围绕一国现行实在法构造的'概念—命题'体系，而作为方法的法教义学是一种受一般权威拘束的思维形式('教义法学')。"[④]凌斌认为，"真正的法教义学，是对本国实定法秩序的体系化解释。"[⑤]上述几位学者关于法教义学的定义是比较具有代表性的主张。然而，关于法教义学的定义，"尽管有愈来愈多的论著触及这个题目，然而至今还没见到有法教义学之普遍被认可的学说"；[⑥]"当下中国学界围绕法教义学的争论缺乏对法教义学历史维度的考察，也未就'什么是法教义学'这一前提性问题达成明确共识。"[⑦]当然，尽管基于不同的理解、不同的表达方式和语言组织方式，各家观点表现出一定的不同，但这并不是说对"法教义学"理解毫无共同之处。事实上，对"法教义学"的基本要义的把握还是基本一致的。

　　首先，法教义学是以对一国现行实在法秩序保持确定的信奉为基本前提。法教义学研究开展的前提是"假定现行法秩序大体看来是合理的"，[⑧]并且对这一断定确信。法教义学者不会问法律究竟应当是怎样的，它想当然地相信现行法秩序的正义性，这是它开展一切工作不可动摇的前提。即使是批判，但是其批判的标准并非源自现行法秩序之外的超越性的道德标准，而是借由对法体系内

① 卡尔·拉伦茨.法学方法论[M].陈爱娥,译.北京：商务印书馆,2003：19.
② 罗伯特·阿列克西.法律论证理论：作为法律证立理论的理性论辩理论[M].舒国滢,译.北京：中国法制出版社,2002：317.
③ 白斌.宪法教义学[M].北京：北京大学出版社,2014：20.
④ 雷磊.什么是法教义学？——基于19世纪以后德国学说史的简要考察[J].法制与社会发展,2018(4)：100-124.
⑤ 凌斌.什么是法教义学：一个法哲学追问[J].中外法学,2015(1)：224-244.
⑥ 罗伯特·阿列克西.法律论证理论：作为法律证立理论的理性论辩理论[M].舒国滢,译.北京：中国法制出版社,2002：310.
⑦ 雷磊.什么是法教义学？——基于19世纪以后德国学说史的简要考察[J].法制与社会发展,2018(4)：100-124.
⑧ 卡尔·拉伦茨.法学方法论[M].陈爱娥,译.北京：商务印书馆,2003：77.

部之规范、规范意义及其脉络关联的总结、抽象而获得的统合性原则，得以对争议条款、规范解释乃至法院判决保持一种反思性评价的可能性。

其次，法教义学以一国现行法律规范为研究对象。法教义学视野中的法现象是一种以规范现象之身份出现的法，设定人们应当如何行为以及交往的标准。行为标准属于规范性范畴，其有效性的主张不受是否具有实效性的影响。法教义学的主要研究任务在于通过梳理和批判散落在具体立法条文和司法案例中的规范内容，实现对作为规范整体的实定法秩序的体系化解释。

对此，比较全面且具有代表性的意见是白斌总结的法教义学的倾向性特征：一是研究对象上的倾向性，即法教义学视野中的法现象是一种以规范现象身份出现的法；二是工作前提上的倾向性，即对现行法秩序的合理性的确信、以一国现行实在法秩序为基础和界限，以及相对于实践理性与道德的诸基础理论的中立性；三是法律实践方面的倾向性，即法教义学的最终目的是给出法律争议问题的分析和解决方案。①

关于法教义学的工作，有研究者也作了总结：一是解释。法教义学工作的核心部分是通过解释来完成的。法律解释乃是对于法律规范之客观有效意义的认识与阐明。肇端于词语的多种意义、创作者的语文表达能力、社会情境的不同需要等因素，法律需要解释。解释也往往具有多种可能性，但对既存法秩序的维护并使之完善是其基本的追求。二是体系化。将法律素材体系化是法律教义学的主要工作。这就表明，法教义学视域下的法规范绝非单独、孤立地存在，而是置身于一张巨大而坚韧的"规范网络"之中，规范与规范之间存在脉络关联。无法想象与其他规范处于分离状态的、"孤立的"规范，但是此种规范与规范之间的脉络关联虽然客观存在，却并非自然地显现出来。因此，法教义学最重要的任务之一便是"发现个别法规范、规整之间，及其与法秩序主导原则间的意义脉络，并以得以概观的方式，质言之，以体系的形式将之表现出来"，利于整合各种价值、消除规范间矛盾。这便是体系化。就解释和体系化的关系而言。两者之间存在某种交叠关系：一方面，解释是体系化的前提；另一方面，体系也成为解释的工作空间与先决条件。因此，很难说两者谁先谁后、谁更重要。②

二、建构军事法教义学的可能

第一，对军事法秩序的维护是军事法学发展的内在要求，这与法教义学对法

---

① 白斌.宪法教义学[M].北京：北京大学出版社，2014：20-33.
② 白斌.论法教义学：源流、特征及其功能[J].环球法律评论，2010(3)：5-17.

秩序的维护有着充分的契合。军事领域是一个特殊的领域,军事法是国家法律体系中一个特殊的组成部分。军事法秩序是军事法律规范建构的法秩序,军事法秩序是一种状态也是一个过程。军事法秩序既是国家整体法秩序之中的一个组成部分,也有着自身独特的目标、价值、意义追求及运行方式。军事法学是研究军事法的理论体系,军事法学研究的核心内容就是军事法律规范。通过对军事法律规范的理论研究,实际上就是在维护军事法律规范建构的军事法秩序。军事法学研究的展开既是以这种军事法秩序为前提和基础,也是对这种军事法秩序的加强和维护。法教义学之所以区别于以自然法或者历史哲学、政治哲学等为根据的法的社会理论,首要原因就在于法教义学思考的前提就是断定现行法秩序是大体合理的,具有确信性。法教义学不会问"法"究竟应当是怎样,就想当然地相信现行法律秩序的正义性,这也是法教义学开展工作的不可动摇的前提。从军事法学研究对军事法秩序的态度,以及法教义学对现存法秩序的态度来看,两者有着充分的契合性。军事法学研究方法引入法教义学方法存在可能性。

第二,建立军事法律规范体系是军事法学发展的目标追求,这与法教义学对法律规范体系化的要求内在统一。军事法学作为研究军事法的"科学",其目标追求通过理论研究实现军事法律规范体系的不断健全和完善。通过理论分析和研究,对分散的并有独特对象和任务的军事法律规范进行统合,在系统化标准之下,实现军事法律规范的体系化建构。一个健全、完善的军事法律规范体系既是军事法秩序建构、运行的基础,也是军事法学理论研究的目标追求。而在法教义学视域下,法规范并非单独、孤立地存在,而是置身于一张巨大且坚韧的"规范的网络"之中,规范与规范之间存在着有机的脉络关联。法教义学无法想象与其他规范处于分离状态的、"孤立的"规范,但此种规范之间的脉络关联并非自然地显露出来。"发现个别法规范、规整之间,及其与法秩序主导原则间的意义脉络,并以得以概观的方式,质言之,以体系的形式将之表现出来乃是法学最重要的任务之一"①,这样也有利于整合各种价值、消除规范间矛盾。而这也是法教义学的重要任务之一。可见,在法律规范的体系化追求上,军事法学与法教义学存在内在的统一。

第三,对有效军事法规范的解释使之适用于应对现实问题,能够体现出军事法学的价值基础,这与法教义学的规范面向有着共同的旨趣。学科意义上的军事法学是军事法理发展的一种形式,军事法学的理论旨趣显然并非只建立学科

---

① 卡尔·拉伦茨.法学方法论[M].陈爱娥,译.北京:商务印书馆,2003:316.

这唯一目的。军事法是国家法律体系中一个特殊的组成部分，军事法有自身独特的规范目的、任务和价值追求。军事法律规范在具体适用中需要进行一定的解释。通过解释，既能实现军事法律规范的操作性，也能够保证具体规范的价值实现。法教义学的主要任务即在于"通过特别的法（律）学方法"探求此种行为标准的"规范意义"。法教义学这种研究对象上的倾向性，也决定了对法律规范的解释是其主要工作之一。因此，在倾向性的研究对象上，军事法学与法教义学也存在共同的旨趣。

　　总之，研究方法是构成军事法学理论体系的重要内容之一。科学的研究方法，对于军事法学理论的创新发展至关重要。研究方法的更新和转换往往成为催生新的理论增长点的前提，也是推动理论创新的不竭动力。近年来，军事法学理论创新总是伴随着研究方法的反思和转变。因此，研究方法的自觉正成为军事法学研究走向深入的主要表现和鲜明特点。结合军事法学对创新研究方法的需求以及军事法学自身的特殊要求，本书提出的法教义学方法只是一个设想，而真正构建起军事法教义学则任重道远。

结　语

　　研究中国军事法学理论的形构,有必要对"形构"一词予以界定。本书的形构有着特殊的意义指代。形构的"形"分两解:形式和形成。前者重于静态表现;后者偏重于动态过程。二者的共同性在于描述了中国军事法学理论发展的过程及其面貌。形构的"构"亦分两解:结构和构造。前者偏重体系排布状态;后者强调形成状态的理路。二者的共同性在于解释了中国军事法学理论体系性安排及其依借理路。"形构"一词既表达了中国军事法学理论的产生、发展的过程和表现形式,也解释了中国军事法学理论结构层次及其遵循的理路。

　　什么是"军事法"? 从军事法学学科发展来说,对这个问题的回答应该是该学科建立之始就应当解决的首要问题。从一定意义上说,对这一术语的回答基本上也能够反映出学者对军事法的基本认知。实际上,对这一法学术语的界定也是关系整体军事法学理论体系的建构。由此出发,追寻这一法学术语产生于何时,基于何条件产生,尤其是被赋予何种意义等,乃是军事法学理论建构的基石,也是审视军事法学理论的抓手。法学界尤其是军事法学界对军事法概念的界定争论至今,尽管不同的概念代表了不同的观察军事法的立场、视角,甚至不同的表达侧重、表述方式等,但从概念的界定方式来看,基本都预置了"军事法是一个独立的部门法"的判断。因此,界定"军事法"概念始终桎梏于传统部门法理论,即以调整对象——社会关系为关怀。即便在独立的部门法地位未得到官方权威式明确承认的情况下,对"军事法"的概念界定方式依然没有走出认识这种特殊的法现象的传统部门法理论的"通道"。中国军事法学整体理论体系的宏大建构表象后面一直伴随着争议。是对传统部门法理论的固守而对军事法概念的继续纠结,还是基于创新视角、立场、方法来寻求实现对军事法学理论中这个逻辑基点的新认识? 这是法学界尤其是军事法学界需要深思的问题。

　　现代学科意味着知识的体系化和边界化。学科成长规律一般需要经历一个基础理论的证成、体系结构框定的过程。在这一过程中对理论的推衍主要基于对既存事实的考察和反省。学科在逻辑上是否自足也是在这一过程中不断得到证实或证伪。就此而言,军事法学作为一门学科,自其研究伊始就遵循着迥然不同的路径。在基础证成理论缺失的前提下就被确定为法学学科之下的一个二级学科,借助于法学理论、遵循法学范式、透过法学视角、立于法学立场甚至抱持法学目的,这几乎成为建构军事法学的必然选项。作为一个学科,即使缺少学科证成的必需,但学科总要以学科的形态呈现。借助已有的法学理论,军事法学学科在研究对象、学科体系等基础性的领域展开想象,不断问世的论著迅速支撑起军事法学这一相对年轻的新生学科。历经 30 多年的发展,军事法学如今已经成为一个不容忽视的学科力量,无论在学科的深度还是广度方面,学科理论都取得了相当的成就,在这一过程中也积累了丰富的学科建设经验,但同时在这一过程中也积累了一些必须解决的问题。直面问题、在理论上有针对性地回应,这是一个学科应有的态度。军事法学作为一个发展中的学科,需要在军事法理论、学科理论乃至军事法的认识论上既要坚持固守,更要寻求创新和超越。

聚焦于问题,通过学术史研究方法展开对军事法学理论的研究需要确定相应的理论范围,如此才能在历时性和共时性两个向度上把握某一理论,或观点,或争议的产生、演变状态。事实上,只有通过此种方式的研究,才能够真正把握具体理论的发展理路。这种研究方式适用于对"军事法学理论的几个聚焦问题"以及"军事法理论的部门化研究"两方面内容的研究。前者从军事法学基础理论范畴涉及的争议出发,既对传统法学理论的坚持,也有必要对具体理论开拓创新性认识;后者不仅表现出如此状况,而且更突出证明了军事法理论局限于传统法学理论已经造成了对这一理论体系建构的错位。

总之,军事法学,基于"军事法是一个独立部门法"的前提认知,借助传统部门法理论,建构了一个类似于"全科法学"的理论体系。这种理论状态凸显了军事法理论体系自身的特色,也是其他任何部门法理论所不具有或不完全具有的。由是,科学认识军事法需要超脱传统部门法理论。

一定的理论须借助一定的研究方法。从研究方法的角度来考察军事法学理论,这种方式确属创新。法学研究方法可以从两个角度去理解:作为知识的研究方法和作为方法的研究方法。体现在军事法学研究中,把军事法学研究方法作为一个主题去阐述和把军事法学研究方法作为一个工具运用于研究,这并非一个层次上的事。本书既然坚持学术史的考察,将此二者两分也是必然。但在对两者的考察中,也认识到无论在专题论述方面还是作为工具运用于研究实践方面,都与一般法学对研究方法的关注有着密切的联系。事实上,借助并固守一般法学研究方法的认知和运用,基本代表了军事法学在这一主题上的建构路径。当然,事实判断与价值评测并非一样。放在一般法(律)学研究方法的知识背景下来检视军事法学的研究方法,其特色并非体现在自身独特研究方法上的独占;恰恰相反,军事法学研究方法的优势更在于对一般法(律)学研究方法的学习和

借鉴,尤其是那种创新的研究方法。军事法学理论若实现创新,在研究方法上,
通过研究、鉴别、学习并引进一般法(律)学方法是唯一之途。基于这种认识,把
法学界所重点关注的法教义学方法引入军事法学,并建构军事法教义学,也可以
作为一个设想提出。

　　总结 30 多年来中国军事法学理论形构的特点,"固守和创新"可能不是最好
的表达,但却是最恰当的表达。

参考文献

一、著作类

1. А. Г. 戈尔内.军事法学[M].何希泉,高瓦,译.北京：解放军出版社,1987.

2. 张建田,钟伟钧,钱寿根.中国军事法学[M].北京：国防大学出版社,1988.

3. 夏勇,汪保康.军事法学[M].济南：黄河出版社,1990.

4. 莫毅强,钱寿根,陈航.军事法概论[M].北京：中国人民公安大学出版社,1990.

5. 图们.军事法学教程[M].北京：法律出版社,1992.

6. 陈学会.军事法学[M].北京：解放军出版社,1994.

7. 军事法学研究会.军事法制建设研究[M].北京：解放军出版社,1996.

8. 方宁,许江瑞,姜秀元.军事法制教程[M].北京：军事科学出版社,1999.

9. 张山新.军事法学[M].北京：军事科学出版社,2001.

10. 陆海明,钱寿根.军事法学[M].北京：解放军出版社,2001.

11. 张山新.军事法研究[M].北京：军事科学出版社,2002.

12. 夏勇.中国军事法学基础理论研究[M].北京：中国财政经济出版社,2005.

13. 李佑标.军事法原理[M].北京：人民法院出版社,2005.

14. 张山新.军事法理研究[M].北京：解放军出版社,2008.

15. 薛刚凌,周健.军事法学[M].北京：法律出版社,2006.

16. 曾志平.国防行政法要义[M].北京：人民出版社,2013.

17. 钱寿根.军事法理学[M].北京：国防大学出版社,2004.

18. 张建田.中国军事法学研究的回顾与思考[M].北京：法律出版社,2003.

19. 张建田.中国军事法学研究的历史回顾[M].北京：法律出版社,2014.

20. 薛刚凌,肖凤城.军事法学[M].北京：法律出版社,2016.

21. 李卫海.美国军事法源流论[M].北京：中国政法大学出版社,2015.

22. 张艳.军事法学理论问题研究[M].北京：法律出版社,2017.

23. 约瑟夫·拉兹.法律体系的概念[M].吴玉章,译.北京：商务印书馆,2018.

24. 钱寿根,王继.军事刑法学[M].北京：国防大学出版社,2007.

25. 朱景义,于恩志.军事刑法学[M].北京：国防大学出版社,2006.

26. 张保平.军事刑法研究[M].北京：解放军出版社,2006.

27. 朱景义,于恩志.军事刑法学[M].北京：国防大学出版社,2006.

28. 胡留元,许继棠.军事行政法实用手册[M].西安：陕西人民出版社,1990.

29. 张俊.军事行政法概论[M].长春：长春出版社,1991.

30. 李佑标.军事行政法学原理[M].北京：国防大学出版社,2010.

31. 陈耿.军事行政法研究[M].北京：军事科学出版社,2012.

32. 钱寿根,王继,仰礼才.军事行政法学[M].北京：国防大学出版社,2012.

33. 田思源,王凌.国防行政法与军事行政法[M].北京：清华大学出版社,2009.

34. 张桂英.军事行政法治论纲[M].北京：中国政法大学出版社,2008.

35. 梁玉霞.中国军事司法制度[M].北京：社会科学文献出版社,1996.

36. 唐培贤,杨九根.中国人民解放军审判工作史概述[M].北京：人民法院出版社,1989.

37. 田龙海.军事审判学[M].北京：军事科学出版社,2002.

38. 李昂.军事检察学[M].北京：军事科学出版社,2003.

39. 李自飞.军队刑事侦查学[M].北京：解放军出版社,2003.

40. 徐占峰.军事司法权配置研究[M].北京：军事科学出版社,2008.

41. 田龙海,曹莹,徐占峰.军事司法制度研究[M].北京：军事科学出版社,2008.

42. 谢丹.中国军事审判制度论纲[M].北京：法律出版社,2018.

43. 赵晓冬.军事立法理论与实务[M].北京：军事科学出版社,2016.

44. 周健,曹莹.军事立法学[M].北京：军事科学出版社,2001.

45. 周健.军事立法研究[M].北京：军事科学出版社,2012.

46. 姜秀元.国防立法研究[M].北京：中国政法大学出版社,2015.

47. 周健.军事法原理[M].北京：法律出版社,2008.

48. 周健.中国军事法史[M].北京：法律出版社,2008.

49. 周健.外国军事法史[M].北京：法律出版社,2008.

50. 周健.战时军事法[M].北京：法律出版社,2008.

51. 陈守一,张宏生.法学基础理论[M].北京：北京大学出版社,1981.

52. 华东政法学院法学基础理论教研室.法学基础理论[M].上海：华政印刷厂,1981.

53. 孙国华.法学基础理论[M].北京：法律出版社,1982.

54. 沈宗灵.法学基础理论[M].北京：北京大学出版社,1994.

55. 卢云.法学基础理论[M].北京：中国政法大学出版社,1994.

56. 张文显.法学基本范畴研究[M].北京：中国政法大学出版社,1993.

57. 王世杰,钱端升.比较宪法[M].北京：商务印书馆,2010.

58. 周永坤,法理学：全球视野[M].北京：法律出版社,2000.

59. 孙国华.法理学教程[M].北京：中国人民大学出版社,1994.

60. 孙国华,朱景文.法理学[M].北京：中国人民大学出版社,1999.

61. B. B. 拉扎列夫.法与国家的一般理论[M].王哲等,译.北京：法律出版社,1999.

62. 刘海年,李林.依法治国与法律体系建构[M].北京：中国法制出版社,2001.

63. 胡玉鸿.法学方法论导论[M].济南：山东人民出版社,2002.

64. 张功.法学研究的理论与方法[M].北京：中国政法大学出版社,2016.

65. 何勤华.中国法学史[M].北京：法律出版社,2006.

66. 舒国滢.法哲学：立场与方法[M].北京：北京大学出版社,2010.

67. 陈金钊,焦宝乾.中国法律方法论研究报告[M].北京：北京大学出版社,2012.

68. 郑永流.法律方法阶梯[M].北京：北京大学出版社,2015.

69. 郑永流.法是一种实践智慧[M].北京：法律出版社,2010.

70. 罗伯特·阿列克西.法律论证理论：作为法律证立理论的理性论辩理论[M].舒国滢,译.北京：中国法制出版社,2002.

71. 卡尔·拉伦茨.法学方法论[M].陈爱娥,译.北京：商务印书馆,2003.

72. 白斌.宪法教义学[M].北京：北京大学出版社,2014.

73. 郭道晖,李步云,郝铁川.中国当代法学争鸣实录[M].长沙：湖南人民出版社,1988.

74. 孙国华.中国特色社会主体法律体系研究：概念、理论、结构[M].北京：中国民主法制出版社,2009.

75. 沈宗灵.现代西方法理学[M].北京：北京大学出版社,1992.

76. 张文显.二十世纪西方法哲学思潮研究[M].北京：法律出版社,2006.

77. 严存生.西方法哲学问题史研究[M].北京：中国法制出版社,2013.

78. 谢辉.法学范畴的矛盾辨思[M].北京：法律出版社,2017.

79. 谢辉.法律的意义追问[M].北京：商务印书馆,2003.

80. 谢辉,陈金钊.法律：诠释与应用——法律诠释学[M].上海：上海译文出版社,2002.

81. 陈金钊.法律解释的哲理[M].济南：山东人民出版社,1999.

82. 鲁道夫·冯·耶林.法学的概念天国[M].柯伟才,于庆生,译.北京：中国法制出版社,2009.

83. E. 博登海默.法理学：法律哲学与法律方法[M],邓正来,译.北京：中国政法大学出版社,2004.

84. 梁必骎.军事哲学[M].北京:军事科学出版社,2004.

85. 华勒斯坦.开放社会科学:重建社会科学报告书[M].刘锋,译.北京:生活·读书·新知三联书店,1997.

86. 华勒斯坦.学科,知识,权力[M].刘健芝等,译.北京:生活·读书·新知三联书店,1999.

87. 徐友渔,周国平,陈嘉映,尚杰.语言与哲学:当代英美与德法传统比较研究[M].北京:生活·读书·新知三联书店,1996.

88. 伊雷姆·拉卡托斯,艾兰·马格斯雷夫.批判与知识的增长[M].周寄中,译.北京:华夏出版社,1987.

89. 张文显.法哲学范畴研究[M].北京:中国政法大学出版社,2001.

90. 俞吾金.问题域外的问题:现代西方哲学方法论探要[M].上海:上海人民出版社,1988.

91. 彭漪涟.概念论:辩证逻辑的概念理论[M].上海:学林出版社,1991.

92. 华东师范大学哲学系逻辑学教研室.形式逻辑[M].上海:华东师范大学出版社,2018.

93. 洪汉鼎.诠释学:它的历史和当代发展[M].北京:中国人民大学出版社,2018.

94. 北京大学哲学系外国哲学史教研室.十六—十八世纪西欧各国哲学[M].北京:商务印书馆,1975.

95. 韦诚.方法学:科学发现的理论基础[M].合肥:安徽大学出版社,2008.

96. 刘禾.跨语际实践:文学、民族文化与被译介的现代性(中国:1900—1937).北京:生活·读书·新知三联书店,2002.

97. 殷鼎.理解的命运[M].北京:生活·读书·新知三联书店,1988.

98. 洪汉鼎.当代西方哲学两大思潮(上)[M].北京:商务印书馆,2011.

99. 洪汉鼎.诠释学:它的历史和当代发展[M].北京:中国人民大学出版社,2018.

100. 王路.走进分析哲学[M].北京:中国人民大学出版社,2009.

101. 洪汉鼎.当代西方哲学两大思潮(下)[M].北京:商务印书馆,2011.

二、期刊类

1. 何勤华.汉语"法学"一词的起源及其流变[J].中国社会科学,1996(6).

2. 龚津航.我国法学研究的纵向思考:与杜飞进一席谈[J].法学,1988(7).

3. 吴大英,刘翰.建立中国式的社会主义法律体系[J].法学,1983(1).

4. 陆德山,孙育玮.关于我国法律体系的几个问题[J].求是学刊,1984(6).

5. 张建田.我国军事法概念初探[J]现代法学(法学季刊),1987(3).

6. 宋和平.论军事法的概念[J].法学评论,1988(3).

7. 张建田.试析我国军事法调整的对象[J].法学杂志,1987(2).

8. 夏勇.军事法概念与"大军事法观"[J].法学杂志,2006(5).

9. 平达,邵先军.军事法概念新解[J].黑龙江政法管理干部学院学报,2010(12).

10. 郑永流.重识法学：学科矩阵的建构[J].清华法学,2014(6).

11. 陈金钊.论法律概念[J].学习与探索,1995(4).

12. 吴丙新.法律概念的生成[J].河南省政法管理干部学院学报,2006(1).

13. 张静.论法律概念的特征[J].西南政法大学学报,1999(3).

14. 陈金钊.论法学的核心范畴[J].法学评论,2000(2).

15. 张文显.在新的历史起点上推进中国特色法学体系构建[J].中国社会科学,2019(10).

16. 张建田.再论军事法应当作为中国特色社会主义法律体系的部门法[J]法学杂志,2011(8).

17. 王利明,常鹏翱.从学科分离到知识融合：我国法学学科 30 年之回顾与展望[J].法学,2008(12).

18. 张山新,赵晓东,田胜利.军事法学研究 15 年[J].西安政治学院学报,1999(1).

19. 陈耿,傅达林,滕腾.自觉中追求自治：改革开放 30 年的中国军事法学[J].西安政治学院学报,2008(6).

20. 陈耿,傅达林.中国军事法学 30 年[J].当代法学,2009(1).

21. 韦冬余.学科本质的再认识：学科史的视角[J].扬州大学学报(高教研究版),2015(1).

22. 陈耿,傅达林,滕腾.自觉中追求自治：改革开放 30 年的中国军事法学[J].西安政治学院学报,2008(6).

23. 陈兴良.部门法理学之提倡[J].法律科学,2003(5).

24. 沈宗灵.再论当代中国的法律体系[J].法学研究,1994(1).

25. 叶必丰.论部门法的划分[J].法学评论,1996(3).

26. 张山新.军事法理的研究对象、内容和意义[J].西安政治学院学报,2004(5).

27. 李龙,范进学.论中国特色社会主义法律体系的科学建构[J].法律与社会发展,2003(5).

28. 沈宗灵.再论当代中国的法律体系[J].法学研究,1994(1).

29. 孙笑侠.论行业法[J].中国法学,2013(1).

30. 王保树.金融法二元规范结构的协调与发展趋势:完善金融法体系的一个视点[J].广东社会科学,2009(1).

31. 刘剑文.论领域法学:一种立足新兴交叉领域的法学研究范式[J].政法论坛,2016(5).

32. 解志勇.法学学科结构的重塑研究[J].政法论坛,2019(2).

33. 俞正山.创新:21世纪初期的中国军事法学[J].西安政治学院学报,1999(6).

34. 姬娜.通向法律的军事抑或通向军事的法律:军事法学研究进路的回顾与展望[J].南京政治学院学报,2012(2).

35. 赵会平.军事法的价值构成及其对立统一:军事法学价值取向的基础分析[J].西安政治学院学报,2002(2).

36. 毛国辉.军事法:法学与军事学冲突之解决与建构——兼与杨韧、李剑同志商榷[J].南京政治学院学报,2004(5).

37. 张山新.军事法概念新解[J].当代法学,2006(1).

38. 谭正义.近年来军事法学若干基础理论问题研究述论[J].武警学院学报,2014(7).

39. 杨景宇.我国的立法体制、法律体系和立法原则[J].吉林人大,2003(11)。

40. 李敏.矛盾及其化解:军事法的部门法地位解析[J].武警学院学报,2014(9).

41. 钱大军,马新福.法律体系的重释:兼对我国既有法律体系理论的初步反思[J].吉林大学社会科学学报,2007(2).

42. 刘诚.部门法理批判[J].河北法学,2003(3).

43. 平达,邵先军.军事法概念新论[J].黑龙江省政法管理干部学院学报,2010(12).

44. 吕世伦,付池斌.军事法体系的前瞻性研究[J].黑龙江省政法干部管理学院学报,2006(2).

45. 曾志平.军事法体系建构新探[J].西安政治学院学报,2005(6).

46. 傅达林.军事法体系的建构之道[J].北方法学,2011(1).

47. 周旺生.中国立法五十年[J].法制与社会发展,2000(5).

48. 钱寿根.军事法的一般原则和特殊原则[J].法学杂志,1995(1).

49. 李大鹏.论军事法的基本原则[J].西安政治学院学报,2004(3).

50. 傅秉耀.对我国军事立法的初步探讨[J].法学杂志,1988(1).

51. 卢炬,李喆.谈谈军事立法应遵循的原则[J].当代法学,1988(4).

52. 李佑标,孙卫东.关于军事立法原则的思考[J].武警学院学报,2005(5).

53. 蒲硕棣.试述中央军委立法权的几个问题[J].法学杂志,1989(6).

54. 张建田.中央军委立法权的加强与完善[J].法学杂志,2019(7)

55. 朱阳明.论军事立法权的依据[J].行政法学研究,1994(4).

56. 夏勇.地方国家机关有无军事立法权问题[J].法学杂志,1994(3).

57. 徐丹彤.论我国地方国家机关的军事立法权[J].武警学院学报,2008(1).

58. 苏静.谈我国地方行政机关的军事行政立法权[J].武警学院学报,2009(7).

59. 刘春玲.论我国军事立法权的宪法基础：一个文本与制度的二元分析框架[J].云南大学学报法学版,2013(6).

60. 钱寿根、李向恕.关于我国军事法规体系总体设计的构想[J].法学杂志,1990(3).

61. 谷安梁.关于军事立法理论问题的思考[J].政法论坛,1993(1).

62. 朱阳明,宋丹.建议将有关军事的立法纳入《立法法》范围[J].行政法学研究,1994(3).

63. 朱阳明.国防法立法实践与理论研究[J].法学家,1995(5).

64. 张建田.关于我国军事立法理论与实践的几个问题[J].河南省政法管理干部学院学报,2002(6).

65. 张建田.以科学发展观审视军事立法工作[J].法学杂志,2006(5).

66. 张建田.新中国军事立法的历史发展与阶段划分[J].法学杂志,2007(4).

67. 李佑标.建国六十年来国防法制理论研究的基本经验[J].武警学院学报,2009(7).

68. 张山新.中国特色社会主义军事立法的成就与展望[J].西安政治学院学报,2010(6).

69. 张艳.新中国军事立法历史分期研究述评[J].军事历史,2013(3).

70. 朱晓红.军事立法质量标准[J].西安政治学院学报,2014(3).

71. 丛文胜.军事立法的合宪性审查[J].地方立法研究,2018(5).

72. 张建田.军事立法体制与军事立法实践中的有关问题[J].西安政治学院学报,2002(6).

73. 龙宗智.军事司法机关组织法应当及时制定[J].西北政法学院学报,1987(2).

74. 刘子玉.分案审理军地互涉案件的问题[J].法学杂志,1987(2).

75. 赵娜,田静.军事司法功能的理性思考[J].西安政治学院学报,2004(2).

76. 胡锦光,胡大路.军事司法的建构基础与类型化分析[J].国家检察官学院学报,2016(1).

77. 张志刚.略谈军事司法制度[J].法学杂志,1996(3).

78. 罗向京,万学俭.我国军事司法立法形式探析[J].武警学院学报,2004(4).

79. 田龙海.改革开放30年我国军事司法制度建设的主要成就及其理论创新[J].西安政治学院学报,2008(6).

80. 谢丹.军事审判权的若干理论问题[J].西安政治学院学报,1999(5).

81. 徐占峰.军事司法权属性理论的反思与重构[J].西安政治学院学报,2005(5).

82. 黄捷.论军事司法权的特有属性[J].西安政治学院学报,2007(3).

83. 曹莹.我国现行军事司法权配置存在的问题及改革方向[J].西安政治学院学报,2007(4).

84. 姜涛.论军事司法权的重构[J].西部法学评论,2009(10).

85. 田友方.战时军事司法立法的三个理论前提[J].中国刑事法杂志,2001(5).

86. 田龙海,朱国平.战时军事司法的价值取向及其实现[J].西安政治学院学报,2003(1).

87. 谢丹,徐占峰.论战时军事司法权的有限扩张[J].西安政治学院学报,2007(1).

88. 李岩青.论战时军事司法权的配置[J].西安政治学院学报,2005(2).

89. 李昂,刘文昌.论战时军事刑事诉讼法律制度[J].西安政治学院学报,2000(6).

90. 杜英杰.试论我国战时军事刑事审判简易程序的构建[J].黑龙江省政法管理干部学院学报,2006(5).

91. 曹莹.军事司法改革方向探析[J].西安政治学院学报,2001(5).

92. 田龙海,包尊耀.中美军事权比较[J].西安政治学院学报,1999(2).

93. 李昂.军事司法若干基本理论问题研究[J].军队政工理论研究,2004(4).

94. 李昂.论军事司法若干基本理论问题[J].当代法学,2005(4).

95. 胡卫平.也谈军事司法特有的原则[J].西安政治学院学报,1998(1).

96. 李昂.论军事司法若干基本理论问题[J].军队政工理论研究,2004(4).

97. 田龙海,徐占峰.新军事变革中军事司法制度改革首先要解决的三个理论问题[J].西安政治学院学报,2004(4).

98. 张朝晖.军事司法独立初论[J].法学杂志,2007(4).

99. 田友方.军事司法机关组织机构的立法完善[J].西安政治学院学报,2009(2).

100. 曹莹.完善我国军事司法管理制度的三个基本问题[J].法学杂志,2010(9).

101. 詹翔宇.军事行政执法与军事司法的衔接问题研究[J].行政与法,2018(3).

102. 武和中,赵娜.我国军事司法建设的回顾与展望(上)[J].西安政治学院学报,2002(1).

103. 武和中,赵娜.我国军事司法建设的回顾与展望(下)[J].西安政治学院学报,2002(2).

104. 徐占峰.军事司法信息化建设初探[J].西安政治学院学报,2005(3).

105. 王胜铎.美军军事司法的形成及其特点[J].军事历史,1993(1).

106. 张山新,兰晓辉.美国军事司法禁止强制性自证其罪规则解读[J].信阳农业高等专科学校学报,2007(4).

107. 谭正义.纪律与正义之间：浅析美国军事司法制度改革的演进、论争及发展趋势[J].西安政治学院学报,2009(3).

108. 李建澄.浅析美军军事司法制度的特点对我军的几点启示[J].南方论刊,2011(11).

109. 周恩惠.论我国军事刑法的地位[J].法律学习与研究,1989(1).

110. 武和中.浅谈对"军事刑法"定义的再界定[J].法学杂志,2002(2).

111. 蒲硕棣.论军事刑法概念[J].中外法学,199(2).

112. 陈觉为.论苏联军事刑法对我国刑法的影响[J].黑龙江省政法管理干部学院学报,2001(4).

113. 蔺春来,郭玉梅.制定独立的军事刑法是军事刑法发展的最佳选择[J].西安政治学院学报,2006(2).

114. 冉巨火.军事刑法何以特殊[J].中国刑事法杂志,2010(9).

115. 冉巨火.我国军事刑法立法模式之定位[J].公民与法.2010(8).

116. 田友方.军事刑法若干问题的理论探讨[J].当代法学,2004(5).

117. 张建田.论军人违反职责罪的完善[J].法学杂志,2008(4).

118. 曹莹.军事刑事立法的现状与发展趋势[J].西安政治学院学报,2002(6).

119. 许继棠,周健.简论军事行政法[J].西安政治学院学报,1991(2).

120. 陈耿,军事行政法的地位、功能和基本原则[J].法学杂志,2001(5).

121. 曹莹,朱世宏.军事行政性质辨析.西安政治学院学报,2003(6).

122. 李佑标.军事行政法基本原则研究[J].武警学院学报,2010(11).

123. 陈斯喜,刘松山.宪法确立国家中央军事委员会的经历[J].人大研究,2001(3).

124. 傅达林.宪政体制下军事法体系的定位[J].西安政治学院学报,2011(1).

125. 李宝生,刘耀.军事行政法学理论体系的反思与重构[J].西安政治学院学报,200(3).

126. 陈耿.军事行政法的地位、功能和基本原则[J].法学杂志,2001(5).

127. 张建田.提升学术研究水平,加强与改建军事法学研究[J].西安政治学院学报,2003(5).

128. 赵国勇.论经济分析方法在军事法中的应用[J].武警学院学报,2009(5).

129. 陈伟,崔家生.论军事法研究中社会学方法的引入：也谈军事法学研究方法的重构[J].西安政治学院学报,2011(4).

130. 谭正义.从"法内说法"到"法外说法"：军事法学研究范式的当下转型[J].西安政治学院学报,2013(3).

131. 冉巨火.学科军事法论[J].当代法学,2016(5).

132. 曾志平.论军事法学的基本范畴与核心命题[J].西安政治学院学报.2011(2).

133. 曾志平.论国防行政法的基本原则:军事政治学的视野[J].西安政治学院学报,2012(4).

134. 李芳梅.国防物理动员立法的经济分析[J].军事经济研究,2009(4).

135. 李芳梅.国防动员立法的外部性分析[J].西安政治学院学报,2011(2).

136. 朱晓红.礼法、刑法与道法:先秦法思想的三条路径[J].贵州社会科学,2010年(3).

137. 朱晓红.传统军事法律文化的三个向度及其现代价值[J].西安政治学院学报,2012(1).

138. 胡大路,胡锦光.军事法学学科分析范式的构建[J].山东社会科学,2018(2).

139. 杨蕾.春华秋实,任重道远:军事法学学科建设的回顾与展望——访军事法学专家陈耿教授[J].西安政治学院学报,2010(4).

140. 陈耿,王卫军.论军事法在中国特色社会主体法律体系中的地位[J].西安政治学院学报,2011(1).

141. 傅达林.军事法体系的反思和重构[J].中国司法,2007(4).

142. 雷渊深.创新军事法学理论体系的重要探索:评《军事法论纲》[J].西安政治学院学报,2001(2).

143. 谭正义.近年来军事法学若干基础理论问题研究述论[J].武警学院学报.2014(7).

144. 王伟贤,刘柬良.政治现实主义视野中的军事法[J].南京政治学院学报》,2004(5).

145. 杨韧.军事法研究的价值取向与方法论[J].武警学院学报,2003(5).

146. 杨韧,李剑.军事法研究进路的批判性建设[J].南京政治学院学报,2004(1).

147. 杨韧.军事法的政治哲学论析与反思:基于政治自由主义的考量[J].南京政治学院学报,2007(3).

148. 季涛.法学方法论的更新与中国法学的发展[J].浙江社会科学,2000(5).

149. 刘永林.法学方法论研究[J].法学研究,2001(3).

150. 胡玉鸿.方法、技术与法学方法论[J].法学论坛,2003(1).

151. 胡玉鸿.关于法学方法论的几个基本问题[J].华东政法学院学报,2000(5).

152. 林来梵,郑磊.法律学方法论辩说[J].法学,2004(2).

153. 陈金钊.当代中国法学的流派化旨趣》(下)[J].扬州大学学报(人文社会科学版),2007(3).

154. 焦宝乾.法教义学的观念及其演变[J].法商研究,2006(4).

155. 武秀英,焦宝乾.法教义学基本问题初探[J].河北法学,2006(10).

156. 凌斌.什么是法教义学：一个法哲学追问[J].中外法学,2015(1).

157. 雷磊.法教义学的基本立场[J].中外法学,2015(1).

158. 雷磊.什么是法教义学？——基于 19 世纪以后德国学说史的简要考察[J].法制与社会发展,2018(4).

159. 白斌.论法教义学：源流、特征及其功能[J].环球法律评论,2010(3).

160. 陈金钊.法学的特点与研究的转向[J].求是学刊,2003(2).

161. 肖凤城.以新的视野和理念审视军事立法[N].解放军报,2014－11－23(6).

162. 成义敏.法治体系下该如何完善军事立法[N].检察日报,2015－9－17(3).

索　引

后　记

本书是我在读博的时候完成的。感谢我的导师华东政法大学的功勋教授王立民教授。没有导师的帮助，我真不知道这些文字什么时间成书，甚至有没有成书的可能。在导师告诉我可以和谁谁联系之前，他已经帮我联系好了出版社，数次和编辑沟通并推荐这本书。感谢汪娜编辑，尽管导师说我可以称她为师姐，但我始终以老师相称。写本书之前，从未有过出书的经历，总以为内容搞定就万事大吉了，但实际中的工作远非如此。汪娜编辑细心、耐心的指点和帮助减少了我的焦虑，也增长了我的信心。最终本书得以成稿。

如今，我博士已毕业两年。成稿于本书之后的《部门法理论源流及其对我国法治实践的影响》一书也于两年前出版，另一本关于中国军事法学的著作如今还不知道何时能够付梓印刷，而这一本虽几经辗转，现在终于可以出版了。这也是一件让人开心的事。

本书的内容构思较早，直到那年上海疫情开始，生活工作进入封闭状态之后，才真正开始码字，所以选择的主要论据材料，只能是在此之前的。我们知道，党的十八大以来，尤其是近年来中国特色军事法治体系建设，在习近平强军思想和习近平法治思想的指导和引领下，中国特色军事法学理论体系建设已经取得重大成就，鉴于内容特别重要、特别富有时代特色，需要重点进行理论论述阐释，而这些理论创新发展也是本书暂时无法完全容纳的。在此，特别说明。

最后还是要表达感谢，尤其是那些素未谋面但对本书提出宝贵的修改和指导意见的专家，我只能继续学习、继续研究，以此致敬。